suhrkamp taschenbuch
wissenschaft 1457

Das Unbestimmt- und Reflexivwerden aller Bestimmungen des Wissens und Handelns (Ambivalenz, Überdeterminiertheit, Fraktalität, Unberechenbarkeit usw.) scheint eine wichtige Dimension moderner Selbst- und Weltverhältnisse zu sein. Unbestimmtheit läßt sich am Scheitern aller anthropologischen Versuche, das Wesen des Menschen zu bestimmen, ebenso demonstrieren wie an den antinomischen Strukturen moralischer Prinzipien oder auch an den Schwierigkeiten, die sich für die Naturwissenschaften (bis in die Grundlagenreflexionen der einzelnen Disziplinen hinein) aus der prinzipiellen Unbestimmbarkeit ihrer Gegenstände ergeben. In seinem 1994 erschienenen Buch *Flucht aus der Kategorie* hat Gerhard Gamm die Leitunterscheidungen einer Semantik des Unbestimmten freigelegt. In den hier vorgelegten Studien geht es um eine Ausdifferenzierung dieser Semantik und darum, ihre Erschließungskraft auch im Kontext von Wissen, Moral und Technik zu erproben.
Das erste Kapitel rekonstruiert im Ausgang von Hegel, Nietzsche, Bataille und Thomas Bernhard die Grundlinien einer Theorie der modernen Welt, ohne deren Ambivalenzen und Widersprüche unreflektiert zu glätten; sie stellt auch ein begriffliches Instrumentarium bereit, um Horizonte für Korrekturen der Moderne abzustecken.
Im Zentrum der unter dem Begriff des Wissens versammelten Beiträge steht eine Auseinandersetzung mit der neueren Entwicklung der sprachanalytischen Philosophie, die sich nach der Kritik der »Bestimmtheitsgarantie des Wissens« durch Quine und Davidson auch mit Problemen konfrontiert sieht, die dem postkantischen Idealismus nicht unbekannt gewesen sind.
Das dritte Kapitel dient der Explikation des sprachlichen Sinns der Moral, es sucht sich der normativen Gehalte der Unausdeutbarkeit (des Selbst) zu vergewissern und für ein zeitgemäßes Moralverständnis fruchtbar zu machen.
Technik als Medium lautet im vierten Kapitel der Begriff für eine Philosophie der modernen Technik, die danach fragt, was es bedeutet, daß für die technologischen Prozesse postindustrieller Gesellschaften die Unbestimmbarkeit konstitutiv ist.

Gerhard Gamm ist Professor für Philosophie an der Technischen Universität Darmstadt. Buchveröffentlichungen u.a.: *Wahrheit als Differenz* (1986), *Die Macht der Metapher* (1992); *Flucht aus der Kategorie* (1994), *Der deutsche Idealismus* (1997).

Gerhard Gamm
Nicht nichts

Studien zu einer Semantik des Unbestimmten

Suhrkamp

Die Deutsche Bibliothek – CIP-Einheitsaufnahme
Ein Datensatz für diese Publikation
ist bei der Deutschen Bibliothek erhältlich

suhrkamp taschenbuch wissenschaft 1457
Erste Auflage 2000

Satz: Jürgen Ullrich typosatz, Nördlingen
Druck: Nomos Verlagsgesellschaft, Baden-Baden
Printed in Germany
Umschlag nach Entwürfen von
Willy Fleckhaus und Rolf Staudt

1 2 3 4 5 6 – 05 04 03 02 01 00

Inhalt

IV. Technik. Die Technisierung der Gesellschaft

Vorwort

Das Unbestimmt- und Reflexivwerden aller Bestimmungen des Wissens und Handelns (Ambivalenz, Überdeterminiertheit, Fraktalität, Unberechenbarkeit usf.) scheint eine wichtige Dimension moderner Selbst- und Weltverhältnisse zu sein. Unbestimmtheit läßt sich am Scheitern aller anthropologischen Versuche, das Wesen des Menschen zu bestimmen, ebenso demonstrieren wie an den antinomischen Strukturen moralischer Prinzipien oder auch an den Schwierigkeiten, die sich für die Naturwissenschaften (bis in die Grundlagenreflexionen der einzelnen Disziplinen hinein) aus der prinzipiellen Unbestimmbarkeit ihrer Gegenstände ergeben.

Dies Unbestimmtwerden aller Bestimmungen der modernen Welt, ihre Kontingenz, bildet den Hintergrund für die vorliegenden Studien, sie setzen die mit der *Flucht aus der Kategorie* (1994) begonnenen Untersuchungen zu einer *Semantik des Unbestimmten* fort. Das Hauptaugenmerk der letzteren richtete sich darauf, in einer eher historisch akzentuierten Perspektive die Leitunterscheidungen einer solchen Semantik freizulegen und ihre sprachphilosophischen, logischen und gesellschaftstheoretischen Implikationen zu entwickeln. Die hier versammelten Arbeiten schließen daran an, sie dehnen den Untersuchungsgegenstand aber aus, sie bemühen sich, die *Gesichter des Meontischen*[1] auch auf dem Felde der praktischen Vernunft (Moral, Technik usf.) lesen zu lernen, sie suchen überhaupt die Bedeutung abzuschätzen, die dem aporetischen Zentraldispositiv der Unbestimmtheitssemantik, dem der *unbestimmten Bestimmtheit*, in den Selbstverständigungsdiskursen der modernen Welt zukommt; darüber hinaus nehmen sie den

1 Me on, das Nichtseiende, das im Unterschied zum (ungefährlichen) ouk on auf das *nicht nichts* einer (bedrohlichen, unbestimmten, chaotischen usf.) Wirklichkeit anspielt, welches das griechische Denken immer wieder provoziert hat, es aus der Welt zu schaffen oder (wie bei Parmenides) es in ein ouk on, ein nichtiges Nichts zu verwandeln (B 6,2; B 2,3). Vgl. dazu: K. Heinrich, Parmenides und Jona. Vier Studien über das Verhältnis von Mythologie und Philosophie. Frankfurt/M. 1966, 63-127. Vgl. auch: G. Gamm, Flucht aus der Kategorie. Die Positivierung des Unbestimmten als Ausgang der Moderne. Frankfurt/M. 1994, 41-45, 212-234.

Faden der Reflexionen zum *epistemisch Unbestimmten* wieder auf, der in der *Flucht aus der Kategorie* liegengeblieben ist, er betrifft vor allem die Auseinandersetzung mit Autoren der sprachanalytischen Philosophie.

Die unter die Stichworte ›Moderne‹, ›Wissen‹, ›Moral‹ und ›Technik‹ gestellten Diskurse sind vielfach untereinander verflochten, sie bilden ein Netzwerk, das seinen ésprit systematique durchaus nicht verleugnet: ein aus Relationen und Konstellationen montiertes Ganzes zu sein.

Das *erste* Kapitel rekonstruiert im Ausgang von Hegel und Nietzsche die Grundlinien einer Theorie der Moderne, ohne deren Ambivalenzen und Widersprüche unreflektiert zu glätten. Daß dabei – vielleicht mehr als erwartet – auf Begriffe aus dem Bereich ästhetischer Erfahrung zurückgegriffen wird, hat, so könnte man vermuten, mit der verhandelten Sache selbst zu tun, mit dem Reflexiv- und Ironischwerden der modernen Welt. Auffällig ist auch, in welchem Maße die ›klassische deutsche Philosophie‹, insbesondere Hegel, in den Texten präsent ist, welche herausragende Rolle der spekulativen Dialektik in der Analyse und Kritik der Moderne eingeräumt wird. Das hat mehr als einen guten Grund, vor allem aber den, daß in einer kritischen Lektüre seiner Schriften ein Bild des Denkens und Handelns Kontur gewinnt, das in eins mit seinen analytischen und zeitdiagnostischen Möglichkeiten auch ein begriffliches Instrumentarium bereitstellt, um Horizonte für *Korrekturen der Moderne* abzustecken.

Die Auseinandersetzung mit der Grammatik des Unbestimmten hat auch dazu geführt, Hegel mit anderen Augen sehen zu lernen und eine Reihe von Urteilen über seinen Idealismus in Zweifel zu ziehen, die im Kontext des üblichen Hegelverständnisses in den Rang unkorrigierbarer Grundannahmen aufgestiegen sind. So aufschlußreich es sein kann, Hegels Dialektik aus dem Geist der Kritischen Theorie heraus zu verstehen und in jeder Zeile das »Abschneidende« der Subsumtions- und Klassifikationshandlungen des Begriffs demonstriert, die falsche Versöhnung des unversöhnten Ganzen ausbuchstabiert zu sehen, so unzureichend bleibt diese Deutung zuletzt doch, um den Hegelschen Begriff vom ›Begriff‹ zu verstehen; der Deutung gelingt es weder den praktischen Implikationen des ›Begriffs‹ noch dem damit verbundenen transkategorialen (nichtidentischen) Sinn dieses Denkens gebührend Rechnung zu tragen.

Die Unbestimmtheitssemantik entlehnt Hegels Philosophie vor allem Motive, die im Zusammenhang einer Dialektik des Anerkennens in Richtung einer differenztheoretisch erneuerten Moral- und Sozialphilosophie verweisen. Sie teilt mit der spekulativen Dialektik auch deren Begriff von Philosophie: die Korrespondenz und Dependenz von philosophischem Diskurs und (geschichtlicher) Zeit im Blick zu behalten, die Arbeit an den Grundbegriffen der Philosophie in den Horizont der Zeitdiagnose zu stellen wie umgekehrt die Zeit über die kategorialen Zusammenhänge auszubuchstabieren, die die Tradition(en) der Philosophie immer schon erarbeitet hat/haben.[2]

Im Mittelpunkt des *zweiten* Kapitels steht eine auffällige Affinität in der Entwicklung bestimmter Richtungen der angelsächsischen Philosophie (W. V. Quine, D. Davidson u. a.) und der kontinentalen Tradition des postkantischen Idealismus. Die sprachanalytische Philosophie stößt im Verlauf ihrer Selbstreflexion auf zwei Resultate, die dem Deutschen Idealismus nicht unbekannt gewesen sind: erstens auf grundsätzliche Probleme, welche die »Bestimmtheitsgarantie« des Wissens mit sich bringt, und zweitens auf die mit der Grenze des Theoretisierbaren verbundene Einsicht eines Überstiegs zur praktischen Vernunft als notwendiger Voraussetzung eines gehaltvollen Begriffs von Wissen.

Was das *dritte* Kapitel, die Explikation des *Sinns der Moral* betrifft, ist die Gefahr, sein Anliegen mißzuverstehen, sicher am größten. Gründe dafür gibt es genug, einer besteht darin, daß ein philosophisches Denken, das sich mit den moralisch-praktischen Implikationen des »me on« auseinandersetzt, davon ausgeht, daß die Moralkritik der letzten zwei Jahrhunderte, die von Hegel über Marx und Nietzsche bis zu Freud, Adorno und anderen reicht –, daß die Einsichten und Resultate dieser Tradition die conditio sine qua non des Nachdenkens über Moral und verwandte Gegenstände sind; daß ein Reflexionsplateau nicht unterschritten werden sollte, auf dem sich gezeigt hat, wie und in welchem Umfang Herrschaftsansprüche verschiedenster Art und Reichweite in die unterschiedlichen Konzepte praktischer Vernunft inkorporiert sind und (unausgesprochen) eine Wirksamkeit entfalten, die das Moralunternehmen im ganzen in Mißkredit gebracht haben; daß

2 Vgl. M. Theunissen, Negative Theologie der Zeit. Frankfurt/M. 1991, 16ff.

ein Denken im Schatten einer Vernunft der Selbsterhaltung immer im Begriff steht, den Sinn der Moral zu verdunkeln.
Anders gesagt, hinter die Standards der Moral- und Vernunftkritik kann nicht zurückgegangen werden, weder im Rückgriff auf *moderne*, Liberalismus und Universalismus favorisierende Deutungen (Kantianismus, Utilitarismus) noch auf *prämoderne*, den Partikularismus stützende Moralvorstellungen (Kommunitarismus), auch nicht auf eine Mixtur beider in *postmodernen* Deutungen, die, nach einer eher *konservativen* Lesart, Aristoteles und Kant zu einer neuen Synthese zu bringen trachten, und der anderen, *anarchistischen*, die sich selbst das Postmoderneprädikat zuschreibt. Von letzterer stünde noch am ehesten zu erwarten, daß im Kontext von Differenz und Ironie, Pluralität und Fiktionalität, dem Spiel mit narrativen Identitäten und möglichen Welten usf. die Kritik moralinterner Herrschaftsmechanismen eingelöst werden könnte. Aber ihre Reaktion erweist sich als einigermaßen schal und unbefriedigend. Im Grunde oszillieren die ethischen Reflexionen der Postmoderne zwischen einer impliziten Verteidigung der substantiellen Idee eines höchsten Guts und der ritualisierten Beschwörung formaler Prinzipien – wie denen der Toleranz oder der Solidarität, der Anerkennung der Andersheit des Anderen, der sexuellen Differenz usf.; gegen ihre eigene Einsicht in die Reflexivität aller praktischen Orientierung schlagen sie, wie sich allenthalben zeigt, in ihr abstraktes Gegenteil um und führen dazu, daß bestimmte positive Inhalte wieder in eine privilegierte Stelle gerückt werden.
Moderne, prä- und postmoderne Positionen machen es insgesamt schwierig, den, mit Habermas zu sprechen, moral point of view angemessen zu fokussieren. Was die Positionen mehr oder weniger eint, ist ein Begriff von Moral als sublimer Form der Herrschaft oder eine bewußte oder unbewußte Intention, die radikale Offenheit und Ambivalenz des Selbst in den zentralen Fragen der Moralität zu invisibilisieren, sie zu verdrängen oder zu rationalisieren. Das Bild der menschlichen Subjektivität, einer »sich selbst zersetzenden« (Hegel) oder bis zum Wahnsinn »abgründigen« (Schelling) Mitte des Selbst hat in den gängigen moralphilosophischen Diskursen nicht wirklich zu einer Revision der identitätslogischen Denkformen geführt. Aber ohne Reflexion auf diese negative, selbstbezügliche Mitte, auf den Spalt, an dem das diskursive Universum des Logos »kontrahiert«, könnte der moralische Impuls des Handelns gar nicht verstanden werden. Das Unmögliche der

Moral wird in kategorial fixierte Ordnungen und Terminologien gebannt, die verhindern, daß sein vernunftkritisches, Prinzipien- und Lebensweltethiken unterminierendes Moment überhaupt bewußt wird. Szientistische Denkformen und ein erhöhter gesellschaftlicher Legitimationsdruck, der auch vor der Ethik nicht haltmacht und sie unter Kuratel von Verwertungsinteressen und Nützlichkeitsbeweisen, Anwendungsdiskursen und Ratgeberpflichten stellt, tun ein übriges, Moralphilosophie auf Moralpädagogik (und Moralpsychologie) zu reduzieren.

Von den Fortschritten der Technik gehen heute die größten Irritationen aus. Ein philosophisches Denken, das sich dem Programm: ›zu begreifen, was ist‹ (Hegel) verschrieben hat, kann sich am wenigsten der Aufgabe entziehen, die Evolution von Technologie und Kultur mit Konzepten eines experimentellen und tentativen Denkens zu begleiten. Das Buch geht – in seinem *letzten* Kapitel – von der Annahme aus, daß nur ein solcher Begriff der Technik dem neuesten Stand der Dinge gerecht wird, der die *Technik als Medium* begreift und danach fragt, was es bedeutet, daß für die technologischen Prozesse postindustrieller Gesellschaften die Unbestimmtheit bzw. Unbestimmbarkeit konstitutiv ist.

*

Diese Studien sind zu unterschiedlichen Anlässen in den vergangenen fünf Jahren entstanden. In der Mehrzahl handelt es sich um Vorträge, ihre Diktion wurde in der Regel beibehalten. Diese Bemerkung soll keine sprachlichen oder gedanklichen Ungenauigkeiten entschuldigen, kann aber als Hinweis auf die eine oder andere Vereinfachung gelesen werden.

Mein Dank richtet sich in besonderem Maße an Herrn Markus Lilienthal, der das Buch vorwärts und rückwärts kennt. Seine klugen Kommentare haben meine Arbeit immer wieder angestoßen und modifiziert. Nicht weniger danke ich Herrn Dr. Andreas Hetzel für seine produktive Kritik und die anregenden Diskussionen in der »Imagine-Bar« und anderen den Geist belebenden Orten. Die Freundschaft mit Prof. Klaus Günther reicht bis in die Studienzeit zurück. Vielleicht weil er einer anderen philosophischen Fraktion zuneigt, wirken seine Kommentare stets bereichernd. Last but not least gebührt mein Dank Frau Brigitte Gotthold, die die Beiträge auch in eine formal druckreife Fassung gebracht hat.

1. Moderne
Korrekturen der Moderne

1. Komödie oder Tragödie
Die Aporien der Moderne im Lichte Hegels und Nietzsches

> Schicksal. Mein Schicksal! Drollige Sache, das Leben – dies in gnadenloser Logik angeordnete Mysterium zu einem nichtigen Zweck. Das Höchste, was man davon erhoffen kann, ist ein wenig Selbsterkenntnis – die zu spät kommt.
>
> J. Conrad, Das Herz der Finsternis

Daß die Philosophie eine komische Seite hat, ist kein Geheimnis. Spätestens seit die thrakische Magd den in Himmelsstudien vertieften Thales in einen Brunnen fallen sieht und sich darüber ausschüttet vor Lachen, weiß man das.[1] Heidegger hat das sogar in eine (heute leicht sexistisch klingende) Formel gegossen: Philosophie ist das, worüber Dienstmägde lachen.[2] Wen wundert es da, wenn auch der Hegelschen Philosophie dieses Prädikat attestiert wird. Von H. Heine[3] bis B. Brecht[4] war diese Seite Anlaß für spitze Bemerkungen.

Um diese komische Seite geht es im folgenden aber nicht, auch nicht – was ebenso naheliegen könnte – um das tragische Lebensschicksal Nietzsches, das im Wahnsinn endet.

In den Debatten über die Moderne besitzen Hegel und Nietzsche nach wie vor große Anziehungskraft. Mit ihren Lesarten der Moderne sind sie – ausgesprochen oder unausgesprochen – die

1 Von demselben Thales wird aber auch erzählt, er habe, des Spotts an der Weltferne seiner Forschungen überdrüssig, alle verfügbaren Olivenpressen gemietet, als er eine reiche Olivenernte kommen sah, und sie dann zu Höchstpreisen weitervermietet. Vgl. Aristoteles, Politik. 1,4. 1259a 6-18.

2 M. Heidegger, Die Frage nach dem Ding. Tübingen 1975, 2.

3 H. Heine, Zur Geschichte der Religion und Philosophie in Deutschland. In: Schriften über Deutschland, Bd. 4. Frankfurt/M. 1968, 135, 500 ff.

4 B. Brecht, Flüchtlingsgespräche. In: Ges. Werke, Bd. 14. Frankfurt/M. 1967, 1461.

Autoritäten im Hintergrund. Um so mehr muß die Beobachtung befremden, daß ihr Denken höchst selten systematisch miteinander in Beziehung gesetzt worden ist. Es scheint, als habe auf lange Zeit das Löwithsche Interpretationsschema *Von Hegel zu Nietzsche* die Phantasien blockiert oder doch die Interpretationen in bestimmten Hinsichten festgeschrieben. Erst in jüngster Zeit mehren sich die Versuche, diesen Bann zu brechen.[5]

Der Leitfaden dieser Untersuchung ist die Diagnose beider Autoren über die *moderne Welt*, näherhin der Gesichtspunkt von *Komödie* und *Tragödie*. Ich begreife das Komische und das Tragische als *Schlüsselbegriffe*, nicht allein für die Interpretation von Hegels und Nietzsches Denken, auch und in besonderem Maße für das Selbstverständnis der modernen Welt. Beide Begriffe sind für Hegels und Nietzsches Ausdeutung des gegenwärtigen Zeitalters von zentraler Bedeutung. Genauer, es geht darum, daß wir im Kontext der *Dialektik* einen signifikanten oder überzufälligen Zusammenhang hergestellt sehen zwischen der *Komödie* und dem spekulativen Begriff der modernen Welt, wohingegen in einer *Philosophie des Lebens*, wie sie Nietzsche vorschwebt, ein *tragisch* grundiertes Bewußtsein zu dominieren scheint. Komisches und tragisches Dispositiv bilden eine Art Doppelhaushalt, um die Widersprüche der Moderne zu bearbeiten. Was liegt da näher, als die Frage zu stellen, welche Gründe die Autoren eigentlich bewogen haben, ihre Weltdeutungen nach dem Skript von Komödie und Tragödie zu schreiben.

Dieser Vortrag[6] wäre sicher nicht zustande gekommen ohne die Anstöße, die er durch Hayden Whites Studie über die historische Einbildungskraft im 19. Jahrhundert[7] erhalten hat. Daran ändert auch die Tatsache nichts, daß ich andere als metahistorische Interessen verfolge und zu Resultaten gelange, die den Intentionen Hayden Whites durchaus fernliegen.

5 Vgl.: Hegel und Nietzsche. Hrsg. v. M. Djuric und J. Simon. Würzburg 1992.

6 Habilitationsvortrag am 16. 12. 1993 am Fachbereich Gesellschafts- und Geschichtswissenschaften der TH Darmstadt.

7 Vgl. H. White, Metahistory. Die historische Einbildungskraft im 19. Jahrhundert. Aus dem Amerikanischen v. P. Kohlhaas. Frankfurt/M. 1991.

Komödie und Tragödie in der Antike

Eine wichtige Facette des okzidentalen Veränderungsprozesses, die wir gewohnt sind unter dem Begriff der Rationalisierung zu fassen, nennt Hegel »die Entgötterung der Natur« (14, 211)[8]; diese »Entgötterung« trifft »auch den handelnden Charakter« (14, 212). Beides sind historische Korrespondenzphänomene, die, wie Nietzsche später sagen wird, den Himmel von der Erde losketten. Diese Entzauberung der Welt und der handelnden Charaktere sieht die Dialektik im Übergang von der antiken Tragödie zur antiken Komödie vorbereitet.

In der Entwicklungsgeschichte des Geistes ist die Komödie der Tragödie logisch vor- oder übergeordnet. *Die Komödie ist das Höhere zur Tragödie*. Der Grund für dieses (dem Bildungsbewußtsein) ungewöhnliche Arrangement liegt darin, daß im Unterschied zum tragischen Bewußtsein das *komische* »das freiere Recht der Subjektivität« auf seiner Seite hat (15, 334). Mit dem ›freieren Recht der Subjektivität‹ ist der Gesichtspunkt angesprochen, auf den hin Hegel auch die Stufenfolge ästhetischer Erfahrungsformen begreift.[9]

Die antike Komödie bezeugt in Hegels Interpretation die *Auflösung* der Polis-Sittlichkeit. Sie reflektiert den Untergang der antiken Welt, wie sie Hegel paradigmatisch in den großen Tragödien von Aischylos, Euripides und Sophokles zum Ausdruck gebracht sieht. Die antike Tragödie zielt danach auf die Darstellung von schicksalhaften Konflikten zwischen überindividuell bedeutsamen Lebensmächten. Die Kollisionen der »für sich selbst berechtigten« Mächte (15, 521) erschüttern die substantiellen Grundlagen der Polis, weil es sich um Konflikte *sittlich gleichberechtigter* Mächte handelt. Hegels Paradigma ist die Sophokleische *Antigone*; das Stück verkörpert den substantiellen Konflikt zwischen der legitimen Ordnung des Staates (Kreon) und dem göttlichen (natürlichen) Recht auf Bestattung, das Hegel an die Blutsbande der Familie geknüpft sieht. Ganz anders die Kollisionen des komischen Bewußtseins; sie bewegen sich außerhalb des

8 Hegel wird zitiert nach: G.W.F. Hegel, Werke in zwanzig Bänden. Frankfurt/M. 1970.Im Text vermerkt mit Band und Seitenzahl.

9 Dazu ist es u. a. nötig, die entsprechenden Stellen aus der »Phänomenologie des Geistes« mit in Erwägung zu ziehen.

Pathos schicksalsträchtiger Entscheidungen; die Komödie negiert die »furchtbare, unbekannte Nacht des Schicksals« (3, 495).
Anders gesagt: In der Unmittelbarkeit der sittlichen Welt der Antike, wie sie die Tragödie zur Darstellung bringt, ist die *Substanz noch nicht Subjekt* geworden: »Das Schicksal [...] aber ohne das Selbst bleibt die bewußtlose Nacht, die nicht zur Unterscheidung in ihr, noch zur Klarheit des Selbstwissens kommt« (3, 496).
Zu diesem Selbstwissen verhilft erst die *Komödie*. Denn das, was in der sittlichen Welt (der tragischen Handlung) unterdrückt wurde, tritt als Grundbaustein der Komödie hervor: der unterdrückte »Demos, die allgemeine Masse« (3, 542). In der Komödie wird nicht nur das Volk oder das gewöhnliche Bewußtsein Gegenstand der Kunst, vielmehr verkörpert der selbstische Demos (als Publikum) auch das selbstbewußte »Gelächter der alles durch sich und in sich auflösenden Individuen« (14, 257). In der Komödie triumphiert der Demos selbst noch über die Götter[10]. Repräsentativ dafür sind Hegel die Komödien des Aristophanes. Hegel: »Ohne die Komödien des Aristophanes gelesen zu haben, läßt sich kaum wissen, wie dem Menschen sauwohl sein kann« (15, 522).
Die Tragödie entspricht dem ›plastischen‹ Geist des heroischen Zeitalters; dagegen sind die Lebensbedingungen der modernen Welt nicht mehr das richtige Medium für den Konflikt sittlich gleichrangiger Mächte. Kurz, im Übergang von der Tragödie zur Komödie keimt das weltgeschichtliche Prinzip der neuen Welt: die Geburt des Selbst aus dem Geist der Komödie[11], um, wie Hegel

10 In den »Wolken« sagt Sokrates zu Strepsiades: »Wirst du also noch etwas anderes für einen Gott halten als wir / das Chaos nämlich und die Wolken und die Sprache, diese drei?«

11 Die ›negative‹ Moralität des Sokrates, bei der die Entscheidung über gut und böse »immer in das Subjekt, in das Gewissen gelegt« wird (18, 485), zeigt die andere (tragische) Seite der Geburt des Selbst: seine weltgeschichtliche Verkörperung in der Person des Sokrates. Sie reflektiert den Konflikt zwischen der substantiellen Sittlichkeit des unbefangenen Lebens nach den Gesetzen der staatlichen Ordnung und dem unerbittlichen Geist moralisch-reflexiver Individuation (Nietzsche: Sokrates = Klugheit aus/als Instinkt). Aristophanes hat Sokrates wegen der Negativität gegenüber den bestehenden Gesetzen angegriffen; sein Verfahren dialektischer Rede hat – so wird es in den »Wolken« dargestellt – das unbefangene Bewußtsein der Griechen zu dem Glauben angestiftet,

sagt, in den »auseinandergezogenen« Verhältnissen der modernen Welt seine ›Vertiefung‹ zu erfahren.

Komödie und moderne Welt

Die *Universalisierung* der »sich in sich vertiefenden Subjektivität« (15, 535) ist Hegel zufolge das alles überragende Ereignis der modernen Welt. Seine Auffassung besagt, daß infolge des Christentums (»der Mensch ist durch sich selbst bestimmt frei zu sein«) das Bewußtsein von der Freiheit und Gleichheit des Menschen allgemein geworden ist und im Verlauf von Aufklärung und Französischer Revolution politische und gesellschaftliche Wirklichkeit erlangt hat. Die weltgeschichtliche Verallgemeinerung der Freiheits- und Gleichheitsidee führt in ein und derselben Dynamik auf das Bestreben, das Bewußtsein der *Besonderheit des einzelnen empirischen Subjekts* (das, was mich von den anderen trennt) zu verstärken: Es ist das Recht der Individualität, wie es in der »Rechtsphilosophie« heißt, sich in der Besonderheit seiner Interessen und Zwecke befriedigt zu finden – und zwar im ganzen Umfang der rechtlichen und politischen Beziehungen. In den *Vorlesungen über die Ästhetik* spricht Hegel vom »Triebe zur Individualisierung« (15, 247). In der »achsendrehenden Bewegung« (3, 428) von der Welt der griechischen Antike zur Welt des Mittelalters und der neueren Zeit und parallel dazu von der klassischen zur romantischen Kunstform[12] wird die Individualität

daß es eine Möglichkeit gebe, eine (reine) Technik für seine (schlechten) Zwecke zu erwerben. Das aber schlägt fehl, weil zuletzt derjenige (Strepsiades, der Vater), der mittels der Dialektik hoffte, sich seiner Gläubiger entledigen zu können, von seinem Sohn mit den eigenen Waffen (der Dialektik) geschlagen wird. Der Vater bezieht Prügel vom Sohn.

12 Wenn Hegel von der »romantischen Kunstform« oder auch der »romantischen Welt« spricht, bezieht er diesen Begriff nicht auf die Zeit, die wir im allgemeinen gewohnt sind mit *Romantik* zu assoziieren: die Zeit nach 1790 bis zur Mitte des 19. Jahrhunderts. Für Hegel umfaßt die romantische Kunstform im allgemeinen die Zeitspanne, in der die Subjektivität weltgeschichtliche Bedeutung erlangt. Das schließt das Mittelalter ebenso ein wie die Renaissance und den »Standpunkt der neuesten Zeit«.

als unendlich vertiefter Raum von unendlichem Wert erschlossen (14, 131).

Die Verinnerlichung der Subjektivität geht mit einer Ausdifferenzierung der äußeren, gesellschaftlichen und ökonomischen Verhältnisse einher (Vgl. 13, 241; 14, 137, 138). Hegel hat seiner Diagnose über den Menschen, »der sich in sich vertieft und punktualisiert« (14,196), verschiedene, sich überlagernde und überkreuzende Bedeutungsebenen eingelesen. Sie lassen sich über vertraute, heute allgemein akzeptierte Begriffe wie *Individualisierung*, *Dezentrierung*, *Rationalisierung* und die Infektion des modernen Lebens mit dem *Sinn für das Abenteuer* aufschließen. Aber diese Begriffe spiegeln nur unzureichend die Dialektik, die Hegel im Ausbuchstabieren des »Standpunkts der neuesten Zeit« (14, 231) entfaltet. Denn der »Verinnerlichung« des Menschen korrespondiert eine Veräußerlichung; dem »Trieb zur Individualisierung« eine Entindividualisierung, die sich als ebenso schrankenlos erweist wie die Konzentration auf den »neuen Heiligen« (14, 237): das eigene Selbst. Diese Semantik der modernen Welt, die von der gleichzeitigen *Vertiefung der Subjektivität und ihrer Trivialisierung* erzählt, läßt sich im Kontext der Komödienanalyse ausgezeichnet studieren. Zeitdiagnose und Komödienanalyse erhellen sich hier gegenseitig. Die Komödie ist die Kunstgattung der Wahl, die bürgerliche Gesellschaft im »sinnlichen Scheinen der Idee« zu repräsentieren; sie ist der Bestimmtheit und Prosa des modernen Lebens auf den Leib geschrieben.

Vertiefung und Trivialisierung. – Die Kunstformen der klassischen und der romantischen Welt dokumentieren insgesamt eine tiefe Affinität zu den verschiedenen Entwicklungsstufen der Weltgeschichte: Wie das Tragische den Bedingungen der heroischen Welt angepaßt ist, so das Komische der modernen.

Anders als Kant, der die ›interne‹, logische oder formale Struktur des ästhetischen Urteils zum Paradigma der philosophischen Kunstbetrachtung macht, ist es Hegels zentrale Intuition, die enge *Korrespondenz von Kunstwerk und sozialhistorischer Realität* zur Leitidee der Ästhetik zu erklären. Die in gesellschaftlichen Institutionen verkörperte Zeit und die Kunst bilden – bis in die moderne Welt hinein – ausgezeichnete Resonanzböden füreinander. Verknüpft werden beide Seiten durch das, was die Dialektik ›Geist‹ nennt. ›Geist‹ umfaßt die gesellschaftliche Organisation des Lebens. Er verkörpert ebenso die Medien der Kultur, durch die er sich reflexiv über Anschauung, Vorstellung und Begriff auf die Institutionalisierung des Lebens zurückbeugt.

Die Kunstgattungen Tragödie und Komödie spiegeln also nicht nur die Eigenwerte historischer Epochen, sie sind überdies den schicht- und ständespezifischen Ausgangslagen auf besondere Weise angepaßt. »Wie nun der idealere Weltzustand bestimmten Zeitaltern vorzugsweise entspricht«, so wählt auch die Kunst für ihre »Gestalten [...] vorzugsweise einen bestimmten Stand« (13, 251). Sie wählt den Stand des Fürsten, wenn es darum geht, die »vollkommene Freiheit des Willens und Hervorbringens« zu realisieren. »Den Figuren aus untergeordneten Ständen dagegen, wenn sie innerhalb ihrer beschränkten Verhältnisse zu handeln unternehmen, sehen wir überall die Gedrücktheit an; denn in ausgebildeten Zuständen sind sie in der Tat nach allen Seiten hin abhängig, eingeengt und kommen mit ihren Leidenschaften und Interessen durchweg ins Gedränge [...], da hinter ihnen gleich die unüberwindliche Macht der bürgerlichen Ordnung steht, gegen welche sie nicht ankommen können [...]. An dieser Beschränkung durch bestehende Verhältnisse wird alle Unabhängigkeit zuschanden. Deshalb sind die Zustände und Charaktere aus diesen Kreisen geeigneter für das Lustspiel und das Komische überhaupt« (12, 251, 252).[13]

Die universelle Abhängigkeit und die Gedrücktheit der Verhältnisse reflektieren den Normalzustand der bürgerlichen Gesellschaft; dieser wird ganz so beschrieben, wie er für das Lustspiel und die Komödie typisch ist. Relativ frei und unabhängig bewegen sich die Menschen allenfalls in der Sphäre privaten Lebens. Im Blick auf das öffentliche Leben sowohl des *Staates* wie der *Arbeitswelt* ist das, was die Individuen von sich, von ihrer »inneren Subjektivität« noch hinzutun, »das Gleichgültigere und Beiläufigere« (13, 253). Die nach Teilaufgaben differenzierte Gesellschaftsform reproduziert sich über die absolut »untergeordnete Stellung des

13 Die Forderung, in der Tragödie nur hohe Standespersonen auftreten zu lassen, um dadurch die Tragik des Scheiterns besonders anschaulich zu machen, und umgekehrt in der Komödie nur niedrige Personen der Lächerlichkeit preiszugeben, ist eine aus Aristoteles abgeleitete Klausel auch der Dramentheorie Gottscheds, die in der Literaturwissenschaft unter dem Terminus ›Ständeklausel‹ gehandelt wird. Vgl. E. und E. Borries, Deutsche Literaturgeschichte, Bd. 2. Aufklärung und Empfindsamkeit, Sturm und Drang. München 1992.

einzelnen Subjekts« (13, 241). Kurz, im Rahmen der arbeitsteiligen Gesellschaft »kommt es [...] gar nicht auf den Einzelnen als Einzelnen an« (13, 240).

Individualisierung. – Hegel bemerkt die eigentümliche Dialektik einer nach Funktionen differenzierten Gesellschaft, die sich zwischen der *perspektivistischen (»befangenen«) Eingeschränktheit* arbeitsteiligen Handelns und einer *Universalisierung* entfaltet, die es der entindividualisierten Individualität gestattet, ohne größere Reibungsverluste innerhalb standardisierter Tätigkeiten und Lebenslagen zu zirkulieren. Das Verhalten des Einzelnen wird durch die neuen Formen der Lebensorganisation gleichsam flüssiger und durchlässiger gemacht, die Beweglichkeit des Individuums nimmt zu, wo es auf dem »Standpunkt der neuesten Zeit« geschickt wird, »nach dieser oder jener Seite hin aus sich selber [zu] handeln« (13, 254). Anders gesagt: Was die Individualität *entlastet* und *frei* macht, läßt ihr Handeln und Denken und Fühlen und damit *sie selbst irrelevant* werden; was die Vermögen schult, sie zu *verflüssigen* oder *universalistischer* zu denken, läßt auch den Umfang der *Standardisierungen* anwachsen. Die erweiterten Handlungsradien bezahlt das Subjekt mit seiner *Entsubstantialisierung*, die wiederum Raum schafft für den Ausbau des (romantischen) Kults der Innerlichkeit, der aber das Subjekt von allen wesentlichen (überindividuell bedeutsamen) Kommunikationen abschneidet. Die sittlichen Mächte besitzen nicht mehr die Kraft, Innen und Außen, Subjekt und Objekt, Urteil und Handlung im Rahmen einer überindividuell verbindlichen Ordnung zu vereinen. Die Subjektivität sieht sich einer Kontingenz preisgegeben, die sie dahin bewegt, sich entweder nach innen, in die idiosynkratische Welt ihrer Gefühle und Phantasien, zu wenden oder nach außen, »in die gewöhnliche äußerliche Realität, in das Alltägliche der Wirklichkeit und damit in die gemeine Prosa des Lebens« (13, 317).

Auf diesen Weltzustand oder die Dialektik der sich in sich vertiefenden Subjektivität reagiert die moderne Komödie; denn »im Komischen haben die Individuen das Recht, sich, wie sie wollen und mögen, aufzuspreizen« (13, 252): Je weniger sie im Blick auf das Ganze zählen, desto stärker blasen sie sich auf; je gleichgültiger und beiläufiger die Welt sie behandelt, um so bemühter ihr Versuch, sich selbst in Szene zu setzen; je entindividualisierter die Arbeitsbeziehungen, desto größer das Interesse an Selbstdramatisierung. Das eben wird in der Komödie ausgespielt.[14] Die Komödie spiegelt den objektiven Bedeutungsverlust der Individualität in dem historischen Augenblick, da das Prinzip der Subjektivität in Form der gesellschaftlichen, moralischen und politischen Freiheitsrechte der modernen Welt universale Geltung erlangt.

Um es pointierter zu sagen: Es ist die Signatur der in sich entzweiten Moderne, Komödie zu sein. *Die Moderne ist in sich komisch*, weil – um Hegels Verständnis des Komischen aufzunehmen – sich in ihr das wahrhaft Geltende, die universelle Vertiefung der Subjektivität, in ein und demselben Moment in ein an sich Nichtiges, in die Trivialisierung aller Verhältnisse verkehrt oder allüberall das Triviale mit dem Anspruch auftritt, das wahrhaft Große und Geltende zu sein. Diese in sich verkehrte Symmetrie der neuen Zeit ist der selbstregenerierbare Stoff der modernen Komödie. Anders gesagt: Daß die Moderne sich ernst nimmt – darüber kann die Komödie nur lachen. Sie allein ist auf der Höhe der Zeit, weil sie über die Konflikte und Kollisionen, wie sie die Moderne in bestimmter Gestalt durchqueren, *immer schon hinaus* ist.

Abenteuer. – Aber nicht genug damit, im Kontext der »Entzauberung der Welt« (M. Weber) gewinnt eine Kategorie an Bedeutung, die für die »romantische Welt« zum »Grundtypus« (14, 212) überhaupt wird: das *Abenteuerliche*.[15] Diese Form des Erlebens zielt nicht nur auf die Abenteuer der Ritter, auf die Spiele um Ehre, Liebe und Leidenschaft, der Sinn für das Abenteuer wird nachgerade zum Drehbuch, nach dem die »losgebundene Partikularität« (15, 537) die Richtlinien für ihr Dasein entwirft. Die *Entgötterung der Welt* und die *Orientierung am Abenteuer* gehören zusammen. Ja, es sieht ganz so aus, als sei der gesteigerte Sinn für das Abenteuer eine Art Kompensationsaffekt für den entschwundenen Zauber durch Götter und Dämonen.

Wenn Hegel die Kreuzzüge das »Gesamtabenteuer des christli-

14 Als Veranschaulichung der Hegelschen Definition können die Lustspiele der Aufklärung gelten. Christian Fürchtegott Gellert erwähnt Hegel namentlich. Vgl. dazu: Ch. F. Gellert, Die kranke Frau. Ein Nachspiel in einem Aufzug. In: Lustspiele der Aufklärung in einem Akt. Stuttgart 1986.

15 Zur Struktur des modernen Begriffs des Abenteuers die eindrucksvolle Studie von Georg Simmel, Das Abenteuer. In: G. Simmel, Philosophische Kultur. Ges. Essais. Berlin 1983. 25-38.

chen Mittelalters« nennt, »ein Abenteuer, das in sich selbst gebrochen und phantastisch war« (14, 213), dann, so könnte man sagen, sind die vielfach zerstreuten Abenteuer des modernen Lebens gleichsam die kleinformatigen Supplemente einer großen Vergangenheit. Da gilt es dann: den Sinn für das kleine (frivole) Abenteuer zu reizen und das Spiel mit begrenztem Risiko auf leicht erhöhtem Erregungsniveau fortzusetzen. Das Phantastische und In-sich-Gebrochene, die Verkehrung von Innen und Außen finden sich laut Hegel auch auf »dem *weltlichen* Boden«. Die *Veralltäglichung des Abenteuers* wird zum Stimulans des Lebens, wo dem Geist »nichts Dunkles und Innerliches mehr übrig bleibt [...]. Der Geist arbeitet sich nur solange in den Gegenständen herum, solange noch ein Geheimes, Nichtoffenbares darin ist« (14, 234).

Dezentrierung. – Zu einem letzten Bestimmungsmoment der modernen Welt: Unter dem Druck externer Differenzierung gewahrt Hegel, wie die Teilidentitäten der »modernen Persönlichkeit« (13, 255) sich vervielfachen, vereinseitigen und unaufhaltsam auseinanderstreben. Der *Dezentrierungsprozeß* der Subjektivität ist Hegel zufolge konstitutiv für die moderne Welt. Wie die Griechen, die, je gebildeter sie wurden, die Anzahl der Götter (ironisch) gesteigert haben, teilt und faltet sich in den neueren Zeiten der Umfang des Charakters. Anders gesagt, die Substanz auch als Subjekt zu begreifen heißt, die *Entzweiung* positiv als die *Form* zu bestimmen, unter der die Einheit des Subjekts (und der modernen Welt) geschichtlich begriffen wird.

Die Subjektivität kann ihre Kollisionen und Widersprüche zeitangemessen zuletzt nur als komische begreifen. Sie erfährt sie in der paradoxen Figur des *Komödianten*. Oder, der Komödiant ist das Subjektmodell der Moderne, wenn er sich fast instinktiv in der Steigerung seiner Individualität *gegen* das Allgemeine zur Geltung bringt und jedesmal erleben muß, wie er das moderne ›Schicksal‹ der Verkehrung in ein Nichtiges erleidet. Nietzsche wird daraus später den Schluß ziehen: »Alles Persönliche ist eigentlich komisch.« Während der Komödiant eine Maske nach der anderen aufsetzt, eine zufällige Rolle nach der anderen spielt und die Zahl der relativ gleichgültigen Individualitäten vervielfacht, ist er niemals wirklich wahr und niemals wirklich falsch. Mit keiner Maske (persona) wirklich verwachsen, mit keiner je ganz oder vorbehaltlos einig, kann er nicht aufhören, sie sich vom Gesicht zu reißen. Sperrt er sich dagegen, macht er sich lächerlich. Das Lächerliche ist

nicht das Komische, dazu fehlt ihm das lachende und weinende Auge des Komikers, die selbstbewußte Dramaturgie jener Erfahrung von Verkehrung, die ihm die Moderne bedeutet.
Um Mißverständnissen vorzubeugen, man versteht Hegels Begriff der Komödie besser, wenn man ihn nicht ausschließlich im engen Sinn der Kunstgattung auslegt, für die das Lustspiel der Aufklärung, die Commedia dell'arte oder eine flache Charakter- oder Situationskomik Pate gestanden haben mögen. Seine Analyse der Grundstruktur der Komödie weist über diese historischen Vorbilder hinaus. Sie zielt auf ein komödiantisch oder reflexiv gebrochenes Bewußtsein, das im kritisch gegen sich selbst gewendeten Gelächter sich immer schon über sich selbst erhoben hat.
Die Entzweiung der modernen Welt wird in der Komödie so radikal gefaßt, daß begriffliche Mediation nicht mehr möglich ist und daher die Kunst insgesamt in der Komödie ihrer Auflösung entgegensieht. Aus den Banden der substantiellen Sittlichkeit befreit, wird die Subjektivität selbst Thema der Kunst und mit ihr die ungehemmte Multiplikation innerer und äußerer Verhältnisse (14, 221). Das heißt, in Komödie, Satire und Trauerspiel eröffnet sich dadurch ein schier unerschöpfliches Reservoir von Gegenständen. Die Umstände und Kollisionen werden zahllos, der Umfang eigensinniger Zwecke wächst ins Ungeheure.[16] Entsprechend wird die »Erfindung [interessanter] Szenen« zur Hauptaufgabe der romantischen Kunstform. Über all das herrscht das (entfremdete) Spiel des Zufalls. Dem Zufall wiederum korrespondieren Charaktere, die keine mehr sind.[17] Die Komödie spielt gleichsam schon im

16 Die Komödie spiegelt in höherem Grade als jede andere Kunstgattung das, was Hegel die »prosaische Objektivität« (14, 222) des Lebens nennt. Sie zeigt die Menschen sich in allerlei komischen bis absurden Situationen verrenken. Es ist eine Zeit, in der die »Erfindung [interessanter] Situationen« (vgl. 13, 281; 13, 261) zur Hauptaufgabe der (romantischen) Kunstform wird. Auf der Höhe der Moderne kann sich die Kunst den »Abenteuern der Phantasie« (13, 113) freigeben. Dabei wird die *Situationskategorie* grundlegend für jedes Handlungsverständnis (13, 257 ff); sie wird eine *historisch* bedeutsame Kategorie, gleichsam das Verständnisformular mittlerer Reichweite, das der Kontingenz entzweiter gesellschaftlicher Verhältnisse entspringt; sie drängt den (heroischen) »Charakter« als Erklärungsgrundlage in den Hintergrund.

17 Selbst Figuren wie »Hamlet« attestiert Hegel eine eigentümliche Ge-

Horizont eines wesenlosen Scheins. Angesichts dieser Diagnose muß es verwundern, daß für die Dialektik die »unendliche Wohlgemutheit und Zuversicht« ganz zentral zum Komischen gehört.

Das Ende der Kunst

Wie kann, so muß man fragen, die Komödie angesichts der tiefsten Zerrissenheit der Welt, wohlgemut und erhaben, ohne bitter zu sein, die Auflösung aller Zwecke und Realisationen des Subjekts ertragen? Wie kann sie, ohne zynisch zu sein, über die eigenen Widersprüche, die Verdrehtheit und Substanzlosigkeit in ein schallendes Gelächter ausbrechen? Wie kann sie sich ›frei‹ und ›heiter‹ aus ihrem Untergang erheben? Der Grund kann nicht allein darin liegen, daß es, wie Hegel sagt, von ausgezeichneter Komik zeugt, »wenn an sich kleine und nichtige Zwecke«, die »mit dem Anschein von großem Ernst und umfassenden Anstalten zustande gebracht werden«, kläglich scheitern und so »in der Tat nichts [Großes, G. G.] zugrunde geht« (15, 529). Vielmehr ist der eigentliche Grund darin zu sehen, daß die Komödie im Medium ›steter Versöhnung‹ spielt, daß die Versöhnung von Ich und Welt, Tugend und Weltlauf auf der Höhe des gegenwärtigen Zeitalters schon geleistet ist und auf diese Weise der Komödie den Rücken stärkt. »Die Komödie hat daher das zu ihrer Grundlage und ihrem Ausgangspunkte, womit die Tragödie schließen kann: das in sich absolut versöhnte, heitere Gemüt, das, wenn es auch sein Wollen durch seine eigenen Mittel zerstört und an sich selber zuschanden wird, [...] darum doch nicht seine Wohlgemutheit verliert« (15, 552). Kierkegaard hat also den Hegelschen Begriff des Komischen gut getroffen, wenn er bemerkt, das Komische sei der »schmerzlose Widerspruch«.

Auf der Höhe der Moderne weiß die Komödie die Versöhnung von Individualität und Vernunft geleistet. Damit wird – nach Hegels berühmt-berüchtigter These – das *Ende der Kunst* einge-

mütsschwäche und Ambivalenz, von Figuren wie »Werther« ganz zu schweigen. Letztere ist Ausdruck der »Vertiefung der gehaltlosen Subjektivität«. Auf die psychologische Vertiefung der Subjektivität reagiert Hegel stets mit auffälliger Verachtung und Abwehr.

läutet. Die Auflösung der Kunst fällt mit einer auf *Dauer gestellten Moderne* zusammen. Die geschichtliche Zeit wird zur perennierenden Moderne, der Kunst bleibt allenfalls die Aufgabe der *Illustration*. Eine ›Postmoderne‹ kann es für die Dialektik nicht geben; sie wäre ein Begriff aus dem Wörterbuch der Gedankenlosigkeit, ein ›hölzernes Eisen‹, denn die Modernität der Moderne, ihre Regeneration über die Unerschöpflichkeit des Neuen, ist unüberbietbar: im dramatischen Dispositiv des Komischen ist sie immer schon über sich hinaus. Dieses Wissen um die Versöhnung gestattet es Hegel, eine angstfreie Beschreibung des internen Widerstreits, den die Moderne verkörpert, zu geben. Die Dialektik kann im Vertiefungsprozeß der Subjektivität auch die Untiefen wahrnehmen. Sie muß nicht fürchten, daß die Negativität der Dekulturations- und Entfremdungsprozesse die Differenzierungs- und Modernisierungsgewinne wieder zunichte machen könnte.

Versöhnung. – Man macht es sich an dieser Stelle meines Erachtens zu einfach, wenn man in der Diktion Adornos fortfährt und glaubt, mit dem Zwischenruf ›falsche Versöhnung‹, ›erpreßte Versöhnung‹ die richtige Antwort parat zu haben: Ein durchaus realistisches Motiv fundiert Hegels Begriff der Versöhnung. Dazu ein kleiner Exkurs.

Ein anderer Begriff, den Hegel in diesem Zusammenhang (für Versöhnung) auch benutzt, ist *Verzeihung*. Beide Begriffe zielen auf dasselbe: »auf das versöhnende Ja, worin beide Ich von ihrem entgegengesetzten Dasein ablassen« (3, 494). Was damit gemeint ist, läßt sich im Rückgriff auf *Hannah Arendts Überlegungen zum Handlungsbegriff* rekonstruieren. Für diesen Begriff des Handelns ist das menschliche Doppelvermögen von ›Verzeihen‹ und ›Versprechen‹ konstitutiv. Man könnte – so H. Arendt – angesichts der Verfehlungen, »die sich aus der Natur des Handelns selbst ergeben« und somit alltäglich sind, gar nicht handeln, wenn der Andere, dem gegenüber gefehlt wurde, mir nicht verzeihen würde, das heißt, mich nicht wieder in den Stand versetzte, *von vorn beginnen zu können*.[18] Der Andere muß mich von meiner Vergangenheit, in der ich gefehlt habe, entbinden. Ohne daß alter ego mir vergibt oder mich aus meiner Schuld entläßt, die mich an die Vergangenheit kettet, kann ich nicht befreit handeln. Verzeihen

18 H. Arendt, Vita activa oder Vom tätigen Leben. München 1981, 225-243.

ist eine *Sprachhandlung* oder, wie Hegel sagt, an das *Wort* der Versöhnung gebunden. Alter ego muß ego loslassen, damit ego wieder neu anfangen kann. ›Anfangen können‹ ist Kants *kritischer* und H. Arendts *anthropologischer* Reflexion zufolge die differentia specifica, die menschliches Handeln als *freies* von allen übrigen Verhaltensweisen unterscheidet. Daß ego in der Lage ist, frei handeln zu können, hängt also nicht allein von ego ab, sondern ebenso von alter ego, in dessen Macht es steht, ego aus seiner Schuld zu entlassen. Ego freizugeben, das vermag nur der Andere. Hegel denkt das auf die nämliche Weise. Die Sprache ist das Dasein des Geistes, und das *Wort* der Versöhnung, das *ausgesprochen* wird, ist der *absolute Geist*: Es läßt »die Wunden heilen, ohne daß Narben bleiben; die Tat ist nicht das Unvergängliche, sondern wird von dem Geiste in sich zurückgenommen« (3, 492).[19] Das Wort der Versöhnung rückversetzt den, der jemandem unrecht getan hat, in den Stand, frei zu sein, es klammert die Zeit ein. Im Wort der Versöhnung, das zwischen ego und alter ego getauscht wird, ist *die Zeit aufgehoben* oder, wie Hegel sagt, »getilgt«. Handeln geschieht demzufolge nicht nur in der Zeit, Handeln braucht nicht nur Zeit, Handeln springt kraft *Spontaneität des Anfangenkönnens* ständig auch aus der Zeit heraus; es macht eine neue Zeitrechnung auf, *keinem Begriff ist es gegeben, darüber zu verfügen*. Der Neuanfang oder die Spontaneität des Handelns gründet darauf, daß alter ego mich in meine Freiheit entläßt. Anders gesagt, Intersubjektivität beruht auf symbolisch vermittelter Anerkennung, die als reziproke nur recht begriffen wird, wenn sie die Möglichkeit einschließt, daß die Kontrahenten sich wechselseitig *freilassen*. In den spekulativen Begriff des Handelns ist diese soziale Bewegungsstruktur sich überlagernder Subjektivitäten (nicht Intersubjektivitäten) als *in sich gebrochene Mitte* eingeschrieben.

Wenn – um ein Beispiel zu nennen – in den gegenwärtigen Debatten zu Moderne und Postmoderne *Kommunitaristen* wie Ch. Taylor glauben, sich auf Hegel als Gewährsmann für ihre Ideen berufen zu können[20], dann verfehlen sie die Pointe der spekula-

19 Nietzsche sieht das ähnlich, wenn er die Menschen des Ressentiments als die beschreibt, die mit dem Leiden, das ihnen angetan worden ist, »nicht fertig werden«.

20 Ch. Taylor, Sprache und Gesellschaft. In: Kommunikatives Handeln. Hrsg. von A. Honneth und H. Joas. Frankfurt/M. 1986.

tiven Dialektik aufs eindrucksvollste. Sie interpretieren das Differential der Versöhnung, in dem ego und alter ego sich freisetzen, wieder im Sinne einer vorkritischen oder substantialistischen Tradition. Sie unterstellen einen gemeinsam geteilten Wertehorizont.[21] Die Vernunft wird wieder zu einer Selbst und Anderes überwölbenden Rahmenvernunft. Die Differenz individueller Handlungsperspektiven, zu der sich die Subjekte wechselseitig befreien, wird zunichte gemacht, wenn sie von der Rahmenvernunft einer Wertegemeinschaft übergriffen gedacht wird. Aber der spekulative Begriff oder die Bewegung ›steter Versöhnung‹ läßt sich nicht in Form einer abstrakten Identität ausdeuten und stillstellen, das heißt *subsumtionslogisch* über eine Identitätsform beschreiben, die Selbst und anderes Selbst unter ein ›Segeltuch-Allgemeines‹ bringt und Vernunft den Triumph nennt, die Differenz der Perspektiven aus der Außenperspektive eines göttlichen Beobachters (und sei es auch nur prinzipientheoretisch) zu vereinnahmen. An der radikalen Offenheit oder Unbestimmtheit des Handelns[22] zerschellt alle Vernunft, die gewillt ist, sich als (moralisch kaschierte) Vorschrift zu formieren. Je größer der Zwang zur Einheit, desto eher ist man berechtigt, auf Schwäche zu schließen.

Ich breche hier ab und nehme den Faden der Hegelschen Komödiendeutung nochmals auf. Zugespitzt lautete die These: die Komödie erschließt auf ausgezeichnete Weise die Prosa und Bestimmtheit der modernen Welt. Im heiteren Nihilismus der Komödie liegt zugleich das geschichtliche Schicksal der Kunst beschlossen. Wesen- und substanzlos geworden, sinkt die Kunst auf eine historisch überholte, unbedeutende Manifestation des

21 Taylor und die Kommunitaristen sind nur Beispiele für einen neokonservativen Trend der letzten Zeit, in dem Plädoyers für objektive Wertehierarchien und ähnlichen Spuk die Runde machen. Es stimmt bedenklich, daß auch Teile der linksintellektuellen Szene nicht vor diesem Unsinn gefeit sind. Fast unvermeidlich (gerade in Deutschland) terminiert die (totalitäre) Idee der Wertegemeinschaft in dem ›Ruf nach dem Staat‹, der solche dem verrückten Eigendünkel (des für das Wohl der Menschheit pochenden Herzens) entsprungene Objektivität durchsetzen soll.

22 Eine philosophische Gesamtdeutung der Moderne hat der Autor in dem Buch vorgelegt: Flucht aus der Kategorie. Die Positivierung des Unbestimmten als Ausgang der Moderne. Frankfurt/M. 1994.

Geistes herab. Sie verliert die für die klassische Kunst paradigmatische Funktion, die Welt im ganzen zu erschließen und verbindlich auszulegen.[23] Anders gesagt, die Kunst bezahlt ihr Autonomwerden mit dem Verlust der Essenz in der Darstellung substantieller Konflikte. Sie büßt die Leitfunktion der Welterschließung in dem Augenblick ein, in dem das philosophische Denken im Medium des Begriffs die Beletage des absoluten Geistes bezieht. Ein Auslegungsmonopol für die Welt im ganzen wäre da nur anachronistisch.

Was die literarischen Gattungsformen betrifft, genügt genaugenommen nur die antike Tragödie dem Weltbild strukturierenden Leistungsanspruch. Die Tragödien der neueren Zeit sind in Hegels Augen hybride Mischformen, die blaß und mehrdeutig bleiben, weil der Zusammenhang der prosaisch auseinandergezogenen Welt die Integration der *unterschiedlichsten* gesellschaftlichen und persönlichen Motive verlangt. Ihnen fehlt die »plastische Totalität« (13, 248), die in der heroischen Welt der Antike ihren Ort hat, die Moderne aber nicht mehr kennt.

In einer von Schicksalsmächten emanzipierten Welt hat einzig die *Komödie* Zukunft. Wo archaische Gewaltverhältnisse fehlen, geschichtsmächtige Katastrophen ausbleiben, Konflikte mit der Staatsordnung rechtlich geregelt sind, die Allmacht des Leviathan nur noch wie ein ferner Alptraum nachwirkt und der geschichtsphilosophische Endzweck der Welt im Grundsätzlichen erreicht ist, das heißt, der Zustand der *Posthistoire* Wirklichkeit geworden ist, kann es keine Tragödie mehr geben.[24]

23 Strenggenommen verdient in Hegels Auffassung nur die klassische Kunst das Prädikat, wirkliche Kunst zu sein. Mit der Heraufkunft des Christentums setzt schon das Ende der Kunst ein.

24 Heiner Müller trifft durchaus den Punkt, wenn er – im verkleinerten Rahmen – mit dem Ende der DDR-Staatsmacht den Konfliktstoff für Tragödien erschöpft sieht: »... es ist zu befürchten, daß mit dem Ende der DDR das Ende der Shakespeare-Rezeption in Deutschland gekommen ist. Ich wüßte nicht, warum man in der Bundesrepublik Shakespeare inszenieren sollte, es sei denn die Komödien.« (H. Müller, Für immer Hollywood. In: Lettre International. 1. Vj. 1994. Heft 24)

Nietzsche oder: Wie die Komödie des Lebens in die Länge ziehen?

Nietzsche bewegt sich gleichsam auf diesem Terrain, das die Diagnose vom Komischen als dem ›schmerzfreien Widerspruch‹ vorbereitet hat. Man könnte Nietzsche folgende Frage an Hegel in den Mund legen: ›Woher glaubst du, Hegel, sollen die Menschen die Motivation nehmen, den zivilisatorischen Überdruß des ›letzten Menschen‹ abzuwehren, wenn ihnen klar wird, daß sie auf dem Hochplateau einer in den Versöhnungsbilanzen ausgeglichenen Moderne die ständig gleichen Konflikte und Kollisionen nur so zum Schein wiederholen, durchspielen und durchleiden müssen? Wenn sie begreifen, daß das komödiantenhafte Ambiente der Moderne eher einem Ensemble von Biotopen gleicht, in denen es sich allenfalls behaglich leben läßt? Woher also die Heiterkeit und Wohlgemutheit nehmen?‹ Nietzsche denkt aus der Not und Leere des ›letzten Menschen‹; dessen Abenteuer sind schal geworden. »Man hat sein Lüstchen für den Tag und sein Lüstchen für die Nacht: aber man ehrt die Gesundheit« (KSA, 4, 20)[25].
Nietzsche philosophiert – was die Systematik betrifft – aus der Perspektive der Hegelschen Komödienfigur; er nimmt diese Welt zum Ausgangspunkt, um sich sogleich dem Gedanken der Versöhnung von Sein und Selbst entgegenzusetzen.
Versucht man den Ort zu bestimmen, von dem aus Hegel und Nietzsche über die Moderne sprechen, so kann man sagen: Hegel entwickelt seine These von der Epiphanie der Geschichte in der Moderne im Bewußtsein ihrer Ankunft oder, besser noch, in der Erinnerung ihres Aufstiegs; Nietzsche überblickt – wie er meint – bereits die Folgeprobleme, die entstehen, wenn Kultur und Gesellschaft – mit den rousseauistischen Gleichheits- und Gerechtigkeitsidealen *gesättigt* – beginnen, nihilistisch in sich selbst zu kreisen. Hegel spricht mindestens implizit in seiner Theorie der Komödie die Folgeprobleme an, für die Nietzsche ein umfängliches Sensorium entwickelt: Wie nachmetaphysisch mit der »Kehrseite der Dinge« fertig werden? Wie Vertrauen in das Leben einflößen? Oder wie die Komödie des Lebens in die Länge ziehen? (vgl. KSA, 12, 213).

25 F. Nietzsche, Zarathustra. In: Sämtliche Werke. Kritische Studienausgabe in 15 Bänden, München 1988. Im Text zitiert als KSA mit Band und Seitenzahl.

Die Texte aus dem Nachlaß der achtziger Jahre, seiner letzten Schaffensperiode, belegen sehr schön, wie Nietzsche immer wieder auf diese Frage zurückkommt: Welche nachmetaphysischen Möglichkeiten der Versöhnung (Nietzsche: »Erlösung«) mit einem grundsätzlich ungerechten Leben gibt es, wenn der Versöhnungsgedanke der Metaphysik selbst im Nihilismus einer Entwertung aller Werte kollabiert?

Gegenüber der Hegelschen Dialektik erhöht sich der Problemdruck jetzt dadurch, daß Nietzsches Weltdeutung nicht mehr auf einen ontologisch oder weltgeschichtlich beglaubigten Sinn zählen kann. Bereits die Frage nach dem Gesamtsinn ist Nietzsche zufolge sinnlos, weil »der *Gesamthwerth der Welt* [...] *unabwerthbar ist*« (KSA, 13, 36). Das Gesamt des Lebens läßt sich weder überblicken noch abschätzen.[26]

Nietzsches Einsicht in die »Kehrseite der Dinge« verweigert sich der Annahme der ontologischen Metaphysik, die gegensätzlichen Seiten des Daseins miteinander zu versöhnen. Der abgründige Anteil der Dinge muß notwendig in die Gesamtbilanz des Lebens eingerechnet werden. »Tragische Weltbejahung« ist Nietzsches Antwortformel für diese Struktur. Sie kann die unversöhnten Seiten des Daseins freilegen, weil sie Zug um Zug mit den Glaubenssätzen der Vernunftmetaphysik bricht und die Auffassung verwirft, die Welt sei zuletzt in moralischen Entitäten verankert. Nietzsches Philosophie lehrt mit Nachdruck die *moralischen* Motive abzuschätzen, die in das kommunikative Netzwerk unserer

26 »Es fehlt jeder Ort, jeder Zweck, jeder Sinn, wohin wir unser Sein, unser So-und-so-sein abwälzen könnten. Vor allem: Niemand *könnte* es: man *kann* das Ganze nicht richten, messen, vergleichen oder gar verneinen. Warum nicht? [...] weil es nichts giebt außer dem Ganzen« (KSA, 13, 426). Was die Historiographie betrifft, wendet sich Nietzsches direkte Argumentation natürlich gegen Schopenhauer, dessen »philosophischer Pessimismus unter die komischen Dinge [gehört]« (KSA, 13, 36). Das heißt, Schopenhauer hat aus der empirischen Universalität des Leidens ein metaphysisches Gesamtgeschehen, ein Apriori der Weltauffassung gemacht, dessen pessimistische Bewertung legitimerweise nur letztbegründet werden könnte, wenn die logische Möglichkeit gegeben wäre: das Gesamt des Lebens zu überschauen und abzuschätzen. Hinsichtlich der Tragödieninterpretation erhebt Nietzsche gegenüber Schopenhauer den Vorwurf, sie im Sinne der Kunst als Quietiv des Willens anzusetzen.

Diskurse und Ontologien hineinverflochten sind. Man kann Nietzsches Umwertungsprogramm als Versuch deuten, die *Strategien verstehen zu lernen*, die zur moralischen Aufgipfelung der Welt im Zeichen der »Wünschbarkeit« und des »Ideals« geführt haben.

Tragische Weltbejahung

Im Frühjahr/Sommer 1888 – nicht einmal mehr ein Jahr vor seinem geistigen Zusammenbruch – faßt Nietzsche den Hauptgedanken seiner Philosophie zusammen:

»Eine solche Experimental-Philosophie, wie ich sie lebe, nimmt versuchsweise selbst die Möglichkeiten des grundsätzlichen Nihilismus vorweg: ohne daß damit gesagt wäre, daß sie bei einem Nein, [...] bei einem Willen zum Nein stehen bliebe. Sie will vielmehr bis zum Umgekehrten hindurch – bis zu einem *dionysischen Ja-sagen* zur Welt, wie sie ist, ohne Abzug, Ausnahme und Auswahl – sie will den ewigen Kreislauf, – dieselben Dinge, dieselbe Logik und Unlogik der Knoten.[...]
– Hierzu gehört, die bisher verneinten Seiten des Daseins nicht nur als *nothwendig* zu begreifen, sondern als wünschenswerth; und nicht nur als wünschenswerth in Hinsicht auf die bisher bejahten Seiten [...], sondern um ihrer selber willen, als der mächtigeren, fruchtbareren, *wahreren* Seiten des Daseins, in denen sich sein Wille deutlicher ausspricht. Insgleichen gehört hierzu, die bisher allein *bejahte* Seite des Daseins abzuschätzen; zu begreifen, woher diese Werthung stammt und wie wenig sie verbindlich für eine dionysische Werthabmessung des Daseins ist: ich zog heraus und begriff, was hier eigentlich Ja sagt [...]. Ich errieth damit, in wiefern eine andere *stärkere* Art Mensch nothwendig nach einer anderen Seite hin sich die Erhöhung und Steigerung des Menschen ausdenken müßte« (KSA, 13, 492, 493).

Es wird deutlich, worauf sich Nietzsches »Attentate« richten; sie zielen auf die *Semantik eines pessimistisch halbierten Lebens*, auf die platonisch-metaphysischen Strategien der Verneinung des Daseins, die den Schmerz und die Ungerechtigkeit, die Niedertracht und das Böse als nicht notwendig und konstitutiv für das Gesamtgeschehen der Welt beurteilen; sie belegen, in welchem Umfang das asketische Ideal, dieser »Gifthauch über der Realität« (KSA 13, 56), zu einer Verkehrung in der Wertschätzung des Lebens geführt hat. Wir können Nietzsches ausgedehnte Antwortversuche, durch die er den Horizont tragischer Weltbejahung[27] zu markieren sucht, nicht im einzelnen nachzeichnen. Was sie für eine Deutung der Moderne interessant macht, sind bestimmte, wiederkehrende Konstellationen, die dokumentieren, wie seine Entwürfe von Gegensätzen heimgesucht werden, für die kein synthetischer Begriff entwickelt werden kann, sie zu schlichten. Sie lassen sich um drei Grundbegriffe der tragischen Weltsicht gruppieren: Kunst, Weltbejahung und die Frage: wer sind die ›Starken‹?

Kunst. - Die Schriften der achtziger Jahre lesen sich über weite Strecken wie eine Suche nach den »natürlichen Antagonismen des asketischen Ideals«. Die Suche führt Nietzsche wie zwangsläufig auf die prominente Rolle der Kunst: Wo der Wahrheitsdiskurs der Metaphysik sich durch seinen Nihilismus selbst entwertet, wird die ästhetische Erfahrung zum Modell der Rechtfertigung der Welt. Was nämlich bleibt, so Nietzsche, ist die Erfahrung der schöpferischen Kraft zum *Schaffen und Umschaffen von Welten, in deren Gelingen uns Erlösung im Schein* zuteil wird.

»Die Kunst und nichts als die Kunst! Sie ist die größte Ermöglicherin des Lebens, die große Verführerin zum Leben, das große Stimulans des Lebens.«

Der Kunst wird eine dreifache Erlösungsaufgabe zugeschrieben:

»Die Kunst als die *Erlösung des Erkennenden*, – dessen, der den furchtbaren und fragwürdigen Charakter des Daseins sieht, sehn will, des Tragisch-Erkennenden.
Die Kunst als die *Erlösung des Handelnden*, – dessen, der den furchtbaren und fragwürdigen Charakter des Daseins nicht nur sieht, sondern lebt, leben will, des tragisch-kriegerischen Menschen, des Helden.
Die Kunst als die *Erlösung des Leidenden*, – als Weg zu Zuständen, wo das Leiden gewollt, verklärt, vergöttlicht wird« (KSA, 13, 521).

Die Kunst übernimmt die Erlösung nicht in Form einer Entlastungsaufgabe, nicht als passivischen Genuß auf seiten des Betrachters, Startbedingung ist vielmehr der Künstler, der aus der Fülle seines Schöpfungsdrangs den Dingen (neue) Formen aufprägt und in seinem Tun sich selber, das heißt seine Freiheit, als Überwindung vielfacher Widerstände genießt. Ästhetische Erfahrung im Sinne Nietzsches interessiert sich nicht für die klassischen

27 Zum Begriff des Tragischen bei Nietzsche vgl. G. Gamm, Wahrheit als Differenz. Studien zu einer anderen Theorie der Moderne. Frankfurt/M. 1986, Kap. VII.

Formulare ›schön/häßlich‹, ›unmittelbar/reflexiv‹ oder für das »interesselose Wohlgefallen« Kants.[28] Ästhetische Rechtfertigung der Welt ist Rechtfertigung durch die Kunst, aber nur insofern, als sie für den Künstler die Möglichkeit birgt, *Perspektiven umzustellen* und »dem Werden den Charakter des Seins aufzuprägen«. Sie umfaßt jede Form perspektivenumstellenden Handelns, das *politische* des Gesetzgebers, der neue, machtvolle Organisationseinheiten hervorbringt, ebenso wie das *epistemologische* des Philosophen, der im übermächtigenden Ausgriff auf die Phänomene sich das »Herrenrecht« anmaßt: »Namen zu geben«.

Was die Kunst zum Hauptantagonismus des asketischen Ideals macht, ist ihre Stellung zum Schein. Die Kunst teilt mit dem Leben nicht nur das Sinnlosigkeitsprädikat; sie teilt mit ihm vor allem die Affirmation des Scheins. Nietzsche kehrt Hegels *mehrdeutiges* Diktum »das Schöne hat sein Leben in dem Scheine« (13, 17) in ein *eindeutiges* Votum für den Schein um, das heißt, der Wirklichkeitsbezug der Kunst, der in der klassischen philosophischen Tradition stets ein gebrochener ist, oszillierend zwischen Sein und Schein, diese Ambivalenz wird von Nietzsche negiert. Der Schein wird als anthropologisches Existenzmedium angesetzt, dem der Mensch nicht entkommen kann. Kunst und Leben rükken so aneinander. Anders als im Wahrheitsdiskurs der Tradition intendiert Nietzsche ein bejahendes Verhältnis zum Schein. Denn beide stehen nicht unter Kuratel der Wahrheitsfrage.

Daß Kunst und Leben den Grundcharakter eines schöpferischen Willens zum Schein teilen, diese Wesensgleichheit gestattet es Nietzsche, die *Kunst* zum *Modell der Weltauslegung im ganzen* zu machen. Nietzsche plante lange einen Teil seines später wieder verworfenen Hauptwerks unter den Titel: ›Der Wille zur Macht als Kunst‹ zu stellen.[29] Diese Übertragung der Rechtfertigungspflicht

28 Wie Hegel anmerkt, charakterisieren beide Unterscheidungen die Kunstwerke der romantischen Kunstform nur unzureichend: Es gibt das Häßliche in der Kunst, und Reflexivität wird fast zum Kennwort der romantischen Kunstform.

29 Daß sich kein Gesamtsinn aus dem ontologisch dequalifizierten Weltspiel der Natur ableiten läßt, gilt selbstredend auch für das Konzept eines Willens zur Macht; auch es enthält keine ontologischen Essentials über die Grundstruktur des Seienden im ganzen. Aber auch als eine Theorie, die mit einer Pluralität von Weltperspektiven rechnet, muß sie nicht dem Relativismus gleichgültiger Perspektiven das Wort reden:

für das Dasein im ganzen ist nicht nur von grandioser Einseitigkeit, sie führt Nietzsche auch in einen eigentümlichen Zwiespalt: Seine Vernunftkritik bestreitet bekanntlich die Grundannahme der ontologischen Metaphysik, der Struktur der Welt (oder des Bewußtseins) in irgendeiner Weise verläßliche Auskunft über die reale Beschaffenheit der Welt entnehmen zu können. »Vieles niemals sehn, Vieles falsch sehn, Vieles hinzusehn« (KSA, 13, 193) lautet das konstruktivistische Credo seiner Erkenntnisanthropologie, ergänzt durch die Einsicht in das Schema der Grammatik, das wir nicht abwerfen können. Gleichzeitig konstatieren wir erstaunt Nietzsches Bestreben, für seine Kunstdeutung lebensphilosophische Rückendeckung zu suchen: Nicht nur Kunst und Leben zu parallelisieren, sondern Kunst in einer Metaphysik des Lebens zu fundieren. Anders gesagt, die Notizen aus dem späten Nachlaß verorten die Kunst nicht allein deskriptiv, sie wenden sie normativ. Als Kronzeugin gegen das asketische Ideal werden der Kunst Unterscheidungen eingelesen, deren vornehmste Aufgabe es ist, die aufsteigenden oder das Leben aufgipfelnden Gestalten von den abwärtsweisenden zu trennen.

An der Kunst bricht zudem ein Widerspruch auf, der Nietzsches Konzept tragischer Weltbejahung in allen Filiationen durchfährt: Gilt die Rechtfertigung des Daseins durch die Kunst (als unendliche Bejahung des Scheins) für jede Kunst? Auch für die Kunst Wagners? Also für eine Kunst, über die der späte Nietzsche fast nur abschätzige Urteile abgibt: Schauspielerei, auf bloße Effekte aus, übertrieben sentimental, falsche Romantik, krank usf. Ganz allgemein scheint zu gelten: Wie die Kunst zeigt das Tragische insgesamt eine *aporetische* Struktur, die Nietzsches Diskurs in keiner Weise auszugleichen weiß: Die Differenz wertabschätzender Blicke (aktiv/reaktiv, stark/schwach, Geist des Ressentiments/Schöpferischseins usf.) ist für Nietzsches Weltauffassung ebenso konstitutiv wie das tragische Dispositiv, das heißt das *dionysische Jasagen* zur »Welt, wie sie ist, ohne Abzug, Ausnahme und Auswahl«. Von beiden aber läßt sich nur schwer absehen, wie sie zusammenstehen könnten. *Differentielle* und *universelle Bejahung* verweisen konsequent gefaßt auf einen unauflösbaren Gegensatz.

eine Auswahl unter ihnen soll und muß getroffen werden (insofern ein derart veräußerlichender Weltvergleich überhaupt möglich ist).

Zum letzten Stichwort, Nietzsches späte Diskurse kehren immer wieder zu der Frage zurück, welche Bewertungskriterien eigentlich zur Verfügung stehen, mit denen über die grundlegenden Dichotomien von stark/schwach, gesund/krank, aktiven und reaktiven Kräften befunden werden kann: Wenn allein die (dionysische) Bejahung des Tragischen, des furchtbaren und fragwürdigen Charakters der Welt, die höchste Zustimmung zur »Welt, wie sie ist« signalisiert, was bedeutet das für die Näherqualifikation der souveränen Individualität? Worin sollte ihre Stärke bestehen? Was könnte Anlaß sein für die neue, große nachnihilistische Heiterkeit?[30] Einen Fingerzeig enthält wiederum eine Notiz aus dem Nachlaß:

»Daraus ergiebt sich, in's Große gerechnet, daß die Vorliebe für fragwürdige und furchtbare Dinge ein Symptom für Stärke ist, während der Geschmack an Hübschen und Zierlichen den Schwachen, den Delikaten zugehört. Die Lust an der Tragödie kennzeichnet starke Zeitalter und Charaktere. [...]
Es ist ein Zeichen von Wohl- und Machtgefühl, wie viel Einer den Dingen ihren furchtbaren, ihren fragwürdigen Charakter zugestehen darf; und ob er überhaupt ›Lösungen‹ am Schluß braucht« (KSA, 12, 556).

Wie sich zeigt, geht wiederum das, was Nietzsche mit ›Tragödie‹ verbindet, über den engen theatralischen Rahmen der Kunstgattung hinaus. Es geht um den allgemeinen Sinn des Tragischen. Nach dieser Auskunft sind die *starken Charaktere die*, *die keine starken (letzten) Lösungen nötig haben*, die, wie es an anderer Stelle heißt, auf »*Hypothesen* hin«[31] zu leben in der Lage sind und allen »Glauben« an letzte Begründungen auflösen. Entsprechend eine andere Stelle vom Juni 1887: Auf die Frage nach den »Stärksten« antwortet Nietzsche, es seien die »Mäßigsten, die, welche keine extremen Glaubenssätze *nöthig* haben, die, welche einen guten Theil Zufall, Unsinn nicht nur zugestehen, sondern lieben [...]: die Reichsten an Gesundheit, die den meisten Malheurs gewachsen sind und deshalb sich vor den Malheurs nicht so fürchten – Menschen, die *ihrer Macht sicher sind*« (KSA, 12, 217).

30 Sie kommt im Unterschied zu Hegel nicht ohne Bitterkeit und ermüdendes Pathos aus.

31 »In wie weit Einer auf *Hypothesen* hin leben, gleichsam auf unbegrenzte Meere hinausfahren kann, statt auf ›Glauben‹ ist das höchste Maaß der Kraftfülle. Alle geringeren Geister gehen zu Grunde« (KSA, 11, 148).

Nietzsches früher Name für die ›versuchende‹ Einstellung des Experimentalphilosophen: Artistenmetaphysik. Sie kehrt in den späten Diskursen als »Weltästhetik« oder besser noch, um Foucaults Ausdruck zu bemühen, als »Ästhetik der Existenz« wieder. Man könnte in ihr den Vorschein oder das Bild einer nachmetaphysischen Souveränität entdecken.[32]

Das ist, wie stets im Verbundsystem der Ideen Nietzsches, nur die eine Seite, die Seite des *dekonstruktiven* Diskurses, in dem das Reflexivwerden alle(r) Bestimmungen dominiert: das Subjekt sich auflöst (und als »Vielheit« erscheint), die Perspektiven sich ver-

32 Für die *Psychoanalyse* ist das Leben eine *Tragödie*, das sich unter der anthropologischen Prämisse eines Konflikts von (unbewußtem) Wunsch und Abwehr schicksalhaft als Wiederholung bestimmter, lebensgeschichtlich bedeutsamer Konstellationen der Kindheit vollzieht. Freud führt in gewisser Weise vor, was Nietzsche als Programm für eine nachmetaphysische Welt zu formulieren versucht hat: Im Schatten des mythischen Schicksals der Triebnatur, der Tragödie, das Leben so interessant zu machen, daß es lebenswert erscheint. Aber um das zu leisten, mußte Freud erneut eine *Hinterwelt*, die dem Bewußtsein abgewandte Seite der ›nature noire‹, erfinden, eine neue Höhle mit allem, was dazugehört. Auf der Grenze zwischen Biologischem und Psychischem, Affekt- und Vorstellungsrepräsentanz, ist sie ganz *innerweltlich* eingerichtet, aber doch so, daß sie von einem ›Wissen‹ durchquert wird, das weit über das gewöhnliche Handlungsverständnis hinausgeht. Wir sehen die Psychoanalyse bei der Arbeit, das Leben neu zu verrätseln. Weit davon entfernt, nach Kopernikus und Darwin die dritte große narzißtische Kränkung zu sein (wie Psychoanalytiker und Philosophen bis heute nicht aufhören zu wiederholen), gelingt es Freud, mit Nietzsche geredet, dem Menschen ob seiner Kompliziertheit zu schmeicheln, bis er endlich dem Charme dieser Hypothese erliegt – und das, obwohl seine ›nature noire‹, die Triebnatur, ein glückliches Leben weder privat noch im Rahmen der Kultur in Aussicht stellt. Vor allem, die Freudsche Psychoanalyse operiert mit dem *Charme der Verkehrung des Gewöhnlichen*: Und der ist der stärkste (ästhetische) Anreiz, wieder an das Leben zu glauben, und – man wird es nicht für möglich halten – im Namen der *Aporie* wird an das Leben geglaubt. Die Wiederkehr mythischer Mächte und die Restitution von Geheimnissen sind weitere ›Lockmittel‹, den Lebenswillen zu stärken. Vgl. dazu: G. Gamm, In der Leere der verschwundenen Metaphysik. Das Ästhetische in der psychoanalytischen Therapeutik. In: Ethik und Ästhetik. Nachmetaphysische Perspektiven. Hrsg. von G. Gamm und G. Kimmerle. Tübingen 1990.

vielfachen, die Konfigurationen der Macht von nur »relativer Dauer« (KSA, 13, 36) sind und »auf Hypothesen hin« artistisch gelebt wird.
Dem deterritorialisierenden oder die klassischen Ideen der Metaphysik *auflösenden* Denken korrespondiert (unvermittelt) ein reterritorialisierendes: Seine Beschreibung ist ganz auf Prädikate abgestellt, die zeigen, wie es größere, machtvolle Einheit schafft, wie er Herr zu werden verlangt über das Vielfache und unendlich Zerstreute von Ideen, Menschen und Völkern, um »die verschiedenen Kräfte zu *einem* Ziel unbedenklich ins Joch« zu spannen. Der Wille zur Macht legt sich stets zweiseitig aus.

Typen der Entzweiung

Um das Ganze zuzuspitzen: Im Kontext der tragischen und der komischen Interpretation der Moderne zeigen sich zwei grundlegend verschiedene Typen der Entzweiung von Sein und Selbst. Das tragische Dispositiv Nietzsches reflektiert die Wiederkehr des Fatums, dem auf der Höhe der Zeit einzig ein heroischer Nihilismus gerecht wird. Der neue Fatalismus begreift das Sein als Unversöhntsein, als Fragwürdig-, als Abgründigsein. Sein ist Epigramm eines Unbestimmtseins, in seinen Falten lauert das Chaos. Der Schein ist lebensnotwendig, aber immer auch Anzeige einer Gefahr. Ein Sinn läßt sich dem Ganzen nicht entnehmen. Was Schelling im Jargon des Idealismus in der Kontraktion des logos freigesetzt sieht, zeigt sich in Nietzsches tragischer Weltbejahung als die dunkle, unendlich begehrende und furchtbare Macht des Lebens. Sie ragt abgründig in die zivilisatorische Ordnung der Moderne hinein.
Die spekulative Dialektik zielt in ihrem Begriff von Entzweiung auf die zersetzende Mitte einer Versöhnung, die Sein und Selbst auf dem »Standpunkt der neuesten Zeit« historisch und (onto-)logisch übereinkommen läßt: Erkennen heißt Wiedererkennen auf der Basis wechselseitigen Anerkennens. Sein wird vom Selbst durchgearbeitet; so verändern sich Sein und Selbst selbstbewußt. Diese historisch gestufte Transparenz von Sein und Zeit nennt Hegel ›Geist‹. Alle Partikularität scheitert an der immanenten Destruktion eines sich rekursiv validierenden logos. Im großen Finale der Komödie erscheinen Sein und Selbst versöhnt. Die komische Mo-

derne sieht in ihrer Selbstzerrissenheit jede sich aufspreizende Individualität (der Zwecke, Personen usf.) lachend zugrunde gehen oder reflexiv übergriffen.
Erstaunlich die prognostische Stärke der Hegelschen Diagnose für soziale Systeme auf dem Plateau postindustrieller Gesellschaften. Sie markiert Nietzsches ›lack of comprehension‹; es besteht exakt in dem, was die Dialektik die »prosaische Objektivität« des modernen Lebens nennt: die unendlich »auseinandergezogenen«, jeweils eigensinnig organisierten Teilsemantiken der modernen Welt. Diese Prosa der Moderne wird von Nietzsche übersprungen. Folgerichtig landet er (unzeitgemäß) bei einem Heroischen in einer ganz unheroischen (prosaischen) Zeit. Hegels in sich gebrochene Versöhnung von Sein und Selbst besiegelt nicht nur das Ende der Kunst, sie erweist sich als Basis einer Hochkultur der Komödie.
Das wiederum läßt sich guten Gewissens nur behaupten, wenn man das Fragezeichen mitdenkt, das Nietzsche hinter diesen Euphemismus setzt. Sein tragisch geschulter Nihilismus zeigt höhere Sensibilität gegenüber den Motivationsproblemen, die eine Hochsäkularzivilisation mit heraufführt. Der Kollaps des Gesamtsinns oder das Ende der ontologischen Metaphysik werden von Nietzsche überzeugend dargestellt. Das gilt auch dann, wenn seine Therapie, die Umwertung der Werte, abstrakt bleibt, das heißt im Gegenentwurf eines neuen, tragischen Gesamtsinns in den Netzen der metaphysischen Vorstellungswelt befangen bleibt. Nietzsche kann nicht sehen, daß, selbst wenn der Gesamtsinn kollabiert und sich in tausend über tausend Sinnpartikel zersetzt, die Punktualisierung und Partikularisierung des Sinns noch ausreichende Reserven bereithält, die anfallenden Probleme fortzuschreiben. Nietzsches große Geste der Umwertung selbst bleibt bloßes Pathos. Es braucht vielleicht gar nicht den metaphysischen Großsinn, um das Leben lebenswert zu machen.
Gleichzeitig registriert seine Nihilismusdiagnose etwas, das Hegels Komödienanalyse berührt, aber per Dialektik überspielt: die mit dem Wiederholungszwang der Lebenskomödie verbundene Motivationsschwäche, sobald sich die metaphysische Hintergrundsicherung auflöst. Wer mit Nietzsche durchschaut hat, daß er nur ein hegelscher Komödiant ist, obwohl er sich selbst für den Heros in einer Tragödie hält, der verliert auf Dauer die Lust, weiter Komödie zu spielen – und genau das ist das Motivationsproblem

der modernen Welt: Wo die Kluft zwischen rationaler Einsicht und inneren bzw. äußeren Handlungsbedingungen so tief wird oder die Zerstörung der sittlichen Mächte die Einheit von Urteil und Handlung nicht mehr herzustellen erlaubt, verkehrt sich die reinste Absicht oder das höchste Ideal in sein direktes Gegenteil und wird lächerlich.

Die Komödie, so könnte man abschließend sagen, zeigt sich – durch Nietzsches tragisches Dispositiv belehrt – als gesteigerte Form der Entdramatisierung des modernen Lebens.[33] Aber wie wir heute sehen, ist der soziale Entdramatisierungsprozeß noch lange nicht zu Ende. Im Gefolge der Technisierung des Selbst, der Technisierung von Gesellschaft und Natur führt er zuletzt auch zur Erosion der Dialektik und damit zur Ablösung der komödiantisch übergriffenen Entzweiung von Sein und Selbst durch eine fraktale Entzweiung.[34]

Was uns selbst betrifft, um die Komödie des Lebens in die Länge zu ziehen, bietet die auf Dauer gestellte Moderne wenig mehr als ein Komödiantendasein – da hat Hegel recht –, lebenstechnisch sind wir allesamt Komödianten, ohne allerdings je ganz oder dauerhaft die Überzeugung zu verlieren, immer auch Heroen in einer Tragödie zu sein.

33 Die radikale Entdramatisierung der Lebenswelt wird selbst wiederum von Philosophen und Künstlern, Schriftstellern und den öffentlichen Medien als Drama inszeniert.

34 Vgl. dazu G. Gamm, Die Vertiefung des Selbst oder das Ende der Dialektik. In diesem Band.

2. Die Vertiefung des Selbst oder das Ende der Dialektik

In den *Vorlesungen zur Ästhetik* spricht Hegel vom »Triebe zur Individualisierung« (15, 247)[1] oder auch von der unendlichen »Vertiefung« der Subjektivität: Sie kennzeichnen den Standpunkt der neuesten Zeit. Hegel zeigt, wie der Verinnerlichungsprozeß des Menschen mit der Ausdifferenzierung der äußeren, sozialen und ökonomischen Realität der bürgerlichen Gesellschaft einhergeht; er erkennt, wie an der Epochenschwelle zur modernen Welt sich die Individualität vor die schwierige Aufgabe gestellt sieht, sich in den ungeheuer »auseinandergezogenen« Verhältnissen der arbeitsteiligen Gesellschaft zurechtzufinden. Die Individualität muß lernen, sich in die Prosa des gemeinen Lebens zu schicken, wo sie doch, gleichsam lyrisch gestimmt oder einem primären Narzißmus verfallen, nichts mehr wünscht, als dem gesellschaftlichen Druck zur prosaischen Dezentrierung zu widerstehen. Die Dialektik, so könnte man sagen, ist die methodische Antwort auf diese historische Situation, in deren Angesicht die Individuen lernen müssen, die Gesellschaft, die sich ihnen scheinbar fremd wie ein erratischer Block entgegenstellt, mit ihrer Lebendigkeit zu durchdringen. Sie müssen ›flüssig‹ werden, um so besser durch die unterschiedlichen gesellschaftlichen Lebenslagen zu zirkulieren. Kurz, die Dialektik konfrontiert die gesellschaftlichen Akteure mit der Komödie des modernen Lebens, nach der das weltgeschichtlich wahrhaft Geltende, die universelle Vertiefung (oder Aufwertung) der Subjektivität sich in ein und derselben Bewegung in ein in sich Nichtiges verkehrt: in die fast absolute Bedeutungslosigkeit des Einzelnen durch die allgemeine Gesellschaftsmaschinerie. Der gesellschaftlich gesteigerte Trieb zur Individualisierung korrespondiert einer Trivialisierung oder Entindividualisierung des Selbst, die ebenso schrankenlos ist wie die Konzentration auf den »neuen Heiligen« (14, 232): das eigene Selbst. Der Begriff der Vertiefung zielt auf die historische Dynamik, der zufolge

1 Hegel wird zitiert nach: G.W.F. Hegel, Werke in zwanzig Bänden. Frankfurt/M. 1970.

jedem einzelnen das Recht eingeräumt wird, sich im ganzen Umfang seiner politischen, rechtlichen und ökonomischen Interessen befriedigt zu finden. Die Vertiefung des Selbst ist ein anderer Ausdruck dafür, die Substanz auch als Subjekt zu begreifen. Diese Programmformel besagt, die *Entzweiung* positiv als die *Form* zu bestimmen, unter der die Einheit des Subjekts (und der modernen Welt) geschichtlich begriffen wird.

Die folgenden Überlegungen drehen sich um die Frage, wie Hegels Diagnose fortgeschrieben werden kann/muß: Was ist im Kontext einer radikalisierten Moderne aus der Vertiefung des Selbst und seiner Trivialisierung/Standardisierung geworden? Was ist aus der Dialektik des Selbst geworden angesichts einer Welt, vor der sich schon Hegel nur noch in die Komödie zu retten wußte?[2]

Die vorläufige Antwort lautet: Im Zeichen der Technisierung von Gesellschaft und Wissen erhält die ›Vertiefung‹ des Selbst eine neue Bedeutung. Sie gerät zusehends unter den Druck eines Handelns bzw. Geschehens aus dem *Geist des Erfindens*, und der ist in erster Linie ein *technischer*. Wollen wir wirklich erkennen, wer oder was wir sind, müssen wir uns selbst erfinden, gemäß dem Kantischen Grundsatz, nach dem man nur soviel vollständig einsieht, »als man nach Begriffen selbst machen und zu Stande bringen kann«.[3] Es spricht vieles dafür, daß die Vertiefung des Selbst in Richtung einer Artefaktibilisierung (Artefaktwerdung) des Menschen verläuft und eine ›anthropomorphia inversa‹ zur neuen, zwiespältigen Leitvorstellung im Ausgang des Menschen aus seiner selbstverschuldeten Unmündigkeit wird. Technische Modelle schalten sich immer nachdrücklicher in die Praktiken und Selbstverständigungsrituale der Gesellschaftsmitglieder ein.

Die ›Postmoderne‹ hat auf diese Moral der Selbsterschaffung aus dem Geist der Ästhetik einseitig reagiert und weder die technische Grundierung des Lebenszusammenhangs bedacht noch die doppelsinnige Logik ins Kalkül gezogen, die diesen Prozeß supplementiert. Sie hat zu Recht den wichtigen ethico-ästhetischen

2 Im Rückgriff auf die »Vorlesungen zur Ästhetik« u. a. läßt sich zeigen, in welchem Umfang die Komödie für Hegel den Hintergrund bildet, die Entzweiung der modernen Welt zu begreifen. Vgl. dazu: G. Gamm, Komödie oder Tragödie. In diesem Band. Diese Studie bietet den Rahmen auch für die folgenden Ausführungen.

3 I. Kant, Kritik der Urtheilskraft. In: Kants Werke, Akademie-Ausgabe, Bd. v. Berlin 1968 ff., 384.

Aspekt herausgestellt, dem zufolge wir unsere Identität über die Geschichten, die wir uns erzählen, erfinden. Sie hat uns dazu aufgefordert, in den ausgedehnten Räumen des Kampfes um Anerkennung uns eine bessere auszudenken. Aber sie hat nur ein schwach ausgeprägtes Bewußtsein dafür entwickelt, in welchem Umfang die Technologien insgesamt den Horizont abstecken, in dem das historische Apriori des Menschen sich heute erschließt. Die Technik, so könnte man sagen, ist zum Medium der Welterschließung geworden, in dem der Mensch sich (in seiner Artefaktibilität) durchsichtig wird.[4]

Diese Vermutung möchte ich anhand von vier Stichworten diskutieren und hinsichtlich der logisch-methodischen Konsequenzen befragen, die sich für die Dialektik daraus ergeben; es könnte sein, daß am relativen Ende der Vertiefungsgeschichte der Subjektivität das Herzstück der Dialektik, die Lehre von der Wechselseitigkeit des Anerkennens, kein fundamentum in re mehr hat. Die Technisierung des Selbst scheint die Grundlagen der Dialektik zu zersetzen. Es fällt schwer, im technischen Horizont einer radikalisierten Moderne die »doppelsinnige Rückkehr *in sich selbst*« (3, 146) als Bewegung der Anerkennung zu deuten. Die dialektisch bestimmte Entzweiung von Sein und Selbst ist in einem historischen Formwandel begriffen, der sie dazu drängt, das Modell der sich zersetzenden Mitte (Hegel) durch ein neues zu ersetzen, in dem antagonistische Kräfte vermittlungslos ineinander umschlagen. Man könnte in diesem Zusammenhang von einer fraktalen Entzweiung sprechen.

Reflexive Biographie

Im Zusammenhang der Individualisierungsdebatte in der neueren Soziologie ist die Rede von der selbst herzustellenden oder selbst zu wählenden Biographie fast schon ein Allgemeinplatz geworden. Die Rede besagt, daß sich nach der Auflösung traditional geregelter Lebenslaufmuster das einzelne Individuum verstärkt mit der Aufgabe konfrontiert sieht, aus den ›Bausätzen biographischer Kombinationsmöglichkeiten‹ diejenigen Versatzstücke einer Lebensversion auszuwählen, zu denen es die größte Affini-

4 Vgl. dazu G. Gamm, Technik als Medium. In diesem Band: S. 275 ff.

tät verspürt. Wo Schicht- und Klassenzugehörigkeit, Geschlechtsrollenstereotype und religiöse Bindungen aufhören, im Sinne überindividueller Verlaufsmuster verbindlich zu sein, die allgemeine Mobilisierung fast ein Synonym für Individualisierung wird und ein relativer Zuwachs an Einkommen, Bildung und Rechtssicherheit konstatiert werden kann, läßt sich auch (trotz fortdauernder sozialer Ungleichheit) eine Zunahme an Wahlmöglichkeiten beobachten, den eigenen Lebenslauf selbst zu gestalten. Wie Bauman schreibt, bringt der »Markt [...] einen weiten Bereich von ›Identitäten‹ zur Entfaltung, aus denen man seine eigene auswählen kann«.[5]

Die Individualisierungschancen werden beträchtlich erweitert oder besser, sie können sich dadurch stabilisieren, daß gleichzeitig ein starkes ökonomisches Interesse besteht, auch die Produkte, die der gemeinsamen Nutzung offenstehen, jedem einzelnen zu verkaufen: jedem seine Waschmaschine, jedem seine Wohnung, jedem sein Fahrrad.

Ob man in diesem Zusammenhang von »reflexiver Biographie«[6], von »Bastelbiographie« oder von »Wahlbiographie«[7] spricht, ist relativ gleichgültig; wichtig ist der der postindustriellen Gesellschaft immanente Zwang, für sich selbst und miteinander das Ensemble von Lebensmöglichkeiten und Lebensstilen zu finden und zu erfinden, die geeignet sind, in den Rang neuer Selbstverständlichkeiten aufzurücken. Diese neue Art der Lebensführung und Lebensgestaltung, die die traditionelle ablöst, begreift das Individuum »als Akteur, Konstrukteur, Jongleur und Inszenator seiner Biographie«.[8]

Auch wenn nicht bestritten werden soll, daß Restposten von Widerfahrnissen handlungs- und systemtheoretisch nicht aufgelöst werden können, fest steht, daß mit der relativen Vergrößerung von Handlungsspielräumen ein technisch grundiertes Bewußtsein allgemein geworden ist, das der einflußreiche Kybernetiker Heinz von Foerster in einen neuen (zwiespältigen) »kategorischen Im-

5 Z. Bauman, Moderne und Ambivalenz. Das Ende der Eindeutigkeit. Hamburg 1992, 250.

6 A. Giddens, Modernity and Self-Identitiy. Self and Society in the late Modern Age. Cambridge 1991.

7 U. Beck, Die Erfindung des Politischen. Zu einer Theorie reflexiver Modernisierung. Frankfurt/M. 1993.

8 Ebd., 151.

perativ« gegossen hat: »Handle stets so, daß die Anzahl der Wahlmöglichkeiten größer wird.«[9]
Das Reflexivwerden besteht nicht nur im gesteigerten Bewußtsein für die Möglichkeit, die eigene Biographie je nach Bezugsgruppe oder Situation in Form oder Stil der Erzählung zu variieren oder, je nach Kontext, Stimmung oder Bedürfnislage, auf eine andere Weise an der eigenen Biographie weiterzubasteln; es impliziert auch das Bewußtsein, daß mit den erweiterten Möglichkeiten zur Selbstwahl Risiken einhergehen, die zuletzt in die Einsicht einmünden könnten, das Leben verfehlt zu haben. Das volle Bewußtsein einer endlich bemessenen Lebenszeit erhöht auch den Druck, auf jeden Fall die richtige Entscheidung zu treffen; es droht mit der Einsicht, das eigene Leben zu verfehlen. Über alle Wahlen ist das melancholische Bewußtsein verhängt, daß es angesichts einer endlich bemessenen Lebenszeit für Revisionen zu spät sein könnte.
Mit oder ohne Seitenblick auf Hegel, die Soziologen registrieren auch, wie die Individualisierungsschübe von ebenso großen Uniformierungsprozessen begleitet werden. Mit der Erhöhung des Kunstanteils in der Verpflichtung auf eine selbst herzustellende Biographie wachsen auch die Anteile der *Standardisierung*; sie verweisen in jeder Form auf Mechanismen der Normalisierung und der impliziten Kontrolle. Das reflexive Verhalten selbst erfährt dieses Schicksal, wenn, um ein Beispiel zu wählen, in Form der Gründung von Institutionen zur systematischen Selbstbeobachtung *Supervision* für alle, die in Sozialberufen tätig sind, mehr oder weniger zur Vorschrift gemacht wird. Mit der Professionalisierung von Beraten, Erziehen, Unterstützen werden die Kernfähigkeiten des Sozialen tendenziell funktionalisiert und technisiert[10] und die metakognitiven, metasprachlichen, eben selbstreferentiellen Kommunikationsformen zur Standardausrüstung der Sozialberufe. Man könnte das die therapeutische Demokratisierung oder Zerstreuung des göttlichen Blicks in selbstreferentielle Kommunikationen nennen.
Das heißt, die Bedeutung des Einzelnen nimmt im Netzwerk gesellschaftlicher Funktionen ständig ab, während der soziale Zwang

9 H. v. Foerster, Sicht und Einsicht. Versuche zu einer operativen Erkenntnistheorie, Braunschweig/ Wiesbaden 1985, 41.
10 Vgl. auch K. Dörner, Teamsupervision in der psychiatrischen Arbeit. Interview. In: Forum Supervision, 1 [1993], 114-135.

zur Selbstinszenierung und Selbstdramatisierung stetig zunimmt: Es scheint, als vertieften sich beide Tendenzen unendlich gegeneinander – in gewisser Hinsicht nicht unabhängig voneinander, aber auch nicht gemäß der Dialektik in Form eines logisch rekonstruierbaren Vermittlungszusammenhangs. Ein Ende der Dialektik zeichnet sich dort ab, wo der Markt beginnt, die Drehbücher für die Identitäten zu schreiben und die Übernahme marktgängiger Identitäten die Voraussetzung für soziale Anerkennung schafft; wo die vom Markt bereitgestellten Identitäten »die Qualen der Selbsterschaffung und der nachfolgenden Suche nach der gesellschaftlichen Anerkennung [...] durch den weniger quälenden, oft angenehmen Akt der Wahl zwischen fertigen Mustern ersetzt wird«. Der Kampf um wechselseitige Anerkennung verliert an Bedeutung, wenn zuletzt »Lebensstil-Symbole«, die von Autoritäten oder großen Gruppen einflußreicher Leute propagiert werden, an die Stelle reziproker Identitätsbildung treten, wenn ein algorithmisch-ortloser Selbstbezug den lokal und regional gegliederten ersetzt. »Soziale Anerkennung muß [...] nicht auf dem Verhandlungswege erzielt werden – sie ist sozusagen von Anfang an in das auf dem Markt gehandelte Produkt eingebaut.«[11]

Moral

In diesem Zusammenhang scheint es schwierig zu sein, jenen Doppelbindungseffekt festzustellen, der analog zur sich selbst zersetzenden Mitte Moralisierung und Entmoralisierung in entgegengesetzter Richtung freisetzt. Dennoch ergibt sich eine vergleichbare Konstellation. Hegel hatte bereits bemerkt, daß der heutigen Vorstellung nach das Individuum tut, was es aus seiner Persönlichkeit heraus tut, und deshalb auch nur für sein Handeln einsteht, was aber so einfach nicht ist, denn bei der »Verwicklung und Verzweigung des heutigen Handelns [rekurriert] jeder auf alle anderen [...] und schiebt die Schuld soweit als möglich von sich zurück« (13, 247).

Es scheint, daß in der Moderne dem vertieften Bewußtsein in die subjektive Seite von Schuld und Verantwortung ein ebenso ausgebreitetes Wissen um die Entlastungs- und Entschuldungsmög-

11 Z. Bauman, Moderne und Ambivalenz. A.a.O., 250.

lichkeiten einhergeht. Die systemisch vernetzte Natur individuellen Handelns erschwert die Eindeutigkeit der Schuldzuschreibung. Verantwortungsdiffusion ist die unmittelbare Folge. Die Moralisierung der gesellschaftlichen Verhältnisse wiederum läßt sich in dem Maße ausdehnen, wie die Menschen sich in der Lage glauben, selber Urheber der Verhältnisse zu sein: Was sich ändern läßt oder in der Reichweite sozialer Handlungskompetenzen angesiedelt ist, läßt sich auch dem Moralschema unterwerfen; ja, es fordert kraft seiner internen Logik eine verschärfte Moralisierung heraus. Zugleich – in ein und derselben Aktion – kann jeder einzelne der Vernetzung jeder Handlung und seiner »untergeordneten Stellung« (13, 241) wegen für sich eine Teilentschuldung reklamieren oder sich überhaupt die Absolution erteilen.

Die paradoxe Doppelcodierung wird heutigentags dort sinnfällig, wo sich jeder weltweit für alles verantwortlich fühlen soll (von den gentechnisch veränderten DNAs bis zu den Ozonlöchern der Atmosphäre) und keiner es mehr wirklich zu sein braucht, weil alle gleichermaßen schuldig sind: Wer sich aus allem ein Gewissen macht, erspart sich die Not, im Einzelfall ein Gewissen zu haben.

Die Moral wird gleichsam flächiger, ohne an Substanz zu gewinnen; sie ist überall präsent, ohne wirklich im Verhalten der Dinge wirksam zu werden. Nach dieser Seite besteht die unendliche Vertiefung der Subjektivität in der Moralisierung aller Verhältnisse und Gegenstände, um in derselben Hinsicht die um Vorsatz und Schuld, Absicht und Verantwortung, Gewissen und das Gute gruppierte Moralität ins Präkambrium der Moderne zu verweisen.

Man kann diese Bewegung opponierender Kräfte, die vermittlungslos ineinander umschlagen, auch an Theorien beobachten, die, wie der Konstruktivismus, aus der historischen Entmächtigung der ontologischen Metaphysik den radikalen Schluß ziehen, alle Wirklichkeit sei zuletzt eine Konstruktion nach Maßgabe von Subjekten. Sie validiere sich rekursiv über die Beobachtungen bzw. die Unterscheidungen, die den darwinistischen Test aller Lebewesen bestünden, einen viablen Weg durch das Labyrinth der Gesellschaft zu finden.

In seiner Kritik an der klassischen Objektivitätsvorstellung der Wissenschaften hebt von Foerster den Gedanken hervor, daß der Beobachter entmächtigt und zur »Kopiermaschine degradiert«[12]

12 Vgl. H. v. Foerster, KybernEthik, Berlin 1993.

werde, das heißt, der Begriff ethischer Verantwortung sinnlos werde angesichts eines Erkenntnisideals, das auf einer reinen Deskription des Sachverhalts bestehe. Nicht nur sei dies unmöglich, die Pointe seiner Überlegungen besteht darin, daß im Kontext des konstruktivistischen Ideenensembles *jede* Beobachtung oder Unterscheidung zum Ort der Verantwortung werde, weil jede gegenstandskonstitutive Differenz, die gemacht wird, per definitionem das Werk des Beobachters sei, für die ein Legitimationsnachweis zu erbringen sei. Kurz, *jede Unterscheidung berge eine Entscheidung*, die verantwortet werden müsse. Die Objektivität der Sache entspringe nämlich nicht der spiegelbildlichen Beschreibung eines in sich bestimmten Gegenstandes, sondern dem Unterscheidungshandeln der Wissenschaftler.

Wie Nietzsches Destruktion der Moral zur grenzenlosen Verantwortungsbürde für den einzelnen wird, in vergleichbarer Weise schlägt die konstruktivistische Kritik an den fiktiven Objektivitätsansprüchen der Wissenschaft vermittlungslos in eine Totalisierung der Verantwortung um. Moral wird individuell unzurechenbar, sowohl was die Voraussetzungen wie die Folgen betrifft, um gleichzeitig (entmoralisiert) das gesamte Leben mit Zurechnungsfragen, das heißt Versicherungspolicen, zu durchdringen.[13] In einer Gesellschaft, in der immer mehr Verantwortung an öffentliche Instanzen, zum Beispiel Versicherungen, delegiert wird, nimmt die persönliche Verantwortungsbereitschaft zwangsläufig ab.

Die unendliche Ausdehnung des Verantwortungsbegriffs geht mit einer gleichzeitig extremen Verengung des Anteils einher, von dem wir glaubhaft versichern könnten, daß es wirklich in unserer Macht stünde. Insgesamt erscheint das Schicksal der Moral von Auszehrung bedroht. Sie gerät unter die Botmäßigkeit funktional oder technisch bestimmter Regeln. Nehmen wir die Arbeitsmoral. Die Selbst- und Zeitdisziplin der protestantischen Ethik, die psychischen und physischen Anpassungs- und Koordinationsleistungen der Menschen an die Vorgaben des Systems werden heute mehr und mehr als selbstverständlich vorausgesetzt. Als leidvoll erfah-

13 H. Lübbe spricht in diesem Zusammenhang von »Zurechnungsexpansion«, um gleichfalls darauf hinzuweisen, daß die Ausweitung von Zurechnungsfragen eine fortschreitende Entmoralisierung in lebensweltlichen, privaten usf. Verhältnissen zur Folge hat. H. Lübbe, Moralismus. Über eine Zivilisation ohne Subjekt. In: Universitas 4 [1994], 332-342.

rener Zwang standen sie in der Phase der industriellen Revolution im Vordergrund. Es scheint, daß Selbstbeherrschung, Affekt- und Stimmungskontrolle eine maschinenmäßige Höhe erreicht haben, auf der die Moral überflüssig wird. Das Interesse kann sich verstärkt den Praktiken der Selbstmodellierung und Selbstdramatisierung zuwenden. Es korrespondiert einer Moral der Selbsterschaffung, in der überdeutlich Züge einer technischen Formbestimmtheit eingeschrieben sind.

Gleichzeitig wiederum scheint ein enger Zusammenhang zu bestehen zwischen dem Schwinden der Moral und dem Gefühl der Bedeutungslosigkeit des eigenen Lebens. Anthony Giddens hat auf diesen existentiellen Aspekt hingewiesen: Ohne die Einbettung des eigenen Lebens in moralische Kategorien verstärkt sich das Gefühl, das eigene Leben sei ohne Bedeutung.[14] Das Gefühl der Bedeutungslosigkeit wäre danach in gewisser Weise eine Art Gradmesser für den Zustand der eigenen Moralität.

Zieht man die Summe aus dem Gesagten, lassen sich zwei Dinge ins Auge fassen: Die Menschen erscheinen viel stärker in die objektive oder sachliche Struktur der Lebens- und Arbeitswelt eingebunden, das heißt, von moralischen Ansprüchen entlastet. Aber mit der objektiven Erhöhung der Netzdichte sind die Fäden, die mich an die anderen Menschen binden, dünner geworden. Zwar lagern auf dem Grunde des Reflexivwerdens der Biographien oder der vermehrten Selbstbeobachtung moderner Gesellschaften nach wie vor Restbestände von Moral, regiert nach wie vor der Blick der Anderen, der mich festhält oder losläßt, aber seine Erzwingungskraft scheint merklich schwächer geworden zu sein. Was auch nicht verwunderlich wäre im Kontext von Gesellschaften, die im Vergleich zu traditionalen Lebensformen die Kommunikationen und Beziehungen der Menschen unendlich vervielfacht und zerstreut, pluralisiert und funktionalisiert hat.

Der signifikante Andere ist mit anderen Worten einer Vielzahl von semi-signifikanten Anderen gewichen, das »Subjekt als Vielheit« (Nietzsche) die Folge. Oder wie Nietzsche sagt: Die Mitte ist (jetzt) überall.[15]

14 A. Giddens, Modernity and Self-Identitiy. A.a.O., 9, 154 f. u. a.

15 F. Nietzsche, Zarathustra. In: Sämtliche Werke. Kritische Studienausgabe in 15 Bänden, Bd. 4. Hrsg. von G. Colli und M. Moninari, München 1988, 273.

Eine Biographie (oder Gesellschaft), die reflexiv geworden ist, hat – bewußt oder unbewußt – ein notorisch schlechtes Gewissen. Es entstehen jene Mengen frei vagabundierender Moralenergie, die im Begriff stehen, sich unablässig gesellschaftliche Felder und Orte zur moralischen Besetzung zu erschließen, sie bleiben aber eigentümlich ortlos. Nicht nur weil sie an den Trägern nicht mehr richtig haften oder unter Androhung gesellschaftlicher Exkommunikation beweglich bleiben müssen, sondern objektiv, weil sie an der Macht der Funktionen und Institutionen abprallen.

Äquivalente Reproduktion

Auf eine geradezu groteske Weise deutlich wird die Zuspitzung diametral entgegengesetzter Tendenzen an der Vertiefung des Selbst aus dem Geist der Reproduktionsmedizin (und der Gentechnik). Man könnte sagen, proportional mit den Steigerungsmöglichkeiten der Selbstwahl wächst die Kontrolltiefe in den Bereichen, die dazu prädestiniert sind, technisch gezielte Veränderungen vorzunehmen, die bis vor kurzer Zeit noch jenseits der menschlichen Eingriffskompetenz gelegen haben (gezielte Eingriffe, bestimmte Merkmale auszusondern bzw. andere zu implantieren). Der gleiche Geist des Erfindens, Konstruierens, Isolierens. Selbstwahl und Kopiewahl gehen Hand in Hand.

In der Reproduktionsmedizin kommt die Vertiefung der Subjektivität im Wissen ihrer technischen Regenerierung an ein Ende, erst dort fallen Individualisierung und Universalisierung zusammen.

Der Gesichtspunkt der *Individualisierung* zeigt sich ganz drastisch wiederum in der Erhöhung bzw. Erweiterung vorgeburtlicher Wahlmöglichkeiten bei den betroffenen Personen: Aus den Bausätzen genetisch reproduzierbarer Kombinationen diejenigen auszuwählen, für die nach den Regeln der Wahrscheinlichkeit die größte Aussicht auf ein erfülltes Leben besteht bzw. was in Gestalt von Erfolg, Karriere, Reichtum, Schönheit, Ruhm usf. darunter verstanden wird. Obgleich mit gewissen Unsicherheiten und Risiken behaftet, steht es dem Prinzip nach in der Macht der Reproduktionsmedizin, den Satz physischer Merkmalskombination zur Verfügung zu stellen, der von den entsprechenden Menschen gewünscht wird. Es ist ein Angebot auf erweiterter Stufenleiter;

es erhöht die Freiheitsgrade in der Auswahl und Entscheidung darüber, welche Samenzelle mit welcher Eizelle verschmolzen wird.[16]
Noch drastischer zeigt sich die paradoxe Aufstufung entgegengesetzter Tendenzen in der Gentechnik; in diesem Zusammenhang bleibt nicht der Hauch einer Chance, die traditionelle Spannung von Individualisierungs- und Universalisierungsprozessen in Gestalt dialektischer Vermittlung zu fassen. In der Konsequenz der Klonierung liegt die äquivalente Reproduktion oder die Erzeugung genetisch identischer Wesen (Kopien), in der Individualität und Allgemeinheit begriffslos ineinander umschlagen. Keine bestimmte Negation, kein Widerspruch: Die genetische Kopie bereitet das Ende der dialektischen Utopie.
Baudrillard[17] hat darauf hingewiesen, daß im Bewußtsein äquivalenter Reproduktionen das Selbst sich nicht mehr im anderen Selbst spiegelt, der Kampf um Anerkennung tendenziell außer Kraft gesetzt ist. Der Mensch verliert sein Spiegelbild im Gegenüber des anderen Menschen, oder besser, die Spiegel sind zerbrochen, in denen ego und alter ego sich wechselseitig *erkennen* und *anerkennen*. Indem die Reflexion sich gleichsam nicht mehr im Anderen auf sich selbst zurückbeugt, tritt ein Endlosband von Verzweigungen an deren Stelle. Am Ende steht das Bewußtsein identitärer Verdoppelung den wechselseitig reflexiven Brechungen gegenüber, in denen ehemals Selbst und anderes Selbst sich in Fesseln gelegt oder befreit haben. Subjektivität wird nicht mehr begriffen als sich selbst zersetzende Mitte, die ego und alter ego unter der Form der Entzweiung zusammenschließt, sondern als durchsichtig aufeinandergeschichtete Folien, die, ihres Substrats beraubt, jeder Tiefe entbehren. Es entsteht eine neue Endlosigkeit, die schlechte Unendlichkeit serieller Vervielfältigung.
Sicher, der Einwand liegt nahe, daß Baudrillard mit seiner forcierten Deutung extremer Phänomene weit über das Ziel hinausschießt. Richtig bleibt dennoch, daß seine Diagnose nicht nur der Baumanschen (über die anerkennungsferne Herstellung marktgängiger Identitäten) analog ist, sondern sie im Kontext einer Tech-

16 Vgl.: Ich, Ich, Ich und Ich. Was alles kann die Reproduktionsmedizin? Und was darf sie?, in: DIE ZEIT, Dossier, Nr. 45, 5. Nov. 1993, 13-16.
17 J. Baudrillard, Transparenz des Bösen. Ein Essay über extreme Phänomene, Berlin 1992.

nisierung des Lebens auf erweiterter Stufenleiter konsequent zu Ende denkt. Der Kern der Dialektik, die Anerkennungsstruktur der Subjektivität, erscheint von innen her zersetzt, wenn sie in einer gleichsam gesellschaftlich organisierten Parallelaktion in die Reichweite technischer Konditionierung gerät. Der doppelte Zugriff auf die ›Identität‹ macht deutlich, daß es nicht die Moralvergessenheit der (bösen) Techniker ist, die uns immer wieder mit neuen Szenarien eines Lebens aus der Retorte überrascht, vielmehr, daß sich unsere Kultur im Begriff von Subjektivität und Freiheit diese paradoxe Doppelbindungsstruktur technisch eingeschrieben hat.
Die neuzeitliche Anthropologie von Descartes bis Husserl hat die menschliche Freiheit in erster Linie verfügungstechnisch als »Bewährung« und »Kontrolle über« begriffen. Und eben diese Zweideutigkeit (die die Dialektik im Begriff eines utopisch-theologisch grundierten Versöhnungsgedankens zu übersteigen sucht) erreicht in den ultrawirksamen Kontrollformen der Mikrobiologie ihr volles Bewußtsein. Sie wird durch die ultraschnellen Kontrollformen der Informationstechnologien ergänzt.
Subjektivität heißt Selbstvollzug oder, schärfer noch, Selbsttätigkeit oder Selbstvollbringung. Im nachkantischen Idealismus wird klar, daß es der Subjektivität nicht gelingt, sich aus sich heraus zu stabilisieren. Das zur Reflexivität verdampfte Ich vermag es nicht, sich festzuhalten oder festzusetzen. Spätestens mit der frühromantischen Kritik an Fichte werden Selbst und Selbstauflösung Synonyme. Die Vertiefung der Subjektivität steigert ihre Kontingenz, in der Selbstbewußtsein und Selbsterkenntnis endlos auseinanderfallen. Subjektivität drängt nicht nur auf Vertiefung; es gibt für sie keinen anderen Weg, sich zu beweisen, als sich selbst zu vollbringen. Diese Grundlosigkeit der Subjektivität oder dies Bewußtsein, daß es *nichts* gibt, woran er Halt finden könnte, dieses Nichts wird heute verstärkt mit technischen Artefakten überschrieben.
Die Reproduktionsmedizin übersetzt auf der Stufenleiter einer erweiterten Technisierung des Selbst das Bewußtsein der Vertiefung oder der substratlosen Selbsthervorbringung in technische Praxis. Das führt nicht nur zu einer radikalen Entdramatisierung des Selbst und der Lebenswelt (in der Komödie und Tragödie ihre Bedeutung verlieren); in dieser Konsequenz fallen Individualität und Allgemeinheit zusammen. So spricht man im Zusammenhang der künstlichen Trennung genetisch identischer Embryonen (Zellklumpen) von »Unendlichlingen«. Im Reflexivwerden der Sub-

jektivität sind wir restlos von uns selbst erschlossen und der Tendenz nach synthetisierbar. Alle Spuren der Dialektik von Selbst und anderem Selbst sind getilgt. ›Anthropomorphia inversa‹ bezeichnet diesen Prozeß und in gewißer Weise auch den point of no return, nach dessen Erreichung wir unfähig werden, uns selbst anders als uns selbst vollbringende Wesen zu begreifen.

Im Kontext der Aufklärung wurde die Vertiefung der Subjektivität von der Idee getragen, daß am Grund der Individualität – steigt man nur weit genug hinab – der allgemeine Zweck, die Verwirklichung der Menschheit in meiner Person, zum Vorschein käme. Im Horizont der Technisierung des Selbst muß man erkennen, daß am Grunde des Selbst nicht die wahre Gattungsallgemeinheit wartet, nicht die Menschheit in meiner Person, sondern das identische oder modifizierte Vielfache einer Person.[18] Die Punktualisierung, von der Hegel spricht, hat nichts Metaphorisches: Eine Serie identischer Punkte erscheint als Konsequenz einer technisch standardisierten Vertiefung. Sie vollbringt sich nicht mehr über den Anderen.

Die technisch dynamisierte Vertiefung der Subjektivität ist aus allen ontologischen Bindungen herausgefallen, wie die Moral, die auf der Höhe der Moderne ohne den ontologischen Gegenhalt der Tradition (Gott, Kosmos, Selbst, Natur, Geschichte usf.) auskommen muß. Die technische Vertiefung des Selbst hat sich so wenig im Griff wie das Ich im Ausgang des Idealismus, das sich in der Erfahrung seines Ungegründetseins fähig weiß, jede Grenze zu überschreiten. Die Individualisierung endet nicht am Bewußtsein des moralischen Zwecks, sondern an der absoluten Verschlossenheit und Verlorenheit eines endlos reduplizierten Eins.

Anders gesagt: Nichts charakterisiert den Individualisierungsprozeß unter den Vorzeichen einer radikalisierten Moderne so treffend wie das Streben nach Authentizität. Authentizität läßt sich gleichsam als Hochform von Individualisierung betrachten. Aber während die Individuen noch auf der einen Seite eine vertiefte Wahrnehmung und Sensibilität sich gegenüber zu gewinnen su-

18 In gewisser Weise revoltierte die Romantik gegen diese Idee, indem sie der zuletzt moralisch und theologisch begründeten Gleichheit mißtraute. Sie entwickelte die Vorstellung einer qualitativen Individualität, nach der jedes Individuum gleichsam ein besonderer Typus der Menschheit ist, eine Individualität, in der sich die Menschheit über die Unterschiede zwischen den Typen verkörpert.

chen, geben sie sich auf der anderen Seite schon als Originale verloren, büßen sie, mit Benjamin zu sprechen, jede Aura ein. Wiederum zeigt sich, wie beide Tendenzen Reduplikation/Generierung/Vervielfachung, in einem Wort die Technisierung des Körpers, und die Steigerung des Authentizitätsstrebens sich gegeneinander verstärken. Mit dem Embryosplitting und den Sicherheitskopien, die die Reproduktionsmedizin anfertigt für den Fall, daß ein Kind wider Erwarten stirbt, hat sie die Grenze zur Negation des Originals schon vor einiger Zeit überschritten.

Authentizität und Serialität, Selbstsensibilität und Klonierung bestehen nicht unabhängig, aber sie können auch nicht als vermittelt im Sinn der Dialektik gedacht werden. Jede Reihe entfaltet eine Eigenlogik, in der sie in ein paradoxes Verhältnis zur anderen gerät.

Intelligente Maschinen

Die Selbsterfindung des Menschen als eines Wesens, das »sich in sich vertieft und punktualisiert«, besteht nicht nur im Ausgriff auf seine genetische Struktur, auch der Geist, den die cartesische Weltdeutung *clare et distincte* vom Sein der ausgedehnten Dinge zu differenzieren wußte, wird einer technischen Remedur unterzogen (Bewährung, Reinigung, Erneuerung); danach ist er nicht mehr derselbe: Er sucht sich in den Formen einer künstlichen Intelligenz eine *neue Unendlichkeit* zu erfinden. Nicht nur Nachbau, sondern auch Umbau, nicht nur Simulation, sondern auch Kreation. Die Beziehungen zu den intelligenten Maschinen werden invers.

Könnte es sein, daß die intelligente Verdrahtung von Mensch und Maschine das Koordinatensystem der Anthropologie erneut verschiebt? Foucault hat darzutun versucht, daß der Entwurf des Menschen im Ausgang des Mittelalters im Horizont des Unendlichen steht.[19] Der Mensch nimmt Maß am göttlichen Urbild. Die Anthropologie des 18., insbesondere des 19. Jahrhunderts verschiebt das Kräfteverhältnis der Vermögen; sie lehrt die Heraufkunft des Menschen aus der Tiefe der Naturgeschichte; sie entnimmt, wie Nietzsche drastisch sagt, die letzten Antworten nicht

19 M. Foucault, Die Ordnung der Dinge. Eine Archäologie der Humanwissenschaften. Frankfurt/M. 1974.

aus der Metaphysik, sondern aus der »Tierphysiologie«. Das Pathos der Endlichkeit durchquert die wissenschaftlichen und philosophischen Diskurse bis weit in die Existenzialismen unseres Jahrhunderts. Gegen Ende des 20. Jahrhunderts scheint sich eine neue Verteilung der Kräfte und Vermögen anzubahnen: Das menschliche Selbstverständnis erwacht in den unendlich ausgedehnten Räumen intelligenter Maschinen – sei es in Form mentaler Modelle, die per Simulation die tatsächliche Verlaufsform kognitiver Operationen zu ermitteln suchen, sei es durch die Optimierungsstrategien neuronaler Netze, die ›technisch‹ begabt werden, das Lernen zu lernen, sei es durch Expertensysteme, die beginnen, das philosophische Konzept der Urteilskraft zu testen; ganz gleich, es geht um die Vertiefung als Erfindung des intelligenten Menschen nach dem Bild der Maschine, um Rekonstruktion und Vergleich menschlich intelligenter Funktionen mit der Informationsverarbeitung durch Artefakte, um den Anschluß und Einschluß in technisch integrierte, intelligente Systeme, die verstärkt die gesellschaftliche Kommunikation steuern.

Wer aber erwartet hätte, daß die Suche nach Algorithmen intelligenten Verhaltens zur Auflösung oder Verdampfung der Individualität in den Netzwerken maschineller Intelligenz führen würde, sieht sich (wenigstens vorläufig) eines Besseren belehrt: Die *Wiederentdeckung des Leibes* ist das Resultat, das vielleicht am meisten überrascht. Das Bild des Denkens verändert sich, wenn bewußt wird – was als ein Ergebnis der Auseinandersetzung um künstliche Intelligenz gelten darf –, daß die menschlich intelligenten Leistungen in Umfang und Struktur in individuellen, körperlichen Seins- und Handlungsweisen verankert sind, die es der maschinellen Intelligenz unendlich schwermachen, gleichwertige Substitute natürlich-sprachlicher Begriffs-, Urteils- und Schlußverfahren zu sein. Das hatte Dreyfus in seinem Buch über »Die Grenzen der Künstlichen Intelligenz« gleich zu Anfang der Debatten (in den sechziger Jahren) überzeugend belegt.[20] Man könnte aber auch sagen, der menschliche Körper in seiner Andersheit werde von den Automaten *ausgeschieden*; der Computer kenne

20 H. L. Dreyfus, Die Grenzen Künstlicher Intelligenz. Was Computer nicht können. Königstein 1985. Vgl. vom selben Autor: Was Computer noch immer nicht können. In: Deutsche Zeitschrift für Philosophie 41 [1993] 4, 653-680.

keinen Anderen, mit dem er sich auseinandersetzen muß. Die Mensch-Maschine-Interaktion ist durchaus einsinnig, Lernprozeß allein für den Menschen. Diese Rückbindung der Intelligenz an die leibliche Konstitution und die entsprechenden (intersubjektiven, sprachlichen usw.) Lernvoraussetzungen – wir Menschen werden intelligent nur durch die anderen – sind auch ein Einspruch gegen die Vorstellung vom göttlichen Verstand als Urbild des Denkens oder einer von der göttlichen Universalnorm abgeleiteten *einheitlichen Intelligenz*, die, wie abgeschwächt auch immer, im Rationalismus der Tiefenstrukturen und Universalgrammatiken, anthropologischen Konstanten und kommunikativen Kompetenzen weiterwirkt. Ergänzt wird diese Einsicht durch das Bewußtsein einer besonderen Art von ›Rahmung‹, ›Kontextualisierung‹ oder ›Situierung‹, die grundlegende und grund-auflösende Bedingungen menschlichen In-der-Welt-Seins sind.[21]

Zusammengefaßt: Das Höchstmaß an Individualisierung ist entdeckt, wenn die Intelligenz als jeweils abhängig von der Einzigartigkeit körperlicher Konstitution begriffen wird. Die Standardisierung erreicht ihren Höhepunkt, wenn gleichsam alles Wissen Information und alles Sprechen Code wird, wenn es gelingt, alles Wissen in eine dem Prinzip nach unendlich lange Zahlenreihe aus Nullen und Einsen, d. h. in den binären Code der Information, zu übersetzen. Über keine Dialektik der Rekonstruktion läßt sich der abstrakte Antagonismus jener Seiten aufeinander beziehen.

Die Universalisierung des Informationsbegriffs ist die Kehrseite der Individualisierungstendenzen; sie zieht tendenziell die Unterschiede zwischen Wissen und Information, Wissen und Meinung, Fakten- und Gründewissen ein; sie zielt darauf ab, Wissen und Erfahrung in handhabbare Informationslasten umzuwandeln. Sie steht im Begriff, den Fraglichkeitscharakter, der alles Wissen begleitet, zu überspielen.

21 Vgl. dazu: G. Gamm, Flucht aus der Kategorie. Die Positivierung des Unbestimmten als Ausgang der Moderne. Frankfurt/M. 1994.

3. Ich denke, es denkt

G. Ch. Lichtenbergs Aphorismus über das ›Es‹: Historische Kontexte und philosophische Konsequenzen

Wo ich bin, soll Es auftauchen.

C. Castoriadis

Bertolt Brecht hat bei Gelegenheit versucht (durch Veränderung der Interpunktion), aus der guten alten Wahrheit: ›Der Mensch denkt, Gott lenkt‹ witzig Kapital zu schlagen; er hat das Komma (zwischen den Sätzen) durch einen Doppelpunkt ersetzt: Der Mensch denkt (nur), daß da ein höheres Wesen ist, das lenkt.
Nachdem Gott mangels Zulauf (heute müßte man wohl sagen: mangels Akzeptanz) ausgefallen ist und auch das selbstbewußte ›ich denke‹ unter Auszehrung seiner Potenzen leidet: ja, wer denkt und lenkt denn überhaupt noch? (Klar ist auch, daß, wer etwas auf sich hält, denken läßt.) Nietzsche erschrickt fast zu Tode über den Orientalisierungsprozeß der modernen Welt, der, mit dem »grossen Chinesen von Königsberg«[1] an der Spitze, die Selbstverkleinerungssehnsüchte und Selbstauflösungswünsche des seiner selbst überdrüssigen europäischen Menschen spiegele: »Wer will noch regieren? Wer noch gehorchen?« Und wie man ergänzen könnte: Wer noch ›ich‹ sagen? Wohin man schaut: »Kein Hirt und Eine Heerde!«[2] Ja, wer denkt und lenkt denn überhaupt noch?
Ein Kultbuch der siebziger Jahre gibt darauf unumwunden eine Antwort, indem es die folgenden Sätze programmatisch an den Anfang stellt: »Es funktioniert überall, bald rastlos, dann wieder mit Unterbrechungen. Es atmet, wärmt, ißt. Es scheißt, es fickt. Das Es ...«[3]
Das »Es« also scheint nach dem Dafürhalten einer Reihe von Zeit- und Gesellschaftsdiagnostikern der bestverhandelte Kandidat zu

1 F. Nietzsche, Jenseits von Gut und Böse. In: Kritische Studienausgabe. Hrsg. von G. Colli, M. Montinari. Bd. 5. München 1988, 144.
2 F. Nietzsche, Also sprach Zarathustra. In: A.a.O., Bd. 4, 20.
3 G. Deleuze, F. Guattari, Anti-Ödipus. Winterthur 1974, 7.

sein, die verwaiste Stelle Gottes oder auch des Ichs besetzen und ausfüllen zu können. Wie es dazu gekommen ist, wie in einer gleichsam dem Modernisierungsdruck geschuldeten Parallelaktion der unaufhörliche Aufstieg des Es mit der späten Geburt und dem frühen, qualvollen Tod des ›ich denke‹ einhergeht – darüber möchte ich eine Geschichte, vielleicht auch mehrere erzählen und auch, welche Rolle Georg Christoph Lichtenberg dabei gespielt hat oder besser, welcher Part ihm dabei zugedacht worden ist. Als Ausgangspunkt dieser Geschichte oder einiger Bruchstücke zu einer solchen dient mir ein von Groddeck entlehntes Urteil Freuds, in dem es heißt: »daß wir (...) ›gelebt‹ werden von unbekannten, unbeherrschten Mächten«[4]. Dieses Urteil faßt pointiert zusammen, wovon das 19. Jahrhundert in immer neuen Versionen erzählt: *die radikale Entmachtung des selbstverantwortlichen Ichs*, die ironische bis melancholische Abdankung des Subjekts zugunsten anonymer Mächte. Man könnte zum Zwecke des Überblicks schematisch vier Großdiskurse unterscheiden, die – in einer eigentümlichen Mischung aus Wissenschaft und Metaphysik – dazu tendieren, je für sich ein Deutungsmonopol zu reklamieren: Der Diskurs über die *imaginative Natur* des Menschen, der über seine *Triebnatur*, sowie über seine *Sozial-* und seine *Sprachnatur*; ihre Darstellung kann dazu beitragen, bestimmte Ideen und sozialgeschichtliche Zusammenhänge besser zu verstehen.

Von der Herrschaft unbeherrschter Mächte

Schon im Jahre 1806 beschreibt Johann Gottlieb Fichte die ungeheure Macht und Abhängigkeit des Menschen von einer bildgebenden Kraft, die nicht unter Kontrolle des Ichs, ihn vielmehr mit sich fortreißend, in einen unaufhörlichen Strom von Bildern zu stürzen droht, mit denen die produktive Einbildungskraft ihn beliefert; Fichte sieht, wie der Mensch seiner *imaginativen Natur* ausgesetzt ist, einer Macht, der gegenüber er sich kaum zu erwehren weiß. Fichte schreibt »Es giebt überall kein Dauerndes, weder ausser mir, noch in mir, sondern nur einen unaufhörlichen Wechsel. Ich weiss überall von keinem Seyn, und auch nicht von

4 S. Freud, Das Ich und das Es. In: Ges. Werke. Bd. XIII. Frankfurt/M. 1972, 251.

meinem eigenen. Es ist kein Seyn. – *Ich selbst* weiss überhaupt nicht, und bin nicht. *Bilder* sind: sie sind das Einzige, was da ist, und sie wissen von sich, nach Weise der Bilder: – Bilder, die vorüberschweben, ohne dass etwas sey, dem sie vorüberschweben; die durch Bilder von den Bildern zusammenhängen, Bilder, ohne etwas in ihnen Abgebildetes, ohne Bedeutung und Zweck. Ich selbst bin eins dieser Bilder; ja, ich bin selbst dies nicht, sondern nur ein verworrenes Bild von den Bildern. – Alle Realität verwandelt sich in einen wunderbaren Traum, ohne ein Leben, von welchem geträumt wird, und ohne einen Geist, dem da träumt; in einen Traum, der in einem Traume von sich selbst zusammenhängt.«[5]

Was Fichte so dramatisch in Szene setzt, ist die Selbstauflösung des (absoluten) Ichs als letzter Begründungsinstanz wahren Wissens, richtigen Handelns und eines gelungenen Lebens. Nicht einmal ein Jahrzehnt hatte Fichte daran festgehalten: alles im Ich aus ihm zu erklären. In der radikalen Unternehmung, sich auf sich selbst zu stellen und die Welt gleichsam aus dem Nullpunkt des Ichs zu deduzieren und zu konstruieren, muß Fichte die Erfahrung machen, daß das Ich grundsätzlich dazu nicht in der Lage ist. Der Aufklärungsglaube, sich selbst bestimmen zu können, erweist sich als Fiktion.

Das Ich stürzt in einen Bilderstrom; auf der Bühne des Bewußtseins, auf der ein Bild dem anderen folgt, kann es allenfalls unterstellen, ein Anhängsel dieser Bilderfolge zu sein, ein Bild von Bildern. Fichte, auf Lichtenberg anspielend, ganz konsequent: es muß heißen: Es *wird* gedacht, man darf nicht sagen: *Ich* denke. Fichte nimmt an, nur das erste: es wird gedacht, ist ein Faktum, während das zweite: ich denke, wie er schreibt, »hinzuerdichtet« ist.

Nicht nur die imaginative Natur scheint die Selbstauflösung des Ichs zu befördern, ungleich mächtiger noch und drängender und ängstigender scheint der Mensch die Kräfte seiner *Triebnatur* zu erfahren: Von Carus über Schopenhauer bis Freud wird davon berichtet, daß die handlungswirksamen Motive, Strebungen, Wünsche, Orientierungen und Äußerungen des Subjekts der Macht einer bewußtseinsfernen Antriebskraft gehorchen. Freud

5 J.G. Fichte, Die Bestimmung des Menschen. In: Fichtes sämtliche Werke. Bd. 2. Berlin 1965, 245.

zieht gleichsam die Summe, wenn er schreibt: »wir stellen uns auf den Boden der Alltagsweisheit und anerkennen im Menschen eine seelische Organisation, die zwischen seine Sinnesreize und die Wahrnehmung seiner Körperbedürfnisse einerseits, seine motorischen Akte andrerseits eingeschaltet ist und in bestimmter Absicht zwischen ihnen vermittelt. Wir heißen diese Organisation sein Ich. [...] Außer diesem Ich erkennen wir ein anderes seelisches Gebiet, umfangreicher, großartiger und dunkler als das Ich, und dies heißen wir das Es. [...] Wenn ich das Verhältnis zwischen Ich und Es deutlich machen will, so bitte ich, sich vorzustellen, das Ich sei eine Art Fassade des Es, ein Vordergrund, gleichsam eine äußerliche, eine Rindenschicht desselben. [...] Das Ich ist uns wirklich das Oberflächliche, das Es das Tiefere, von außen betrachtet natürlich. Das Ich liegt zwischen der Realität und dem Es, dem eigentlich Seelischen«.[6]

Schopenhauer hat diesen Großdiskurs über den esprit souterrain mächtig befeuert (alles gesetzt in die Pose der Entlarvung, der Demaskierung, der Desillusionierung, auf die sich die Gesellschaftskritiker und Schriftsteller des 19. Jahrhunderts so gut verstehen). Schopenhauer schreibt, man müsse davon ausgehen, daß »in unserm eigenen Bewußtseyn der *Wille* stets als das Primäre und Fundamentale auftritt und durchaus den Vorrang behauptet vor dem Intellekt, welcher sich dagegen durchweg als das Sekundäre, Untergeordnete und Bedingte erweist.«[7] Der Wille, heißt es weiter, sei »an sich bewußtlos«, blinder, dunkler Drang nach Dasein, Wohlsein und Fortpflanzung. Er mache »das innere, wahre und unzerstörbare Wesen des Menschen aus: [...] das Bewußtseyn ist bedingt durch den Intellekt, und dieser ist ein bloßes Accidenz unseres Wesens.«[8] Der Intellekt ist »ein Sekundäres, Hinzugekommenes, ja, ein bloßes Werkzeug zum Dienste des Ersteren«[9]; als Intellekt dient das Bewußtsein »dem Zweck der Selbsterhaltung bloß dadurch [...], dass es die Verhältnisse desselben zur Außenwelt regulirt.«[10] Nie gehorcht der Wille

6 S. Freud, Die Frage der Laienanalyse. In: Ges. Werke. Werke aus den Jahren 1925-1931. Bd. 14, 221-223.

7 A. Schopenhauer, Die Welt als Wille und Vorstellung II. In: Werke in zehn Bänden. Zürcher Ausgabe. Bd. III. Zürich 1977, 232.

8 A.a.O., 234.

9 A.a.O., 238.

10 A.a.O., 234.

»dem Intellekt; sondern dieser ist bloß der Ministerrath jenes Souverains: er legt ihm allerlei vor, wonach dieser erwählt, was seinem Wesen gemäß ist«.[11]

Nur wenige Jahrzehnte später drängt ein anderer, ebenso mächtiger, bald selbst gesellschaftliche Macht verkörpernder Diskurs auf die Bühne der Geschichte: Unabhängig von den Selbst- und Situationsdeutungen der gesellschaftlichen Akteure wird der Sinn von Handlungen aus den überindividuellen, objektiven Funktionserfordernissen des sozialen Systems abgeleitet. Die ›Kritik der politischen Ökonomie‹ arbeitet die reale Vorgängigkeit und Kohärenz des gesellschaftlich Allgemeinen vor dem subjektiv Einzelnen heraus; nicht die *Triebnatur*, das Triebschicksal des Einzelnen, sei die Bewußtsein und Verhalten determinierende Kraft, sondern die Steuerungsimperative des kapitalistischen Systems: Die historisch transitorische *Sozialnatur* schreibe den nach Klassen differenzierten gesellschaftlichen Akteuren die Gesetze ihres Handelns vor. »Sie wissen das nicht, aber sie *tun es.*«[12] Wie der Kapitalist eine »Personifikation ökonomischer Kategorien«[13] ist, so degradiert die kapitalistische Konkurrenz den Arbeiter, wie Marx schreibt, zum »Anhängsel der Produktion«. Die Marxsche Kritik ist der Auffassung, daß der in der ›Charaktermaske‹ sich spiegelnden Realität von anonymen Strukturen eine gesellschaftlich bedingte Verkehrung zugrunde liegt, in der die systemische Dynamik der Selbstverwertung des Werts, der eigentliche Motor oder das über die Köpfe der Menschen hinwegregierende Subjekt der gesellschaftlichen Entwicklung ist.

Bleibt zuletzt die *Sprachnatur* des Menschen; noch bevor die Sprache mit Herder, Hamann und Wilhelm von Humboldt als »das bildende Organ des Gedankens«[14], als die produktive Kraft der Vermittlung von endlicher und unendlicher Natur, von sinnlicher Lautgestalt und dem Unsinnlichen der Bedeutung, als Einheit des Realen und des Idealen, des Individuellen und Allgemei-

11 A.a.O., 260.

12 K. Marx, Das Kapital. Kritik der politischen Ökonomie. In: Werke, Schriften in sechs Bänden. Hg. H. J. Lieber. Bd. IV. Darmstadt 1962, 50.

13 A.a.O.

14 W. v. Humboldt, Über die Verschiedenheit des menschlichen Sprachbaues und ihren Einfluss auf die geistige Entwicklung des Menschengeschlechts [1830-1835]. In: Werke in fünf Bänden. Schriften zur Sprachphilosophie. Bd. III. Darmstadt, 426.

nen begriffen wird, wird gleichsam auch das Geistigste im Verkehr der Menschen untereinander, die *Sprache*, auf ihren (grammatischen) Zwangscharakter hin durchleuchtet. *Lichtenberg* schreibt: »Wir werden uns gewisser Vorstellungen bewußt, die nicht von uns abhängen; andere glauben, wir wenigstens hingen von uns ab; wo ist die Grenze? Wir kennen nur allein die Existenz unserer Empfindungen, Vorstellungen und Gedanken. *Es denkt*, sollte man sagen, wie man sagt, *es blitzt*. Zu sagen *cogito*, ist schon zuviel, sobald man es durch *Ich denke* übersetzt. Das *Ich* anzunehmen, zu postulieren, ist praktisches Bedürfnis.«[15] Johann Gottlieb Fichte wird sich wenige Jahre später in seiner Schrift *Die Bestimmung des Menschen* auf Lichtenberg beziehen, wenn er schreibt: »Es wird gedacht [...] keineswegs aber: Ich empfinde, schaue an, denke. Nur das erstere ist Faktum; das zweite ist hinzuerdichtet.«[16] Einige Zeit später wird *Feuerbach*, gleichfalls auf Lichtenberg rekurrierend, sich fragen: »Hat aber nicht auch *Lichtenberg* recht, wenn er behauptet: ›Man sollte nicht sagen: Ich denke, sondern: Es denkt‹. Wenn also auch gleich das ›Ich denke‹ sich vom Leibe unterscheidet, folgt daraus, daß auch das ›Es denkt‹, das Unwillkürliche in unserem Denken, die Wurzel und Basis des ›Ich denke‹, vom Leib unterschieden ist?«[17]

Nietzsche wird dann nicht müde werden, Lichtenbergs Geistesblitz, die sprachkritische Pointe seines Aphorismus zu interpretieren, zu explizieren, zu amplifizieren; er wird auf seine (philosophiekritischen) Konsequenzen dringen und zuletzt unserem Glauben an die Grammatik die Verantwortung dafür aufbürden, daß wir Gott nicht loswerden können.

Noch bevor wir uns des Problems überhaupt vergewissert und einige Bruchstücke zu seiner historischen und systematischen Situierung zusammengetragen haben, sehe ich mich auch schon von Lichtenberg ertappt, der mir sarkastisch ins Wort fällt: »Er handelte mit anderer Leute Meinungen. Er war Professor der Philosophie.«[18]

15 G. Ch. Lichtenberg, Sudelbücher II. In: Schriften und Briefe. Hrsg. von W. Promies. München 1991. Heft K, 412.
16 J. G. Fichte, Die Bestimmung des Menschen. A.a.O., 244, 245.
17 L. Feuerbach, Wider den Dualismus von Leib und Seele. In: Werke in sechs Bänden. Hrsg. von E. Thies. Bd. 4. Frankfurt/M. 1975, 170, 171.
18 G. Ch. Lichtenberg, a.a.O., Heft K, 246.

›Die leichten Dinge schwer zu finden‹

Wer ›ich‹ sagt oder ›ich denke‹, glaubt in der Regel zu wissen, was damit gemeint ist; danach gefragt, zeigt sich, wie hoch unsicher das Wissen im Blick auf diesen heiklen Gegenstand ist. Man läge wahrlich nicht falsch zu behaupten, daß der Grad der Sicherheit oder Gewißheit des eigenen Ichs in einem gleichsam umgekehrt proportionalen Verhältnis stehe zur Wahrheit des Wissens oder zur gut beleumdeten Auskunft über dieses Flatterwesen namens ›Ich‹. Lichtenberg selbst gibt uns einen Fingerzeig, worin die Schwierigkeit ihren Grund haben könnte: »Was das Studium einer tiefen Philosophie so sehr erschwert, ist, daß man im gemeinen Leben eine Menge von Dingen für so natürlich und leicht hält, daß man glaubt, es wäre gar nicht möglich, daß es anders sein könnte; und doch muß man wissen, daß man solcher vermeintlichen Kleinigkeiten größte Wichtigkeit erst einsehen muß, um das eigentlich sogenannte *Schwere* zu erklären. Wenn ich sage: *dieser Stein ist hart* – also erst den Begriff *Stein*, der mehreren Dingen zukommt, diesem Individuo beilege; alsdann von Härte rede, und nun gar das Hartsein mit dem Stein verbinde – so ist dieses ein solches Wunder von Operation, daß es eine Frage ist, ob bei Verfertigung manches Buches so viel angewandt wird.

›Aber sind das nicht Subtilitäten? Braucht man das zu wissen?‹ (fährt Lichtenberg fort) – Was das erste anbetrifft, so sind es keine Subtilitäten, denn gerade an diesen simpeln Fällen müssen wir die Operationen des Verstandes kennen lernen. Wollen wir dieses erst bei dem Zusammengesetzten tun, so ist alle Mühe vergebens. Diese leichten Dinge schwer zu finden, verrät keine geringen Fortschritte in der Philosophie. – Was aber das andere anbetrifft, so antworte ich: *Nein*! Man braucht es nicht zu wissen; aber man braucht auch kein Philosoph zu sein.«[19]

»Die leichten Dinge schwer zu finden« kann durchaus als *Maxime des Philosophierens* begriffen werden – nicht aus Übermut und Willkür, nicht, weil sophistische Verwirrspiele mit den Mitteln der Logik, mit Begriff, Urteil und Schluß den Philosophen reizen, den common sense zu verunsichern, sich für die Schmach zu rächen, die ihm allgemein widerfährt, eher doch, weil gerade dem, was allgemein als bekannt und selbstverständlich unterstellt wird,

19 G. Ch. Lichtenberg, a.a.O., Heft K, 65.

das Ausbuchstabieren mittels Begriffen nicht erspart werden kann. Die Gegenstände der Philosophie wie das sprachliche Zeichen der ersten Person Singular oder andere, wie das Denken und die Sprache, deren Syntax und Semantik usf. sind uns qua Medien unseres Lebensvollzugs derart nah, gleichsam unendlich dicht auf den Leib geschrieben, daß es schon besonderer Methoden und feinerer Abstraktionen bedarf, um sich in jene relative Distanz einzuüben, die notwendig ist, um diese Gegenstände aufzuschließen, von denen nicht mal sicher ist, ob sie denn als Gegenstände im herkömmlichen Sinn angesprochen werden dürfen. Lichtenberg ist sich dieser Schwierigkeit wohl bewußt, er schreibt: »Der Bauer, welcher glaubt, der Mond sei nicht größer als ein Pflug-Rad, denkt niemals daran, daß in einer Entfernung von einigen Meilen eine ganze Kirche nur wie ein weißer Fleck aussieht, und daß der Mond hingegen immer gleich groß scheint, was hemmt bei ihm diese Verbindung von Ideen, die er einzeln alle hat? [...] Diese Betrachtung sollte den Philosophen aufmerksam machen, der vielleicht noch immer der Bauer in gewissen Verbindungen ist. Wir denken früh genug, aber wir wissen nicht, daß wir denken, so wenig als wir wissen daß wir wachsen oder verdauen, viele Menschen unter den gemeinen erfahren es niemals. Eine genaue Betrachtung der äußeren Dinge führt leicht auf den betrachtenden Punkt, uns selbst, zurück [...].«[20]

Es sind nicht so sehr die Gegenstände als der *Unterschied der Methode*, welcher den common sense oder das gemeine Leben von der Philosophie trennt; Lichtenberg: »Philosophie ist immer Scheidekunst, man mag die Sache wenden wie man will. Der Bauer gebraucht alle die Sätze der abstraktesten Philosophie nur eingewickelt, versteckt, gebunden, latent, wie der Physiker und Chemiker sagt; der Philosoph gibt uns die reinen Sätze.«[21]

Wittgenstein, der Lichtenbergs Schriften gut gekannt und außerordentlich geschätzt hat, schreibt in den *Philosophischen Untersuchungen*: »Die für uns wichtigsten Aspekte der Dinge sind durch ihre Einfachheit und Alltäglichkeit verborgen. (Man kann es nicht bemerken, weil man es immer vor Augen hat.)«[22]

An einer Stelle deutet Lichtenberg auch einen Weg an, wie Reso-

20 G. Ch. Lichtenberg, Sudelbücher I. A.a.O., Heft A, 130.
21 G. Ch. Lichtenberg, Sudelbücher II. A.a.O., Heft J, 2148.
22 L. Wittgenstein, Philosophische Untersuchungen, § 129, 70.

nanz oder methodische Sensibilität für eine tiefe Philosophie geschaffen werden kann: »Die Erfindung der wichtigsten Wahrheiten hängt von einer feinen Abstraktion ab, und unser gemeines Leben ist eine beständige Bestrebung uns zu derselben unfähig zu machen, alle Fertigkeiten, Angewohnheiten, Routine, bei einem mehr als bei dem andern, und die Beschäftigung der Philosophen ist es, diese kleinen blinden Fertigkeiten, die wir durch Beobachtungen von Kindheit an uns erworben haben, wieder zu verlernen.«[23, 24]

Wie Kant das cogito versteht

Für einen guten Kantianer, wie es Lichtenberg war, wäre es schon erstaunlich, wenn sein berühmter Aphorismus: »*Es denkt*, sollte man sagen, so wie man sagt: *es blitzt*. Zu sagen *cogito*, ist schon zuviel« nicht seiner gründlichen Lektüre der *Kritik der reinen Vernunft* geschuldet wäre, in der es heißt: »Zum Grunde derselben [der transzendentalen Seelenlehre, G. G.] können wir aber nichts anderes legen, als die einfache und für sich selbst an Inhalt gänzlich leere Vorstellung: *Ich*; von der man nicht einmal sagen kann, daß sie ein Begriff sei, sondern ein bloßes Bewußtsein, das alle Begriffe begleitet. Durch dieses Ich, oder Er, oder Es (das Ding), welches denket, wird nun nichts weiter, als ein transzendentales Subjekt der Gedanken vorgestellt = x, welches nur durch die Gedanken, die seine Prädikate sind, erkannt wird, und wovon wir, abgesondert, niemals den mindesten Begriff haben können; [...]«[25].

Das ist wahrlich ein starkes Stück: von dem ›ich‹ als dem (transzendentalen) Subjekt unserer Gedanken, das Kant auch den »höchsten Punkt« nennt, »an den man allen Verstandesgebrauch, selbst die ganze Logik, und nach ihr, die Transzendentalphilosophie heften muß«, von diesem ›ich‹ zu behaupten, daß wir von ihm niemals den mindesten Begriff haben können; daß es sich vielmehr um eine leere Vorstellung handelt, eine Leere, wie man sagen

23 G. Ch. Lichtenberg, Sudelbücher I. A.a.O., Heft A, 11.

24 Es sind diejenigen Fertigkeiten, Folgerungen oder trivialen Wahrheiten, die das Kind, wie Wittgenstein in seiner Schrift »Über Gewißheit« sagt, mit dem, was es lernt, »hinunterschluckt« (ÜG § 143).

25 I. Kant, Kritik der reinen Vernunft. Nach der ersten und zweiten Original-Ausgabe neu hrsg. von R. Schmidt. Hamburg 1976, B 404, A 346.

könnte, die gleichwohl eine ausgezeichnete, eine *signifikante Leere* ist, da alle philosophische Begründung vernünftiger Selbst- und Weltverhältnisse an sie geknüpft werden muß. Das ›ich denke, das alle meine Vorstellungen muß begleiten können‹ besteht in nichts anderem, als daß ich zu allem, was gedacht wird, zu jedem Satz, den ich ausspreche, hinzusetzen kann: Es gibt da etwas, eine unbestimmte, anonyme ›Instanz‹, die diesen Gedanken gedacht oder jenen Satz ausgesprochen hat, man mag sie nennen wie man will: »Er« oder »Es«, »Ich« oder »x«.

Ich oder Selbstbewußtsein ist für Kant in der Vernunftkritik zunächst nichts weiter als diese *spontane Verstandeshandlung des Hinzusetzens*, des Zurückkommens auf den oder das, was den Gedanken denkt oder die Einheit des Urteils gestiftet hat und garantiert. Dieses Subjekt der Gedanken hat keine persönliche Note, kein individualisierendes Gesicht: Wenn wir verstehen wollen, was die Synthesis eines Gedankens (d. i. einer Begriffsverbindung) herstellt oder Subjekt und Prädikat zu einem Urteil verknüpft, dann muß ein ›ich‹ oder ›ich denke‹ hinzugedacht werden, das diese Leistung erbringt.

Denn die Verbindung, die durch die Kopula gestiftet wird, »ist nicht«, wie Kant sagt, »durch die Objekte gegeben«, sie kann nicht aus den Beziehungsgliedern des Satzes abgeleitet, »sondern nur vom Subjekte selbst verrichtet werden«; es bedarf, wie es heißt, eines zusätzlichen »Aktus der Selbsttätigkeit«[26]; Kant spricht daher auch von der *ursprünglich* synthetischen Einheit des ›ich denke‹ (der transzendentalen Apperzeption), weil diese zusätzliche Handlung, diese Selbsttätigkeit durch keine weiteren Gründe abgeleitet und legitimiert werden kann. Damit Subjekt und Prädikat als die Beziehungsglieder des Satzes in der Einheit eines Urteils zusammengeschlossen werden können, bedarf es Kant zufolge einer vermittelnden Handlung, die – das ist entscheidend –, während wir (bestimmterweise) sprechen und denken, unsichtbar, unbewußt, anonym, eben *unbestimmt* im Hintergrund verbleibt; die als solche verschwindet, sobald man den Versuch startet, sie auf den Begriff zu bringen. Sie ist, wie Kant sagt, nur das »Vehikel«, das unsere Sätze begleitet, aber augenblicklich auseinanderfällt, wenn sich der kategorial bestimmte, gegenständliche Blick auf es richtet.

26 I. Kant, a.a.O., B 130.

Das Subjekt ist also doppelt da: als Satzsubjekt, als Träger bestimmter Prädikate (über das seine Prädikate etwas aussagen) *und* als »Aktus der Selbsttätigkeit« (als Subjekt des Aussagens), welches die Glieder des Satzes, Subjekt und Prädikat miteinander verbindet (synthetisiert). An dieser Stelle zeigt sich gleichsam Philosophie par excellence im Lichtenbergschen Sinne. Was im einfachen Urteil (›es schneit‹) eingewickelt, versteckt, verborgen, gebunden, latent bleibt – das Subjekt des Denkens, jenes Ich nämlich –, bringt Kant zu Bewußtsein und zur Darstellung: Man sieht es dem ›es schneit‹ nicht an, daß da ein ›ich‹ drinsteckt; Kant klärt darüber hinaus auch (in Ansätzen) dessen paradoxe Verfassung: eine vermittelnde Handlungsinstanz zu sein, die, sobald man sie dingfest zu machen sucht, sich auflöst, die ihre unseren Urteilen Halt und Kohäsion gebenden Dienste nur versieht, solange man (es) ihr gestattet, inkog(n)ito zu bleiben. Das Ich oder der verschwindende Vermittler kann selbst nicht erkannt werden, ›er‹ oder ›es‹ genügt nicht den von Kant für Erkenntnis (Anschauung und Begriff) vorgeschriebenen Plausibilitätskriterien; ›er‹, ›sie‹, ›es‹ ist nur das Vehikel unseres Wissens: die leere Stelle, der transzendental notwendige, empirisch gleichwohl unentschiedene Nicht-Ort negativer Rückbezüglichkeit. Nur indirekt (rückbezüglich), über die Gedanken, die seine Prädikate sind, bringt es sich in seiner verrückten, gespensterhaften Halbexistenz zu Bewußtsein.
Anders gesagt, für Kant fallen aufgrund dieser *Uneinholbarkeit des ›ich denke‹* nicht nur Selbstbewußtsein und Selbsterkenntnis unendlich auseinander: Selbstbewußtsein eröffnet keinen Weg zur Selbsterkenntnis –, für Kant gilt auch, daß das cogito, jener höchste Punkt des (transzendentalen) Subjekts unserer Gedanken, jener unbestimmte Aktus der Selbsttätigkeit, nur als »es«, als unbestimmbares, intransparentes »es denket« angesprochen werden kann, als eine im Rücken des »vielfarbenen Selbst« auftauchende unbestimmte Vermittlung (Bestimmung), über die niemand, schon gar kein seiner selbst bewußtes Ich gebietet.
Wie ist das philosophische Denken in diese Situation geraten? In eine Situation, in der ein Grundbaustein der Metaphysik: die Vorstellung des seiner selbst transparenten Subjekts sich performativ in jedem seiner Urteile potentiell in eine Dekonstruktion hineingezogen sieht? Daß ein unvordenkliches, unbewußtes »es denkt« das Handeln und Denken des Einzelnen supplementiert, um gleichzeitig die radikale Demontage eines jeden auf einem Prinzip

basierenden Selbstbegründungsanspruchs der Vernunft einzuleiten? Wie ist dieser Riß, dieser Selbstentzug in die Welt gekommen? Was besagt diese ver-rückte Perspektive, die uns der Anblick des Kantischen Subjekts bietet? In Hegels *Geschichte der Philosophie* hatte das Kantische Subjekt bereits seine Diagnose ereilt: Es sei, heißt es dort, »Zerrüttung, Verrückheit in sich selbst«[27].

Wie Descartes das cogito interpretiert und Kant es kritisiert

Um die Struktur des cogito aufzuklären, beginnt Kant (wider Willen), gegen die Sprache zu denken; er muß gegen die Grammatik opponieren, will er endlich das Ich von der Vorstellung befreien: ein Seiendes, ein Ding mit Eigenschaften zu sein. Das okzidentale Denken war lange Zeit Denken am Leitfaden der Prädikation; es war jenen impliziten Bestimmungen und Schemata gefolgt, welche die prädikative Struktur der Sprache ihm nahegelegt (vorgeschrieben) hatte: daß ebenso wie in unserer Sprache bestimmte Prädikate einem Subjekt, einem Satzgegenstand zukommen, bestimmte Eigenschaften einem Ich inhärieren oder anhaften; das Ich qua Subjekt wird danach vorgestellt als ein Zugrundeliegendes, als (dinghafter) Träger bestimmter Attribute, welche sich nach wesentlichen oder unwesentlichen Aspekten differenzieren lassen. Kant muß, um überhaupt das philosophische Bewußtsein auf das historische Niveau der Neuzeit zu heben[28] (mit noch unzulänglichen begrifflichen Mitteln), *diese vor aller Augen liegende (verborgene)* Korrespondenz zwischen der Subjekt-Prädikat-Struktur des einfachen Aussagesatzes und der Auslegung des Ichs als Träger von Eigenschaften dekonstruieren, er muß das Verständnis der Subjektivität vom ›Gängelwagen‹ der Prädikation befreien, der auch Descartes noch dazu verführt hat, uns selbst als Substanz bestimmter Modi zu begreifen; als ein Ding zwar, das im Unterschied zu

27 G. W. F. Hegel, Vorlesungen über die Geschichte der Philosophie III. In: Werke in zwanzig Bänden. Werkausgabe. Bd. 20. Frankfurt/M. 1970, 359.

28 Auf dem jedes Individuum für sich selbst wichtig wird und sich gleichsam von innen durch den Selbstbezug gespiegelt (nicht nur als Objekt in der Definition der anderen, der Gesellschaft, der Familie, der Wissenschaft usf. bestimmt) weiß.

anderen Dingen mit *besonderen* Eigenschaften ausgestattet ist, mit Bewußtsein, Selbstbezüglichkeit, Einbildungskraft usf. (und sich eben dadurch von anderen Wesen zu unterscheiden glaubt, daß es sich als »ein trübseliges Tier« definiert, »das sich kämmt«). Kant wird also seinen Einwand gegen das cartesische cogito in der Weise ausarbeiten, daß er die sprachlich-gedanklichen Fesseln löst, die das prädikative Urteilsschema (unsere durch die Sprache vorgezeichnete Denkform) um das Verständnis des Ichs gelegt hat.
›Cogito sum‹ lautet bekanntlich Descartes' Antwort auf die Grundfrage der Philosophie nach dem Verhältnis von Sein und Denken. Descartes glaubt, es sei unmittelbar gewiß (und wahr): mein Denken, mein Zweifel an der Zweifelsgewißheit setze logisch voraus, daß etwas da sein muß, das denkt und zweifelt, man müsse immer noch die Existenz dessen unterstellen, der denkt, auch wenn sein Denken die Gestalt des radikalen Zweifels annehme und, über Gott und Welt hinaus, sich selbst in die methodisch konzipierte Annihilation hineinstürze. Bildlich gesprochen, Descartes versucht, die Wegstrecke zwischen dem Denken, dem Akt des Zweifelns, und dem Sein, seiner Existenz auf ein Minimum schrumpfen zu lassen, so zu minimieren, daß im Grunde kein Abstand mehr besteht zwischen den beiden Punkten und sie entsprechend ineinanderfallen. Folglich spreche nichts mehr dagegen, Identität oder besser: Übereinstimmung von Denken und Sein (wenigstens in diesem Punkt) zu behaupten; es sei a priori gewiß und wahr, daß das, was gerade zweifelt, denkt, eine Überzeugung hegt oder sich etwas vorstellt, sich eben dadurch bestimmt weiß, *etwas* zu sein, ein ›ich‹ natürlich, das denkt.
Descartes geht noch einen Schritt weiter, er interpretiert dasjenige, was zweifelt und denkt, im Horizont der aristotelisch-scholastischen Kategorienlehre, er glaubt sich berechtigt, das cogito, das ›ich denke‹, als *res cogitans*, als denkendes Ding, als vorstellende Substanz auslegen zu dürfen. Er erklärt das Subjekt des Denkens (als Einheit der Modi des Denkens) zur *geistigen Substanz*, das heißt, er behauptet nicht nur, daß ich es sei, der denkt, sondern auch, das Ich, das denkt, müsse als Substanz verstanden werden, es bleibe bei allem Wandel von Raum (Situation, Umgebung usf.), Zeit (Geschichte) und Sachdimensionen *dasselbe*, ein beharrliches, zugrundeliegendes Etwas.[29]

29 Wie die Ausdehnung (res extensa) die Seinsform der körperhaften

Kant bestreitet nun ganz vehement, das ›ich‹ oder Selbstbewußtsein als Substanz interpretieren zu dürfen; nicht nur kann der Vernunftkritik zufolge die Einheit, die Descartes glaubte zwischen Sein und Selbst (cogito sum) gestiftet zu haben, nicht als hergestellt gelten – das Sein hat sich dem Selbst unvordenklich entzogen –, nach Kant ist auch verboten, mittels der Kategorie der Substanz das cogito auszudeuten. Die *Selbstbezüglichkeit* des Subjekts im cogito kann in einem *analytischen* Urteil aufgefaßt werden; die wider Willen durchgeführte Reifizierung des Denkens als substantia cogitans aber muß auf Erkenntnisvoraussetzungen synthetischer Urteile zurückgreifen. »Der Begriff der Substanz bezieht sich immer auf Anschauungen [innere und äußere, G. G.], die bei mir nicht anders als sinnlich sein können, mithin ganz außer dem Felde des Verstandes und seinem Denken liegen, von welchem doch eigentlich hier nur geredet wird [...]«[30].

Der Kantische Einwand lautet: Das cartesische cogito birgt einen Dualismus in sich, der zum einen in der Gleichsetzung von ich (denke) und ich (bin) eine *Existenz* ausdrückt, die nur in einem empirischen Satz behauptet werden kann (ein innerweltliches Ereignis darstellt), zum anderen (dem ›ich denke‹) aber eine dem einzelnen Denkakt vorausliegende synthetische Funktion der Selbsttätigkeit des Verstandes meint. Descartes hat also die ursprüngliche synthetische Einheit des ›ich denke, das alle meine Vorstellungen muß begleiten können‹ mit der nur in einem synthetischen Urteil aufweisbaren Substantialität des Denkens verwechselt und zu Unrecht in eins gesetzt. Er ließ sich durch den Schein der Vernunft blenden und hat »die Einheit in der Synthesis der Gedanken für eine wahrgenommene Einheit im Subjekte dieser Gedanken« gehalten.[31] Descartes glaubte also das ›ich denke‹, das für Kant nichts weiter ist als ein fragiles, leeres Vehikel, das jeden Gedanken eines Objekts begleitet, als positive phänomenale Entität auffassen zu können, als res cogitans, als ein Seiendes oder Gegebenes, das denkt und für sich selbst in seiner Kompetenz zu

Dinge der Natur ist, die vor allen näheren Bestimmungen wie Größe, Gestalt und Bewegung schon vorliegen muß, damit diese sein können, was sie sind, so ist das Denken (res cogitans) die Seinsverfassung des Geistes, damit sich das Ich in den konkreten Realisationsakten des Erinnerns, Wollens und Einbildens zu äußern vermag.

30 I. Kant, a.a.O., B 408.

31 I. Kant, a.a.O., A 402, 433.

denken transparent wird. Kant macht also einen Unterschied zwischen der *Identität des logischen Subjekts des Denkens* und *der Identität einer Person als denkender Dingsubstanz*, die, wie er glaubt, nur empirisch erforscht werden kann.

›*Ich* und *mich*‹, ein Zwischenspiel

Was ist durch diese Unterscheidung gewonnen? Zwischen der Identität des logischen Subjekts des Denkens (Kant: dem transzendentalen Subjekt der Gedanken) und der Identität einer Person als denkendem Ding, als einer gegenständlichen Entität, auf die Substantialität als ein Schema des Verstandes angewendet werden kann?

Welche Konsequenzen und Möglichkeiten zur philosophischen Selbstverständigung erwachsen uns aus der paradoxen Gleichung (Identität und Unterschied) von ›ich denke‹ und ›es denkt‹? Welche neuen Probleme werden damit aufgeworfen? Um die Radikalität und Reichweite von Kants Überlegungen überhaupt zu sehen und abzuschätzen, nochmals ein kleiner Exkurs in die Philosophie des 19. und 20. Jahrhunderts.

Man kann wiederum einen häufig zitierten Aphorismus Lichtenbergs als Ausgangsbedingung nehmen: »*Ich* und *mich*. *Ich* fühle *mich* – sind zwei Gegenstände. Unsere falsche Philosophie ist der ganzen Sprache einverleibt; wir können so zu sagen nicht raisonnieren, ohne falsch zu räsonnieren. Man bedenkt nicht, daß Sprechen, ohne Rücksicht von was, eine Philosophie ist. Jeder, der Deutsch spricht, ist ein Volksphilosoph, und unsere Universitätsphilosophie besteht in Einschränkungen von jener. Unsere ganze Philosophie ist Berichtigung des Sprachgebrauchs, also, die Berichtigung einer Philosophie, und zwar der allgemeinsten.«[32]

George Herbert Mead, in den Sozialwissenschaften meist unter dem Stichwort ›Begründer des symbolischen Interaktionismus‹ abgebucht, knüpft mit seiner Unterscheidung von ›I‹ und ›Me‹ unmittelbar an die Diskussionslage von Kant und dem Deutschen Idealismus an. Im ›I‹ finden wir den Aktus der Selbsttätigkeit wieder, er fungiert als ›Instanz‹ spontaner, kreativer Eigenaktivität, während das ›Me‹ das Ensemble von Rollen und Haltungen ver-

32 G. Ch. Lichtenberg, Sudelbücher II. In: A.a.O., H 146.

körpert, die ich durch die Übernahme der Perspektive des signifikanten Anderen erworben, im Verlauf der Sozialisationsgeschichte internalisiert und zu einem (konsistenten) Selbstbild zusammengesetzt habe.[33] So unzulänglich die theoretischen Bestimmungen Meads im einzelnen auch sind, sie reflektieren gleichwohl den Spannungsbogen, der zwischen der unbestimmten Selbsttätigkeit des Ichs (›I‹) und der internalisierten Summe objektiver, darstellbarer Haltungen und Rollen (›Me‹) besteht. Lichtenbergs ›*Ich* fühle *mich*‹ könnte gleichsam auch als Programmaphorismus über der Sprachkritik des späten Wittgenstein stehen. Dazu nur ein kurzes Zitat. Im sogenannten Blauen Buch findet sich als Resultat einer langwierigen Untersuchung folgendes Resümee: »Es gibt«, heißt es dort, »zwei Gebräuche des Wortes ›ich‹ (oder ›mein‹), die ich ›Objektgebrauch‹ und ›Subjektgebrauch‹ nennen könnte [...]. Das Wort ›ich‹ bedeutet nicht dasselbe wie ›L.W.‹, selbst wenn ich L.W. bin [...]. Das bedeutet jedoch nicht, daß ›L.W.‹ und ›ich‹ zwei verschiedene Dinge bedeuten. Es bedeutet nichts weiter, als daß diese Wörter verschiedene Instrumente in unserer Sprache sind.«[34]

33 »Die Existenz dieser organisierten Gruppen von Haltungen ist es nun, die das Me ausmacht, auf die es als I reagiert. Wie aber diese Reaktion beschaffen sein wird, weiß es nicht und auch kein anderer. [...] Die Reaktion auf diese Situation, so wie sie in einer unmittelbaren Erfahrung aufscheint, ist unbestimmt – und das macht das I aus. [...] Das I, als eine Reaktion auf diese Situation, ist unbestimmt im Gegensatz zum Me, das in den eingenommenen Haltungen gründet.« G. H. Mead, Geist, Identität und Gesellschaft. Frankfurt/M. 1973, 218, 219.

34 L. Wittgenstein, Das blaue Buch. Werkausgabe. Bd. 5. Frankfurt/M. 1984, 106, 107. So vielfältig die inhaltlichen Überschneidungen zwischen der Sprachkritik Lichtenbergs und Wittgensteins auch sind, Lichtenbergs Idee einer ›Berichtigung des Sprachgebrauchs‹ zielt in eine der Spätphilosophie Wittgensteins entgegengesetzte Richtung, welche die (gewöhnliche) Alltagssprache als Normativ und Quietiv philosophischer Probleme begreift.

Was also ist durch diese Unterscheidung gewonnen? Worauf macht die Kritik der cartesischen Verwechslung einer Einheit der Wahrnehmung im denkenden Subjekt mit der Wahrnehmung einer Einheit des denkenden Subjekts aufmerksam? Richtig ist sicherlich, was Lichtenberg über die problematische Übersetzung des cogito behauptet: »›Ich denke‹ zu sagen, ist schon zuviel.« Aber schießt nicht auch die konsequent ergriffene Alternative einer unvermittelten Opposition zwischen ›ich denke‹ und ›es denkt‹ weit übers Ziel hinaus? Mehrere bedeutende philosophische Diskurse des 19. und 20. Jahrhunderts legen es durchaus nahe, die beiden Satzfragmente als einander ausschließende Formulare zu lesen. Läßt sich das ›ich denke‹ wirklich, analog zu ›es blitzt‹, ›es schneit‹, als ›es denkt‹ verstehen? Wenn es überhaupt eine Antwort geben sollte, klargeworden könnte sein, daß beide Fluchtwege, der zurück, zur cartesischen Einheit genauso wie der in die traum(a)lose Zukunft einer einfachen Opposition, in der zuletzt das ›es denkt‹ allein regiert, versperrt sind.

– *Subjekt der Aussage und das ausgesagte Subjekt.* Kant hat durch seine begriffliche Umstellung, die Angleichung des Ichs oder Selbstbewußtseins an das ›es denkt‹, das Selbstverständnis der Moderne revolutioniert. Zieht man die Summe aus seinen diesbezüglichen Überlegungen, ist zunächst die Einsicht in die besondere Existenzform des Subjekts festzuhalten: Das Subjekt der Aussage ist doppelt da; es fordert eine Deutung nach Art des genitivus objectivus und des genitivus subjectivus. Als *Subjekt des Aussagens* ist es dasjenige, welches (selbsttätig) eine Aussage trifft, aber (in einer Welt der Dinge) mit dem Stigma leben muß, niemals als positive phänomenale Entität in Erscheinung treten zu können; als *ausgesagtes Subjekt* ist es das (Objekt), über das bestimmte Aussagen gemacht werden. Als Subjekt im Sinne der Selbsttätigkeit ist es *performativ*, d. h. nur in der Ausführung oder Darstellung, nur in seinem Sprechakt als einem (aktuellen) *Handeln*, präsent und wirklich oder, wie Kant sagt, durch die Gedanken, die seine Prädikate sind. Das Subjekt des Aussagens ist kein gegenständliches Etwas, das, wie Hegel später formulieren wird, unbewegt seine Prädikate trägt, sondern nur indirekt, in seiner Performativität auf seine (intelligible) Präsenz und Wirklichkeit verweist.

Als Subjekt, *über* das Aussagen getroffen werden, erhält es zwar prädikative Markierungen (z. B. Eigenschaften), wird aber genau darin auch um das, was es signifikant sein läßt: um das Moment der Selbsttätigkeit, seine Spontaneität, gebracht. Anwesend (qua selbsttätig oder performativ) ist das Subjekt (phänomenal) abwesend; abwesend in seiner Identifikation, stellt es sich hinterrücks wieder als anwesend ein. Kurz, anders als im höchsten Grade paradox ist das kantische Subjekt nicht zu haben. Man kann das kantische Selbstbewußtsein in einem ersten Schritt also dadurch kennzeichnen, daß man es – in Anlehnung an Derridas (zeitliche) Metapher einer ursprünglichen Verspätung – als *ursprüngliche Verrückung* anspricht. Wenn ich feststellen will, wer oder was ich bin, werde ich ver-rückt oder genauer noch: ver-rückt es mich. Subjektivität ist gleichsam dieser Nicht-Ort, dieses Niemandsland des Selbstbewegtseins in des Wortes doppelter Bedeutung. Anders gesagt, die Subjektivität ist das *Zwischen* oder die sich zersetzende Mitte, in der das ›ich denke‹ und das ›es denkt‹ (als Einheit und Unterschied) aufeinandertreffen. Lacan wird das wiederholen, wenn er das Subjekt als das »Zwischen«, als die Differenz von dem Subjekt des Aussagens und dem ausgesagten Subjekt, begreift. Kant revolutioniert also unsere Vorstellung vom Subjekt dadurch, daß er es in diese Verrückung, in diesen Riß zwischen Performativität und Objektivität einzeichnet. Seine Struktur erhellt sich augenblicklich in dem, was Hegel in die folgenden, gänzlich prosaischen Worte gekleidet hat: »Ein geflickter Strumpf [ist] besser als ein zerrissener; nicht so das Selbstbewußtsein.«[35]

– *Doppelte Dezentrierung.* Die Subjektivität des Menschen ist Kant entsprechend ein von Grund auf dezentriertes Wesen, es wird regiert durch jene Spaltung (oder Unterscheidung), die Kant dem cartesischen cogito eingeschrieben hat, in deren Reflexion sich jene Leere einstellt, die kraft Selbsttätigkeit eine ausgezeichnete ist. Man kann im Blick auf diese Zerrissenheit von einer *doppelten Dezentrierung des Ichs* sprechen, einer *inneren*, die Subjektivität des Menschen betreffenden, und einer *äußeren*, die sich auf unsere Welt insgesamt bezieht. Die entsubstantialisierte, radikal endliche, von allen theologischen Ausdeutungen befreite Subjektivität fällt dadurch als exzeptionelles Glied aus der »Kette

35 G. W. F. Hegel, Aphorismen aus Hegels Wastebook. In: Jenaer Schriften (1801-1807). Werke in zwanzig Bänden. A.a.O., Bd. 2. 558.

der Wesen« heraus, welche die ontologische Metaphysik als (hieratische) Einheit des Weltganzen geflochten und gleichsam im göttlichen Auge gespiegelt hatte. Nietzsche hat das Ende dieser Denkform in ein eindrucksvolles Bild gebannt. Er schreibt, »Seit Kopernikus scheint der Mensch auf eine schiefe Ebene gerathen, er rollt immer schneller nunmehr aus dem Mittelpunkte weg – wohin? ins Nichts?«[36] »aus dem Zentrum ins x«[37], wie es ergänzend im Nachlaß heißt. Es zersetzt sich nicht nur die innere Mitte des Menschen; ein Abgrund klafft nicht nur in seinem Inneren, auch was sein äußeres Leben betrifft, kommt auf die Frage nach dem Lebensmittelpunkt ›Fehlanzeige‹ oder allenfalls ein pluraletantum zu stehen. Der Riß geht gleichermaßen durch das Subjekt wie durch die ontologische Ordnung des Universums hindurch.
Man kann das urteilslogische wie das kosmologische ›aus dem Zentrum ins x Rollen‹ aber auch als Chance wahrnehmen und daraus, nicht zu wissen, wer wir sind, eine gegenteilige Überlegung ableiten, die dahin führt, die innere wie äußere Unbestimmbarkeit als eine Art Prüfkriterium anzusetzen, das das technische, wissenschaftliche und ökonomische Denken und Handeln daraufhin befragt, ob die mit der Moderne installierte signifikante Leere der Subjektivität, ihre Offenheit, auch in Zukunft gewährleistet bleibt.
– *Unaufhebbare Differenz, die erste Person Singular.* – Wurde in den vorausgegangenen Überlegungen die wesentliche Einheit des ›ich denke‹ mit dem ›es denkt‹ hervorgehoben, ist jetzt an die unaufhebbare Differenz zu erinnern, die trotz allem (in der Kantischen Lesart) zwischen beiden Satzfragmenten vermitteln sollte. Der Grund, beide Ausdrücke nicht ineinander aufgehen zu lassen, liegt darin, daß in diesem Zwischen der Subjektivität, in der Selbstbezüglichkeitsstruktur des Zwischen, ein wie auch *schwaches Ich* in Gestalt der *ersten Person Singular* als vermittelnde Instanz angenommen und gedacht werden muß; ansonsten zerrisse das Band zwischen den beiden Seiten der Gleichung, die das Subjekt der Aussage und das ausgesagte Subjekt miteinander verschlingt; nur die Wiedereinführung eines neuen göttlichen, von außen Iden-

36 F. Nietzsche, Zur Genealogie der Moral. In: Kritische Studienausgabe. A.a.O., Bd. 5. 404.

37 F. Nietzsche, Werke in drei Bänden. Hg. K. Schlechta. Bd. III. München 1966, 882.

tität konstatierenden Beobachters könnte die Wahrheit und Gewißheit der Differentialgleichung dann noch garantieren. Die unsichtbare Stiftung der Kopula nötigt im Rahmen der Kantischen Philosophie zu der Annahme der ersten Person Singular, die im Rekurs auf die bloße Form des ›ich denke‹ diese (wenigstens zeitweilig) mit einer unverwechselbaren Sprecheridentität erfüllt.
Kant bringt in seiner Reflexion auf das ›ich denke‹ das philosophische Denken auf eine Bahn, die zwar im Sog jener Entleerung (der leeren Vorstellung) das ›ich denke‹ immer weiter an das ›es denkt‹ ausliefert, so weit, daß es bisweilen den Anschein erweckt, als besäße das objektivistische oder naturalistische Formular ›es denkt‹ alle Rechts- und Realitätstitel; für Kant freilich bleibt gewiß, daß, auch wenn die begrifflichen Mittel zum Ausbuchstabieren der Ich-Struktur noch weithin fehlen, die gleichsam schwache Kraft einer ersten Person Singular unterstellt werden muß, die performativ und darin irreduzibel sich der Gedanken, die seine Prädikate sind, *vergewissert*. Was wiederum nicht bedeutet, jenes Moment der Selbstdifferenz der Subjektivität vergessen machen zu können, das durch seinen sprachlichen oder symbolischen oder inhaltlichen Bezug den individualistischen Ausgangspunkt immer schon überschritten hat. Individualität als Letztauskunft wäre nur eine neuerliche Hypostase. Subjektivität heißt, an die erste Person Singular zu erinnern, aber so, daß ihr die Überraschung: von einem Allgemeinen immer schon eingeholt, aufgehoben, dezentriert oder subvertiert worden zu sein, ins Gesicht geschrieben steht. Die Geschichten, die vom Ende des (transzendentalen, proletarischen, bürgerlichen, usf.) Subjekts erzählen, des Autors – haben ihren guten Sinn; zu glauben, ›Individualität‹ müsse die verwaiste Stelle ausfüllen, erneuert oder wiederholt nur den vorkantischen, vorkritischen Diskurs.
– *Die Grammatik als Gefängnis, Nietzsches Konsequenz.* – Nietzsche hat als erster ganz konsequent versucht, den Unterschied zwischen dem ›ich denke‹ und dem ›es denkt‹ im Sinne eines anonymen Regimes sprachlicher Schemata einzuebnen, und in Folge davon, unser Abhängig- und Eingeschlossensein in die Grammatik als ein *Gefängnis* gedeutet, dem wir nicht entkommen können. Der Zwang der Grammatik läßt uns im Kreis der Sprache umherirren wie die Gitter der Käfige die Tiere. Nietzsche hat in der Konsequenz dieses Gedankens aber auch gesehen, daß er damit nicht nur sich selbst, seiner Auffassung von Sprache als eines

dichtenden Vermögens, widerspricht, (das schöpferisch aus sich selbst, seine Quelle im ästhetischen Zustand hat[38]); er hat auch verstanden, daß die Wahrnehmung des Gefängnisses, des Gitterwerks der Begriffe, wie er sagt, das Bewußtsein voraussetzt, das Gefängnis *als* Gefängnis zu sehen und also vermittelst dieser Einsicht dies Gehäuse sprachlicher Hörigkeit wenigstens partiell verlassen zu können. Seine unübertroffen formulierte Schlußfolgerung lautet: »*Wir hören auf zu denken, wenn wir es nicht in dem sprachlichen Zwang tun wollen*, wir langen gerade noch bei dem Zweifel an, hier eine Grenze als Grenze zu sehn. *Das vernünftige Denken ist ein Interpretieren nach einem Schema, welches wir nicht abwerfen können.*«[39] Die vollständige Reduktion des ›ich denke‹ auf das ›es denkt‹ ließe uns zurück im Zustand der glücklichen Kühe, die nicht mal ihr Weideglück genießen können.
Auch Lichtenberg muß eine wie auch immer konzipierte schwache Kraft des ›ich denke‹ oder der Spontaneität ansetzen, will er überhaupt seine Idee von der »Berichtigung des Sprachgebrauchs«, die ein kritisch oder philosophisch geschultes Denken gegen die »Volksphilosophie« (welche die Sprache von sich aus nahelegt) ins Spiel bringt, auch nur plausibel machen; er muß, bei aller Sympathie, die er für den Determinismus hegt (will er nicht gegen elementare Regeln der Logik verstoßen), eine Lücke lassen, in die ein kritischer Geist hineinstoßen kann, um die Einheit und Differenz von ›ich denke‹ und ›es denkt‹ abzuarbeiten.
Was wir auf dieser Ebene offensichtlich brauchen, sind Denkfiguren oder Formulierungen, die in der Lage sind, diese performativen paradoxen Verhältnisse, die konstitutive Instabilität von ›ich denke‹ und ›es denkt‹ auszubalancieren.
Strategien, die signifikante Leere zu verdrängen. Die Dialektik, in die sich Nietzsche kraft seiner Reflexion auf den Zwang sprachlicher Schemata verstrickt, wirft ein interessantes Licht auf unser Problem: Je gründlicher, intensiver sich das neuzeitliche Denken seit Descartes darum bemüht, nicht vom radikalen Zweifel betroffen zu werden, sich selbst – um ihm zu entgehen – in der gänzlich leeren Vorstellung des ›ich denke‹ (der absoluten Reflexion) aus dem Weltzusammenhang herausnimmt, desto nachdrücklicher zeigt sich im Sog der Entleerung des Ichs die Über-

38 Vgl. F. Nietzsche, a.a.O., 753.
39 F. Nietzsche, a.a.O., 862.

macht des ›es denkt‹. So paradox es klingt: Das Ich selbst liefert sich dadurch verstärkt dem ›es denkt‹ aus, daß es in seinem Wahn, absolute Begründungsstärke zu gewinnen, seine Fundamente der Selbst- und Weltbegründung so tief legt, daß es zuletzt von der leeren, reinen Oberfläche des Denkens nicht mehr zu unterscheiden ist. Dieser Dialektik sieht sich Kant ausgesetzt; auch Fichtes frühe Wissenschaftslehren können diesem weltlosen Idealismus des Ichs nicht entgehen.

Auf der anderen Seite, gleichsam als wissenschaftliches Pendant: die forcierte Übersetzung des ›ich denke‹ als ›es denkt‹. Man kann die der Aufklärung und Humanität verpflichtete Moderne auch als Versuch deuten, die der Subjektiviät eingeschriebene (signifikante) Leere vergessen zu machen. Dabei handelt es sich nicht nur um die eingangs erwähnten, tendenziell reduktionistischen Großdiskurse, die das Ich mehr oder weniger konsequent im Sinne des Es, der Grammatik, des Unbewußten, der Wunschmaschinen oder der ökonomischen Verhältnisse auszulegen beabsichtigen; zu denken ist heute vor allem an solche zur Weltanschauung totalisierten wissenschaftlichen Erklärungskonzepte wie evolutionäre Mechanismen, gen- und informationstechnologische Projekte und Programme, die jene Leerstelle naturalistisch überschreiben und dadurch zu verschließen drohen.

In dieser Denkbewegung droht auch ein wie immer schwach angesetztes ›Ich‹ noch verlorenzugehen, das aber, wie angedeutet, vorausgesetzt werden muß, weil ansonsten theoretisch nicht einmal mehr sinnvoll über die Substitution des ›ich denke‹ durch das ›es denkt‹ nachgedacht werden könnte und die Negation der Referenz nicht nur dem Naturalismus/Reduktionismus weiter Vorschub leisten würde; ohne Rekurs auf es verlören auch moralisch-praktische Fragen ihren Bezugspunkt und liefen ins Leere.

Die Subjektivität im Kontext des nachkantischen Idealismus. Kant kann die Beziehung des tranzendentalen Subjekts zu dem empirischen, raum-zeitlich individuierten Ich nicht wirklich aufklären, das, wie alles andere um es herum, auch *Gegenstand* der Medizin und der Physiologie, der Physik und der Psychologie, der Juristerei und der Wissenschaft der Geschichte sein kann. Beide Momente, so nimmt der Deutsche Idealismus diesen Gedanken auf, gehören zusammen; sie lassen sich überhaupt nur in spezifischer Weise zusammen entwickeln. Das widersprüchliche Zusammensein beider Gedanken, des unvordenklichen Subjekts jeder Aussage und des objektivierten, nur über seine Prädikate ausgezeichneten Subjekts, gehört zusammen. Auch oder gerade weil der Graben zwischen beiden Seiten (Hinsichten) unendlich tief oder um logische Welten getrennt ist, verbinden wir sie doch in der Grammatik unseres Denkens und Handelns. Hegel gehört zu den wenigen Philosophen, die ein dieser Struktur entsprechendes Formular ausbuchstabiert haben, er spricht von der *Logik des absoluten Unterschieds* oder auch von der *negativen Selbstbeziehung*.

Die paradoxe Struktur der Subjektivität ist also wahrlich keine dekonstruktivistische Erfindung; in der Konsequenz des kantischen Gedankens wird sie bei Fichte in nicht zu überbietender Radikalität entfaltet: Sie verurteilt nicht nur eine Konzeption von Philosophie zum Scheitern, die sich zu ihrer Selbstbegründung auf die unerschütterliche Basis des Ichs beruft, sie zeigt auch, daß das Ich eben wegen dieser Verrückungsstruktur keinen Selbst und Welt begründenden Halt mehr geben kann.

Zweierlei sollte daran unterschieden werden. Erstens die begründete Selbstwiderlegung eines Philosophieprogramms, das darauf abzielte, alles im Ich aus ihm erklären zu wollen, also jene Idee einer Philosophie, die das Ich als absoluten Grund oder unmittelbare Gewißheitsbasis ansetzt, um von diesem Punkt aus alle Selbst- und Weltverhältnisse zu deduzieren und zu konstruieren; und zweitens die bis heute nicht überholte Einsicht in die Struktur der Subjektivität.[40] Was in diesem Zusammenhang keinesfalls übersehen werden sollte, ist eben die Einsicht des Deutschen Idealismus, insbesondere Hegels, in die intersubjektiv und sprachkritisch angelegte Struktur subjektloser Subjektivität, in der gleichsam wieder zusammenwächst, was zusammengehört: Sprache und Welt, Subjektivität und In-der-Welt-Sein, das (unbestimmte) Subjekt der Aussage und das ausgesagte Subjekt, die zwar toto coelo auseinanderliegen und doch in ein und derselben Hinsicht identisch sind: Subjekt ist, was uns, die wir eine Aussage treffen, unbestimmt als ›es‹ oder ›x‹ in den Rücken tritt und uns sowohl den Rücken stärken (supplementieren) als auch das Rückgrat brechen (destruieren) kann.

40 Vgl. G. Gamm, Ich – Ansichten einer frühidealistischen Errungenschaft. In: Romantische Identitäten. Eichstätter Kolloquium. Bd. 11. Hrsg. von W. Wehrle, M. Schwarze. Regensburg 1999.

Die Philosophie muß sich also gegen zwei Dogmen oder Zumutungen zur Wehr setzen, welche die selbstgewisse Gesundheit des gemeinen Menschenverstandes ihr anträgt; sie sollte sich sowohl des Totalitätsanspruchs einer auf den Verstand zugeschnittenen binären Logik erwehren: des ›so oder anders‹, des ›entweder ... oder‹, sie sollte sich auch gegen eine Auffassung von Realität stemmen, die gleich im ersten Schritt weit hinter dem zurückbleibt, was schon ein einfacher Aussagesatz an Implikationen mit sich führt: ›Nein! Man braucht es nicht zu wissen, aber man braucht auch kein Philosoph zu sein.‹ Um aber auf die Höhe des Aphorismus über das ›es denkt‹ zu gelangen, führt kein Weg zu seinem Verständnis, der nicht das trockene und steinige Kiesbett der *Kritik der reinen Vernunft* durchquert hat. Ihre Lektüre stiftet dazu an, sich auch mißtrauisch gegen die (unbewußte) Autorität der Alltagssprache zu wenden, gegen eine Sprache, die, wie Lichtenberg weiß, von sich aus *spricht, denkt und philosophiert*, die methodische Besonnenheit verlangt und dazu nötigt, ihre Prädispositionen mindestens per Gedankenexperiment einzuklammern.
Vielleicht sind das Lichtenbergsche »Pfennigswahrheiten«, die aber, will man sich wirklich auf die Philosophie einlassen, in harter Münze zu zahlen sind. Nein, man braucht kein Philosoph zu sein; nur Lichtenbergs Idee der Sprachkritik, die Idee eines Denkens entlang »der Berichtigung des Sprachgebrauchs«, sieht sich dazu aufgefordert, die ›Volksvorurteile‹, wie Nietzsche später sagen wird, »auszuhängen«. Lichtenberg schreibt: »Die Erfindung der Sprache ist vor der Philosophie hergegangen, und das ist es, was die Philosophie erschwert, zumal wenn man sie anderen verständlich machen will, die nicht viel selbst denken. Die Philosophie ist, wenn sie spricht, immer genötigt, die Sprache der Unphilosophie zu reden«[41]. Auch das ist wahrlich mehrdeutig, aber das wäre dann eine neue Geschichte.

41 G. Ch. Lichtenberg, a.a.O., Heft H, 151.

4. Vernunft und Eros

G. Batailles Idee der Grenzüberschreitung

> *Leben* ist ganz eigentlich *Nicht-Philosophiren*; *Philosophiren* ist ganz eigentlich *Nicht-Leben*; und ich kenne keine treffendere Bestimmung beider Begriffe, als diese. Es ist hier eine vollkommene Antithesis, und ein Vereinigungspunct ist [...] unmöglich.
>
> Johann Gottlieb Fichte

> Wir vergessen oft, daß das Spiel der Philosophie [...] ein Wettkampf ist. Es handelt sich immer darum, so weit wie möglich zu kommen.
>
> Georges Bataille

Die Geschichte von Vernunft und Eros in der Philosophie ist noch nicht geschrieben, sie kann vielleicht auch gar nicht geschrieben werden, ist doch ihre Konjunktion, die synthetische Differenz, die sich in ihr ausspricht, die Möglichkeitsbedingung der Philosophie selber.[1] Bataille nähert sich ihr über einen Einwand gegen die Philosophie. In einer Studie (zur *Erotik*)[2] geht er davon aus, daß die philosophische Erfahrung Gemütsbewegungen von äußerster Intensität, wie sie in der Heiligkeit und der Erotik aufflammen, ausschließt; daß die Philosophie in ihrem Gleichmaß an Besonnenheit, Diskursivität und synthetischem Erkenntnisstreben eine

1 Von Platons Darstellung des Eros als dem heiligen Wahnsinn, der von außen (als Hilfslehrer) hinzutreten muß, um die Menschen für die Vernunft einzunehmen, sie für das Schöne, Wahre und Gute zu begeistern, bis zu Hegel (»Sein und Vereinigung sind gleichbedeutend«), Feuerbach (»Die Vernunft ist selbst nichts anderes als die universale Liebe«) und anderen, erstrecken sich die Versuche, dieser zerbrochenen, geheimnisvollen Einheit von Philosophie und Eros auf die Spur zu kommen.

2 G. Bataille, Die Erotik. Übers. v. G. Bergfleth, München 1994, insbes. II. Teil, Kap. VI: Heiligkeit, Erotik und Einsamkeit. Im folgenden zitiert unter der Sigle E, gefolgt von der Seitenzahl.

abgesonderte Erfahrung ist, eine Erfahrung, die, auch wenn sie auf die Summe der menschlichen Erkenntnis- und Erfahrungsmöglichkeiten abzielt, eine Erfahrung neben bzw. unter anderen bleibt. Sie macht es schwierig, »zu gleicher Zeit zu philosophieren und zu leben [...]. Doch was bedeutet das Nachdenken des Menschen über sich selbst und über das Sein im ganzen, wenn es den intensivsten Gemütsbewegungen fremd gegenübersteht?« (E, 247/248).
Auf der anderen Seite hat die Philosophie in den Augen Batailles nur dann ein Existenzrecht, wenn sie entgegen »der Geistesenge« der Spezialisten und der fortschreitenden Ausdifferenzierung der Wissenssysteme an der Idee des Ganzen festhält, an der metaphysischen Idee: aufs Ganze zu gehen; nicht allein in dem Sinn, der es nahelegt, dem Professionalisierungsdruck zu widerstehen und den Blick unverwandt auf das Ganze, auf das Gesamt unserer Selbst- und Weltverhältnisse zu richten, auch in dem anderen, der daran erinnert, daß es etwas zu riskieren gilt, daß bei diesem Projekt die Wahrscheinlichkeit des Scheiterns von Anfang an mit inbegriffen ist und auch existentiell etwas auf dem Spiele steht. Bataille: »Ich wiederhole: Die Philosophie ist die Summe der Möglichkeiten im Sinne eines synthetischen Verfahrens, oder gar nichts.« (E, 248). Bataille adressiert seine Kritik namentlich an Hegel; dessen spekulativer Idealismus scheint am ehesten die Bedingung zu erfüllen, eine den mittelalterlichen Summen der Theologie und Philosophie vergleichbare Totalansicht der Welt zu sein, welcher sich überdies, wie nur wenige andere philosophische Systeme seit Platon, darum bemüht hat, im Denken, in der Grammatik des spekulativen Denkens selbst den inneren Zusammenhang von Vernunft und Eros durchsichtig zu machen. Gleichwohl glaubt Bataille den Vorwurf einer »spezialisierten Tätigkeit« auch oder gerade gegen die spekulative Dialektik erheben zu müssen. »Aber die sozusagen unergründliche Konstruktion Hegels, und sei sie selbst das Ende der Philosophie, erlangt diese ihre Tragweite sicher nur als spezialisierte Disziplin: in demselben Maß, wie sie verbindet, trennt sie das, was sie verbindet, von der Erfahrung.« (E, 248). Daß Bataille für seine kritischen Noten zur Philosophie mit Hegel als Gegenspieler eine denkbar schlechte Wahl getroffen hat, können wir beiseite lassen, Batailles Auseinandersetzung mit Hegel[3] ist hier nicht Gegenstand; für unsere Zwecke lehrreicher ist es – um Hegel

3 Zu Hegel im Überblick vgl. G. Gamm, Der Deutsche Idealismus. Eine

zu zitieren – sich in den Umkreis der Stärke des Gegners zu stellen[4], d. h. die Einwände, Forderungen, Zumutungen usf. herauszuarbeiten, die Bataille (zu Recht) gegen die Philosophie als eine spezialisierte Unternehmung ins Feld führt.

I.

Als Werk von Spezialisten ist die Philosophie eine Arbeit, welche denselben Zeitreglements und Disziplinen, denselben Effizienzkontrollen und Optimierungsstrategien zu gehorchen hat wie die übrigen Tätigkeiten in der Arbeitswelt auch. Damit schließt sie, »ohne es auch nur bemerken zu wollen, Augenblicke intensiver Gemütserregung aus [...]. Sie ist also nicht jene Summe der Möglichkeiten, betrachtet als synthetisches Verfahren, die mir notwendig erscheint. Sie ist nicht die Summe des Möglichen, die Summe aller möglichen Erfahrungen; sie ist nur die Summe einiger bestimmter Erfahrungen, die die Erkenntnis zum Zweck haben. Sie ist nur die Summe der Erkenntnisse.« (E, 252). Als Ausdruck eines »durchschnittlichen Menschseins« ist sie den extremen Situationen, die ein Menschenleben auch umfaßt, entfremdet, d. h. den Konvulsionen von Tod und Sexualität, Geburt und Schöpfung. Auf der anderen Seite ist Philosophie nichts, »wenn sie nicht eine äußerste und demnach eine disziplinierte Anstrengung ist«. (E, 252). Der Philosophie als einer Disziplin abzuschwören hieße nur, sich »zum Wortführer der Faulheit und der Anmaßung« (E, 254) zu machen: »Man kann sich kaum das Leben eines Philosophen vorstellen, der ständig oder wenigstens häufig außer sich wäre.« (E, 254). Und weiter: »Die Empfindungen stören [...]. Der wahre Philosoph muß sein Leben der Philosophie widmen.« (E, 247).

Einführung in die Philosophie von Fichte, Hegel und Schelling, Stuttgart 1997.

4 »Die wahrhafte Widerlegung muß in die Kraft des Gegners eingehen und sich in den Umkreis seiner Stärke stellen; ihn außerhalb seiner selbst anzugreifen und da Recht zu behalten, wo er nicht ist, fördert die Sache nicht.« (G. W. F. Hegel, Wissenschaft der Logik. Werke in 20 Bänden, Bd. 6. Frankfurt/M. 1969, 250)

II.

Was soll das heißen, daß die Philosophie die Grenzzustände menschlicher Existenz ausschließt? Daß sie Geburt und Tod, Leben und Wahn, ekstatische Erfahrungen jeglicher Art aussperrt? Bedeutet es, daß die Philosophie sich weigert, diese Gegenstände überhaupt zu behandeln? Daß sie im anerkannten Katalog philosophischer Fragen keinen ihrer Bedeutung für das Leben angemessenen Platz erhalten haben? Selbst dann, wenn das der Fall wäre, wenn dieser Ausschluß stattfände, ließe sich diese Lücke ohne größere, d. h. systematische Schwierigkeiten für die Philosophie ausfüllen. Bataille merkt an, daß Kierkegaard, Nietzsche und Heidegger begonnen haben, diesem Desiderat philosophischer Erfahrung existenzphilosophisch zu begegnen. Was also heißt »ausschließen«? Heißt es, daß die Philosophie sich nicht durch das, was anders ist als sie selbst, verwandeln läßt? Daß sie sich nicht durch das Andere des logos, der »ruhigen Überlegung«, wie Bataille schreibt, anregen läßt, einen vielleicht ums Ganze veränderten Diskurs über ihre Gegenstände zu führen? Verpflichtet sie ihr Disziplin-Sein wirklich dazu, nur die Erfahrungen als philosophische Erfahrung gelten zu lassen, die zuvor in den Rang von Erkenntnissen aufgestiegen oder sich als epistemisch bestimmte Urteile legitimiert haben? Muß demzufolge alle Erfahrung im Urteil enden? Und: Stellt sich die Philosophie in jedem Augenblick nicht dadurch in Frage, daß sie niemals dort ankommt, wo das Leben wirklich pulsiert? Daß sie die Unmittelbarkeit jener Grenzzustände nicht erreicht? Daß sie vor dem Unmöglichen, das gleichwohl nicht nichts ist, kapituliert? Daß sie die Intensität negiert, daß sie sie in eine diskursiv und sequentiell geordnete Sprache einschreibt, der genau das mangelt, was die Grenzerfahrungen auszeichnet? Haftet dem philosophischen Diskurs nicht stets der Makel der Nachträglichkeit an?

Als Repräsentantin der Welt der Arbeit untersteht die Philosophie der gewöhnlichen Zeit; entsprechend scheint die andere Zeit, die Zeit des Außerordentlichen, wie sie das Heilige und das Erotische verkörpern, dem ruhigen Fluß der philosophischen Sprache fremd zu bleiben. Sollte sich die Philosophie also, was ihren sprachlichen Ausdruck betrifft, grundlegend wandeln? Sollte sie expressiver werden oder die Dramatisierungspotentiale der Rhetorik besser auszunutzen wissen?[5] Sollte sie, in einem Wort, mehr Literatur werden, um das Leben in seiner Kontingenz und Vielfalt besser auszuschöpfen? Daß die Philosophie um das kognitive System herumgebaut ist, daß sie in dieser Disziplin gleichsam »nach oben« allen Propheten göttlicher Botschaften, allen Wünschelrutengängern des Geistes (Kants »Geistersehern«) den Weg versperrt und sich »nach unten« gegenüber den verschiedenen Versionen delirierender Rede abgrenzt, entpuppt sich als unüberwindbare Grenze des logos, wenn Grenzzustände im Spiel sind. Zuletzt – und auch dieses Motiv klingt bei Bataille an – sind wir angesichts des Heiligen und Erotischen zum Schweigen verurteilt. An den Solipsismus und die Einsamkeit, die mit diesen Zuständen verbunden sind, reichen die sprachlichen Medien, die uns zum Ausdruck jener Grenzerfahrungen verhelfen könnten, nicht heran, »denn was uns in der Erotik in den höchsten Grad der Intensität versetzt, schlägt uns gleichzeitig mit dem Fluch endgültiger Einsamkeit«. (E, 256). Und weiter: »Das Verfahren [...], das die Synthese aller Möglichkeiten bewirkt, besteht in der Durchstreichung alles dessen, was die Sprache mit sich bringt, die die Erfahrung des sprudelnden Lebens – und des Todes – durch eine neutrale, eine gleichgültige Sphäre ersetzt. Ich möchte sie einladen, der Sprache zu mißtrauen.« (E, 257).

III.

Eine unbefangene Lektüre kann sich des Eindrucks nicht leicht erwehren, daß an allem, was Bataille kritisch gegenüber der Philosophie zur Sprache bringt, etwas »dran« ist, aber auch, daß es sich eher um lebensphilosophisch oder existentiell angeregte Formulare des Unbehagens handelt denn um Argumente. Dieser Ein-

5 Eine »rhetorische« Lektüre der »Phänomenologie des Geistes« zeigt auch in diesem Punkt Hegels außerordentliches Geschick, wenn er die argumentative Kraft seiner Überlegungen idealtypisch in Form existentieller Figuren verdichtet; »Herr und Knecht«, »das unglückliche Bewußtsein« oder »die schöne Seele« sind ja gleichsam dramatische Verkörperungen von Argumenten (dramatis personae). Das gilt in einem gewissen Sinn auch für kultur- und welthistorische Ereignisse wie die Aufklärung, deren Dialektik die »Phänomenologie« als »reine Einsicht« ironisiert.

druck verstärkt sich, wenn Bataille gegen Ende seines Vortrags – halb widerwillig – die Aporien offenlegt, in die ihn sein Diskurs über die Grenzzustände menschlicher Existenz geführt hat. Wie sich zeigt, läßt sich die Kritik an der Philosophie nur unter den Bedingungen der Paradoxierung der eigenen Rede vorbringen; sie expliziert sich dreifach: erstens als Kritik des logos, als permanente Revolte gegen die besonnen sich Rechenschaft ablegende Rede, die im Namen des Anderen grenzüberschreitender Erfahrungen geübt wird; auch diese Revolte sieht sich gezwungen, auf Redeformen zurückzugreifen, welche der *Intensität* und *Augenblickshaftigkeit* jener Erfahrung die Spitze brechen; auch sie muß in klare und deutliche Begriffe kleiden, was sich an *Ambivalenz* in den äußersten Augenblicken eines faszinierenden Erschreckens oder einer mit höchster Angst verbundenen Lust jeder Eindeutigkeit widersetzt. – Nicht anders verhält es sich zweitens mit der Kritik der Philosophie als einer spezialisierten Disziplin, die gegen ihre Daseinsberechtigung dadurch verstößt, daß sie ihren Summencharakter negiert; diese Skepsis muß sich gleichfalls der Disziplin einer durchdachten diskursiven Darstellung unterwerfen, darüber hinaus sieht sie sich einer Disziplin sui generis unterstellt. »Ich habe gesagt, daß uns die Disziplin, indem sie uns auf den Weg der Arbeit verpflichtet, von der Erfahrung der Extremzustände entfernt. Das stimmt, wenigstens im allgemeinen, aber diese Erfahrung hat selbst ihre Disziplin.« (E, 258) Zuletzt erinnert Bataille daran, »daß die Erotik Schweigen, daß sie Einsamkeit sei« (E, 260), damit aber dieser Satz verstanden werden kann, müssen der Sprache selbst Zeichen, Markierungen einer »verallgemeinerten, einer vergemeinerten Welt«, wie Nietzsche sich ausdrückt, eingeschrieben sein; in dieser Welt verflacht alles, nicht nur weil es bewußt wird, sondern auch weil in dieser Welt der demokratischen Ideen und Praktiken alles bis zum Überdruß ausgewogen werden muß; zurück bleiben eben jene Zeichen, »Heerden-Merkzeichen« (Nietzsche), die aufgrund ihrer Konventionalität und Intelligibilität das Singuläre der (erotischen) Erfahrung nicht erreichen, aber die Möglichkeit bieten, das, worauf die Zeichen deuten, intersubjektiv verstehen und kommunizieren zu können.

Zusammenfassend, es gibt kein Außen der Sprache, auf das zu deuten man sich nicht auf Sprache verwiesen sähe; es gibt keine ekstatische Erfahrung, von der man Kenntnis haben könnte, ohne daß die symbolisch-begrifflich orientierte Erinnerung und die

Nachträglichkeit derselben sich in ihre Wahrnehmung eingenistet, sie mit den Schleifen reflexiver Neugier durchdrungen und vermittelt hätte; es gibt kein Verdrängt-Unbewußtes einer nature noire, in das nicht die lichte Struktur des Bewußtseins doppelt notwendig eingelesen wäre, keine Souveränität, die nicht eine neue Disziplin erzwänge; kein Schweigen, das, um als solches überhaupt verstanden zu werden, nicht über eine Intelligibilität erschlossen werden müßte, in die es eingebettet ist. Der Geist ist gleichsam immer schon da, hat immer auch die Orte okkupiert, an denen wir uns aufhalten können. Erst mit dieser Einsicht in die Aporien des Denkens und Sprechens über Grenzzustände gelingt Bataille der Anschluß an den philosophischen Diskurs der Moderne, der sich im Ausgang von Hegels spekulativem Differenzdenken dem Bewußtsein verpflichtet weiß, auf das Andere seiner selbst zurückkommen zu müssen: auf das Fremde, den Wahnsinn, den Leib, das Geschlecht, den Tod, ja auf den eigenen blinden Fleck oder auf das Unvordenkliche, auf die bestimmende Unbestimmbarkeit eines sich stationär befestigenden Grundes, der von einem alle (guten) Gründe zersetzenden Impuls oder Differenzsinn getragen wird.[6]

IV.

Die Bataillesche Idee der Überschreitung von Grenzen hat zahlreiche und verschiedene Facetten, es geht ihr ebenso um die Überschreitung des philosophischen Diskurses wie einer terminologisch beschränkten Sprache, welche sich gegen das pulsierende Leben verschließt; sie zielt auf die Dezentrierung einer monadisch in sich verkapselten Subjektivität, ohne sich die zerstörerischen Implikationen, die in letzter Konsequenz mit den Grenzerfahrungen einhergehen können, zu verhehlen. Sie protestiert im Namen der Außenseiter und Marginalisierten, der Verrückten, der Anarchisten, der Prostituierten oder auch der bohemehaften Existenz gegen die in Routinen erstarrte Normalität bürgerlicher Lebens- und Erfahrungswelten; sie teilt mit der außeruniversitären Philosophie und der Kunst zu Beginn des Jahrhunderts die Auffassung, daß erst die surreale Demontage der realen Weltstrukturen die

6 Vgl. G. Gamm, Flucht aus der Kategorie. Die Positivierung des Unbestimmten als Ausgang der Moderne, Frankfurt/M. 1994.

wahren Schrecken der unwahren Wirklichkeit entbirgt. Vor allem aber befehdet oder zerstreut die Idee der Grenzüberschreitung den gleichsam göttlichen Topos der (irdischen) Moderne: daß die Welt in Ordnung kommen kann, wenn in Wirtschaft, Wissenschaft und Gesellschaft endlich das (die Rationalität bestimmende) Ternar durchgesetzt werden könnte, das in einer unheiligen Allianz das Utilitaristische mit dem Funktionalistischen und Usualistischen zusammengeschweißt hat. Batailles Entwurf einer entgrenzenden Vernunft widersetzt sich also dem (großen) Imaginären des Zeitalters, das die Signatur (funktionaler) Differenzierung trägt: vermittelst der Strategien eindeutiger Grenzziehung wirkliche Problemlösungskapazität entwickeln und anbieten zu können. Mit der Kritik der Differenzierung wird auch die (formale) Idee der sich selbst erhaltenden Vernunft der Neuzeit bloßgestellt, die zuletzt, weil sie sich als leer erwiesen hat, auf bloße Anschlußsuche programmiert ist. Kurz, die Idee der Grenzerfahrung verweist auf ein *Anderes* oder *Heterogenes*, das in der Regel nicht nur von der Normalwahrnehmung philosophischer oder alltäglicher Diskurse abgeschnitten bleibt, d. h. auf etwas, das sich als das Unterdrückte oder Verbotene der Einvernahme durch vernünftiges Denken sperrt. Es geht auch darum zu verstehen, daß die Vernunft selbst etwas ausschließt, verdrängt, verfemt, verleumdet, auf das sie zugleich, sofern sie ein Interesse an Fragen der Selbstkonstitution nimmt, Bezug nehmen muß; daß sich der logos durch Exklusion seines Anderen konstituiert, welches selbst in höchstem Grade durch eine ambivalente Natur gekennzeichent ist. Das von der Vernunft derealisierte Andere scheint überdies einer dunklen Kraft des Auftriebs zu gehorchen und, wie es in der Psychoanalyse heißt, zur »Wiederkehr des Verdrängten« zu tendieren; dieser Irritation kann sich die Vernunft nur selten entziehen.

Man könnte sagen, Bataille führt einen Diskurs über die Grenzzustände der Subjektivität im Schatten von Erfahrungen, welche die klassische Philosophie, so Feuerbach, »zur Anmerkung herabgesetzt«, wenn nicht verleugnet hat. Er entwirft die Gegenwelt des Heterogenen über drei Begriffe, die auch dann noch Grenzen der Vernunft markieren, wenn sie sich dieser Erfahrung erinnert: das *Intensive*, das *Augenblickshafte* bzw. das *Plötzliche* und das *Ambivalente*. An diesen Grenzerfahrungen der Subjektivität geht das *principium individuationis* zugrunde, sie bezeugen jene Ambivalenz oder in sich verworfene Einheit, in der Lust und Angst,

Faszination und Erschrecken verschwistert sind, in der Glück und Ekel, Eros und Gewalt jenseits ihrer zivilisatorisch erarbeiteten Trennungen zusammengehören.

In seiner Konzeptualisierung des Anderen schwankt Bataille zwischen einer dogmatischen oder ursprungslogischen Deutung, welche ein radikales Außen jenseits aller Vermittlungen von Sprache und Vernunft, historischem Apriori und gesellschaftlicher Normalität suggeriert, ein schlechthin Inkommensurables, das jeden Rückbezug auf die gewöhnliche, kategorial bestimmte Erfahrung verweigert, und einem, wie man sagen kann, hegelianisierenden Verständnis, das es als das Andere der Vernunft interpretiert; es sieht das Andere in diesem Fall durch die Intelligibilität eines Begriffs, einer Metapher, eines Zeichens oder einer Geste vermittelt und gespiegelt, es bleibt rückgebunden an das, wovon es sich unterscheidet. Auf diese Weise begriffen, gehört dann die Geschichte seiner Deterritorialisierung konstitutiv mit zu dem, was das andere zu einem Anderem oder Exkommunizierten macht.

Man kann den philosophischen Diskurs der Moderne kaum anders denn vernunftkritisch verstehen; das (negative) Andere ist aus der Selbstreflexion vernünftigen Denkens und Sprechens nicht einen Augenblick wegzudenken, gleichgültig ob man es in positiver oder negativer Bedeutung: als Vernunft ermöglichende Bedingung oder als alle Ratio zersetzende Kraft zu erläutern versucht, ob man seine Stör- und Irritationspotentiale eher vermittelst der Ausgrenzungs- oder Ausschließungsmechanismen analysiert und darin philosophische Diskurse und soziale Praktiken ineinander reflektiert oder auf seine Unvordenklichkeit pocht und zu seiner Beschreibung auf Metaphern rekurriert, die sich weitläufig um den »Entzug« oder die »Abwesenheit« des Anderen gruppieren.

V.

Bataille setzt die moderne Selbstkritik der Vernunft fort; sein Diskurs verpflichtet die Philosophie darauf, sich selber im Verhältnis zu dem von ihr ausgegrenzten Anderen zu begreifen, eben im Verhältnis zu dem, was die Vernunft immer auch im Begriff steht zu unterdrücken, zu verfemen, zu verdrängen. Dabei kann die Philosophie nicht einfach Zuflucht suchen bei diesem Anderen – weder durch Rekurs auf dessen unmittelbare Evidenz noch auf eine höhere Wahrheit, die sich (angeblich) in ihm spiegelt. Das Heterogene verkörpert auch nicht die ursprüngliche Einheit einer wahren, inneren oder äußeren Natur, welche sich im Mythos oder im Selbst, im Traum oder in ekstatischen Erfahrungen bekundet; es trägt immer auch die Stigmata, die sich im Verlauf seiner Deterritorialisierungsgeschichte in es eingeschrieben haben. Das Bataillesche Heterogene reflektiert, so müßte man angesichts der selbst- oder metaphysikkritischen Philosophie des 19. und 20. Jahrhunderts sagen, die Frage: wie man ohne Rückfall in die vermittlungslose Wahrheit mythischen oder göttlichen Wissens des Ausgegrenzten, und das heißt eben auch der entfremdeten oder gewaltförmigen Elemente des rationalen Denkens, innewerden könnte. Anders gesagt, Batailles Diskurs über die Heterogenität ist nicht so neu oder revolutionär, wie er oder ein Teil seiner Interpreten vielleicht geglaubt haben. Seine Akzentuierung des Heterogenen gehört in eine Reihe von Versuchen, die Verdrängungsgeschichte der Vernunft aufzuarbeiten, die Spuren, welche die Arbeit der Vernunft hinterlassen hat, neu lesen und ausbuchstabieren zu lernen, sie zu befragen im Blick auf die Inhalte, die sich entgegen ihrem Selbstverständnis als reinem Denken in die Form des Denkens selbst eingeschrieben haben. In der Moderne wird die Form der Vernunft selbst zum Problem, sie wird lesbar im Zeichen ihres Gehalts.

Eine knappe Rekonstruktion der nachkantischen Selbstkritik der Vernunft läßt die Eigentümlichkeit des Batailleschen Denkens dabei besser hervortreten. Man kann die vernunftkritische Moderne, die sich ihres ausgegrenzten Anderen zu vergegenwärtigen sucht, provisorisch über zwei unterschiedliche Perspektiven entwickeln, die aber, über ihre analytische Trennung hinweg, sich vielfach vermischen und durchkreuzen: über eine Perspektive, die stärker an der Form der Logik, der formalen Struktur vernünftigen Sprechens und Denkens, selbst ansetzt, und eine andere, die das vermeintlich reine Denken immer schon von einem (»inhaltlichen«, »stofflichen«) Anderen durchquert sieht. Letztere verfolgt die »Stofflichkeit«, die irreduzible Sinnlichkeit bis in die Beletage des scheinbar inhaltsneutralen Denkens, um dort, wie auch immer akzentuiert, das Geschlechtliche, das Leibliche, das Metaphorische, das Ökonomische, das Erotische usf. als Element oder Medium des Diskursiven, des sich selbst als rational verstehenden Denkens aufzuspüren, sie sucht die der Vernunft inhärenten Grenzen zu überschreiten oder im »Spiel der Philosophie [...] so weit wie möglich zu kommen« (E, 254).

VI.

Hegel lehrt, die logischen Formen, die Denkbestimmungen selbst als Inhalte zu lesen; seiner Auffassung nach spiegeln sich in den Denkformen unsere Vorurteile gegenüber der Realität. Man behauptet sicher nicht zu viel, wenn man seine *Wissenschaft der Logik* als Auftakt einer Vielzahl kritischer Lektüren begreift, welche die Spurenelemente des »Stofflichen« (des Geschichtlichen, des Sprachlichen, des Geschlechtlichen usf.) an der Form oder am Logischen selbst zu dechiffrieren versuchen. Was die spekulative Dialektik deutlich macht, ist, daß der logos im Prozeß seiner Selbstkonstitution, in seinem Selbstverständnis, das sich über Unterscheidungen oder Denkbestimmungen entfaltet, auf jeder Stufe etwas verdrängen oder verleugnen muß, was zu seiner Verfassung oder Existenz notwendig dazugehört.

Für Hegel transportieren die Denkformen aufgrund ihrer sprachlichen Präformation bestimmte sachliche Gehalte, sie vermitteln Aufschluß über unsere Selbst- und Weltverhältnisse. Man kann Hegels *Wissenschaft der Logik* im Kontext einer dekonstruktiven Analyse als eine Kritik des identifizierenden Denkens lesen, in der Schritt für Schritt der Herrschaftsanspruch des Verstandesdenkens, seine Logik der Ein- und Ausschlüsse, der Über- und Unterordnung reflektiert und sukzessive durch Rekontextualisierung zurückgenommen wird. Die begrifflichen Zusammenhänge, in die unsere Denk- und Sprechakte eingebettet sind, werden nicht nur von Stufe zu Stufe komplexer oder vielschichtiger – mit der Ausdifferenzierung wächst auch (qualitativ) die Einsicht in die Relativität aller Bedeutungskontexte. Ein Begriff gilt danach für um so konkreter, je mehr er seine »Relativität« an ihm selbst darzustellen vermag.

Wenn wir nicht einfach schweigen wollen, scheinen wir unvermeidlich in identifizierendes Denken zu verfallen; alles Unterscheiden hat eine dem Wissen abgedunkelte Seite, einen blinden Fleck, etwas, das das Denken verdrängen, verleugnen oder beiseite schieben muß. Die Vernunft als negativ oder dialektisch, wie Hegel hervorhebt, muß auf diese Selbstverfehlung (qua Verstand) zurückkommen; oder vielmehr, sie besteht vor allem anderen darin, sich jener Ausschließung des Anderen zu erinnern. Sie entwickelt darin einen gleichsam versöhnenden Impuls, daß sie über das Abschneidende oder Subsumierende eines Denkens und Sprechens aufklärt, das seine Bestimmungen »festhält«: Man könnte sagen, im vernünftigen Denken und Sprechen wird die im Verstandesdenken präsente Gewalt auf dieses zurückgespiegelt. Die Dialektik kehrt die Gewalt des Verstandes gegen diesen selbst, eine Versöhnung, die gewiß komödiantische Züge trägt, weil sie das verstandesmäßige Denken nur daran erinnert, was dieses, ohne es zu wissen, selbst praktiziert, gemäß der methodischen Regel, daß das, was bekannt ist, darum nicht erkannt ist. Die Vernunft erinnert gleichsam paradigmatisch den Verstand daran, daß er in der sprachlichen Explikation grundlegender Widersprüche des Denkens notwendig über diese Widersprüche hinaus ist, daß er sie überhaupt nur sehen, denken, thematisieren oder problematisieren kann im (für sich selbst abgeschatteten) Lichtkegel des nächsthöheren Begriffs oder einer neuen (»sich zeigenden«) Einheit, welche allererst die Unausweichlichkeit des Widerspruchs zu verstehen lehrt. Der große Mangel des Verstandes – trotz seiner göttlichen Kraft zur Differenzierung – ist seine fehlende Konsequenz oder, wie Hegel auch sagt: seine Selbstvergessenheit, das Vergessen jener Bewegung des Denkens, die ihn selbst schon in der Explikation der Antinomien über diese hinausgeführt hat. Die Vernunft macht die verdrängte Reflexivität kategorialen Verstandesdenkens bewußt, sie ist ein Akt der Wiedergutmachung durch Erinnerung an das, was seine Denk- und Verständnisschemata ausgeschlossen oder gewaltsam gleichgemacht haben. Mit anderen Worten, das Reflexivwerden der Denkformen ist notwendig, um die (unreflektiert) mit der Denk*form* gesetzten Inhalte zu markieren. Diese Einsicht in die Nichtneutralität der Denkbestimmungen (in ihren Holismus und ihre sprachliche Vermitteltheit) veranlaßt eben auch Hegels skeptische Entfernung von der ontologisch oder bewußtseinstheoretisch fundierten Idee der Metaphysik, eine transzendentalphilosophische Metasprache entwickeln zu können. Diese Idee eines apriorischen Kanons reiner (sprachloser) und inhaltsunabhängiger Denkformen löst sich auf im Aussprechen oder Ausbuchstabieren von dem, was das Denken qua Bewegung oder (selbstbezüglichem) Geschehen selber ist. Die Dialektik zeigt, daß das Denken nicht in sich selber ruht, sondern durch seine Sprach- oder Zeichenabhängigkeit immer wieder auf-

gestört wird; die intendierte Bedeutung und die äußere Darstellung, der angezielte Gedanke und seine sprachliche Form können im einzelnen Satz nicht zur Deckung gebracht werden, diese Differenz bestimmt oder veranlaßt das Denken dazu, auf seine Selbstverfehlung zurückkommen zu müssen.[7]
Der »spekulative Satz« ist das entsprechende (methodisch reflektierte) grammatische Äquivalent der Verflüssigung, der rekursiven oder selbstreferentiellen Dynamisierung der Denkbestimmungen, welches in der transkategorialen Dialektik wechselseitigen Anerkennens sein praktisches Gegenstück hat, in das es zugleich zurückgenommen und aufgehoben wird.

VII.

Man muß gar nicht wie Marx davon überzeugt sein, daß die spekulative Dialektik »unbedingt das letzte Wort aller Philosophie ist« (Karl Marx, Brief an Lassalle, 31. Mai 1858), um zu sehen, daß mit dem Reflexivwerden der Formen des Denkens und Handelns der Weg zu einer gründlichen Metaphysikkritik beschritten ist. Nietzsche wird die Selbstkritik der Vernunft auf radikale Weise fortsetzen, er wird versuchen, die unbewußte Führung unserer Gedanken durch die Grammatik semiotisch und lebensphilosophisch aufzuklären und dabei die Krise des Satzes bzw. der Prädikation als Grundlagenformular philosophischen Denkens weiter verschärfen. Seine genealogische Methode verfolgt das Schicksal der angeblich reinen Begriffe der Metaphysik bis in ihren magmatischen oder »flüssigen« Untergrund; danach sind sie allgemein-

7 Kant hatte diese Einsicht (in seinem Handlungsbegriff des Urteils) vorbereitet, aber er bringt jene »Einheit« (des vernünftigen Urteils) von Erkennen und Verkennen, welche sich durch den Bezug auf die Subjektivität ergibt, nicht auf den Begriff, er bildet die durch die Urteilshandlung bestimmte Einheit nicht zur Methode negativer Selbstbezüglichkeit fort; er zerbricht zwar den substantialistisch konzipierten Rahmen des cartesischen cogito qua Ding (res cogitans), aber er bringt die beiden für die Vehikelexistenz der Subjektivität konstitutiven Bedeutungsmomente, unbestimmte Referenz aller prädikativ bestimmten Urteile zu sein, nicht zusammen, sie fallen ihm unbegriffen auseinander. Die Dialektik macht aus dem Problem die Lösung, indem sie die Einheit nur unter der Form der Entzweiung zu denken gestattet.

gültig geworden infolge des »Hart- und Starr-Werden(s) einer Metapher«[8], es sind historisch und metaphorisch bedingte Schemata, welche mit der grammatischen Struktur jeweils unterschiedlicher Sprachen verbunden sind. Das Logische ist nicht Index der Wahrheit; das »Nicht-Widersprechen-Können« beweist nur »ein Unvermögen«[9], nicht eine Wahrheit, das heißt etwas, woran man vernünftigerweise nicht zweifeln kann. In diesem Sinn gehören die logischen Grundsätze zu den »unwiderlegbaren« Irrtümern der Vernunft. Die Gleichheit von Dingen oder die Identität desselben Dings zu verschiedenen Zeitpunkten sind Voraussetzungen vernünftigen Denkens, »denen Nichts in der wirklichen Welt entspricht«.[10] Es handelt sich um Schemata, die wir nicht abwerfen können, oder darum, »daß man gefoppt wird und doch ohne Macht ist, sich nicht foppen zu lassen«.[11]

VIII.

Feuerbach, Marx, Kierkegaard u. a. ziehen weitere Momente der Verdrängungsgeschichte des Anderen ans Licht; sie führen (jeder auf seine Weise) die Philosophie in ein Stadium der »Selbstenttäuschung« (Feuerbach), in der sie als selbständige, bloß denkende Betrachtung der Welt, als Theorie, wie Marx und Engels in der »Deutschen Ideologie« schreiben, »ihr Existenzmedium« verliert. Die Philosophie wird von Feuerbach, Kierkegaard u. a. auf ihr Anderes gestoßen, d. h. auf die Welterfahrung eines vorphilosophischen Bewußtseins. Programmatisch erklärt Feuerbach: »Der Philosoph muß das im Menschen, was *nicht* philosophiert, was vielmehr *gegen* die Philosophie ist, dem abstrakten Denken *opponiert*, das also, was bei Hegel nur zur *Anmerkung* herabgesetzt ist, in den *Text* der Philosophie aufnehmen. [...] Die Philosophie hat nicht *mit sich*, sondern mit ihrer *Antithese*, mit der *Nichtphilosophie* zu beginnen.«[12] Die nach- oder antiidealistischen Denker des 19. Jahrhunderts reflektieren dabei weniger die (verborgene) Inhaltlichkeit

8 F. Nietzsche, Über Wahrheit und Lüge im außermoralischen Sinn. Sämtliche Werke. Kritische Studienausgabe in 15 Bänden (KSA), Bd. 1. Hrsg. v. G. Colli u. M. Montinari, München 1988, 884.

9 F. Nietzsche, KSA. A.a.O., Bd. 13, 334.

10 F. Nietzsche, KSA. A.a.O., Bd. 2, 31.

11 F. Nietzsche, KSA. A.a.O., Bd. 12, 213.

12 L. Feuerbach, Vorläufige Thesen zur Reformation der Philosophie

der Form qua Form bzw. die den sprachlich vermittelten Denkformen selbst anhaftenden Inhalte; sie zeigen, wie die objektive »reine« Bedeutung der Begriffe, die die traditionelle Philosophie in einem idealen oder archetypischen, d.h. einem allem Gebrauch vorausliegenden, göttlichen Intellekt befestigt hatte, von äußeren Inhalten (ökonomischen Interessen, unbewußten Motiven usf.) durchquert wird, die ihre Objektivität nachhaltig in Frage stellen. Das rationale Denken oder, genauer, das Bild eines anonymen, leibfernen und geschlechtsneutralen Denkens, das die klassische Metaphysik über sich entwickelt hat, entspricht nicht der Realität. Es gründet über weite Strecken in der Abwehr des Leiblichen, des Geschlechtlichen und des Erotischen, es ist nicht wirklich geschlechtsindifferent. Wie der Leib oder die ökonomischen Interessen scheint auch das Erotische und das Geschlechtliche, als das Andere des Denkens, einer massiven Verdrängung anheimgegeben.

Für *Feuerbach* ist es unter anderem der Leib, näherhin das Geschlecht, das nicht in das philosophische Denken aufgenommen werden kann. Sein sensualistisches Prinzip hat eine »alle Philosophie transzendierende Seite« (A. Schmidt). Als ein nichtdiskursives Weltverhältnis widersetzt sich der Leib der begrifflichen Einvernahme. Das wirkliche Ich ist Feuerbach zufolge »kein geschlechtsloses Das«, sondern a priori männliches oder weibliches Dasein, wovon die Philosophie nur abstrahieren dürfte, wenn sich die Geschlechtsdifferenz allein auf die Geschlechtsorgane bezöge. Nach Feuerbach durchdringt aber das Geschlecht den ganzen Menschen, gerade so wie Nietzsche über den einzelnen Menschen sagen wird, daß »Grad und Art der Geschlechtlichkeit eines Menschen [...] bis in die letzten Gipfel seines Geistes hinauf(reichen)«.[13] Anders aber als für Feuerbach, der Leib und Vernunft harmonisch zusammenklingen läßt, ja sogar die »Geschlechtsdifferenz« als »Basis der Sittlichkeit«[14] ansetzt, degradiert Nietzsche unter dem Einfluß Schopenhauers den Geist zum Werkzeug, zum ausführenden Organ der »großen Vernunft« des Leibes.

[1843]. Werke in sechs Bänden, Bd. 3, Kritiken und Abhandlungen II (1839-1843). Frankfurt/M. 1975, 234.

13 F. Nietzsche, KSA. A.a.O., Bd. 5, 87.

14 L. Feuerbach, Das Wesen des Christentums. Werke in sechs Bänden, Bd. 5, Frankfurt/M. 1975.

Der Angst ausgesetzt wie bei *Kierkegaard*, verliert das Denken seine Sicherheit, insbesondere die, Gegenstände als klar und deutlich bestimmt anzusehen. Die Stimmung der Angst zeigt sich im Verlust der Bestimmtheit des Denkens. Das Denken wird dialektischer, aber so, daß es an der Eindeutigkeit oder der Bestimmtheit der Dinge zu verzweifeln beginnt, es sieht sich durch Paradoxien blockiert. Jeder Angstzustand kann als eine Geisteskrankheit *en miniature* begriffen werden.
Kierkegaard zeigt, in welcher Weise das Denken selbst abhängig, zurückbezogen bleibt auf solche die gewöhnlichen Grenzen des Denkens zersetzende Stimmungen wie die Angst. Die Angst schreibt sich mit Kierkegaard ins innerste Mark des Denkens ein, sie dissoziiert es nicht nur, sie *vereinzelt* es auch. Das Allgemeine der sprachlichen Bedeutung ist dann nur noch die hohle Kommunikationsform, welche das Individuum voraussetzen muß, um eine zuletzt nur auf seinen Horizont beschränkte Mitteilung in indirekter Weise weitergeben zu können.

IX.

Was aber, wenn es sich so verhielte, daß auch die Kritik der identitätslogischen Vernunft an ein relatives Ende gelangt wäre? Wenn die Selbstreflexion des logos dahin geführt hätte, seine Verfassung oder Geschichte als Geschichte seiner Verdrängungen, Rationalisierungen, Dekontextualisierungen zu durchschauen? Wenn auf diesem Weg der Selbstkritik des philosophischen Diskurses die Vernunft ihrer Struktur notwendiger Selbstverfehlung und Selbstverkennung ansichtig geworden wäre? Wenn sie selbst Einsicht genommen hätte in den blinden Fleck, seine Reproduktion oder Iteration in jeder neuen Unterscheidung, die gemacht wird, um seine Blindheit aufzulösen? In einem Wort, wenn auch die Idee der Philosophie als Erinnerung des Anderen in der Geschichte ihrer Verdrängungen sich erschöpft hätte, wenn sie als Prozeß der »Selbstenttäuschung« oder als »Aufhebung« in gesellschaftliche (Marx) oder individuelle Praxis (Freud) an ein relatives Ende gekommen, ein Auslaufmodell des 19. und 20. Jahrhunderts wäre, weil es nichts mehr zu verdrängen, zu verfehlen, zu verleugnen oder zu befreien gibt? Wenn es kein Außen mehr gäbe oder nur insoweit, als eine Unterscheidung, die auf ein Innen

zurückgreift, sich auf den »unmarked space« eines Außen beziehen muß? Wenn der Glanz des radikal Anderen matt geworden wäre und sich in eine Reihe mehr oder weniger außergewöhnlicher Erlebnisgipfel aufgelöst hätte und selbst das Diskursive bis an die Grenzen seiner Verständlichkeit, seiner Form und seines Inhalts dem Prinzip nach transparent gemacht worden wäre? Wie der Geist aus den Gegenständen flieht, die ihm kein Geheimnis mehr sind, so erstirbt das Pathos des Anderen angesichts einer radikalen Immanenz der Welt. Kurz, was bedeutet das Bataillesche Andere, wenn wir annehmen, die (mehrdeutige) These vom Ende der Geschichte träfe den Nerv der modernen Welt? Wie könnte eine Antwort auf diese Frage aussehen? Vielleicht so, daß man sich von diesem unbestimmt Bestimmenden des Anderen, das nicht totzukriegen ist, in Frage stellen läßt, daß man sieht oder begreift, daß das Andere sich stets neu einstellt, daß es unsagbar, undarstellbar, unausschöpflich ist und daß auch dann, wenn das Ganze durchschritten wird, es unsere Projekte und Konzepte überschreitet, daß auch, wenn man des Supplements der begrifflich-symbolischen Ordnung oder des Geistes gewahr wird, das Andere gleichsam auf etwas implodiert, das wir ausschließen. Vielleicht liegt gerade in den verschiedenen Weisen des Ausschließens des Anderen (der Verdrängung, der Selbstverfehlung, der Konzeptualisierung usf.) die einzige Ressource der universell gewordenen Subjektivität, d. h. des Menschen, dem die radikale Immanenz der Welt das Medium seines Lebens geworden ist, die Möglichkeit, sein Leben zu meistern. Vielleicht rechtfertigt gerade die Negativität (der Irrtum, das Nicht-sein-Sollende, das wiederkehrt) das Dasein? Vielleicht liegt in der Ausgrenzung des Anderen jener das Leben immer neu entfachende Impuls?
Zwei problematische Weichenstellungen, die naheliegen, die Sache aber nicht treffen, sollten abgewiesen werden: das Andere als ein Leben in der Revolte, das Leben als ständige Revolte, eine Auffassung, die kaum mehr vom existentialistischen Pathos des Absurden unterschieden ist; aber auch die andere Interpretation scheint in die Irre zu führen, die glaubt, das Leben remystifizieren zu müssen, seiner Entzauberung eine Rückverzauberung, seiner Entweihung eine neue Heiligkeit entgegensetzen zu müssen.[15]

15 Bataille selbst hatte in den vierziger Jahren an diese Möglichkeit geglaubt.

An dieser Stelle scheint es angebracht, nochmals auf die Diskussion um Hegel und die Dialektik zurückzukommen. Man könnte sagen, unter der Prämisse des universellen Lebens, in der die Subjektivität in die Objektivität und die Objektivität in die Subjektivität eingeholt wären, geben Hegel und Bataille *eine* Antwort, allerdings mit unterschiedlichen Akzenten; die eine Antwort, für die sie streiten, zielt auf die Notwendigkeit eines Dezentrierungsprogramms der identitätslogischen Vernunft und der modernen Welt insgesamt. In der Ausdifferenzierung dieser Antwort setzen sie freilich unterschiedliche Akzente: zu lernen, was anerkennen bedeutet (Hegel), zu lernen, was souverän sein heißt (Bataille). Als sprachlich denkende und interpretierende Wesen sehen wir uns genötigt, etwas mittels sprachlicher Zeichen zu identifizieren und zu repräsentieren, aber jede Identifikation muß überschritten werden. Hegel und Bataille suchen theoretisch wie praktisch nach (bereits in der Welt liegenden) Formularen der Überschreitung, des Herauskommen-Wollens aus dem universellen Vermittlungszusammenhang der modernen Welt (im Bewußtsein seiner Macht und Anerkennung).

X.

Die durch das Andere ekstatischer Grenzerfahrung herbeigeführte Dezentrierung verweist auf die Idee der *Souveränität*, welche den bzw. einen Fluchtpunkt von Batailles Entgrenzungsdiskurs bildet. Danach »gibt« es ein anderes Glück, eine andere Souveränität als die des aristotelischen Philosophen, der sie in der Zurückgezogenheit und Muße der theoretischen Betrachtung (theoria) der Welt verwirklicht sieht: Das Glück und die Souveränität einer Selbstsabotage, eines Von-sich-loskommen-könnens, eine Erfahrung der Grenze intersubjektiver Kommunizierbarkeit am Rand des Sozialen, die um eines höheren, anderen Glücks, eines intensiveren Lebens oder unvergleichlicherer Augenblicke willen eine zwiespältige Selbstsabotage betreibt. Die Ruchlosigkeit dieses Glücks und dieser Souveränität läßt sich nicht ohne Abstriche unter die Auspizien eines selbstbestimmten Lebens bringen. »Das wirkliche Glück empfinden wir nur, wenn wir uns umsonst verausgaben, so als ob sich in uns eine Wunde öffnete: wir wollen stets der Nutzlosigkeit unserer Verausgabung gewiß sein, manchmal auch ihrer

Verderblichkeit. Wir wollen uns soweit wie möglich von jener Welt entfernt wissen, in der Vermehrung von Ressourcen die Regel ist. Aber ›soweit wie möglich‹ sagt wenig: Wir wünschen eine *kopfstehende* Welt, wir wünschen eine *verkehrte* Welt. Die Wahrheit der Erotik ist Verrat.« (E, 167).

Bataille lenkt mit seiner Metapher von der Souveränität die Aufmerksamkeit auf ein *Opfer*, auf ein Opfer, das man bringen muß, wenn man Souveränität, wie man abbreviativ sagen könnte, durch universelle Reflexivität ersetzt. Als Leser Nietzsches sucht Bataille dem Souveränitätsbegriff ein Bedeutungsmoment abzugewinnen, das auf jene (unvergleichliche) Unabhängigkeit abzielt, die ein Souverän in lange vergangenen, vormodernen Zeiten besessen haben könnte: der nicht in den Raum des Sozialen eingeschlossen, nicht abhängig vom sozialen Dafür oder Dawider, das heißt in relativer Indifferenz gegenüber anderen, die Bedeutsamkeit seiner Entschlüsse und Handlungen eher aus sich selber denn in Rücksicht auf die anderen schöpfte.

Nicht vom Rückbezug (von der Rücksicht/Rücksichtnahme) auf uns selbst abstrahieren zu können erinnert und bindet uns nicht nur kognitiv und normativ an uns selbst, an die Geschichte und Identität des eigenen Selbstbewußtseins, sondern auch an alle signifikanten oder semi-signifikanten Anderen, die ihren Blick in unseren Blick auf uns selbst eingesenkt haben, die in unserem Blick auf uns präsent sind. In der Reflexivität unserer selbst kann man sich der Mitregentschaft der Anderen keinen Augenblick erwehren.

Batailles Souveränitätsbegriff hält, anders gesagt, die Erinnerung daran wach, daß ein von Selbst und Reflexivität Nicht-loskommen-können die Offenheit negiert und die Zukunft opfert. Souverän ist der, der aus der Zeit aussteigt, der die Brücken zum Sozialen abbricht – auch wenn das nicht möglich sein sollte; souverän ist der, der den sozialen Raum überschreitet – auch wenn seine Fesseln ihn immer wieder zurückzwingen. Diese Externität (Extemporalität/Exterritorialität) des Souveränseins verweist auf den blinden Fleck eines Lebens im Netz universeller Vermittlung oder Reflexivität. Auch wenn die Überschreitung auf das Unmögliche deutet, so ist ebenso gewiß, daß es nicht nichts ist, vielmehr das Mögliche flüssig hält.

Hegel hat die Lehre von der *Internität* der modernen Welt weit radikaler begriffen als seine Kritiker, die ihn auf die letzte Etappe der ontologischen Metaphysik zurückstufen möchten. Wie Ba-

taille verweist er auf ein Unmögliches, das gleichwohl nicht nichts ist; aber er zeigt es in den Grenzen einer durch die Medien des Geistes und der Sprache, des Rechts und der bürgerlichen Ökonomie vermittelten Welt. Sein Begriff wechselseitigen Anerkennens entwickelt einen *der Welt internen Begriff des Unmöglichen*, ohne dessen unbestimmt bestimmende Präsenz die Welt bislang nicht auszukommen scheint. Wie Bataille immer wieder diesen (externen, sprachlosen) Punkt fixiert, an dem das souveräne Individuum sich seiner selbst entschlägt oder Grenzerfahrungen wie die des Erotischen seine Kontrollwünsche zerstreuen – auf vergleichbare Weise sucht Hegel mit seinem Begriff einer Dialektik des Anerkennens den unmöglichen Punkt der Überschreitung (einer radikalen Offenheit)[16] zu erreichen, an dem ein Selbst frei wird, sich durch den (moralischen) Anspruch eines Anderen (grundlos) dezentrieren zu lassen und jenseits aller utilitaristischen Berechnungen des Handlungserfolgs eine neue, einzig auf den Anderen zugeschnittene Antwort zu finden. Es ist jener äußerste Punkt, an dem Freiheit und Notwendigkeit zusammenfallen – vergleichbar vielleicht nur mit jener Erfahrung, von der Künstler berichten, die von einer inneren *Notwendigkeit* sprechen, mit der sie dieser oder jener »Sicht« der Dinge einen sei es sprachlichen oder musikalischen Ausdruck verleihen müssen, aber eben darin die höchste *Freiheit* des Schöpferischen zu erfahren glauben.
Hegels Dialektik wechselseitigen Anerkennens lehrt einen durch die universelle Vermittlung/Reflexivität der modernen Welt hindurchgegangenen Begriff radikaler Offenheit, eine interne Transgression, die nicht weniger unmöglich ist als die Bataillesche. Aber diese Überschreitung des universellen Vermittlungszusammenhangs der Welt zerreißt das innere Band nicht, es wird durch das Unmögliche, d. h. über die Einklammerung der Zeit im Versprechen- und Verzeihen-Können, allererst geknüpft, es wird synthetisiert, indem es ein Denken und Handeln entlang der Kategorien wechselseitigen Ausrechnens von Grund und Folge, Aktion und Reaktion, von Mehr und Weniger scheitern läßt. In beiden Kontexten kann das Unmögliche der Überschreitung das Leben nicht nur punktuell dramatisieren, sondern auch nachhaltig verändern.

16 Vgl. dazu in diesem Band: Komödie oder Tragödie; sowie: Die Unausdeutbarkeit des Selbst.

5. Korrektur
Über Thomas Bernhard und die Melancholie der Moderne

Von einem Philosophen, der sich mit den Romanen und Erzählungen Thomas Bernhards beschäftigt (mit Romanen, die eigentlich keine sind), könnte man erwarten, er werde seine Leser mit dem Philosophen Ludwig Wittgenstein behelligen, dessen Leben und Denken dem erzählerischen Werk Thomas Bernhards nicht nur in dem 1975 erstmals erschienenen Roman *Korrektur*, sondern auch in einer Reihe anderer Texte so auffällig Modell gestanden hat. Man könnte die Biographie Ludwig Wittgensteins als eine Art paradigmatische Vorlage betrachten, der Thomas Bernhard seine Themen, Motive und Stoffelemente entlehnt und in vielfacher Variation und Wiederholung literarisch bearbeitet hat: die Exzentrizität seiner Figuren, die wiederkehrende Idee des Autodidakten oder Selbstdenkers, das Schweben zwischen naturwissenschaftlich-technischen Idealen der Exaktheit und Klarheit und dem Hang zur Mystik und Religiosität, die Erfindung ungewöhnlicher Bauwerke, die Liebe zur Musik und Mathematik, die Spannung zwischen Arm und Reich, zwischen Österreich und England, das Streben nach dem Ideal absoluter Geistigkeit, das zuletzt keinen Widerspruch duldet usf.[1]

Aber in Hinsicht eines solchen Vergleichs muß ich die Leser enttäuschen. Meine Lektüre des *Korrektur*-Romans zielt in eine andere Richtung, sie lehnt sich methodisch an Hegels Dialektik an, an seine Idee, daß nicht nur die Abhängigkeit des Einzelnen vom Ganzen von Interesse ist, sondern »ebenso daß jedes Moment selbst, unabhängig vom Ganzen, das Ganze ist«[2]; eine Idee, die Walter Benjamin und Theodor W. Adorno aufgenommen und in ihren Arbeiten zur Literatur und Kultur meisterhaft in Form von mikrologischen Analysen ins Werk gesetzt haben; ihrem Programm

1 Zur Biographie Wittgensteins im Überblick vgl. R. Monk, Wittgenstein. Das Handwerk des Genies. Stuttgart 1992.

2 G. W. F. Hegel, Aphorismen aus Hegels Wastebook. Werke in zwanzig Bänden, Bd. 2. Redaktion: E. Moldenhauer und K. F. Michel. Frankfurt/M. 1971, 545.

zufolge soll, in einem Teilaspekt verdichtet, das Ganze aufscheinen, am Einzelnen ein Allgemeines demonstriert werden, eine paradigmatische Einsicht in einem Bild des (entfremdeten) Ganzen »zusammenschießen«.

Die *Korrektur* ist nur ein Teilaspekt, ein einzelnes Motiv neben anderen Themen in diesem Roman, andererseits gibt dieses Teilmotiv dem Roman als ganzem den Titel. Ein untergeordneter Aspekt ist das Korrekturthema neben der Natur- und Landschaftsdarstellung und diese wiederum in Beziehung zu jenem Bau und Kunstwerk des Kegels, dessen Entwurf und Ausführung ein, wenn nicht *das* Zentrum des ganzen Romans bildet. Gleichwohl trägt der Roman den Titel *Korrektur*, er lautet nicht ›der Kegel‹ oder ›*Über Altensam und alles, das mit Altensam zusammenhängt, unter besonderer Berücksichtigung des Kegels*‹.

Wenn die philosophische Lektüre versucht, aus einem Moment die Probleme und Umrisse des Ganzen zu entziffern, ergeht es dem Philosophen wie dem Wissenschaftler, von dem Bernhard schreibt, was er, der Wissenschaftler, »augenblicklich denkt, was immer alles zu sein hat, denn ohne im Augenblick immer alles zu denken, ist kein Denken« (K, 60)[3]. Ob damit das Wissenschaftshandeln angemessen beschrieben wird, muß dahingestellt bleiben, der Philosoph jedenfalls kann nicht, ohne sein Vorhaben durchzustreichen, von diesem Blick auf das Ganze ablassen; er kann nicht, ohne ein schlechtes Gewissen zu riskieren, nur Experte sein wollen, er muß auch – so die Formulierung Kants – den »Weltbegriff« der Philosophie im Auge behalten, also das, »was jedermann notwendig angeht«.

Der Handlungszusammenhang von *Korrektur* ist schnell erzählt, im Mittelpunkt des Romans steht Roithamer, ein Sohn aus wohlhabendem Haus, der sich für Philosophie und Naturwissenschaft interessiert, zwischen Österreich (wo er herstammt) und England, genauer Cambridge (wo er studiert hat und lehrt) hin- und herpendelt. Der Baukünstler, wie er sich selbst nennt, führt den ererbten Familienbesitz ›Altensam‹ nicht weiter; er baut statt dessen aus dem Erlös, den er aus dem Verkauf von Altensam

3 Thomas Bernhard, Korrektur. Roman. Frankfurt/M. 1988. Zitiert als K mit Seitenzahl. Zum Überblick vgl. M. Mittermayer, Thomas Bernhard. Stuttgart 1995; sowie Text+Kritik, Heft 43, 1993[3], zu Thomas Bernhard.

erzielt, der Schwester, die er liebt, ein außergewöhnliches Bauwerk, er entwirft und baut ihr einen (Wohn-)Kegel.
Die Perspektive, die der Text bzw. Roman vorgibt, besteht im Rückblick auf ein Geschehen, das zum Zeitpunkt der Erzählung bereits Vergangenheit ist: Der Kegel ist fertig, die Schwester tot, sie konnte dieses einzig für sie entworfene, ihrem Charakter so ganz und gar entsprechende Bauwerk, das ihr das größte Glück bereiten sollte, nicht ertragen. Wenige Tage nach dem Suizid der Schwester begeht auch Roithamer Selbstmord. Die Umstände des Lebens Roithamers und des Kegelbaus sind auf unzähligen Manuskriptblättern niedergeschrieben und kommentiert, die von einem Freund, den Roithamer zu seinem Nachlaßverwalter bestimmt hat, zu sichten und zu ordnen sind. Der erste Teil des Romans beschreibt, wie der zum Herausgeber des Nachlasses bestimmte Freund (Ich-Erzähler) sich dem Manuskript zu nähern versucht, der zweite besteht in der Wiedergabe der aufgefundenen Schriften.

1.

Gegen Ende des Romans zieht der Protagonist Roithamer Bilanz: »Die Schrift *Über Altensam und alles, das mit Altensam zusammenhängt, mit besonderer Berücksichtigung des Kegels* habe ich abschließen müssen, um zu erkennen, daß nun alles anders ist. Korrektur ist Korrektur der Korrektur der Korrektur, so Roithamer.« (K 361). Dieses Motiv einer Korrektur der Korrektur ad infinitum, bis der Text sich selbst vernichtet, kehrt an den verschiedenen Textstellen wieder. »[...] die erste, also die achthundert Seiten lange Niederschrift, und die zweite dreihundert Seiten lange Fassung dieser Niederschrift und die dritte nur mehr noch achtzig Seiten lange Fassung der zweiten Niederschrift, alle diese drei Fassungen der Niederschrift Roithamers, denn alle diese Fassungen gehören zusammen, die eine jeweils aus der anderen und sind ein Ganzes, ein über tausend Seiten umfassendes Ganzes, in welchem alles die gleiche Bedeutung hat und aus welchem man nicht das geringste herausnehmen darf, weil sonst alles nicht mehr ist, und ich dachte jetzt [...] daß Roithamer, indem er nach vieljähriger Arbeit die erste Fassung fertig gehabt und daran gezweifelt und diese erste Fassung durch eine zweite ersetzt und an dieser zweiten

Fassung ebenfalls gezweifelt hatte [...] und [...] zuletzt kurz vor seinem Tod [...] im Zuge dann auch noch die letzte Fassung, die Achtzigseitenfassung, zu korrigieren und aufzulösen begonnen und dadurch, wie er glaubte, zu vernichten angefangen hatte und indem er, wie er glaubte, diese letzte kürzeste Fassung auch noch einmal kürzen und eine noch kürzere Fassung hatte herstellen wollen [...]« (K, 178, 179).

Die Aufmerksamkeit auf diesen regressus ad infinitum zu richten wäre kaum der Rede wert, wenn es sich dabei nur um einen persönlichen Defekt, eine individuelle Arbeits- oder Schreibstörung, einen Korrekturzwang des Protagonisten Roithamer handeln würde; diese infinite Aufstufung der Korrektur bringt vielmehr einen exemplarischen Zug der modernen Welt zu Bewußtsein, eine paradigmatische Struktur, die weit über literaturwissenschaftliche und ästhetische Fragen hinausreicht: Es geht um die beklemmende Erfahrung, daß dasjenige, was *ausgedrückt* oder *dargestellt* werden soll, sich uns (dem Autor wie dem Leser) von einer Korrektur zur nächsten und wiederum zur übernächsten usf. entzieht; daß es schwierig ist, ja unmöglich, die richtige Version des eigenen Lebens oder auch nur eines einzelnen Ereignisses oder eines Sachverhalts, wie die Geschichte der Erbauung des Wohnkegels, richtig wiederzugeben. Der Text wird in der Folge seiner Korrekturfassungen aufgelöst (»vernichtet«). Über den ersten Text erhebt sich ein zweiter und ein dritter usf., die erste Korrektur wird von einer Metakorrektur und diese wiederum von einer Meta-Metakorrektur überlagert, bis zuletzt im Prozeß der Selbstberichtigung oder der Suche nach dem Richtigen der Text/die Darstellung und damit auch das Richtige unauffindbar wird. Was dazu führt, daß das Ganze zuletzt alles ist, alle Versionen der Geschichte das Ganze umfassen. *Konstruktion* und *Destruktion* werden zu ein und demselben Vorgang, ohne daß klar ist, ob und vor allem wie das allen Versionen gemeinsame Ereignis, die Referenz, auf die sich alle Geschichten beziehen, verstanden werden soll. »[...] dann endlich ein solches von nicht einmal zwanzig Seiten, ja in letzter Konsequenz überhaupt nichts mehr von dem Ganzen übrigzulassen, dadurch erst das Ganze entstanden ist, alles zusammen ist das Ganze, sagte ich mir, während ich auf die Höllerwerkstatt hinunterschaute [...]« (K, 179, 180, vgl. 325, 326 u. a.).

Verschärft wird die Situation noch durch die Behauptung, daß, wie es oben geheißen hatte, alle Fassungen die *gleiche Bedeutung* hätten. Was heißt ›gleiche Bedeutung‹? Zielt dieser Ausdruck auf den gleichen Wert, die gleiche Valenz, auf die Wichtigkeit (significance), auf das, was die Lebensphilosophie mit Bedeutsamkeit umschrieben hat? Oder geht es um jene Bedeutung der Bedeutung, derzufolge Wasser und H_2O trotz unterschiedlicher Beschreibungsversionen einen Bezug auf den gleichen Gegenstand aufweisen (meaning)? Welche Bedeutung hat die Bedeutung? Welche für ein Leben, das so offensichtlich nicht mehr auf eine den Standards des klassischen Erzählmodells verpflichtete (einheitliche) Version gebracht werden kann? Wie sich zeigen wird, hängen die Bedeutungsfragen eng mit dem Problem der Vervielfachung der Korrekturfassungen zusammen. Daß alle Zeichen und Sätze, alle Text- und Korrekturfassungen, »alles«, wie betont wird, »die gleiche Bedeutung hat«, könnte auch auf eine Sozialpathologie verweisen, welche die moderne Welt immer wieder an sich bemerkt hat: in einen paradoxalen katatonieähnlichen Zustand verfallen zu sein, in dem Erstarrung und Hypermotilität, Lähmung und Betriebsamkeit, Ägyptizismus und postmoderne Beliebigkeit, Resignation und Aktionismus sich die Waage halten und dessen spezifischer Ausdruck in *›das unglückliche Bewußtsein‹*, in die *Melancholie der Moderne* mündet; ein Erstarrungstaumel gleichsam führt in dieser Welt dazu, daß im chaotischen Tanz der Zeichen und Referenzen sie sich zuletzt gegenseitig blockieren, sie im endlosen Strom von Kommunikationen unaufhörlich modifiziert, kombiniert und permutiert werden, die rastlose Dynamik der Elemente nur die Statik des Ganzen verbirgt.

II.

Man könnte, um diese Geschichte (nach der alles möglich erscheint, aber nichts mehr geht) zu entdramatisieren, Zuflucht bei der Hermeneutik suchen und vermittelst ihrer These von der generellen Unabschließbarkeit der Texte darauf verweisen, daß daran nichts Außergewöhnliches sei, wenn Texte über Texte, Interpretationen über Interpretationen, Romane über Romane geschrieben würden, Bilder über das Bildermalen gemalt, Filme über Filme gedreht, Wissenschaftshandeln selbst Forschungsgegenstand der Wissenschaften würde usf.; der Gesamtzusammenhang der Tradition auch weiterhin über unzählige Relais der Übersetzung, der Sinnverschiebung und Horizontverschmelzung gewahrt bliebe. Im Gegensatz dazu warnt uns der französische Philosoph Henri Lefèbvre davor, diese Strukturen, die so auffällig die moderne Welt durchqueren, leichtzunehmen, wenn er schreibt: »Die Metasprache kann weder als harmlos noch als unschuldig angesehen werden.« Er fährt fort: »Je mehr das Referentielle verschwimmt, um so mehr wächst die Bedeutung der Metasprache. Wenn die Sprache und die Rede als Referentielle genommen werden, dann haben wir die Herrschaft der Metasprache. Die Metasprache verdrängt die Referentiellen und löst sie auf, da sie Operationen zweiten Grades (und manchmal dritten Grades) auf der Rede ausführt. Umgekehrt ist jedes Verschwinden eines Referentiellen ein Zeichen dafür, daß sich eine Metasprache [...] ausdehnt. So daß sich die Metasprache an die Stelle der Sprache setzt, indem sie ihr die Attribute einer mit einem Referentiellen ausgestatteten Sprache überträgt. Jedes fallende Referentielle befreit freigelegte, losgelöste und infolgedesssen verfügbare Signifikanten. Die Metasprache bemächtigt sich dieser Signifikanten und gebraucht sie in einer Anwendung ›zweiten Grades‹. Diese Anwendung trägt dazu bei, die Referentiellen aufzulösen, und die Metasprache regiert in einem kalten (cool) Licht.«[4]

Die Vermutung liegt nahe, daß die Aufstufung von Korrekturen über Korrekturen damit zusammenhängt, daß das, wovon der Text erzählt oder berichtet, durch keine innere oder äußere Referenz, keine objektive Wirklichkeit einer inneren oder äußeren Erfahrung mehr gestützt, stabilisiert oder getragen wird und dadurch seine relative Welteindeutigkeit verliert. Die Referenz wird, wie man mit dem Philosophen W. V. Quine sagen könnte, *unerforschlich*; dasjenige, auf das sich unsere sprachlichen Zeichen und Symbole, Vokabulare und Gesten beziehen, scheint nicht genügend Kraft zu besitzen, bestimmte Zeichen überzufällig oder auf Dauer an sich zu binden.

Da die Wirklichkeit nicht mehr fraglos so oder anders bestimmt ist, sucht man sich ihrer mittels einer Verständigung über die Bedeutung sprachlicher Zeichen zu vergewissern: Die Wirklichkeit durch Sprache über Sprache, durch Kommunikation über Kommunikation wirklich werden zu lassen.

4 Henri Lefèbvre, Das Alltagsleben in der modernen Welt. Frankfurt/M. 1972, 180, 181.

Es könnte auch sein, daß die Zeichen Bedeutungen tragen, die nicht miteinander kommensurabel sind, zum Beispiel sich widersprechen oder Semantiken aufrufen, von denen nicht klar ist, wie sie überhaupt zueinander in Beziehung gesetzt werden können oder aus welchen Kontexten bestimmte Bedeutungen gespeist werden. Weder die Objektivität der Natur oder der Gesellschaft noch die unerschütterliche Evidenz subjektiver Gewißheit (Gedanken, Gefühle, Überzeugungen usf.) bieten einen letzten, jedem Zweifel überhobenen Halt, einen Korrekturstopp, an dem sich unsere Gesetze und Texte relativ eindeutig auf- und ausrichten könnten oder in dessen Macht es stünde, den Sätzen und Texten jene Welteindeutigkeit zu übermitteln, die ihnen fehlt und sie veranlaßt, sich über schier endlose Reihen von Korrekturen fortzuschreiben. Jeder sprachliche Zugriff auf die Dinge hat zur Folge, daß sie sich im Versuch ihrer genaueren Bestimmung entziehen, weil dem, worauf die Texte und Sätze sich beziehen, dem Referenten, die (soziale) Bindungskraft zu ermangeln scheint, die sie eindeutig machen könnte, allgemeiner gesagt, die Referenzlosigkeit des Gegenstandes erzeugt jene Selbstreferentialität der Texte, auf die bekannte Literaturtheoretiker wie Paul de Man, Roland Barthes und Jacques Derrida verweisen.
Aber auch die Eindeutigkeit und Bestimmtheit der Zeichen, die vielen Zeitgenossen, Schriftstellern wie Wissenschaftlern, nach wie vor erstrebenswert ist, scheint nicht harmlos zu sein. Der Kulturkritiker Jean Baudrillard beispielweise schreibt: »Wenn wir noch immer – vor allem heute – dem Traum von einer Welt eindeutiger Zeichen, einer ›starken symbolischen Ordnung‹ nachhängen, sollten wir uns keine Illusionen machen: Es hat diese Ordnung gegeben, und zwar in einer unbarmherzigen Hierarchie, denn die Klarheit und die Grausamkeit der Zeichen gehören zusammen.«[5]

III.

Dieses Motiv einer *Logik des Verfehlens* wird von Thomas Bernhard unter verschiedenen Aspekten und Inhalten im Roman *Korrektur* durchgespielt: an der unüberbrückbaren Differenz zwischen dem Tatsächlichen und dem Beschriebenen (K, 355), zwi-

5 J. Baudrillard, Der symbolische Tausch und der Tod. München 1982, 80.

schen dem Intendierten und dem tatsächlich Erreichten; zwischen authentischer Selbsterfahrung und diskursiver Selbstdarstellung: »Wir sind anders, als der, welcher beurteilt wird, wenn unsere Person [...] beurteilt wird« (K, 359); zwischen Selbst und Selbstpräsenz: »So sind wir niemals als der (oder die), der oder die wir gerade sind, sondern immer nur anders« (K, 359); zwischen dem Gesagten und dem, was getan wird: »Wenn wir sagen, was wir tun, ist es vernichtet« (K, 344) und: »Wir bauen [...] ein Kunstwerk, aber es ist ein anderes, das wir gebaut haben« (K, 345). In einer eher am traditionellen Modell von Vorstellung und Gegenstand orientierten Sprache zielt eine andere Formulierung auf das nämliche: »Konsequentes Durchdenken eines, gleich welchen Gegenstandes, bedeutet Auflösung dieses Gegenstandes« (K, 227, 228). Auf vergleichbare Weise scheitert auch das andere, ungewöhnliche Projekt; der Wohnkegel für die geliebte Schwester wird zwar fertiggestellt, aber das dem Charakter oder dem Wesen der Schwester so ganz und gar entsprechende Bauwerk führt dazu, daß sie, mit diesem Bauwerk konfrontiert, aus dem Leben scheidet. Sie kann angesichts dieses Kunstwerks nicht leben, es richtet sie zugrunde. Wie die diskursiven Mittel der Sprache darauf deuten, die Authentizität und Reinheit der Zwecke zu unterminieren, auf vergleichbare Weise zerstört die Hybris des Bauwerks und die ihm zugrundeliegende Idee einer gänzlichen Entsprechung zwischen dem menschlichen Selbst und einem Ding (Kegel/Bauwerk) den Zweck, das heißt den Menschen, für den es entworfen worden ist. Die Hybris des Projekts zeitigt die tödlichen Folgen: den unbestimmbaren, beweglichen Horizont des Selbst bzw. der Subjektivität in einem Bauwerk zu verkörpern, sie in ein Kunstwerk einschließen, einkerkern zu wollen heißt, das Scheitern vorprogrammieren. Kein Mensch ist ein Ding, und kein Bauwerk hält mit der Unausdeutbarkeit des Selbst Schritt. Wenn schon die unvergleichlich fluide Natur der prädikativen Sprache die Authentizität des Selbst nicht erreicht, um wieviel weniger erst ein Bau oder Kunstwerk, und sei es ein so ungewöhnliches wie der Kegel.
Die Logik des Verfehlens oder Scheiterns wird in den verschiedensten Zusammenhängen der Korrektur ausbuchstabiert, sie wird nicht erzählt. Thomas Bernhard haßt Geschichten, er selbst tituliert sich als »Geschichtenzerstörer«. Schematisch könnte man die wiederkehrenden Motive, die zur *Korrektur* nötigen oder um die Logik des Verfehlens kreisen, wie folgt zusammenfassen: *psy-*

chologisch (»Wir gehen immer zu weit, damit wir nicht zu kurz kommen«, K, 361); *logisch* in Form von zahlreichen Paradoxien, welche den Text durchqueren; *gegenstandstheoretisch* in der allgemeinen Rede von der Auflösung des Gegenstandes, der Vernichtung des Textes im Versuch seiner Verbesserung; *sprachphilosophisch* im Bewußtsein des Versagens der Sprache angesichts des Wahren oder auch bloß des Tatsächlichen; *gesellschaftskritisch,* insofern jede Veröffentlichung von etwas, eines Textes zum Beispiel, unmittelbar seine Vernichtung nach sich zieht; *subjektivitätstheoretisch* hinsichtlich der Logik absoluter Geistigkeit, die Roithamer unerbittlich betreffs seines eigenen Lebens verfolgt (und die fortlaufende Korrektur seines eigenen Lebens notwendig macht) und die zuletzt, wie es heißt, »zur eigentlichen Korrektur«: dem Selbstmord Roithamers, führt; *stilistisch*, indem der Schreib- bzw. Sprachstil der *Korrektur* diese Logik des Scheiterns untermauert. Anders gesagt, der Roman handelt von dem *Quadrivium der reflexiven Moderne*: der Unerreichbarkeit des Wahren, der Unausdrückbarkeit der Bedeutungsintention, der Unerforschlichkeit der Referenz und der Unausdeutbarkeit des Selbst. Dabei ist die Form der ›coincidentia oppositorum‹, des Zusammenfalls der Gegensätze, eine häufig verwandte Sprach- und Denkfigur, um diese Struktur zu beschreiben. Sie spielt die Erfahrung aus, daß les extrêmes se touchent, daß die Extreme von einem Augenblick auf den anderen immer schon (ins Verhängnis) ineinander umgeschlagen sind.

IV.

Man hat den Stil von Thomas Bernhards Romanen und Erzählungen *manieristisch* genannt, ihn des Gekünstelten und Gewollten geziehen, und in der Tat haftet dieser Art zu schreiben eine gewisse *Überspanntheit* an. Sie ist in unserem Zusammenhang insofern von Interesse als sich an ihr eine Korrespondenz spiegelt zwischen einer Stileigentümlichkeit und dem Inhalt der »Korrektur«. Schon eine unbefangene Lektüre des Romans vermittelt den (fast sinnlichen) Eindruck, als diene die Bernhardsche Art, den Text fortzuspinnen, dazu, sich laufend der Identität seiner selbst und der Welt zu vergewissern; als käme der sprachlichen Form vor allem die Aufgabe einer *Wirklichkeitsrückversicherung* zu: durch schier endlose Reihen von Gedankenwiederholungen bzw. minimalen Satzvariationen die eigene Selbst- und Weltbehauptung in Szene zu setzen; als suche der Autor die Sprache als Werkzeug, als *Wirklichkeitsbestätigungsmittel* einzusetzen. Die Apodiktizität seiner Sätze verstärkt diesen Eindruck. Die Mitteilungs- und Ausdrucksfunktion der Sprache, um die Unterscheidungen Karl Bühlers aufzunehmen, treten gleichsam unendlich weit hinter die Appellfunktion zurück und diese nochmals hinter die Funktion der Wirklichkeitsbestätigung. Anders gesagt, das Stilmittel der minimalen Variation ähnlicher Gedanken und Sätze dient nicht nur dazu, dem, was gesagt wird, Nachdruck zu verleihen, Gewicht und über die Maßen gesteigerte Bedeutung beizulegen,[6] es erweckt auch den Eindruck, als gehe es auf fast rituelle Weise darum, die Wirklichkeit zu beschwören, sie im hysterischen Stakkato der Sätze heraufzubeschwören, ohne freilich verhindern zu können, daß sich das melancholische Bewußtsein der Vergeblichkeit darüber gelegt hat. Sprache erscheint als Magie und Beschwörung einer Realität, der nicht anders, nicht anders mehr denn sprachlich beizukommen ist. Sie erstarrt gleichsam zu einem Ritual der leeren Versicherung und bloßen Beschwörung, zum Rettungsversuch einer referenzlos gewordenen Wirklichkeit, ihr ihre Wirklichkeit durch sprachliche Beschwörung zurückzuerstatten.[7] Es sieht so aus, als klammere man sich dogmatisch an die Sprache, wo man die Wirklichkeit verloren hat. Dem Wirklichkeitsverlust korrespondiert der Dogmatismus der Sätze, die Bestimmtheit und Eindeutigkeit der Wirklichkeit durch monomane Variation und Iteration sprachlich zurückzuzwingen. Je bestimmter, apodiktischer, dogmatischer die Sätze werden, desto unwirklicher, substanzloser, willkürlicher und – wie sich zeigen wird – komischer erscheint das ganze Unternehmen. Gegen Gott und die Welt soll der gemein empfundenen Realität eine höchst eigene Sicht der Dinge abgetrotzt werden. Dabei ist es nicht unwichtig, in dieser Welt ohne Urvertrauen die Kluft, die Leerstellen zwischen den Sätzen so klein wie möglich zu halten. Der Weg von etwas zu etwas anderem,

6 Was häufig genug dazu führt, daß der Text in ein hohles, ermüdendes Pathos verfällt.

7 Der Sprache selbst wird dadurch in Form einer Kunst, eines Stils eben, eine durchaus neue Seite abgewonnen: die Seite des Beschwörenden und des Magischen, die sie gleichwohl immer schon besessen hat.

von einer Behauptung zur nächsten, von einer Satzbedeutung zur folgenden kann nur in ganz kleinen Schritten gemacht werden. Es scheint, als berge jede neue Gedankenverknüpfung ein Risiko, ein Nichtwissen, ob der sich immer wieder auftuende Spalt des Unwirklichen und Chaotischen nicht zu groß wird, um ihn überhaupt noch zu überbrücken. Das Prinzip minimaler Variation garantiert, daß der Abstand zwischen den bedeutungstragenden Zeichen und Sätzen so gering wie nur möglich gehalten wird. Eine zu große Kluft könnte die Angst nicht niederhalten, in den gähnenden Abgrund des Chaos gerissen zu werden.
Gleichzeitig, wie um sich selbst zu entlarven, spiegeln die Stilmittel die dem Roman eigene Dialektik. Indem sie alle Schotten dicht machen, keine Leerstellen mehr lassen, ist die Sprache auch ein gigantisches Unternehmen der Wirklichkeitsvernichtung, der progredierenden Auslöschung der Wirklichkeit (die auch das eigene Selbst noch mitverschlingt). Die Sprache will gleichsam verhindern, daß zwischen den Zeilen, an den Bedeutungsabständen sich ein Sinn zeigt, an dem das Nichtidentische als der Ort des Mehr-Sinns aufscheint. Nichts darf sein, was über sich, über den geschlossenen Kreis der Negativität (des Nichtseinsollenden) hinausweist. Jedes mögliche Noch-nicht-sein oder Anders-sein muß (vorab) durch Sprache gebannt werden. Minimale Variation und Iteration sollen selbst noch die (für die Moderne) eminente Wirklichkeit, die Stimmen des Nicht nichts oder des Nichtidentischen zum Schweigen bringen und unter einem Apriorismus negativer Teleologie begraben. Das Modell ist nicht die creatio continua göttlichen Sprechens, sondern eine destructio continua, die (unterschiedslos) das Nichtidentische, seine Ambivalenz mit ihrer negatorischen Wut verfolgt.

V.

Um die implizite Botschaft des Romans zu rekonstruieren, könnte es hilfreich sein, eine Reihe von Fragen an den Text zu adressieren: Wovon läßt sich das immanente Verständnis einer Logik permanenten Verfehlens leiten? Welche Antworten legt der Text nahe, um die unerbittliche Logik, der zufolge alles Sein zum Nichtsein strebt, alles Sprechen, Wissen und Handeln zum Scheitern verurteilt ist, zu verstehen? Auf welche Gesichtspunkte und Maßstäbe greift der Roman zurück, um seine Kritik des gegenwärtigen Lebens zu plausibilisieren? Welche besondere Verbindung geht die Logik reflexiven Verfehlens mit der impliziten Wahrnehmung und Deutung der modernen Welt ein? Welcher zeitdiagnostische Gebrauch wird von ihr gemacht? Und: Wie interpretiert der Roman die in den unterschiedlichen Kontexten ausbuchstabierte Differenz zwischen dem Darstellungsvermögen und dem, was dargestellt, d. h. sprachlich artikuliert, architektonisch entworfen oder in einem Leben Wirklichkeit wird? Zwischen der Darstellung und dem Bewußtsein des Ungenügens in jeder Darstellung, zwischen dem Eigentlichen und dem Uneigentlichen? Wie interpretiert der Roman die wiederkehrende Präsenz des Nichtdarstellbaren, die Unerreichbarkeit des Wirklichen?

Es wäre eine gewiß reizvolle Angelegenheit, im Zusammenhang dieser Fragen der gegenwärtig vieldiskutierten Behauptung Lyotards nachzugehen, daß die Kunst der modernen Welt wesentlich um das Problem der Nichtdarstellbarkeit (des Sujets) kreist, daß sich die ästhetische Moderne insgesamt über die Macht und Präsenz des Nichtdarstellbaren erschließt. Lyotard, das nur am Rande, ist noch einen Schritt weitergegangen; seiner Auffassung zufolge ist weniger das Schöne die Zentralkategorie der ästhetischen Moderne, sondern das Erhabene. Im Rekurs auf Kants berühmte Definition resultiert das Erhabene eben aus der uneinholbaren Differenz zwischen dem (endlichen, begrenzten) Darstellungsvermögen und dem, was »über alle Vergleichung groß« ist. Das Erhabene entzieht sich als Idee jeder Darstellung, »denn das eigentlich Erhabene kann in keiner sinnlichen Form enthalten sein, sondern trifft nur Ideen der Vernunft: welche, obgleich keine ihnen angemessene Darstellung möglich ist, eben durch diese Unangemessenheit, welche sich sinnlich darstellen läßt, rege gemacht und ins Gemüt gerufen werden.«[8]

Um auf unsere Fragen zurückzukommen: Von welcher Art und Qualität ist die Lösung: auf die Modernität, das heißt auf die Nötigung zur Korrektur der Korrektur der Korrektur mit einer ›eigentlichen Korrektur‹ zu antworten? Wie diese Form einer Dialektik der Aufklärung beurteilen, die zuletzt jeden Ausweg versperrt und die Totalkorrektur zum Lebenshöhepunkt erklärt?

8 I. Kant, Kritik der Urtheilskraft. Kants Werke, Bd. v. Akademie-Ausgabe. Berlin 1968, 245 (§ 23).

Welcher Sinn läßt sich mit der Erfahrung des Entzugs aller letztbegründet Halt und Sicherheit gewährenden Referenzen verbinden? Ist diese Erfahrung notwendig Anlaß zur Verzweiflung? Korrespondiert nicht die Logik des rückbezüglichen Scheiterns dem angesichts der Moderne offenbaren Widersinn letzter Antworten? Ist die sprachliche Unerreichbarkeit des Tatsächlichen wirklich ein Mangel? Wieso nicht Anstoß, Öffnung usf.? Welche impliziten Schlüsse also zieht der Roman aus dem oben angesprochenen Quadrivium der Moderne, welcher Begriff von Negativität liegt der Verfehlungslogik des Korrekturromans zugrunde? Eine Antwort auf diese Fragen soll in zwei Teilschritten erfolgen: erstens auf dem Weg einer eher immanenten Kritik des Bernhardschen Negativismus (als Negativismus des Scheins); zweitens durch den Versuch, entlang der Explikation einiger Grundbegriffe die Umrisse eines anderen, der Modernität eher entsprechenden Konzepts von Negativität und Vergeblichkeit anzudeuten.

VI.

Der Roman zeichnet ein Weltbild, in dem das Reflexivwerden aller Bestimmungen des Wissens und Handelns, der Aufstufungsprozeß der Korrektur, einzig als Mangel, als Defizit, als Erfahrung der Nichtpräsenz des Wahren begriffen wird. Seine Reaktion auf diese Erfahrung dünkt mir im schlechten Sinn abstrakt zu sein. Sie besteht in der Inszenierung fiktiver Gegenwelten, die, politisch konservativ und autoritär, sich wie Übungen in »nachgeahmter Substantialität« (Habermas) ausnehmen:

- die ruhige und besonnene Lebensart Höllers gegen das hektische, zerstreute Leben und Treiben der modernen Menschen;
- das ungewöhnliche, kontra-intuitive, aber fundierte Wissen der Baukünstler Höller und Roithamer im Unterschied zum Wissen der Vielen und Allermeisten, das sie, obwohl es zunächst plausibel erscheint, dennoch täuscht (regelmäßig werden die Häuser von den Fluten der Aurach weggespült, die weiter unten, an den scheinbar sicheren Stellen des Flußlaufs, errichtet worden sind);
- überhaupt die Höllersche Welt und alles, was mit Höller zusammenhängt: der Hausbau an der Aurachengstelle, die Dachkammer, das Handwerk, der Beruf, das Familienleben im Gegensatz zu einem in Degeneration und Auflösung begriffenen Altensam;

- die absolute Intellektualität des Geistesmenschen Roithamer gegen den Ungeist der Zeit, seine Exklusivität, Exzentrizität, Exterritorialität;
- die Idee von einem (richtigen) Leben und Denken, das den richtigen Ort (Umgebung), den richtigen Zeitpunkt, das richtige Maß/Augenmaß und die richtigen Freunde braucht, um zu gelingen;
- die eigentliche Korrektur gegen ein verachtetes Leben, das nur aus Aufschüben, Ablenkungen, Umwegen, Verzögerungen, Korrekturzwängen usf. besteht und von jeder Erfüllung im Hier und Jetzt abgeschnitten bleibt; das die Humanität retardierender Momente, die mit den (rhetorischen) Umwegen und Aufschüben verbunden sind, nicht kennt;
- die Korrektur der Korrektur der Korrektur gegenüber der ›eigentlichen Korrektur‹ bzw. der Lichtung. »Lichtung« lautet das buchstäblich letzte (Heidegger-)Wort des Romans.

Wohl wissend, daß (gute) traditionelle Begriffe wie das Absolute (und das Relative) in Philosophie und Wissenschaft seit langer Zeit absolut verpönt sind[9], läßt sich ein, besser noch *das* Motiv, das den Roman als ganzen grundiert, kaum anders denn als Streben, als *Suche nach dem Absoluten* beschreiben.[10] Das Absolute gelangt auf unterschiedliche Weise zur Darstellung. Es verbindet sich ebenso mit der Idee der »eigentlichen Korrektur« und der »Lichtung« wie mit dem Roithamerschen Projekt eines Lebens, das sich von allem, was gemein ist oder gemein fühlt, befreit und reinigt, das jeden

9 In der Philosophie grassiert, um die begriffliche Rede vom Absoluten und Relativen zu vermeiden, die metaphorische von stärkeren oder schwächeren Behauptungen und Begründungslasten. Absolut komisch ist es, daß die Rhetorik von starken und schwachen Begründungsansprüchen vor allem in den Theorien gepflegt wird, die am nachdrücklichsten ihre Rationalitäts- und Diskursivitätsansprüche herausstreichen, die nicht nur Logisches und Metaphorisches trennscharf zu differenzieren wissen, sondern auch jede andere Konzeptualisierung der antinomisch bestimmten Rationalität der Vernunftmetaphorik zeihen.

10 Um eine erste Vorklärung des Begriffs zu erzielen, könnten Übersetzungen hilfreich sein, wie: Was ist gewiß, nicht zu bezweifeln? Was hat den Rang unkorrigierbarer Hintergrundüberzeugungen? Was gibt dem Leben wirklich Halt usf.? Schon die Rede vom Relativen, vom Ephemeren, Kontingenten verweist auf etwas, das nicht vorübergeht oder notwendig erscheint.

Augenblick die Verpflichtung fühlt, sich auf der Spitze des Ideals zu halten, das heißt der Logik absoluter Geistigkeit zu genügen, welche die außergewöhnliche künstlerische Produktivität einschließt. Das Absolute oder das Eigentliche wird als eine Art Gegenwelt inszeniert, als das ganz Andere der gewöhnlichen Welt, in die aber unverkennbar Idealisierungen vormoderner Lebenswelten eingestreut sind. Ihrer Exklusivität entsprechend besteht für sie auch kein Grund, sich mit dem ›Gemeinen‹ einzulassen. Das Absolute scheut die Berührung mit der Welt endloser Korrekturen und Selbstrelativierungen wie der Teufel das Weihwasser. Wo es sich in den Prozeß endloser Korrekturen hineingezogen sieht, scheint es sich mit einer Vision retten zu wollen.

Lichtung. – Der Roman endet mit dem Wort »Lichtung«. Die Arbeit der Berichtigung und Begradigung von Text und Leben wird in die »Lichtung« aufgehoben. Das sprachlose Sehenlassen erscheint als die Wahrheit fortlaufender Selbstberichtigungen. Die Lichtung befreit von den Mühen der Darstellung. Auf ihr scheint der Prozeß der Endlos-Korrekturen unnötig zu werden. Die Lichtung steht für die Erfahrung der Wahrheit, einer Wahrheit gleichsam ohne Text- und Sprachrückstände. Auf der Lichtung nimmt das Leiden an der Korrektur der Korrektur der Korrektur ein Ende. Sie erlöst von der Arbeit der Korrektur. Die Unterscheidung von Darstellung und Nicht-Darstellbarem hat hier keinen Wert mehr.[11]

Die Lichtung als *Natur*, als *Kindheitserinnerung*, als Ort *tödlicher Selbstbefreiung*, als *Schluß* und *Aussicht* variiert das Korrekturproblem auf zweifache Weise: Die Lichtung, die sich auftut, zielt in der Form sprachlosen Sehenlassens auf eine Evidenz, die über jeden Schein erhaben ist. Sie hebt alle Relativität, die sich notwendig mit der sprachlich-diskursiven Darstellung verbindet, auf, sie macht vor allem Korrekturen unnötig. Sie verweist auf den Standpunkt der Erlösung oder auf eine Erfahrung von Authentizität, die vom permanenten Korrekturzwang, den das Leben und die Texte erfordern, nicht betroffen ist, aber, paradox genug, nur vom *Tod* gewährt wird. Das Absolute bleibt das Transmundane, auf der Grenze der Mundanität, aber es wird nicht wirklich in sie einge-

11 Die Heideggersche Deutung der »Lichtung« als lichtende Mitte des Seienden oder als Entbergen eines Unverborgenen kann an dieser Stelle außer acht bleiben.

führt, nicht mit dem Wiederholungszwang einer sich korrigierenden Korrektur konfrontiert. Das Ganze ist nur mehr »alles« (alle Korrekturfassungen). Der Roman kennt über weite Strecken nur den abstrakten, unvermittelten Gegensatz zwischen einer idealen Welt intakter vormoderner Lebensverhältnisse und der Zerstreutheit, Zerrissenheit, Kleinheit und Gemeinheit des modernen Lebens; er ruft gegen das radikale Reflexivwerden aller Bestimmungen vormoderne Phantasien auf den Plan. Die Lichtung ist eine Belichtung des Wahren ohne Schatten, ohne Bewußtsein der Kosten, die mit jeder Korrektur und Begradigung von Text und Leben einhergehen. Sie ist Ausdruck bzw. Symbol der Sehnsucht nach einem gleichsam organlosen Körper, für eine unbefleckte Empfängnis des Wissens und für die Reinheit des Handelns. Was Hans Magnus Enzensberger in zwei kleine Gedichtzeilen für Theodor W. Adorno gebannt hat, könnte über dem Roman als Ganzem stehen: »festhalten den schmerz der negation«, »vorzeigen die verbarrikadierte zukunft«[12].

Anders gesagt, die Logik des Romans läßt sich von der Möglichkeit bzw. der Idee einer letzten Metakorrektur leiten, aber ein Bewußtsein der Korrektur der radikalisierten Moderne zu entwikkeln hieße, die Korrektur wieder in das Korrigierte einzuführen, den Rahmen in den Inhalt einzuschreiben, die Gegenwelt in der Welt sichtbar zu machen, das Nicht-Darstellbare in der Darstellung zu zeigen, aber so, daß in oder an der Darstellung eine Differenz sichtbar würde, die sich als Selbstdifferenz der Darstellung verstehen ließe.

Exzentrizität. – Es ist auffällig und nahezu eine Charakteristikum der großen Literatur des 20. Jahrhunderts, daß der bis zur Exzentrizität gesteigerten Beweglichkeit der Figuren zugleich etwas Rigides und Standardisiertes anhaftet. Von Musils »Mann ohne Eigenschaften« bis Becketts »Molloy«, »Murphy« und anderen kann man eine den Figuren immanente Dialektik entnehmen: Eine Freiheit, die bis zur Exzentrizität entfesselt wird, zeigt auch überdeutliche Züge ihres kontradiktorischen Gegensatzes, einen Hang zur Versteinerung und Verfestigung. Psychologisch gerechnet, verwundert es auch nicht, daß, je beliebiger, wandelbarer, unbegrenzter ein Sprechen und Handeln sich erweist, es wie zum Ausgleich

12 H. M. Enzensberger, Blindenschrift. Frankfurt/M. 1965, 58. Ob die Zeilen Adornos Denken treffen, ist durchaus fraglich.

auch mit um so größerer Starrheit, Gleichförmigkeit und Unfreiheit zu zahlen hat, ein Zwangsverhalten sich proportional zur Beliebigkeit einstellen wird. Angst und Unsicherheit wären unter anderem Kandidaten, so ein Drehbuch verständlich zu machen.
Man könnte sagen, was der Exzentriker partout nicht sehen will, ist, daß alle Welt heute mehr oder weniger mit Exzentrizität geschlagen ist, daß seine Exzentrizität aufs engste zusammenhängt mit dem, wogegen er opponiert und revoltiert; daß seine Selbstdefinition nur die neueste (Verlegenheits-)Definition aufnimmt, nach deren Formular sich *alle* richten: ein ex-zentrisches Lebewesen zu sein und damit eine Position zu besetzen, die ein auf sich selbst rückbezügliches System sich selbst durchstreichen läßt; daß er, Roithamer, ebenso referenzlos denkt und agiert, entwurzelt und heimatlos, verstiegen und rastlos ist wie das in Degeneration und Auflösung begriffene Altensam, seine Suche nach Authentizität und Lebenstiefgang ihn nicht eine Spur von denen trennt, über die er sich erhebt und die er ihrer Scheinwelten wegen verachtet. Die abstrakte Stellung der Welten gegeneinander überführt, trotz der Differenzen, die zwischen ihnen bestehen, sie beide der Unwahrheit.
Die Literatur wird in gewisser Weise zum Spiegel dessen, was der modernen Rationalität insgesamt beschieden ist. In ihren Szenen und Figuren wird selbstkritisch (gewollt oder ungewollt) das zurückgenommen und aufgefangen, was sie angefeuert hat: die Entfesselung eines freien, agitierten, grenzenlos beweglichen Sinns schierer Möglichkeiten. Die denunzierte Ordnung des Systems entpuppt sich in der Denunziation selbst als der perpetuierte Zwang leerer Betriebsamkeit.

VII.

Man hat bestimmte Techniken der Dramatisierung, vor allem die mit dem Spiel kontradiktorischer Gegensätze verknüpften Denk- und Stilfiguren des Korrektur-Romans, mit der hegelschen Dialektik in Verbindung gebracht. Ob und inwieweit diese Parallele insgesamt zu Recht gesehen wird, kann an dieser Stelle offenbleiben; wichtiger ist es, einen bedeutenden Unterschied herauszustellen, der unmittelbar mit dem Korrekturproblem und der Bernhardschen Unterscheidungslogik von Absolutem und Relativem, Eigentlichem und Uneigentlichem, dem Diskursiven und der Lichtung, der Intellektualität des Geistesmenschen Roithamer und der Geistesschwäche, dem Geistesunrat der Allermeisten verflochten ist; zu zeigen, wie wenig die Gegensätze und Paradoxien, die zur Charakterisierung von Text und Leben herangezogen werden, vom Geist der spekulativen Dialektik inspiriert sind.

Wovon der Roman berichtet, ist die Erfahrung Roithamers, daß sich die Welt entzieht, daß sie vor seinen Sätzen flieht – vergleichbar der Weise, in der er selbst die Welt der gemeinen Menschen flieht –, eine (melancholische) Weltflucht, die durchaus doppeldeutig teils erlitten, teils aber auch inszeniert wird. Der Versuch, wirklich festzustellen, wie alles gewesen ist, die bzw. seine Geschichte *Über Altensam und alles, was mit Altensam zusammenhängt, mit besonderer Berücksichtigung des Kegels* zu verfassen, so zu berichten, wie es sich zugetragen hat, und was, welche Motive ihn zu diesem oder jenem Schritt bewogen haben, hat dazu geführt, diese Geschichte gar nicht (mehr) schreiben zu können, weil, so sollte man es verstehen, weder das Tatsächliche erreichbar noch das Wahre darstellbar ist; weil weder ein Leben, dessen Zeiger auf ›mehr Leben‹ stehen, erfüllbar, noch ein Selbst, das als (leere) Mitte der Subjektivität unser Sprechen und Handeln begleitet, einholbar ist; keine Bedeutungsintention, die sich mit unseren Zeichen, Worten und Sätzen verbindet, ausgeschöpft werden kann.

Dialektik. – Diese Einsicht steht auch am Anfang der Philosophie Hegels, das heißt der Dialektik, die das Bewußtsein in die Schule schickt, die Erfahrung des Scheiterns dem ganzen Umfang nach und in den verschiedenen Konstellationen des Lebens zu machen, die, weil sie so grell die Vergeblichkeit allen Tuns demonstriert, uns am Sinn des Lebens zweifeln, ja verzweifeln läßt; daher nennt die Dialektik diese Methode auch den »Weg der Verzweiflung«; sie soll das Bewußtsein davon abbringen, sich selbst und die Welt, eben das, was dem Selbst am Herzen liegt, als etwas aufzufassen, das man durch Sprache und Handeln, Arbeit und Interaktion einfach in Beschlag nehmen kann; es muß lernen, daß Individualisierung Vergesellschaftung bedeutet, Selbstverwirklichung Selbstentfremdung impliziert; daß das Wahre nicht auf direktem Wege erlangt werden kann, daß es überhaupt keine prädikativ identifizierbare Struktur hat – wie die Subjektivität auch, die nicht über die Summe aller Prädikate, die ihr zugeschrieben werden, (erschöpfend) definiert werden kann; daß das, was sich in der rationalen Rechenschaftslegung als (tragender) Grund oder Prinzip der Wahrheit befestigen möchte, gerade in seiner Durchführung, in seiner durch Argumente gestützten Verteidigung sich zugrunde gehen sieht; daß die Partizipation des Bewußtseins an dem, was auch ›Geist‹ heißt, uns in eine paradoxe Existenzform verstrickt, in der wir die Gegenwart nie erreichen, das Leben gleichsam als Aufschub gelebt werden muß, kurz, daß jedes Erkennen, jede Referenz auf das Ansich des Lebens es selbst verfehlt, wie jedes Handeln sich in seinen Wirkungen verwirkt. Die Verfehlungslogik des Begriffs kann niemals das, was sie intendiert, von sich aus garantieren. Ihr Geltungsanspruch bleibt auf Kontexte bezogen, die sie von sich aus weder überblickt noch beherrscht, die aber im methodischen Bewußtsein bestimmter Negativität immer schon ein (positives) Licht in Form eines unbestimmt Bestimmenden auf das je Bestimmte werfen.

Das Bewußtsein sollte für die Erfahrung sensibel werden, daß in seine Sprechakte und Handlungen immer wieder und auf eine oft unvorhersehbare Weise Differenzen eingespielt werden, die mit seinen Intentionen und Handlungszwecken kollidieren, daß zwischen Ziel und Realisierung, Form und Inhalt, angezieltem Gedanken und seiner Artikulation, zwischen individueller und allgemeiner Ordnung, dem Bedingten und dem Unbedingten ein Widerstreit nistet, der es, wenn möglich, dazu bewegen sollte, von seinem Eigensinn: den Verrücktheiten seines Herzens abzulassen; zu sehen, daß der Vermittlung mit der Objektivität und Sachlichkeit der modernen, »auseinandergezogenen« Verhältnisse (Hegel) so leicht nichts entgeht, auch dann nicht, wenn man alles daran setzt, seinen Eigensinn bis zur Exzentrizität auszubauen; anders gesagt, es geht darum zu begreifen, in welchem Umfang auf der Höhe der modernen Welt das eigene Tun das Tun aller ist.

Ironie und Melancholie. – Die dem Korrekturroman immanente Logik reflexiver Verfehlungen könnte man sehr gut im Sinne Friedrich Schlegels als »Ironie« interpretieren, insofern, gemäß seiner bekannten Definition, Ironie auf ein »Wechselspiel«, einen »ständigen Wechsel von Selbstschöpfung und Selbstvernichtung« abzielt, nicht nur die Aufstufung der Korrekturen ein für die romantische Ironie-Konzeption charakteristisches Merkmal ist, sondern ebenso die Indirektheit der Mitteilung und die Fiktionalisierung des Autors (durch das Spiel der Differenz zwischen dem Autor und dem Nachlaßverwalter, der die Papiere zu »sichten und ordnen« hat). Gleichwohl läßt sich nicht davon absehen, daß die wiederkehrende Differenz zwischen Ziel und Realisierung, Inhalt und Form eine unverkennbar *melancholische Note* hat. Nicht nur strebt der Roman einem eher melancholisch gestimmten Ende entgegen, gehen die gesteigerte Exzentrizität des Protagonisten und sein Rückzug aus der Welt, sein Weltverlust Hand in Hand: im Dunkel der »Lichtung« gehen zuletzt alle Unterscheidungen des Lebens und Arbeitens zugrunde, aber so, um es mit Hegel zu sagen, daß dem Bewußtsein »nur das Grab seines Lebens zur Gegenwart kommt«[13]. Zwar obsiegt auch hier die ironische coincidentia oppositorum, aber dieser Differenz zwischen dem Zweck und seiner Realisierung, der ihr eingeschriebenen negativen Teleologie, fehlt jede Spur der überlegenen Heiterkeit, ohne die das ironische Lächeln so wenig auskommt wie ohne das Bewußtsein eines seiner selbst und der Dinge mächtigen Denkens, eines Lächelns, das Thomas Mann wegen seiner Intellektualität »erasmisch« genannt hat. Allenfalls ließe sich an die Gestalt einer *melancholisch gefärbten Ironie* denken, wie sie Kierkegaards Analyse der Schwermut gezeichnet und expliziert hat. Das Bestreben des Ästhetikers, wahrhaft poetisch zu leben, verstrickt sich immer tiefer in Reflexivität, welche Anlaß für Schwermut und ein gehemmtes Handlungsvermögen ist.[14]

Es sieht so aus, daß Melancholie und Ironie, wie sie die Literatur und die Philosophie der Moderne ausbuchstabiert haben, so unähnlich nicht sind, wie es auf den ersten Blick den Anschein haben mag, vielmehr antworten sie auf jene Strukturdifferenz, auf den Widerstreit zwischen Endlichem und Unendlichem, Wirken und Verwirktsein auf unterschiedliche Weise. Während die Melancholie zuletzt in ihm versinkt, ihre Antwort Weltflucht und Reflexionshemmung in Folge von Reflexionsüberdruß ist, die schlechte Unendlichkeit der Reflexion Handlungsschwäche jedweder Art nach sich zieht, bleibt sich die Ironie jener Differenz bewußt, ohne sie aufs neue als ein ontologisches oder geschichtsphilosophisches Prinzip zu konstitutieren.

Unser Protagonist zum Beispiel ist nicht melancholisch in dem Sinne einer Handlungshemmung; kein unbestimmtes Verlangen, keine unwirkliche Sehnsucht, kein Verlangen ohne Ziel und Ende

13 G. W. F. Hegel, Phänomenologie des Geistes. A.a.O., Bd. 3, 169.
14 Vgl. S. Kierkegaard, Entweder – Oder (1843). München 1975.

treibt ihn an, im Gegenteil, er ist der geniale Schöpfer außergewöhnlicher Bau- und Kunstwerke; auch die Schrift über Altensam erweist ihn als tätig, freilich so, daß alles, was er anpackt, den Keim des Verderbens in sich trägt.

Heroischer Nihilismus. – Ironie und Melancholie spiegeln die Macht und Ohnmacht des Geistes; die Ironie erhebt sich über die teils erlittene, teils inszenierte Ohnmacht der Melancholie, aber zöge die Melancholie die Ironie nicht partiell in ihren Bann, vermittelte sie ihr nicht ein Bewußtsein ihres (kraftlosen) Leidens an der Welt, der Übergang zum Zynismus wäre ein allzu leichter. Die Melancholie, wenn diese Personifizierung erlaubt ist, leidet unter ihrer Ohnmacht, daran, nicht verwirklichen zu können, was ihr die höchste Intention des Lebens und Denkens ist, daran, selbst an den außergewöhnlichsten Schöpfungen des Geistes zuletzt nicht die Fülle des Seins und des Lebens, sondern nur die unerfüllte Sehnsucht, ein in ihrer Verallgemeinerung durchaus Unwirkliches zurückzubehalten. Sie bemerkt nicht ihren gleichsam problematischen Gebrauch der Differenz, wenn sie ihr Projekt eines heroischen Lebens, Bauens und Schreibens unvermittelt zu (der auch ihr vertrauten) gemeinen Prosa und Bestimmtheit der (modernen) Welt in Beziehung setzt. Sie will nicht wahrhaben, daß der Akt konkret bestimmter Verfehlungen oder einer bestimmten Negativität ein Nichtidentisches zu Bewußtsein bringt, das in ein und derselben Hinsicht ein Negatives, ein Schlechtes zu sehen lehrt, und etwas, das ›mehr‹ ist, das nicht schlecht ist, ein intelligibles ›Etwas‹, einen Horizont oder Kontext, in dem sich das Schlechte erst als das Schlechte zeigen kann. Sie zieht aus der wirklich eine Seite betreffenden Erfahrung einen durchaus fragwürdigen Schluß auf das Ganze.

Anstatt die in der Erfahrung des Verfehlens deutlich gewordene Differenz zwischen Ziel und Realisierung als Startbedingung für neue, veränderte Projekte und Kommunikationen zu begreifen, als Irritation, durch die das Mißverstehen nicht allein als Mangel erscheint, sondern als Medium des Verstehens; anstatt zu sehen, daß die Unbedingtheit des Ideals in der Konfrontation mit der Bedingtheit des Realen, des Undarstellbaren in der Darstellung, notwendig eine Verwandlung und Korrektur, eine Inversion erfährt, versinkt das unglückliche Bewußtsein in ein ausweglos es Bebrüten der Welt oder, dem Korrekturroman entsprechend, in einen *heroischen Nihilismus.* In seiner Affirmation scheiternder Projekte

glaubt sich das unglückliche Bewußtsein von der verachteten Welt unbezwungen, allein, es ist nicht so; auch der Rückzug in die »Hohlräume der Innerlichkeit« (Plessner) oder der Entwurf utopischer Bauwerke bleibt eine Antwort auf den Widerstreit des Bedingten mit dem Unbedingten. Das unglückliche Bewußtsein geht nicht an der Welt, sondern an sich selbst, seinen Erwartungen und Ideen, seinen Kontrollwünschen und seinen Mißverständnissen über Sprache und Welt zugrunde. Allenfalls eine ironisch gespiegelte Selbst- und Weltdistanz könnte die Ohnmacht des Geistes bezwingen, was freilich auch nicht heißen soll, die möglichen Freiheitsgewinne zu unterschätzen, die mit der melancholischen Lebensform, ihrer eigensinnigen Weltflucht, einhergehen.[15]
Die Ironie weiß um die Macht der Negativität und des Nichtwissens, welche das Wissen und das Nichtwissen gleichermaßen ausleuchtet.[16] Sie rechnet sich in ihrem Differenzbewußtsein den durch Arbeitsteilung auseinandergezogenen Verhältnissen der Moderne zugehörig, welche auffällig unauffällig den (reaktiven) Heroismus des Einzelnen begrenzen. Die Melancholie macht den Einzelnen sich selbst (im Allgemeinen) verschwinden, die Ironie wertet ihn auf.
Negativität. – Vergegenwärtigt man sich zusammenfassend des begrifflichen Gehalts, der – über die Achsen von Melancholie und Ironie, heroischem Nihilismus und Dialektik, abstrakter und bestimmter Negativität, Schopenhauer und Hegel, buddhistischen Erlösungswünschen und der Arbeit des Begriffs – ausge-

15 Wenn auch nur mit »eine(r) Freiheit«, wie Hegel schreibt, »welche noch innerhalb der Knechtschaft stehenbleibt«. G.W. F. Hegel, Phänomenologie des Geistes. A.a.O., 155.

16 Nicht unerwähnt bleiben soll, daß auf der einen Seite Hegel ein vernichtendes Urteil über die Schlegelsche Ironie fällt, auf der anderen Seite aber die Dialektik als eine vom Inhalt unabtrennbare Methode ohne ein der (tragischen) Ironie Vergleichbares gar nicht gedacht werden kann. Das »unglückliche Bewußtsein«, die »schöne Seele« oder die »reine Einsicht«, um einige Beispiele zu nennen, verkörpern als dramatis personae eine Argumentationsstruktur, welche die teils die Bewußtseins-, teils Weltgestalten betreffende Komödie des Lebens methodisch in sich aufgehoben hat. Einen Begriff wie den der »reinen Einsicht« für die Aufklärung zu prägen nimmt die Ironie bereits in die begriffliche Markierung dieser Epoche und Haltung bzw. Reflexionsform hinein. In ihrer tragikomisch gebrochenen Gestalt ist sie das Modell der Dialektik.

deuteten Logik permanenten Scheiterns, so muß man feststellen, daß die Bernhardsche Interpretation sich (gewollt) in einen Totalnegativismus (des Scheins) manövriert, der, auch wenn es paradox klingt, die *Macht des Negativen* deutlich *unterschätzt*. Um das zu sehen, braucht man sich nur der unterschiedlichen Bedeutungsschichten des Negativitätsbegriffs zu vergewissern: sowohl ein *Nichtseinsollendes* (ein Schlechtes, Negatives usf.) zu bezeichnen als auch ein *Nichtsein* im Sinne des Fehlens oder Abwesendseins (von etwas). Das Nichtsein wiederum – und darauf kommt es jetzt an – impliziert auch die Bedeutung des Nichtidentischen, eines ›nicht nichts‹, das an allem, was ist, gleichsam eine Öffnung markiert oder alles Seiende in einen Raum unauslotbarer Möglichkeiten entläßt.

Man kann im Zusammenhang von Adornos Metaphysik des Nichtidentischen diesen nicht propositional oder gegenständlich identifizierbaren Sinn, inklusive der ihm eigenen *Positivität des Unbestimmten*, auf die knappe Formel bringen: »Was ist, ist mehr, als es ist.«[17] Jedem Seienden haftet in seiner Realität etwas an, das über es *hinausweist*; jeder Satz einer lebendigen Sprache transportiert Bedeutungen, die der Sprecher *nicht einholen* kann; jedes Zeichen läßt eine Öffnung, über die es auch *anders interpretiert* werden kann; jede Handlung und jede Geste kann anders verstanden werden, als der Handelnde es intendiert hat. Und gegen diese Erfahrung, gegen diese Spur des Negativen als des Nichtidentischen, das für den philosophischen Diskurs der Moderne von Hegel bis Adorno und Lyotard immer auch Ort des gelingenden Lebens ist – gegen diese bejahte Ambivalenz, die Ironie, die Kräfte sprachlicher Verschiebung, gegen das, was das diskursive, auf Oppositionen festgelegte Universum ›krümmt‹ usf., richtet sich die Annihilationswut des Bernhardschen Negativismus: Nur das Nichtseinsollende soll sein. Besser noch ließe sich sagen, im Korrekturroman wird die der reflexiven Moderne so sehr bewußte Verfehlungslogik in das Einheitsbad, ins Medium des Fatalismus getaucht: *Vanitas vanitatum et omnia vanitas*; sie wird auf die *fatale* Spur der Negativität gesetzt, ohne auch nur für die notwendig *fraktale* Dimension (unbestimmter Bestimmtheit) ein Organ zu entwickeln. Und diese fatale Interpretation des Negativen ist das imaginative/imaginäre Zentrum dieses Romans wie anderer

17 Th.W. Adorno, Negative Dialektik. Frankfurt/M. 1966, 162.

Bernhardscher Romane auch. Im Unterschied dazu noch einmal Hegel: »Alle Dialektik läßt das gelten, was gelten soll, als ob es gelte, läßt die innere Zerstörung selbst sich daran entwickeln – allgemeine Ironie der Welt«[18], aber so, daß in oder wegen der Bestimmtheit der Negativität ein Nichtidentisches sich zeigt, das als Positives nicht einfach die Welt, wie sie ist, affirmiert, sondern einen Horizont kontextueller Verweisungen aufmacht, der zeigt, wie sie »ist« – im Stande des Differenzsinns der Freiheit oder im Begriff richtigen Lebens, eines nicht identitätslogischen, sondern »geistigen« Begriffs, der sich unter die Ursachen und Prozesse der wirklichen Welt eingeschaltet hat.

VIII.

An dieser Stelle könnte man sich mit Jacques Derrida, François Lyotard und Richard Rorty in weitläufige literaturwissenschaftliche Gespräche über die postmoderne Deutung der Diskrepanz zwischen Zeichen und Bedeutung, dem Signifikanten und dem Signifikat verwickeln, darüber, daß die Nichtidentität in der Literatur ebenso vorherrsche wie im alltäglichen Sprachgebrauch; die Literatur (und die Kunst insgesamt) sowenig zur Versöhnung des unversöhnten Ganzen beitrage wie die Sprache anderer, stärker funktional determinierter Gebiete; daß sie nicht das Refugium darstelle, als das die traditionelle Literaturkritik sie verstanden habe; daß jene Ungleichheit von Zeichen und Bedeutung, wie sie sich auf ausgezeichnete Weise auch in *Korrektur* spiegele, von den selbstreflexiven, zerstörerischen Fähigkeiten der Literatur zeuge, die weniger intentio recta von oder über die Gegenstände der Welt spreche als von ihrer Fiktionalität; daß, um ein Letztes zu erwähnen, die Literatur, wie die Kunst insgesamt, eine Abkehr von Nachahmung, Repräsentation und Mimesis darstelle.
Über diese Fragen ließen sich wichtige und umfängliche literaturwissenschaftliche Exkurse anstellen. Allein, das alles hätte eine unbefriedigende Seite; der Philosophie stünde es am allerwenigsten gut zu Gesicht, ihr auszuweichen, auch oder gerade dann nicht, wenn ihre Antwort selbst ausweichend ausfallen sollte. Die

18 G.W.F. Hegel, Vorlesungen über die Geschichte der Philosophie I. A.a.O., Bd. 18, 460.

Struktur reflexiven Scheiterns ist ja schon längst nicht mehr eine der Literatur allein, sowenig wie die Ironie seit der Frühromantik nicht (mehr) in erster Linie eine Stilfigur, eine Trope der Rhetorik ist.[19] Jene Struktur und das damit verbundene (periodisch wiederkehrende) Gefühl der Vergeblichkeit, das Leiden an der Welt, in der alles möglich erscheint und sich nichts mehr bewegt, scheint eine weit über das individuelle Bewußtsein hinausreichende Versuchung und Gefahrenlage hochzivilisierter Gesellschaften zu sein, die das Reflexionsdispositiv zu ihrer Grundlage gemacht haben.

Man könnte nach einer langen Geschichte, die von Aristoteles bis zu Adorno und Luhmann reicht, mutmaßen, daß vor allem diejenigen Individuen, die sich der Philosophie, überhaupt philosophischen und wissenschaftlichen Theorien verschrieben haben, zu einer eher melancholischen Sicht der Dinge neigten, an deren Anfang und Ende die Einsicht in die Vergeblichkeit alles Tuns stehe. Schon Aristoteles hatte in Schriften, die mit seinem Namen in Verbindung gebracht werden, diesen Hang zur Melancholie insbesondere Philosophen, Dichtern und Künstlern attestiert. In diesen Schriften wird sogar behauptet, die Melancholie der Philosophen sei keine Krankheit, sondern ihre besondere »Natur«, ihr »Ethos«, das sie stärker als andere zu Fragen der Wahrheit und des richtigen Lebens disponiere. Einmal davon abgesehen, ob nicht doch eine philosophische Disposition mit jener krankhaft-melancholischen korreliere oder die Stringenz philosophischen Denkens nicht zwangsläufig zur vanitas vanitatum tendiere: wie den der Logik reflexiver Verfehlungen eingeschriebenen Fragen, den Sinn- und Motivationsproblemen begegnen? Was heißt das für die Praxis, für unser Selbstverständnis? Bedeutet es, die Reflexion zu streichen? Sich auf das Übliche, Gewohnheitsmäßige zu verlassen, zu versteifen? Sich dem Weltschmerz ergeben? Der Tendenz zur Weltflucht nachgeben? Wie also, um eine Formulierung Schellings[20] aufzunehmen, der »Melancholie alles Lebens« begegnen?

Ohne es im Detail ausführen zu können, soll die in Anlehnung an die Dialektik entwickelte Antwort noch mit Interpretationen

19 Vgl. dazu: E. Behler, Ironie und literarische Moderne. Paderborn 1997.

20 F. W. J. Schelling, Philosophische Untersuchungen über das Wesen der menschlichen Freiheit (1809). In: Schriften 1806-1813. Ausgewählte Werke. Darmstadt 1966 ff., 343.

konfrontiert werden, die in eine andere, eher problematische Richtung weisen.

Eine kleine Geschichte der Antworten, die ein nachmetaphysisches oder, besser, ein immer weniger durch das Christentum gerahmtes Denken gegeben hat, müßte sicher mit jenen Sätzen aus dem »Candide«[21] beginnen, in denen Voltaire auf Leibniz' prästabilierte Harmonie eine selbst schon fast verzweifelte Antwort formuliert hat, noch Freud[22] hat sie wiederholt: »Travailler sans raisonner, c'est le seul moyen de rendre la vie supportable.« Zu der Aufforderung, ›seinen Garten zu bestellen‹, *zu arbeiten*, hat sich sehr bald ein älteres, im Verlauf der Neuzeit modifiziertes Motiv hinzugesellt, das *utopische Denken*: Danach sollte – in einem Wechsel auf die Zukunft – die Melancholie gleichsam hinweggeplant werden.

Eine andere Art Versprechen gegen Melancholie hat der Philosoph und Soziologe Arnold Gehlen vorgeschlagen: Dem Orientierungsschwund und dem Lebensüberdruß durch »Oberste Führungssysteme« zu begegnen, ihnen, wie er später sagte, durch »*Institutionen*« Halt und Sicherheit zu geben.[23] Der Existentialismus Albert Camus' setzte gegen alle Vernunft und Einsicht die Logik des Sisyphus, das *absurde »Trotzdem«*.[24]

Fragte man die Wissenschaften, so bekäme man von der Biologie zu hören, daß, relativ unabhängig von den Standards kultureller Selbstinterpretationen und dem, was der Einzelne denkt, sich hinterrücks evolutionäre Kräfte, solche des Überlebens und der Fortpflanzung, durchsetzten; sie seien die stärksten gegen-resignativen Kräfte, um der Weltflucht des Einzelnen wie der Gattung Einhalt zu gebieten.

Aber vielleicht brauchen wir gar nicht auf solche nur schwer wissenschaftlich beweisbaren Erklärungskonzepte zu rekurrieren, vielleicht genügt es, daß wir uns in welt- und bedeutungshaltige

21 Vgl. Voltaire, Candide oder der Glaube an die beste der Welten. In: Sämtliche Romane und Erzählungen. München o.J., 176-287, [286].

22 S. Freud, Das Unbehagen an der Kultur. In: Gesammelte Werke, Bd. XIV (1925-1931), 432, 433.

23 A. Gehlen, Der Mensch. Seine Natur und seine Stellung in der Welt. Frankfurt/M. 1971. Ders., Moral und Hypermoral. Frankfurt/M. 1973.

24 A. Camus, Der Mythos des Sysiphos. Ein Versuch über das Absurde. Hamburg 1968. Ders., Der Mensch in der Revolte. Essays. Hamburg 1969.

Kontexte eingebunden finden, in die dem Leben eigene »Klebrigkeit« (Plessner), um die *im Scheitern,* in der *bestimmten Negativität selbst* liegende gegen-resignative Kraft zu erkennen. Es spricht viel dafür, daß uns am Scheitern, besser noch, am darin mitgesetzten Nichtidentischen das Leben aufgeht und jenes ›Mehr‹, ›Anders‹, ›Vielleicht so‹ oder ›Nicht so‹ aufscheinen läßt, das zur Normalausstattung einer mit *Sinn* und *Rückbezüglichkeit* operierenden Moderne gehört, ohne freilich zu vergessen, daß der Gebrauch, der von der Logik reflexiver Verfehlung gemacht wird, geschichtlich wie kulturell mächtig variiert. Vielleicht ist man klüger beraten, nicht auf einen gegenständlich fixierten Sinn (Institutionen, Arbeit, geplante Zukunft usf.) zu hoffen und zu setzen, sondern auf das Nicht nichts, das, wie mir scheint, die größeren melancholiedistanzierenden Kräfte freisetzt.

IX.

Über dem Text wie über den Protagonisten des Romans liegt eine unübersehbar *komische* Note. Sie rührt daher, daß der Text von einem Pathos des Großen und des Heroischen beseelt ist, mit einem ungeheuren Anspruch an Ernst und einem Willen zum Außergewöhnlichen auftritt, aber in keinem Augenblick je ganz das Gefühl angemaßter Echtheit und erborgter Substantialität vergessen machen kann. Man muß sich nur Kants Definition des Komischen in Erinnerung rufen, ein »verfehltes Erhabenes« zu sein, um zu bemerken, wie im Blick auf Inhalt und Stil dasjenige, was Geltung, Größe und Geistesrang beansprucht, durchaus folgerichtig sich als ein Nichtiges, als ein Vernichtetes heraustellt. Die Einkleidung der existentiellen Verfehlungslogik in den erwähnten heroischen Nihilismus tut ein übriges, damit das Ganze zuletzt in einer unfreiwilligen Komik dasteht.

II. Wissen
Die Unbestimmtheit des Wissens

6. Vernunft und Diskurs

Betrachtet man die allgemeine Bedeutung, die sich mit Diskurs oder Diskursivität verbindet, enthält der Begriff den Anspruch, alles, was es zu denken, zu erfahren oder wahrzunehmen gibt, auch im Medium der Sprache darzustellen bzw. mitzuteilen. Auf dem Diskurs zu bestehen bedeutet in diesem Zusammenhang, die Forderung zu erheben, die Sache, um die es geht, per Kommunikation oder Rede zu präsentieren, was einschließt, sie der Öffentlichkeit zugänglich zu machen. Der Diskurs opponiert auf diese Weise gegen jede Form eines Wissensanspruchs, der auf Exklusivität besteht. Der Diskurs ist so gesehen die Wissensform, über die sich Wissenschaft und Philosophie in die demokratische Landschaft einpassen.

Aber etwas diskursiv darzustellen heißt nicht nur, es der öffentlichen Diskussion, dem Wettstreit, der Konkurrenz von Macht und Meinungen auszusetzen; von dem, was beansprucht, diskursiv zu sein, verlangt man auch, daß die sprachliche Darstellung, in der es repräsentiert wird, in sich folgerichtig und stimmig ist, sich selbst nicht widerspricht, daß sie begründet ist oder einer gewissen logischen Führung der Gedanken gehorcht. ›Diskursiv‹ in dieser Beleuchtung zielt darauf, die Regeln der Logik zu beachten, z. B. keine Kategorienfehler zu begehen und Sätze, die beschreiben, was ist (deskriptiv), nicht mit solchen zu verwechseln, die vorschreiben, was sein soll (präskriptiv), logische und metaphorische Redeweisen auseinanderzuhalten usf.

Systematisch genommen scheinen hinter beiden Motiven, dem der logischen Konsistenz und dem der Öffentlichkeit, zwei komplementäre Diskriminationsstrategien zu stehen: In einer Art ›Abgrenzung nach oben‹ machen sie Front gegen die Behauptung von Wahrheits- und Sinnprivilegien, die im Namen der Unmittelbarkeit prophetischen Schauens oder einer rituellen Vergegenwärtigung unsichtbarer Mächte usf. auftreten. Die Kritik der Unmittelbarkeit von Wissen und Wahrheit ist neben der Demokratisierung des Zugangs ein Hauptmotiv der Philosophie von Platon bis Hegel, Diskursivität im Zentrum philosophischen Denkens zu etablieren. In der ›Abgrenzung nach unten‹ geht das Kriterium auf Distanz zu allen delirierenden Sprechweisen, die, wie die Rede

von Wahnsinnigen oder Somnambulen, gegen die Kohärenzbedingungen von Sinn und Wahrheit verstoßen.
Wie sich leicht sehen läßt, berühren beide Bedeutungsschichten des Diskursiven Fragen der Rationalität. Ja, es fragt sich, ob das Diskursive in diesem Sinn Vorbedingung, d. h. notwendige, wenngleich nicht hinreichende Voraussetzung des Rationalen ist oder selbst schon Rationalität verkörpert. Darüber hinaus klingt eine Kritik der Alltagskommunikation an, welche die verschiedenen Sorten sprachlicher Äußerungen nicht immer hinlänglich klar und deutlich auseinanderzuhalten weiß.

I.

Die philosophische Theorie des Okzidents sucht seit ihren Anfängen im antiken Griechenland den in der diskursiven Rede wiederkehrenden logischen Formen eine bestimmte Ordnung abzugewinnen bzw. die Ordnung zu identifizieren, die der diskursiv strukturierten oder in Sätzen geäußerten Rede zugrunde liegt. Sie betrachtet es als ihre Aufgabe, den in der geördneten Rede, im Satz sich zeigenden logos zu beschreiben und zu analysieren. Es versteht sich von selbst, daß Logik in diesem Sinn nicht allein die Regeln der formalen Logik meint, sondern sich insgesamt auf die allgemeinen Ordnungsgesichtspunkte (Formen) des Sprechens und Denkens, die wir seit *Aristoteles* Kategorien nennen, bezieht, das heißt Prädikatstypen, die bestimmte Gruppen sprachlicher Äußerungen zu einer Einheit zusammenfassen. Kategorien sind für Aristoteles Kurzformeln, Abkürzungen von Fragen. Im griechischen Text werden die Kategorien wirklich durch Fragewörter markiert. Die Kategorie des Zwecks wird in die Frage nach dem ›worumwillen‹ gekleidet; hinsichtlich des Raumes steht das Wörtchen ›wo‹; und die Zeitkategorie wird über die ›wann‹-Frage erläutert. Kurz, Kategorien sind Abkömmlinge bestimmter Formen zu fragen; man muß sie daher als fragende Hinsichtnahmen begreifen. Sie folgen der Sprache, die die Welt über ihre Strukturen erschließt, ohne daß der eigentümliche Anteil, den die sprachliche Form, in diesem Fall das Fragen, am Aufbau der gegenständlichen Welt hat, eigens reflektiert würde. Kategorien verdichten maßgebende Hinsichten, sie lassen Gegenstände in bestimmter räumlicher, zeitlicher, quantitativer oder qualitativer Beleuchtung er-

scheinen. Man könnte sagen, Aristoteles analysiert am Leitfaden der prädikativen Rede den Rationalitätsgehalt des Diskursiven.
Kant unternimmt einen vergleichbaren Versuch. Die Kritik der reinen Vernunft extrahiert die allgemeinen Formen des Denkens aus der Vielzahl unterschiedlicher Urteilsformen. Um die Denkformen oder Kategorien zu erhalten, genügt es, Kant zufolge, die Satzformen zu analysieren und in einer Tabelle systematisch zu ordnen. Betrachten wir den begrifflichen Modus, welcher uns die Welt unter quantitativen Gesichtspunkten erschließt, lassen sich drei Klassen von Urteilen ausdifferenzieren: allgemeine, besondere und einzelne Urteile (alle S sind P, einige S sind P, das S ist P). Entsprechend glaubt Kant, die Denkformen der Quantität in Einheit, Vielheit, Allheit unterteilen zu können.
Historisch verdient es erwähnt zu werden, daß die okzidentale Verklammerung von Vernunftbegriff und Diskursivität, wie sie das Denken von Aristoteles und Kant gleichermaßen bestimmt, in Platons Motiv des Rechenschaftgebens (logon didonai) begründet ist.
Kants Analyse der Urteilsformen und die Darstellung der Kategorien als transzendentalen Ordnungsrahmens eines epistemisch bestimmten mentalen Apparats war von Anfang an umstritten. In der Folgezeit wichtiger wurde die kantische Analyse der Vernunft auf der nächsthöheren Bedeutungsebene des Diskursiven: auf der einer Ausdifferenzierung nach Diskursformationen oder Diskurstypen, die, weil sie die neuzeitliche Organisation des Wissens auf den Begriff bringen und mit der Idee einer legitimen Ordnung zu verknüpfen wissen, zur conditio sine qua non in der Bestimmung des Rationalen geführt haben. Sie stützen und legitimieren die neuzeitliche Verteilung von Wissen und Macht. Man kann die Diskursformation in Anlehnung und Modifikation der drei berühmten Leitfragen Kants, die den Horizont seiner Fundamentalanthropologie abstecken, wie folgt benennen: Was kann ich wissen? Was soll ich tun? Was kann ich hoffen? Wie korrespondiert das, was ich als schön empfinde, mit dem, was gut ist?
Kant präpariert drei für die Bestimmung vernünftiger Urteile relevante Diskursformationen heraus, die in der Terminologie des 20. Jahrhunderts die Diskurse, die sich mit Fragen der Episteme befassen (oder Urteile sind, die Sachverhalte darstellen), von denen unterscheiden, die sich dafür interessieren, was wir tun sollen (oder auf Urteile abzielen, die Aufforderungscharakter

haben). Bleiben zuletzt Urteile, die, ausgehend von unserer sinnlichen Affektion oder unserem Begehrungsvermögen, eine Bewertung nach schön oder nicht schön, angenehm / nicht angenehm verlangen. Gemäß dem logischen Eigensinn der Diskurssphären gebührt den Urteilen der ersten Klasse der Vorrang des Kognitiven, Urteile der zweiten verweisen in der Hauptsache auf moralisch-praktische Fragen. Diskurse, in denen Urteile über den Geschmack gefällt werden, sind der ästhetischen Erfahrung vorbehalten.

Apel und *Habermas* – das nur nebenbei – suchen das kantische Paradigma, das Urteile an der Erkenntnis von Gegenständen ausrichtet, in das der Verständigung zwischen handlungs- und sprachfähigen Subjekten zu transformieren. Im Vordergrund steht die formalpragmatische Ausdifferenzierung von Sprachhandlungstypen, deren Leistung/Auszeichnung darin besteht, Rationalität zu verkörpern. Nicht die Syntax der Urteile, der Kanon der logischen Partikel, welche die bestimmten Beziehungen von Subjekt und Prädikat regelt, soll den Rationalitätsgehalt des Diskursiven herausbringen, sondern der in der Form sprachlicher Handlungen liegende Eigensinn. Was Kant in einer transzendentalen Anthropologie menschlicher Erkenntnisvermögen zu begründen sucht, konzipieren Apel und Habermas in Form einer quasi-transzendentalen Sprachanthropologie. Sie hegen, könnte man sagen, wie Kant ein unbedingtes Vertrauen in die Vernunft, derart, daß, folgt man nur den der Sprachpragmatik immanenten Regeln, die Welt in Ordnung kommen kann. Rationalität ist in den Regeln sprachlicher Verständigung angelegt. Ihre Rekonstruktion erlaubt die Ordnung eines rationalen Diskurses zu bestimmen, wenn auch nicht sogleich herzustellen.

II.

Eine Reihe bedeutsamer Merkmale scheinen (mit unterschiedlichem Gewicht) dem Diskursiven eingeschrieben zu sein: das Öffentliche und damit die Anerkenntnis, daß etwas Verhandlungssache ist. Kant hatte von der »freien und öffentlichen Prüfung« gesprochen, die nur erfolgen kann, wenn das, worum es geht, in mündlichen oder schriftlichen Äußerungen vorliegt, so daß es ausgehandelt werden kann. Vielleicht sollte zweitens die dem

Öffentlichen implizite Bestimmung: die Bindung des Diskurses an den sprachlichen Ausdruck, eigens hervorgehoben werden, weil sie eine Problemzone markiert, die im Verlauf des 19. und 20. Jahrhunderts ins Zentrum rückt. Drittens muß das Logische oder das im engeren Sinne Diskursive akzentuiert werden, die Anerkennung des Satzes vom Widerspruch, das Gebot, nicht willkürlich die Bezugssysteme zu wechseln, zum Beispiel zwischen Prognose und Wunsch zu unterscheiden. Eine überragende Bedeutung besitzt in diesem Zusammenhang auch das Moment des Reflexiven, ohne das beispielsweise die für philosophische Argumentation elementare Selbstanwendungsregel nicht funktionieren kann.

Viertens, gleichfalls in enger Verbindung zum Logischen, steht der Gesichtspunkt der Differenzierung nach transzendental begründeten anthropologischen Urteils- und Vermögensklassen. Die Irreduzibilität der Urteils- oder Handlungsklassen bedarf einer eigens durchgeführten Begründung, in der zum Beispiel Fragen der richtigen Kategorienwahl behandelt werden. Diese Auffächerung oder Bestimmung des Diskursiven funktioniert(e) in der Moderne nur vor dem Hintergrund einer Reihe weiterer elementarer Unterscheidungen, die jedem Zweifel überhoben bleiben, weil sie für das Wirklichkeitsverständnis der Neuzeit den Status beinahe axiomatischer Gewißheit hatten. Es sind gleichsam unkorrigierbare, fraglos geteilte, realitätssichernde Hintergrundannahmen, die das Weltbild zu sichern helfen. Kurz, das Diskursive wird supplementiert durch eine mehr oder weniger offensichtliche dualistische Ontologie. Danach weiß man wissenschaftlich wie philosophisch strikt zu unterscheiden zwischen

- Zeichen und Ding
- Diskurs und Gegenstand
- Subjekt und Objekt
- Geist und Materie
- Kultur und Natur
- Mechanismus und Intelligenz, das heißt Entscheidung bzw. Wahl
- materieller Kausalität und Spontaneität/Phantasie
- zwischen lebendigen Wesen und nichtlebendigen
- Mensch und Maschine usf.

Es scheint eine fast übermächtige Strategie der philosophischen und wissenschaftlichen Neuzeit zu sein, Ich und Welt von allen unscharfen, vermischten, mehrdeutigen und ambivalenten Prozessen und Wesen zu reinigen. Was die Philosophie an den Grundbegriffen vollbringt, erreicht die Wissenschaft an den Phänomenen. Die (mathematische) Idealisierung der Natur in Form kontrollierbarer Anfangsbedingungen, künstlich isolierter und geschlossener Systeme, die reproduktionsfähig sind, bei denen von Störungen, Irregularitäten, Widerständen, Reibungskräften abstrahiert und mit möglichst reinen Stoffen hantiert wird, prägt im Ausgang von Galilei das methodische Bewußtsein der neuzeitlichen Naturwissenschaft. Gelingt es nur, die Störungen auszuschalten, Experimente ohne Reibung durchzuführen, von allen sekundären Qualitäten abzusehen, eine ideale Waage mit schwerelosen Armen per Gedankenexperiment vorzustellen oder ein Pendel »ohne Luftwiderstand, Schnur und andere Zufälligkeiten« (Galilei) zu simulieren, dann, so Galilei, kann man überzeugt sein, auf Gesetze zu stoßen, die unter allen Umständen, das heißt unabhängig von Raum und Zeit, gültig sind.[1]

Die Philosophie verfolgt eine durchaus vergleichbare Strategie. Ihr Hauptinteresse, das der Kritik, gilt den trennscharfen und validen Unterscheidungen (krinein) zwischen subjektiven und objektiven Sinnesqualitäten, zwischen An-sich und Für-uns, Geist und Materie. Als exemplarisch für diese Einstellung kann Francis Bacons Auffassung gelten, daß auf dem wahren Weg der Naturforschung auch »die Reinigung und Entsündigung des menschlichen Verstandes« vollbracht werden sollte[2].

Die experimentell idealisierende Naturbetrachtung zeigt überraschende Parallelen zur frühneuzeitlichen Konzeptualisierung des Geistes, auch dort, wo eine ideale Methode oder eine bestimmte Logik in die Tiefenkonstruktion des Geistes hineingelesen wird. Was als Methode beginnt, endet mit ihrer Erhebung zum Sein. Wie Ch. Taylor u. a. zeigen, wird die methodische Orientierung im Verlauf der Untersuchung des Geistes vergessen und kommt als

1 Man kann diesen Gedanken einer auf realen Abstraktionsprozessen basierenden Idealisierung und Formalisierung der Naturwissenschaften und der Informationstechnologie bis in die Gegenwart ausziehen, in der die Turingmaschine – als Modell idealer Berechenbarkeit – den Prozessen der Informationsverarbeitung zugrunde liegt. Aber die Idee der Formalisierung stößt auch auf diesem Gebiet theoretisch wie praktisch an ihre Grenzen.

2 F. Bacon, Neues Organ der Wissenschaften (1620). Darmstadt 1974, 50, § 69.

ausgezeichnete Bestimmung des Seins (des Geistes) selbst wieder heraus.

Wiewohl mit Kant eine Welle der Selbstkritik der puristischen Vernunft einsetzt (*Kritik der reinen Vernunft*), untersteht sein Diskurs nach wie vor dieser mächtigen, durch die Aufklärung unendlich verstärkten Strategie. Nicht ohne Grund lautet ein/der Vorwurf, den sein Königsberger Landsmann, der »Magus im Norden«, Johann Georg Hamann, an Kants Adresse richtet: einem »Purismus der Vernunft« zu huldigen und die Selbstermächtigung der rationalistischen Vernunft auf die Spitze zu treiben. Hamann spricht von drei »Reinigungen« der Philosophie, die in seiner Zeit unternommen worden sind: Die erste, von Descartes und der Aufklärung initiierte, sucht den Verstand von allen Überlieferungen, Traditionen und allen Artikeln des Glaubens (in des Wortes doppelter Bedeutung: belief und faith) unabhängig zu machen; die zweite, von Kant durchgeführte Reinigung läuft Hamann zufolge »auf nichts weniger als eine Unabhängigkeit von Erfahrung und ihrer alltäglichen Induktion hinaus«; sie wird noch durch eine dritte, durch die Absehung von der Sprache, ergänzt: »das einzige, erste und letzte Organon und Kriterion der Vernunft«.[3] Folgt die Menschheit der kantischen Vernunftkritik, werde sie zum Opfer, wie Hamann sagt, »des transzendentalen Aberglaubens an entia rationis«.[4]

III.

Im 19. Jahrhundert setzt im großen Stil ein, was man auch eine »Verunreinigung der Vernunft« genannt hat. (Kant hatte mit Blick auf die Antinomien der reinen Vernunft von einer »Veruneinigung der Vernunft« gesprochen.) Greift man nochmals die Stichworte auf, die wir zur näheren Kennzeichnung des Diskursiven herangezogen hatten, so präsentieren Marx und Nietzsche, Freud und Darwin den aufklärerischen Vernunftkonzeptionen von Philosophie und Wissenschaft ein Sündenregister von beeindruckender Länge und Stärke.

3 J. G. Hamann, Metakritik. Über den Purismus der reinen Vernunft. In: Hauptschriften. Hrsg. von O. Mann. Leipzig o. J., 126.
4 Ebd. 128.

Das Öffentliche, die freie und öffentliche Prüfung, wird nicht mehr allein im Zeichen des demokratischen Aufbruchs gedeutet; pessimistische Kulturkritik, politischer Konservativismus und ein romantischer Traditionalismus der Werte sehen in der Herstellung demokratischer Öffentlichkeit(en) ein Synonym des kulturellen Niedergangs, weil infolge der allgemeinen Nivellierung, die in nahezu allen Lebensbereichen um sich greift, keine Anreizsysteme mehr existieren, Klassen- und Herkunfts-, Wissens- und Machtschranken zu überwinden. Das Öffentliche und der neue Gott des Plebiszits, der sich darin verbirgt, befördern aufgrund des Zwangs zur Ausgewogenheit die allgemeine Mediokrität, was in fast allen Fällen dazu führt, die dümmste Variante als vortrefflichste Wahl oder Alternative vorzustellen, was wiederum Überdruß und Langeweile nach sich zieht.
Die Tendenz zur Aufhebung oder Negation des agonalen Moments in Kultur und Gesellschaft steigert die kulturelle und soziale Erschlaffung. Jeder Widerstand wird abgebaut oder abgeflacht, dessen Überwindung allein die stärksten Charaktere zur Hochleistung ansporn.
Oder der öffentliche Diskurs färbt alle Äußerungen mit dem Sinn fürs Gemeine. Vor dem Ausdruck des Individuellen versagen Sprache und Kommunikation. An die Stelle des Gemeinsinns tritt eine äußerliche soziale Konformität, statt sensus communis sensus vulgaris. Das Öffentliche macht reizlos, es raubt den Dingen ihre Aura, die nicht zuletzt vom halb Verborgenen, vom nicht ganz Offenkundigen, vom Geheimnis herrührt.
Man muß die Dialektik des Öffentlichen, welche die Gesellschafts- und Kulturkritiker des 19. Jahrhunderts anbieten, gar nicht vertiefen: Das 20. Jahrhundert, insbesondere in seiner zweiten Hälfte, kleidet das Unbehagen an der Herstellung von Öffentlichkeit (vor allem dann, wenn etwas mit Recht an das Licht der Öffentlichkeit gezogen wird) einerseits in die Form von political correctness, um auf der anderen Seite das Argument der Impraktikabilität und der Sachzwänge herauszustreichen: Die Entscheidungswege seien zu lang, die mit der öffentlichen Prüfung verbundenen Auflagen zu hoch, das Netz der Kontrollmechanismen und Gesetze zu dicht usf., in einem Wort, Zeit und/oder Kosten zu groß. Das Öffentliche entfaltet eine eigene Dynamik, die in nicht wenigen Fällen das jeweils Intendierte mit ihren widerstreitenden Interessen überschreibt.

Der Diskussion über das Problem des Öffentlichen müssen heute aufgrund der Globalisierung der Informations- und Kommunikationsnetze andere Prämissen zugrunde gelegt werden: Alles zu veröffentlichen ist auch zuviel. Doch wenn es im Stil des Paternalismus heißt: ›»Wir« müssen dafür Sorge tragen, daß nicht ausnahmslos alles, wirklich alles, was Menschen und Maschinen sich ausdenken, ins öffentliche Netz, ins Internet eingespielt‹ und mit einer weltweit operierenden Infopolizei gedroht wird, zeigt sich, auf welche Weise der Widerstreit, die Ambivalenz des Öffentlichen, die das 19. Jahrhundert entfaltet hat, weiterschwelt.

IV.

Während Kant (nur) ein Mißtrauen in das aus reiner Vernunfterkenntnis »erklügelte« Wissen setzt, weitet die Vernunftkritik des 19. Jahrhunderts den Verdacht gegen das aufs Innerste mit der Vernunft verbundene Diskursive aus: In der Tiefenschicht des Diskursiven selbst, der Syntax, dem logischen Gerüst, hält sich ein ideologisch oder grammatisch, genetisch oder wunsch-/phantasiebedingter Täuschungsbetrag versteckt, den man vom realen Sein der Dinge subtrahieren muß, um das Wirkliche zu begreifen. Marx und Nietzsche, Freud und Darwin sehen das Diskursive – wiewohl öffentlich, kohärent und rational begründet – durch das Nicht- oder Vorvernünftige kontaminiert, sie setzen es einer abgründigen Skepsis aus, sie sehen es mit etwas vermischt, vermengt, vermittelt und vernetzt, das nicht die Zeichen eines über sich selbst aufgeklärten Wissens, Sprechens und Handelns trägt, das ihm widerstreitet, es in Frage stellt und zugleich supplementiert: Das Diskursive selbst wird als eine besonders hinterhältige Gestalt der Herrschaft entlarvt. Nicht nur sind die herrschenden Gedanken die Gedanken der Herrschenden, ist die Moral (bürgerliche) Klassenmoral und damit konstitutiver Bestandteil des Unterdrückungsapparats der Bourgeoisie, auch von den Gründen, mit denen die Ratio etwas rechtfertigt, weiß man nicht, ob es nicht Rationalisierungen sind; den Produkten, die ihre Warenhaut zu Markte tragen, sieht man nicht an, daß sie gesellschaftliche Verhältnisse verkörpern: Die gesellschaftlichen Verhältnisse der Menschen nehmen die phantasmagorische Form des Verhältnisses von Dingen an. In unserem Verständnis von uns selbst und der Welt ist uns nicht bewußt, daß dasjenige, was wir als wirklich ansehen, der unreflektierte Ausfluß grammatischer Schemata ist, der unsere sprachlichen und kognitiven Äußerungen regiert. Das Reflexive dient nicht allein, nicht einmal in der Hauptsache der Klärung der Gedanken; einem Topos der Romantik zufolge ist die »Reflexion eine Geisteskrankheit des Menschen« (Schelling), die sein geistiges Dasein in der Wurzel tötet. Der Begriff selbst – gleichsam das Konzentrat des Rationalen und Logischen – wird beschuldigt, durch Gleichmachen des Ungleichnamigen nicht primär der Wahrheit zum Ausdruck zu verhelfen, sondern einem Willen, dem es vorrangig darum geht, sich der Dinge zu bemächtigen, sie zu vereinfachen und zurechtzufälschen. Die Logik, so Nietzsche, entstammt nicht dem Willen zur Wahrheit, sondern jenem »beweglichen Heer von Metaphern und Metonymien, die nach langem Gebrauch einem Volk fest, kanonisch und verbindlich« geworden sind. Anders gesagt: mit Nietzsche verstärkt sich der Verdacht, daß in der Geschichte der okzidentalen Rationalität Vernunft und Herrschaft, Aufklärung und Gewalt, Wahrheit und Macht nicht zufällig oder hinsichtlich einiger Aspekte, sondern notwendig und unauflöslich miteinander verhakelt sind.

Es ist aufschlußreich zu bemerken, daß auch diese Selbstkritik der puristischen Vernunft noch von der Macht der Reinigungsmetapher zehrt. (In welchem Umfang die Modernen vom Geist des Ordnens, Vereinfachens, Klassifizierens usf. beherrscht waren, zeigt im Anschluß an die Kritische Theorie u. a. Zygmunt Bauman und in Auseinandersetzung mit den Naturwissenschaften der französische Wissenschaftshistoriker Michel Serres)[5]. Obwohl die Gesellschafts- und Bewußtseinskritiker des 19. Jahrhunderts die Vernunft als zutiefst verunreinigt sehen durch ökonomische Interessen, unbewußte Motive, den transzendentalen Zwang der Grammatik, die Ununterscheidbarkeit von Ratio und Rationalisierung, von Leben und Lebenslüge, von Moral und Nutzenkalkül, bleiben sie gleichwohl in den Netzen der aufklärerischen Idee der Kritik als Entlarvung, Durchsichtigmachen, Separieren und Reinigen befangen: »Wo Es war, soll Ich werden«; an die Stelle des Partikularinteresses der Bourgeoisie soll das proletarische als Repräsentant des Universalinteresses der Menschheit treten; die eu-

5 Z. Bauman, Moderne und Ambivalenz. Hamburg 1992. M. Serres, Hermes IV. Berlin 1993.

rozentrisch in der Sprache versteinerten Irrtümer der Vernunft sollen in ihrem Denkzwang transparent gemacht werden, und die Macht, Namen zu geben, soll in den Dienst lebensfördernder Zwecke gestellt werden. Die Selbstkritik der Vernunft ist bis weit ins 20. Jahrhundert hinein selbst noch beseelt von Geist des Purismus.

V.

Paradigmatisch in diesem Zusammenhang ist die analytische Sprachphilosophie. Wie Marx den philosophischen Begriff von Gesellschaft und Ökonomie, von allen »metaphysischen Grillen« und »Phantasmagorien« des ideologischen Bewußtseins reinigen will, auf analoge Weise wird die Sprachphilosophie, die sich im Kontext des positivistischen Wissenschaftsverständnisses zu Beginn des Jahrhunderts formiert und bald zur Hauptströmung der angelsächsischen Philosophie wird, von der Idee getragen, die Verhexung des Verstandes, wie Wittgenstein sagt, durch die sinnkritische Analyse der Sprache aufzulösen (vgl. z. B. auch Carnap: ›Scheinprobleme‹). Aber schon zu der Zeit, in der die puristischen Wissensstrategien der philosophischen Sprachanalyse neue Kraft zu schöpfen scheinen (oder der Idee einer sprachlosen Diskursivität vorzuarbeiten versuchen), zeigen sich überdeutlich ihre Grenzen, sowohl auf dem Gebiet der Logik wie dem der Naturwissenschaften.

Ein Meilenstein in der Geschichte der Selbstaufklärung des Purismus der analytischen Philosophie und Wissenschaftstheorie ist Quines Kritik der empiristischen Dogmen des logischen Positivismus, insbesondere sein Anstoß daran, eine säuberliche Trennung zwischen analytischen und synthetischen Urteilen durchführen zu können. Nicht weniger bedeutsam ist Davidsons Skepsis gegenüber Quine: das dritte und letzte Dogma der empiristischen Philosophie unangetastet gelassen zu haben, dem zufolge auch die Inkommensurabilitäts- und Unbestimmtheitsthese die puristische Unterscheidung von Begriffsschema und Inhalt nicht dekonstruiere. Wen wundert es noch festzustellen, daß sich auch Davidsons kritische Lektüre von der Metapher des Reinigens bzw. der Verunreinigung leiten läßt. Er schreibt: »Es wird für nötig erachtet, die letzten Belegquellen gegen die Außenwelt abzuschotten, um die

Autorität der Belege für das Subjekt zu gewährleisten. Da wir nicht sicher sein können, wie die Welt außerhalb des Bewußtseins beschaffen ist, kann das Subjektive seine Tugend – seine Keuschheit, seine Gewißheit für uns nur bewahren, indem es vor der Verunreinigung durch die Welt beschützt wird.«[6]
Aber mein Interesse in diesem Zusammenhang geht nicht dahin, die Grenzen des modernen Projekts einer sprach- und interessenlosen Diskursivität darzustellen oder zu zeigen, in welchem Umfang auch die formalpragmatische Transformation des Diskursiven dem Geist des Purismus entspringt; ich möchte vor dem Hintergrund der nachkantischen Philosophie des 19. und 20. Jahrhunderts einige Bruchstücke zum Verständnis von Vernunft und Diskurs bzw. Diskursivität zusammenstellen.

VI.

Im (idealistischen) Ausgang der Moderne büßt der logos seine Selbstverständlichkeit ein, die Vernunft hört auf, transzendentaler Grund und unüberschreitbarer Horizont des Wissens und Handelns zu sein. Schellings kritische Rückfrage an Hegel, wie denn die Welt in die Netze der Vernunft geraten sei, markiert diesen Riß sehr genau. (Das hat u. a. damit zu tun, daß der Satz qua Subjekt/Prädikat-Schema als Grundlagenformular philosophischen Denkens seine Leitfunktion zur Bestimmung des Rationalen einbüßt. Kant hatte sein Ungenügen bereits konstatiert, aber erst Hegels spekulativer Satz und Schellings Reflexion des Unvordenklichen überschreiten die Logik der Prädikation.) Vielleicht läßt sich das in einem ersten Schritt ablesen an der Metamorphose der Logik. Man könnte sagen, im Diskussionszusammenhang des Idealismus bricht der logos auseinander. Die ›Logik‹ teilt sich, sie erhält in der Folgezeit durch Boole, De Morgan und Frege die Gestalt der modernen mathematischen Logik. Auch Peirce wird eine Logik formulieren, die nicht mehr nach dem (aristotelischen) Subjekt/Prädikat-Modell funktioniert. Auf der anderen Seite wächst auf der Linie der Kritik am Purismus der Vernunft bzw. dem logos auf neuartige Weise die Sprache zu. Die Sprache wird zum Medium des Geistes und der Philosophie (Herder, Hamann, W. v. Hum-

6 D. Davidson, Mythos des Subjektiven, Stuttgart 1993, 90.

boldt u. a.). Besondere Bedeutung kommt in diesem Zusammenhang Hegels Programm einer Wissenschaft des Logischen zu: die Wissenschaft der Logik zu konzeptualisieren im Horizont der Sprachlichkeit des Denkens.

Hegels *Wissenschaft der Logik* hat unter Bezug auf Hamann u. a. die Sprachlichkeit des Denkens für alle Probleme der Logik als konstitutiv erachtet. Er hat gezeigt, daß es nicht möglich ist, die Denkformen oder Denkbestimmungen in gleichsam reiner Form, als Form pur, hervorzubringen. Auch in das reine Denken, wie Hegel sagt, drängt sich, mischt sich die Sprache ein. Sprachlicher Inhalt und logische Form lassen sich nicht trennen. Oder: Auch der Begriff ist nicht ohne Vorurteil gegenüber der Realität. Form ist nicht zu denken wie ein Behälter, dem es gleichgültig ist, ob er Wasser oder Wein, Flüssiggas oder Bier enthält. Die Sprache transportiert in ihrer sprachlogischen Form bestimmte sachliche Gehalte, die Aufschluß vermitteln über unsere Welt- und Selbstverhältnisse, über unser Weltbild. Wir müssen nicht nur darauf achten, was wir meinen, welche Intention wir verfolgen, was wir uns bei einer Sache denken, zum Beispiel: a = a, vielmehr auch, welchen Gebrauch wir von der Sprache oder einem Zeichensystem machen, mittels dessen wir der Sache sprachlich oder symbolisch Ausdruck verleihen. Modern gesprochen: Wir sollten darauf sehen, das illokutionäre Moment mit in unseren Begriff der Bestimmung einer Sache einzubeziehen; berücksichtigen, wie etwas in unserer zeichenaffinen Darstellung erscheint.[7]

7 Davidson (das nur als Ergänzung) wiederholt in seiner Kritik des dritten und, wie er glaubt, letzten Dogmas des Empirismus (dem von Theorie und Tatsachen/ Belegen, Weltsicht und Anhaltspunkt, von wechselnden Hüllen und neutralem Inhalt usf.), was Hegel in Auseinandersetzung mit Kants Unterscheidungen von Begriff und Anschauung, Verstand und Sinnlichkeit, analytisch und synthetisch usf. vorexerziert hatte. Beider Startbedingung ist die Einsicht in die Vernetztheit / Vermitteltheit von Sprache und Welt, in die Unhintergehbarkeit der Sprachlichkeit des Denkens und die Welthaltigkeit (Nicht-Neutralität) des Logischen im Sinne des Begrifflichen. Die Entkantianisierung der neueren sprachanalytischen Philosophie bei Quine, Putnam und Davidson geht mit der Wiedergewinnung von Denkfiguren einher, wie sie insbesondere von Hegel erarbeitet worden sind. Dazu im folgenden: Postkantischer Idealismus und Sprachanalytische Philosophie. Vgl. auch G. Gamm, Der Deutsche Idealismus. Eine Einführung in die Philosophie von Fichte, Hegel und Schelling. Stuttgart 1997.

Mit den Überlegungen Hegels – vor allem aber mit der, wie erwähnt, abgründigen Skepsis bedeutender Autoren des 19. Jahrhunderts – verliert das Diskursive seine Unschuld. Heideggers »Verwindung« der Metaphysik wie seine Kritik des »Man« und des »Gerede« werden der Unschuldsbeteuerung des Diskursiven ebensowenig mehr Glauben schenken, wie Adorno dem Argument, in dessen diskursiven Falten er den Niederschlag der Dialektik der Aufklärung entziffert. Zuletzt sehen die französischen Theoretiker des Diskurses, Foucault und Bourdieu, das Licht der Vernunft als Effekt machtgestützter Praktiken oder als Objekt der gesellschaftlichen Kämpfe um (materielle und) symbolische Distinktionsgewinne.

VII.

Der Hintergrund für diese Transformation des Logischen ist die Veränderung im Verhältnis von Vernunft und Geschichte. Die Philosophie reagiert auf diese historische Situation, auf das Problematischwerden der Vernunft, in der der logos nicht mehr wie selbstverständlich in sich zurückläuft, mit einem Wechsel des modalen Registers: Die immanente Notwendigkeit des logos erhält eine kontingente Außenseite, und »Diskurs« heißt das Formular, das die neuartige Einheit von Notwendigkeit und Kontingenz, Vernunft und geschichtlicher Wirklichkeit verklammert. Der Diskurs besetzt den Raum, indem die klassische Einheit von Vernunft und Geschichte freigegeben wird.
Weder das klassische, wesenslogische Modell, dem zufolge Geschichte einem über- oder vorgeordneten Vernunftplan folgt, noch das der Dialektik als negativer Einheit von Vernunft und Geschichte, das Vernunft und Kontingenz zu Momenten einer Geschichte des »Geistes« herabsetzt (die insgeheim darauf abzielt, daß beide Momente sich am Ende in einer Art begriffener Ambivalenz freilassen), taugen dazu, den dem Diskursbegriff eigenen Überhang unvordenklicher Faktizität (Relativität des sprachlichen Ausdrucks, Machtgestütztheit des Diskurses usf.) zu erfassen. Mit Schelling könnte man auch davon sprechen, daß im Diskursbegriff die Vernunft ihres »vergessenen Aktus«, das heißt ihrer abgespaltenen Faktizität, wieder gewärtig wird. Anders gesagt, im Gegensatz zur positiven wie zur negativen Einheit von Vernunft und

Geschichte zielt der mit »Diskurs« angesprochene Erfahrungszusammenhang auf Synthesen, die man *positionale* nennen könnte. Diese positionale Fassung der Einheit von Vernunft und geschichtlicher Faktizität verkürzt die Reichweite dessen, was der logisch-sprachlichen Bestimmbarkeit zugänglich ist, beträchtlich. Im Horizont des nachkantischen Diskursbegriffs wird, worauf Waldenfels hingewiesen hat, das Sprachlogische gleichsam produktiv. Die Hauptleistung des Diskursiven besteht weniger in der Prüfung gegebener Geltungsansprüche (der prozedurale Diskursbegriff von Apel und Habermas ist in dieser Hinsicht schlicht vormodern) als vielmehr in der Eröffnung sprachlicher Möglichkeitsfelder, die in unbestimmter Weise von Problematisierungen bestimmt sind und deren Pragmatik quer steht zum Bedingungsgefüge formallogischer und transzendentallogischer Ordnungen. Wie angedeutet, schlagen formale Logik und ein Denken des logos in der Erinnerung seiner sprachlichen Natur verschiedene Wege ein.
Die weitere Geschichte ist wiederum nicht uninteressant, insofern die Selbstkritik des logos nicht nur die strikte Trennung von Logik und Rhetorik, auf der Kant noch bestanden hatte, problematisiert und den Unterschied beider auf eine Weise verschiebt, daß ihre synthetische Differenz kontingent wird. Die Entdeckung der Grenzen logischer Formalisierung, wie sie durch Gödels Unentscheidbarkeitstheorem angezeigt wird; Freges systematischer Hinweis auf das »Ungesättigte« jeder Logik, das heißt, sein Rekurs auf die Metapher oder ein nicht Sagbares als Bedingung der Möglichkeit alles Sagenkönnens; die daraus folgende generelle Einsicht, daß es *das* Logische nicht gibt, sondern eine Vielzahl von Logiken, die pragmatisch, nach je vorausgesetztem Zweck, die Aufgabe der Formalisierung im Blick auf ein bestimmtes Gegenstandsgebiet erfüllen, oder: keine Logik ergiebig genug ist, die Gesamtheit der Logiken zu umfassen und zu begründen usf. – diese Einsichten haben zur Erosion jener Vorstellung geführt, die glaubte, das Logische gleichsam als ein fixes Universum formal richtiger Relationen fassen zu können. Ebenso ist uns von seiten des wissenschaftlichen und philosophischen Verständnisses der Sprache die Einsicht zugewachsen, daß der Rekonstruktion der logischen Syntax der Sprache bzw. einer generativen Universalgrammatik aller Sprachen unüberwindliche Grenzen gesetzt sind, die mit der innigen Verknüpfung und wechselseitigen Verstrickung von Syntax, Semantik und Pragmatik zusammenhängen.

Gleichzeitig baut sich auch um das Moment des Reflexiven ein verändertes Kraftfeld auf: Schon die Dialektik hatte den Grund als sich zersetzende Mitte aufgefaßt und im Bewußtsein des Zugrundegehens aller Gründe gezeigt, daß in der Moderne einzig der Vermittlung/Vernetzung die Funktion des Grundes übertragen werden kann. Das Reflexivwerden aller Bestimmungen des Wissens und Handelns, wie es sich paradigmatisch in den Werken von Fichte und Hegel spiegelt, deutet bereits darauf hin, daß es keine Leitunterscheidungen mehr gibt, die der Kritik entzogen wären: Kein Paradigma ist mehr vor seiner Revolutionierung sicher, kein Kontext mehr davor gefeit, als eine Äußerung zum Thema gemacht zu werden, kein Rahmen wird mehr davon freigesprochen, als Inhalt wiederum in den Diskurs eingeführt zu werden. Seit Hegels Kritik an Kant ist der Begriff des Metadiskurses obsolet. Begrifflich entscheidend aber ist, daß mit dem Reflexivwerden aller Bestimmungen des Wissens und Handelns sich der blinde Fleck fast metastasengleich ausbreitet oder die Intransparenz in dem Maße wächst, wie die Drehzahl reflexiver Schleifen steigt.

Es ist weiter aufschlußreich zu beobachten, daß das im lateinischen Wortstamm von Diskurs (discurso, discurrere, hin- und herlaufen, auseinanderlaufen, zersetzen) steckende Bedeutungsmoment der Zerstreuung wiederum Relevanz gewinnt. Im modernen Diskursbegriff wird dieses Moment nochmals radikalisiert. Der diskursiv gebrochenen Vernunft gelingt es nicht, sich an einen einheitlichen logos zurückzubinden, sie zersplittert in füreinander inkommensurable Totalitäten. ›Pluralisierung‹ ist die übliche Bezeichnung für den Verlust einer konvertiblen Währung, oder nochmals: es gibt keinen (transzendentalphilosophischen) Metadiskurs.

VIII.

Inhaltlich ist es für die Konzeptualisierung des Diskursbegriffs nicht ohne Aussagekraft, daß die Kritik der dualistischen Ontologie, überspitzt formuliert, nicht mehr allein eine Sache der Theorie ist; die Praxis selbst überführt sie auf den verschiedensten Ebenen und Problemfeldern der Unwahrheit.

Kultur und Natur. – Kultur und Natur können meines Erachtens nur so miteinander in Beziehung gesetzt werden, daß beide, obschon unendlich getrennt, es gleichzeitig nötig machen, die Trennung, die zwischen ihnen herrscht, radikal zu annullieren: Natur ist das, was wir ursprünglich voraussetzen müssen, das, was sich der menschlichen Formierung durch Arbeit, Technik und gesellschaftliche Kooperation unvordenklich entzieht. In ihrer Produktivität (natura naturans) wie als bloßes Produkt (natura naturata) ist sie die unaufhebbare Bedingung allen (kulturellen) Lebens; sie ist, mit Aristoteles gesprochen, das, was von selbst geschieht. Sie behält gegenüber dem gesellschaftlichen Handeln ein Moment irreduzibler Fremdheit und Selbständigkeit. Ihre ›Substantialität‹ erschließt sich weder restlos der begrifflichen Explikation noch der wissenschaftlichen Forschung, auch nicht der technisch verfügenden Simulation. Gleichviel erscheint uns die Natur nur im kulturellen Horizont von kollektiven Bildungsprozessen einer von Wissenschaft und Technik, symbolischer Repräsentation und historischen Dispositiven vermittelten gesellschaftlichen Praxis. Neben den lebensweltlichen und ästhetischen Naturbezügen sind es vor allem die Produktivkräfte von Wissenschaft und Technik, die uns die Natur als eine durch Kultur im weitesten Sinn hervorgebrachte begreifen lassen. ›Synthetische Natur‹ ist in einer Welt, in der Natur und Kultur unaufhörlich in neue Vermischungsverhältnisse treten, kein Widerspruch mehr. ›Naturgegenstände‹, könnte man sagen, sickern, strömen millionenfach in die Kultur, werden jeden Augenblick in unbekannter Zahl und Größe von der Kultur absorbiert. In einer Art Gegenläufigkeit mischen oder synthetisieren sich Natur und Kultur und bleiben gleichwohl unendlich getrennt.

Diskurs und Sache. – Der Diskurs ist der Sache immanent; außerhalb des Diskurses gibt es keine Sache, sie, die Sache ist bestimmt, getragen, präformiert, durchzogen von den Unterscheidungen des Diskursiven; das heißt, in gewisser Weise schaffen, entbergen, öffnen Diskurse erst die Sache. Wir können ihren Gehalt, ihre Bedeutung, ihre Ordnung, in einem Wort ihre Sachhaltigkeit nicht vom Diskurs, der über sie geführt wird, trennen. Gleichzeitig wurde in den Auseinandersetzungen der Modernen überdeutlich, daß die Sache den Diskurs oder das Diskursive übersteigt, daß kein Diskurs die Sache erschöpft: Der Kategorie als Einheit von Sein und Selbst gelingt es unter den Bedingungen der Moderne immer weniger, die Sache kategorial erschöpfend zu erfassen. Sie ist ihr im Moment einer unvordenklichen Offenheit immer schon voraus.

Wenn man sagt, der Diskurs transzendiere die Sache, eröffne ihr neue Seiten, dann heißt das auch, der Diskurs überfliegt in der Allgemeinheit der Sprache stets das Besondere der Sache in ihrer zeitlichen und räumlichen Beschränkung, er versieht sie mit einem Überschuß an Bedeutung; in diese Überdetermination sind die Fäden der Vergangenheit ebenso eingesponnen wie die Hoffnungen, Prognosen und Zukünfte, die die Gegenwart mit der Sache verbindet. Die Sache erreichen die Diskurse daher nie. So viel ist richtig an der Unterscheidung von Diskurs und Sache, Zeichen und Gegenstand: Die Sache ist das Andere des Diskurses. Gefehlt aber anzunehmen, die Welt sei bloß Diskurs oder Text, der die Welt auf nahezu beliebige Weise mit seinen Zeichen überschreibe, oder: ihr Unterschied sei kein absoluter, der sie – Diskurs und Sache – nicht ebenso notwendig miteinander vermittelte. Das Konzept eines von allen diskursiven und temporalen Vorzeichnungen unabhängigen Gegenstandes brächte in seiner Darstellung augenblicklich seine performative Widersprüchlichkeit in Erinnerung. Diskurse und Sachen kommunizieren über ihre Differenz, die sich gleichwohl nur intern entfalten läßt. Diskurse antworten auf Probleme, an deren Schöpfung und Strukturierung sie wesentlich beteiligt sind. Diskurs und Sache übersteigen sich wechselseitig, sie sind in ein- und demselben Augenblick einander immanent und transzendent. Sowenig sie in der Moderne ihre Immanenz erreichen, sowenig können sie, ohne Einbezug des anderen, sich überschreiten. Die Modernen besitzen in der Gegenstandsbestimmung keinen festen Ort. Sie sind in ihrer Kommunikation über Diskurs und Sache an die paradoxe Struktur gebunden, die ihre Konzeptualisierungen durchquert: Wechselseitig intern und extern zugleich, ist ihr angestammter Ort der einer Mitte/Vermittlung, der seine Verfassung nicht in cartesischer Klarheit freigibt.

Selbst und Anderes. – Im Unterschied zu einer langen philosophischen und kulturellen Tradition, die das Ich als autonomes Vernunftsubjekt, als Instanz der Befreiung und des Wissens betrachtet hat, ist es für Freud gleichzeitig der Ort der *Kritik* und der (unbewußten) *Selbstzensur*: der Aufklärung, des Diskursiven, des Wissens und der Verdrängung. Das Ich kann etwas (unbewußt) nicht wissen wollen und bleibt dennoch einzig die Instanz, durch die dasjenige, was verdrängt wurde oder verdeckt blieb, bewußt werden kann. Es ist ein Ort der Mischung, an dem das, was auf dem Schirm des Bewußtseins transparent wurde, mit dem verquickt bleibt, was vom Ich verdrängt wurde. Zwar folgt Freud der puristischen Strategie, viele seiner grundlegenden Begriffe werden von der Theorie und Praxis des Reinigens dominiert. Aber unabhängig davon verweisen seine Begriffe auf eine Schicht von Mischung, Ambivalenz, Intransparenz, welche die im Namen einer puristischen Strategie verfolgte kathartische Praxis zu verschlingen droht. So beispielsweise, wenn er auf den mythologischen Status seiner Triebtheorie mit der Bemerkung aufmerksam macht, daß Triebe mythische Wesen seien, großartig in ihrer Unbestimmtheit, und man nie sicher sein dürfe, sie scharf zu sehen.

IX.

Vor dem Hintergrund des psychoanalytischen Diskurses über das Ich fällt auch ein bezeichnendes Licht auf die Komplementarität (und Einseitigkeit) der gegenwärtig aktuellen Diskurstheorien von Foucault und Habermas. Was Freud in den Falten des Ichs entziffert, die paradoxe Einheit von Zwang und Freiheit, Zensur und selbstkritischem Bewußtsein, Verdrängung und Einsicht – diese beiden Momente, die Nietzsche an der Sprache als sprachlichen Zwang und als schöpferische Produktivität in jeder Zeile ausbuchstabiert –, diese beiden Momente schlagen mindestens zum Teil Foucault und Habermas auseinander. Der eine zielt auf die sich unterhalb der aktuellen Rede oder der Performanz formierende Macht des Diskurses, auf den Zwang, dem die Sprecher folgen, wenn sie das Feld des Diskurses betreten, der andere hebt die Verständigungsfunktion der Sprache hervor, um nach der formalpragmatischen Reinigung Diskursschemata übrigzubehalten, die beanspruchen, Ausdruck und Ausdifferenzierung von Rationalität zu sein. Zwar betont Foucault unaufhörlich die Produktivität der Macht, gleichwohl ist es in einer Reihe seiner Schriften nicht zu verkennen, daß das Motiv / die Metapher einer Gefangennahme in den quasi transzendentalen Netzen der Macht (Nietzsches Zwang der Grammatik) das andere Motiv des Diskurses, das der Spontaneität und des undeutlichen Gemurmels einer Vielzahl einzelner Stimmen, zu erdrücken droht. Folge davon ist u. a. seine negativistische Diagnose der modernen Kultur.

Im Gegenzug dazu verbindet Habermas mit dem Diskurs nicht nur unrealistische Hoffnungen; seiner Utopie der idealisierenden

Redebedingungen ist eine vorkritische Auffassung des Rationalen eingeschrieben, die glaubt, vorab, vor dem Einstieg in die Sachfragen domänspezifischen Wissens, (universelle) Maßstäbe oder Kriterien vernünftiger Rede identifizieren zu müssen/können, die dem Moment historischer Kontingenz entzogen wären. Um im Gerichtshofjargon der Kommunikationstheorie zu sprechen: Die Meßlattentheorie des Diskurses macht sich des unkritischen Gebrauchs des Formbegriffs schuldig, den sie allen weltbild- und diskursprägenden Inhalten überhoben zu sein wähnt.

7. Postkantischer Idealismus und Sprachanalytische Philosophie

Man könnte am Ende unseres Jahrhunderts mit Georg Simmel zu einer Auffassung gelangt sein, die er zu dessen Beginn formuliert hat: daß Philosophie und Wissenschaft im Begriff stehen, eine neue Art Gewißheit zu schöpfen, wonach wir annehmen, die Dinge erst zu verstehen, wenn wir sie auf etwas zurückgeführt haben, was wir nicht verstehen: Axiome, Kontexte, Evidenz, Kausalität, Selbstorganisation, Kraft, Geist usf. Die philosophischen Diskurse der Moderne sehen sich ausgesprochen oder unausgesprochen dazu gedrängt, alles prädikativ bestimmte Satzwissen, das sie glauben rational rekonstruieren zu können, von einem vorprädikativen Sein her auslegen zu müssen, das sie eben nicht clare et distincte reformulieren können. Die Wissenschaften stehen unter dem Eindruck vergleichbarer Problemlasten. Sie werden bis in die Grundlagenreflexionen der einzelnen (auch der naturwissenschaftlichen) Disziplinen hinein mit der Aufgabe konfrontiert, die prinzipielle Unbestimmbarkeit der Gegenstände als Resultat strenger methodischer Prüfung in das jeweilige Gegenstandsverständnis einrechnen zu müssen.[1]

Für die Philosophie möchte ich diese Behauptung von der Unbestimmtheit bzw. Unbestimmbarkeit des Wissens näher erläutern. Zu diesem Zweck beziehe ich mich auf zwei unterschiedliche philosophische Traditionen, die hoffentlich gleichermaßen be-

1 Den Wissenschaften zeigt sich eine gleichsam hochsignifikante Korrelation, der zufolge jeder Versuch, die (Meß-)Genauigkeit zu erhöhen, die Menge an Informationen unendlich anwachsen läßt, die notwendig ist, um eine wirkliche Verfeinerung und Vertiefung des Wissens zu erreichen. Die Suche nach den kleinsten Teilchen verschlingt die größten Summen. Kurz, wie M. Serres sagt, wer Informationen haben will, der muß mit Negentropie zahlen (M. Serres, Hermes IV. Verteilung. Berlin 1993). Nicolas Rescher kommt in seinen Untersuchungen der »limits of science« zu einem ähnlichen Resultat; danach herrscht auch in der Wissenschaft das Gesetz vom abnehmenden Grenznutzen: Unter den Bedingungen eines verstärkten Wachstums an Wissen werde der Aufwand der Mittel immer größer, um vergleichbare Ergebnisse zu erzielen (N. Rescher, Die Grenzen der Wissenschaft. Stuttgart 1985).

deutsam und einander fremd genug sind, um meine These zu erhärten; ich meine den postkantischen Idealismus und die sprachanalytische Philosophie.

Über alle Unterschiede hinweg läßt sich meines Erachtens für beide eine Denkbewegung rekonstruieren, die man unter den Titel einer ›Flucht aus der Kategorie‹ stellen kann. Die sprachanalytische Philosophie stößt im Verlauf ihrer Selbstreflexion nicht nur auf eine Reihe von Resultaten, die dem Deutschen Idealismus nicht unbekannt gewesen sind; sie wiederholt, wie man sagen könnte, die ›Flucht aus der Kategorie‹ im Rahmen einer eng an Wissenschaft und Logik orientierten Sprachanalyse. Was als »Überwindung der Metaphysik durch logische Analyse der Sprache« beginnt, endet in nicht unwichtigen Repräsentanten dieser Richtung mit der Darstellung einer ontologischen und epistemischen Unbestimmtheit des Wissens und Handelns.

Um diesen Gedanken zu entfalten, werde ich zunächst in einer mehr als knapp gehaltenen Synopse einige zentrale Ideen des Deutschen Idealismus[2] rekonstruieren, wie sie sich in einer Distanz von bald zweihundert Jahren darstellen. Im Anschluß daran soll, ausgehend von G. Frege und seiner Annahme eines Universums gemeinsam geteilter Bedeutungen, exemplarisch an der Diskussion um W. V. Quine und anderen gezeigt werden, wie im Verlauf der Selbstreflexion empiristischer Positionen die starken Behauptungen über die Voraussetzungen des ›Verstehens‹ sukzessive zurückgenommen werden. Mit der Frage, ob nicht vielleicht mit D. Davidsons Konzept einer »Radikalen Interpretation« zumindest eine schwache Version der Bestimmtheitsgarantie des Wissens gerettet werden kann, befaßt sich das nächste Kapitel. Ihm schließt sich eine Zusammenfassung an, welche die Konsequenzen herausstreicht, die sich für den nachkantischen Idealismus und die sprachanalytische Philosophie gleichermaßen ergeben.

2 Vgl. dazu G. Gamm, Der Deutsche Idealismus. Eine Einführung in die Philosophie von Fichte, Hegel und Schelling. Stuttgart 1997.

Descartes hatte zu Beginn der Neuzeit geglaubt, das Hauptproblem der Philosophie, die Frage nach dem Verhältnis von Denken und Sein, dadurch entschärfen zu können, daß er die Wegstrecke zwischen Sein und Selbst unendlich klein ansetzte. Der Satz ›cogito sum‹ sollte entsprechend den denkbar kürzesten Abstand zwischen Denken und Sein formulieren, so daß der Unterschied zwischen beiden Relata im Grunde keiner mehr ist, das heißt die Identität von Denken und Sein, Einsicht und Existenz unmittelbar oder zweifelsfrei gesichert ist. Kant bestreitet das vehement. Das Selbst im Rahmen der Vernunftkritik hat nicht den Hauch einer Chance, auch nur ein Seinsprädikat aus sich zu entlassen. »Sein« ist kein »reales Prädikat«, es liegt unendlich fern, es hat sich dem Selbst unvordenklich entzogen. Der legitime Geltungsanspruch möglicher Erfahrung wird radikal auf die Welt der Erscheinung beschränkt. Den Grundbegriffen (Kategorien) ist der unmittelbare Zugang zum Sein verwehrt.

Der nachkantische Idealismus setzt mit Fichte ein. Schelling verweist rückblickend in seinen Münchener Vorlesungen über die *Geschichte der neueren Philosophie* (1827) darauf, daß Fichte »zuerst das Wort einer auf Freiheit gegründeten Philosophie aussprach, auf die Selbständigkeit des Ich nicht bloß, wie Kant, die praktische, sondern ebensowohl die theoretische, und demnach die ganze Philosophie begründete«.[3] Das heißt, das alles durchdringende Freiheitsinteresse, das den Idealismus beseelt, schafft – Kants Revolution der Denkungsart nochmals überbietend – insofern eine neue Situation, als die grundlegenden Klassen von Urteilen über uns und die Welt nicht nur nicht mehr durch ein vorgängig gegebenes Sein kausal bewirkt aufgefaßt, sondern auch nicht durch ein transzendental-anthropologisch begründetes System reiner Verstandesbegriffe (und Anschauungsformen) allein bedingt begriffen werden können. Ist Freiheit, wie der Idealismus behauptet, das erste aller Güter, sowohl theoretisch wie praktisch, stehen alle philosophischen Kategorien ohne haltgebende Rükkendeckung durch das Sein da; aus ihm hatten sie ihre definitive, für sich sprechende Bedeutung und ontologische Garantie ihrer

3 F. W. J. Schelling, Zur Geschichte der neueren Philosophie. Darmstadt 1975, 85.

Wahrheit geschöpft. Die Denkbestimmungen beziehen sich nicht mehr auf ein außerhalb ihrer liegendes ›esse‹. Die Subjektivität sieht sich in Folge des Seinsentzugs auf sich, auf ihr bloßes Tätigsein, auf den Handlungscharakter ihrer Urteile verwiesen. Kurz, die nachkantische Philosophie zeigt, daß auch die fundamentalanthropologischen Strategien der Rückversicherung von Wissen und Handeln im (transzendentalen) Bewußtsein endlicher Menschen nur um den Preis dogmatischer Sätze/Setzungen aufrechterhalten werden können.

Das radikal selbstkritische Bewußtsein führt bei Fichte, Hegel und Schelling auf das *Reflexivwerden aller Verständnisschemata und Kategorien des Wissens.* Es besteht mit Nachdruck darauf, daß in seinem Wahrheitsmedium wirklich alle klassischen Reflexionsstops inhaltlicher wie formaler Art einer generellen Kritik verfallen. Weder Gott noch das Selbst, weder die Natur noch die ›aparte Person‹ der Geschichte (wie Marx später sagen wird) haben in diesem Medium eine Chance, unangefochten zu bleiben. Auch die letzten Bastionen transzendentaler Prinzipien (Wesenheiten, Evidenzen, Grundsätze usf.) werden von der klassischen deutschen Philosophie in Frage gestellt. Diesem Reflexivwerden des Wissens korrespondiert eine Welt, der die Erfahrung, daß eine neue Zeit anbricht, zur Gewißheit wird. Die Moderne schickt sich an, den Wandel auf Dauer zu stellen. Philosophie aus dem Bewußtsein oberster, schlechthin evidenter Grundsätze erscheint vor diesem historischen Erfahrungshintergrund mehr und mehr obsolet.

Der Idealismus sucht nun diese potentiell allen Urteilen und Verhältnisbestimmungen immanente Reflexivität (die Kants Analyse des cogito herausgebracht hatte) an ihr selbst umzukehren oder aus dem Problem die Lösung zu machen, wenn er zur Validierung des Wissens auf diese dem Denken eingebaute Möglichkeit der Selbst- oder Rückbezüglichkeit setzt und es unternimmt, die Denkbestimmungen relational, als über ein ins Unendliche geknüpftes Netz kontextueller Verweisungen auf sich, zu explizieren. Was sie je für sich bedeuten, ergibt sich aus der bestimmten (internen) Beziehung, die sie nach Maßgabe der ›Logik‹ zu ihren begrifflichen Gegensätzen unterhalten. Das Reflexivwerden der Denkbestimmungen, so Fichte, »liefert nicht unmittelbar ihr Seyn, sondern es liefert nur, was sie sind, ihre Beschreibung und Charakteristik: es liefert sie im Bilde; und zwar liefert es – ein gemischtes, sich durchdringendes und gegenseitig sich bestimmendes Bild [...], in dem jedes [der unterschiedenen begrifflichen Momente; G. G.] zu begreifen und zu charakterisieren ist, nur durch das zweite, daß es nicht sey, was das andere ist, und umgekehrt [...]; an und in ihnen unterschieden liegt das eigentliche Grundprinzip des Wissens. (Es ist reine Relation; [...]).«[4]

Fichte ist sicher der Philosoph des nachkantischen Dreigestirns, welcher am beharrlichsten am transzendentalen Programm der Metaphysik festgehalten hat, wenn er unablässlich danach strebt, die »vernünftigen Bedingungen alles Wissens und Handelns« aus einem absolut ersten, schlechthin unbedingten Grundsatz abzuleiten und zu justieren, er aber doch in der hartnäckigen Verfolgung seiner transzendentalen Grundlegungsidee sehr bald die Erfahrung machen muß, daß alles Dasein und In-der-Welt-Sein »Bild« ist, alle Wirklichkeit und Entwürfe Bilder der Bilder von dem sind, was im Grunde liegt, ohne sich über den Grund in mehr als in ›belehrter Unwissenheit‹ zu befinden.

Der Zentralbegriff der *Schellingschen* Spätphilosophie, der einer Unvordenklichkeit des Grundes, deutet schon terminologisch auf eine transkategorial begriffene Wirklichkeit. Jeder Versuch der Selbstbegründung der Vernunft führt auf ihre Depotenzierung. In den (vermeintlich) letzten Grund zeigt sich eine Differenz eingeschrieben, die ihn stets aufs neue zerstreut.

Bei *Hegel* wird die dekonstruktive Erfahrung, die Schelling und die Romantik mit dem selbstreflexiven Wissen machen, zum Herzstück der Methode; die Dialektik nutzt die Logik negativer Selbstbeziehung, um aus ihr den Funken der Wahrheit zu schlagen: Sie wiederholt auf jeder Stufe der Explikation absoluten Wissens die Logik einer sich zersetzenden Mitte, die Einheit nur unter der Form der Entzweiung zu denken gestattet.

Zusammengefaßt, in seiner Dauerreflexion des Absoluten zeugt der Idealismus davon, daß das grenzenlose Vertrauen in die Kategorie und ihre Bestimmung: das Sein der Welt in seinen Grundstrukturen einheitlich auszulegen, erschüttert ist. Das »Alphabet der menschlichen Gedanken«, wie Leibniz von den Kategorien gesagt hatte, verfehlt seine ihm von der metaphysischen Tradition zugeschriebene Aufgabe, die Synthesis von Sein und Selbst, von

4 J. G. Fichte, Die Anweisung zum seligen Leben, oder auch die Religionslehre (1806). In: Fichtes Werke. Bd. v. Hrsg. von I. H. Fichte. Berlin 1971, 453.

Sache und Begriff zu stiften: Das, was begriffen werden soll, entzieht sich der Kategorisierung bereits im Augenblick seiner Bestimmung.[5]

Dieser Hinweis auf die theoretische Vernunft läßt es geboten erscheinen, auch einen Blick auf die praktische zu werfen. Nicht nur anerkennt der nachkantische Idealismus den Primat praktischer Vernunft, daß zuletzt alles Wissen im Kontext praktischer Zusammenhänge seine Aufklärung erfährt[6], daß, wie Fichte sagt, die praktische Vernunft die Wurzel aller Vernunft ist, vielmehr sucht er auch, die mit dem kategorialen ›Als‹ verknüpften Begründungsstrategien praktischer Vernunft von ihren identitätslogischen Implikationen zu befreien und in einen Begriff des Handelns zu transformieren, der nach Hegel erst mittels der Struktur wechselseitigen Anerkennens zureichend bestimmt wird. Erst die Rekonstruktion des Erkennens vom Anerkennen her läßt die Struktur des Wissens wahrhaft hervortreten, sie erschließt zuletzt auch das Verständnis des Begriffs im Rahmen der Dialektik.[7]

Diesem Bestimmt-/Unbestimmtwerden allen Wissens und Handelns wird, das ist wichtig zu vermerken, eine positive Funktion zugeschrieben, denn es reflektiert das mit dem Selbstverständnis der Moderne eng verbundene Bewußtsein einer individuellen und kollektiven Freiheit, die jeden durch eine Metaphysik kategorialer Bestimmtheit instituierten Rahmen sprengt. Freiheit ist grundlos,

5 Man könnte eine empirische Bestätigung dieser Deutung im inflationären Gebrauch sehen, den die Kategorie gegen Ende des 19. Jahrhunderts erfährt. Ihre für die Philosophie konstitutive Rolle scheint damit hinfällig geworden zu sein. Die Versuche W. Diltheys und N. Hartmanns z. B., im Ausgang vom Konkreten der Erfahrung lebensphilosophisch fundierte Grundbegriffe zu entwickeln oder über solche nach Regionen gegliederte Kategorien philosophischen Boden zurückzugewinnen, bezeugen eher das Gegenteil von dem, was sie beabsichtigt hatten.

6 Die »Kritik der reinen Vernunft« läßt sich – um es so summarisch zu behaupten – erst zureichend verstehen vor dem Hintergrund der Antinomien, insonderheit der Freiheitsantinomie oder der Idee, daß die Möglichkeit, frei zu sein, auch unter der Bedingung einer kausal durchgängig determinierten empirischen Welt nicht definitiv ausgeschlossen werden kann; das kausale Verständnisschema muß selbst noch von einem Gedanken umgriffen oder übermächtigt werden, der nicht wieder seinerseits ein bloßes Glied in der (blinden) Verkettung von Ursache und Wirkung ist.

7 Vgl. G. Gamm, Die Unausdeutbarkeit des Selbst. In diesem Band.

entsprechend wird der Begriff des Wirklichen in einen transkategorialen transformiert.[8]

Als weithin akzeptiertes Resultat kann danach gelten, daß die Unabgeschlossenheit unserer Interpretationen nicht Zeichen eines Bestimmtheitsmangels ist, sondern unvordenkliche Startbedingung möglichen Gelingens; daß ›Mißverstehen‹ nicht Anzeige kollabierender Kommunikation, sondern Medium des Verstehens ist; daß das Abgeschattetsein des Horizonts Sprechen und Handeln nicht verdüstert, sondern hinsichtlich ihrer gegenständlichen Bestimmtheit allererst herausbringt; daß die Unbestimmtheit in Form der Unausdeutbarkeit des Selbst ein einzigartiges kritisches und normatives Potential enthält – das einzige womöglich, aus dem in unseren Tagen eine nichtdogmatische ethische Orientierung geschöpft werden kann.

In einem Satz, Unbestimmtsein kann nicht in der Spur der Negationslogik des Mangels begriffen werden. Es löst sich aus der Verklammerung der identitätslogischen Vernunft, die es als ein Negatives, als ein entweder Unwesentlich-Unbestimmtes oder Nochnicht-Bestimmtes erscheinen läßt. Im Kontext der klassischen Philosophie wird das Unbestimmte in der Regel als ein Mangel vorgestellt, als ein Mangel an *Sein* oder an *Erkenntnispräzision*, als etwas, das einzig von Gnaden des *an sich Bestimmtseins* Sinn und Geltung erlangt. Wie die Differenz, worauf Deleuze hingewiesen hat, wird das Unbestimmte in der Moderne Gegenstand einer *Bejahung*, es erfährt eine *Positivierung*. Unbestimmtsein erscheint nun als eine Art Offensein, indem sich zwei ineinandergefaltete Bedeutungen auf paradoxe Weise kreuzen: Das, was die Dinge zugleich ermöglicht und sie augenblicklich zerstreut und partikularisiert. In diesem radikal Unbestimmten, das nicht nichts ist, sind das reflexionsphilosophische Motiv (Kants unbestimmter Grund der Erscheinung) und das hyperdialektische Motiv (Partikularisierung, Zersetzung usf.) auf undurchsichtige Weise verschmolzen.

8 Vgl. insgesamt dazu: G. Gamm, Der Deutsche Idealismus. A.a.O. 244-254.

Der Mythos vom geistigen Museum (W. V. Quine)

In seinem Buch *Ursprünge der analytischen Philosophie* nennt Michael Dummett Frege des öfteren den »Großvater der analytischen Philosophie«; Freges Philosophie, so Dummett, enthalte Tiefenströmungen, »die auf die Untersuchung der Gedanken durch die Analyse der Sprache hinstreben«.[9] Frege, könnte man sagen, spielt den Part des Großvaters, insofern er eine Bedeutungstheorie entwickelt, die von feststehenden, allgemeingültigen Bedeutungen ausgeht oder dem Denken und Sprechen ein geistiges Universum zugrunde legt, in das alle vernünftig sprechenden Individuen eingebunden sind. Es gibt Frege zufolge eine vom subjektiven Denken und Meinen unabhängige Seite gemeinsam geteilter Bedeutungen, d. h. Gedanken und propositionale Gehalte, die sich von einem Geschlecht zum anderen übertragen lassen. »Nicht immer ist, auch bei demselben Menschen, dieselbe Vorstellung auch mit demselben Sinne verbunden. Die Vorstellung ist subjektiv: Die Vorstellung des einen ist nicht die des anderen. [...] Ein Maler, ein Reiter, ein Zoologe werden wahrscheinlich sehr verschiedene Vorstellungen mit dem Namen ›Bucephalus‹ verbinden. Die Vorstellung unterscheidet sich dadurch wesentlich von dem Sinne eines Zeichens, welcher gemeinsames Eigentum von vielen sein kann und also nicht Teil oder Modus der Einzelseele ist; denn man wird wohl nicht leugnen können, daß die Menschheit einen gemeinsamen Schatz von Gedanken hat, den sie von einem Geschlechte auf das andere überträgt.«[10] Eine Art geistiger Entität bildet die Gewähr dafür, daß die Gemeinschaft vernünftiger Sprecher übereinkommt. Die Bedeutung bzw. der ›Sinn‹ in der Terminologie Freges verkörpert in gewisser Weise jene Einheit von Sein und Selbst, die zu stiften im Kontext der klassischen Philosophie der Kategorie oblag.[11] Das gilt auch dann, wenn für Freges

9 M. Dummett, Ursprünge der analytischen Philosphie. Frankfurt/M. 1972, 14, 267.

10 G. Frege, Funktion, Begriff, Bedeutung. Hrsg. von G. Patzig, Göttingen 1994, 42 ff. Vgl. auch: »Ob ich das Wort ›Pferd‹, oder ›Roß‹ oder ›Gaul‹ oder ›Mähre‹ gebrauche, macht keinen Unterschied im Gedanken.« (Logische Untersuchungen. Göttingen 1986^3, 37).

11 Über den Unterschied von Sinn und Bedeutung und die Schwierigkeiten eines zureichenden Verständnisses vgl. E. Tugendhat, Die Bedeutung des

formale Semantik – im Unterschied zur metaphysischen Tradition – Gegenstände nur noch durch die »Art des Gegebenseins« unter Begriffe fallen, nicht mehr durch die Art des Seins. Anders gesagt, das Verstehen sprachlicher Zeichen beruht auf der – rein versichernd eingeführten – Voraussetzung einer Gedankengemeinsamkeit der Geschlechter. Sie wurde von der sprachanalytischen Philosophie weithin geteilt.[12] Und gerade dieser Gedanke, der Gedanke universell gültiger Bedeutungen, gerät im Verlauf der Selbstaufklärung der analytischen Philosophie sukzessive in die Krise.[13]
Vielleicht beginnt man die Darstellung des Bedeutungsproblems im Kontext der Quineschen Analyse am besten mit einer kleinen Geschichte: »Auf ihrer Entdeckungsreise nach Australien fing eine Gruppe von Kapitän Cooks Seeleuten ein junges Känguruh und brachte das seltsame Wesen zurück auf ihr Schiff. Niemand wußte, was es war, also wurden ein paar Männer an Land geschickt, um die Eingeborenen zu fragen. Als die Seeleute wieder an Bord waren, erzählten sie ihren Kameraden: ›Es ist ein Känguruh.‹ Viele Jahre später wurde entdeckt, daß die Eingeborenen, als sie ›Känguruh‹ sagten, in Wirklichkeit nicht das Tier benannten, sondern den Fremden zur Antwort gaben: ›Was habt ihr gesagt?‹«
Gleichgültig, ob diese Geschichte stimmt oder nicht, sie spielt auf Übersetzungsprobleme an, die Quine systematisch durchdacht hat und den Logiker zur Annahme der Übersetzungsunbestimmtheit haben kommen lassen. Im Zentrum von Quines Diskussion der Möglichkeit einer radikalen Übersetzung steht, wie er schreibt, ein Opfer, das Opfer der »Bestimmtheitsgarantie«. Aufs Ganze gesehen richtet sich seine Argumentation gegen »den Mythos vom Museum«, dem gemäß »die Wörter und Sätze einer Sprache ganz bestimmte Bedeutungen [haben]«[14], welche im Geiste des Muttersprachlers, eben dem geistigen Museum oder, wie Frege glaubte,

Ausdrucks ›Bedeutung‹ bei Frege. In: E. Tugendhat, Philosophische Aufsätze. Frankfurt/M. 1992, 230-250. Sowie: G. Patzig, Gottlob Frege. In: Klassiker der Philosophie II. München 1995³, 260-268.

12 Vgl. auch J. Simon, Sprachphilosophie. Freiburg 1981.

13 Wittgenstein wäre sicher der Referenzautor, um die weitläufige Geschichte der Dekonstruktion einzuleiten; aus Zeitgründen müssen seine vielschichtigen Überlegungen zum Thema übersprungen werden. Um sie nicht ganz außer acht zu lassen, habe ich einige Hinweise in Form eines Anhangs hinzugefügt.

14 W. V. Quine, Ontologische Relativität. Stuttgat 1975, 44.

der Schatzkammer gemeinsam geteilter Gedanken, niedergelegt sind. Quines berühmte These von der Übersetzungsunbestimmtheit besagt, daß es unendlich viele miteinander unvereinbare Übersetzungssysteme gibt, die alle gleich gut mit einer Reizvorlage übereinstimmen, gleichgültig in welcher Form die Daten gegeben sind. Das ist eine starke Behauptung insofern, als unterstellt wird, daß zwei Systeme dann unvereinbar sind, wenn eines erklärt: s bedeute p, und ein anderes: s bedeute q, und p und q sich tatsächlich widersprechen. Das heißt, es geht Quine um wesentliche Unbestimmtheit oder ein prinzipielles Nichtwissenkönnen.

Unbestimmtheit kommt Quine zufolge dadurch zustande, daß jeder Übersetzungsversuch auf analytische Hypothesen angewiesen ist. Analytische Hypothesen stellen eine Art Übersetzungshandbuch dar, um im Vorgriff betreffs Syntax und Semantik erste Zuordnungen zwischen der eigenen und der, wie Quine sie nennt, Dschungelsprache herzustellen. Das Handbuch enthält ein Vorwissen, das der Übersetzer auf jeden Fall benötigt, wenn er beispielsweise in der fremden Sprache dasjenige zu identifizieren sucht, was in der eigenen dem Identitätsprädikat entspricht.

Nach Quines weitläufiger Argumentation kann es nun alternative Systeme solch analytischer Hypothesen geben, die zu Übersetzungen führen, die miteinander unverträglich sind: Eine unendliche Anzahl von Übersetzungen erweist sich danach mit der Reizunterlage vereinbar. Anders gesagt, das Original kann mit unendlich vielen Übersetzungen überschrieben werden, ohne daß die Möglichkeit bestünde, zwischen den alternativen Systemen analytischer Hypothesen nach besser oder schlechter zu diskriminieren. Was der Sache nach in der philosophischen Tradition bei W. von Humboldt unterschwellig präsent war, bringt Quine auf den Begriff der Unbestimmtheit der Übersetzung. »Zwei Menschen könnten unter allen möglichen Reizeinflüssen auf ihre Sinne in all ihren Dispositionen zu verbalem Verhalten genau übereinstimmen, und dennoch könnten die jeweiligen Bedeutungen oder Ideen, die durch ihre identisch ausgelösten und identisch lautenden Äußerungen ausgedrückt würden, in einem weiten Bereich von Fällen radikal auseinandergehen.«[15] Es ist nicht notwendig, daß diejenigen, die miteinander kommunizieren, mit denselben Wörtern oder sprachlichen Äußerungen dieselben Vorstel-

15 W. V. Quine, Wort und Gegenstand. Stuttgart 1980, 59, 60.

lungen oder Bedeutungen verbinden müssen. Es entzieht sich, strenggenommen, jeder Überprüfung, ob das, was der eine emittiert, dasselbe ist wie das, was der andere empfängt.
Die verschiedenartigen Übersetzungsmöglichkeiten infolge der Nichtübereinstimmung analytischer Hypothesen zeigen nicht nur abweichende oder widersprüchliche Übertragungen, sie könnten sich auch auf andere Arten von Gegenständlichkeit beziehen, oder verschiedenen Sprachen könnten unterschiedliche Individuationsprinzipien zugrunde liegen, die wiederum, je nach der Ontologie einer besonderen Sprache, bestimmte Arten von Entitäten schaffen. Die Unbestimmtheitsthese greift mithin nicht allein die Unterstellung der Bedeutungsgleichheit von Worten und Sätzen, das heißt die *Intension*, an (sie war seit jeher unsicher: die ungefiederten Zweibeiner und die vernunftbegabten Lebewesen erinnern daran), der Angriff richtet sich zugleich gegen die *Extension* oder den Gegenstandsbezug: »Die Unbestimmtheit in der Übersetzung [...] läuft [...] quer durch Extension und Intension. Die Ausdrücke ›Hase‹, ›nicht abgetrennter Hasenteil‹ und ›zeitliches Hasenstadium‹ unterscheiden sich nicht nur in ihrer Bedeutung; sie treffen auch auf verschiedene Dinge zu. Die Referenz selbst erweist sich als vom Verhalten her unerforschlich.«[16]
Die Unerforschlichkeit der Referenz verschärft die Unbestimmtheitsthese, insofern sie der holistischen Natur oder besser der Ganzheitsbezogenheit der Referenzen sprachlicher Ausdrücke Rechnung trägt. Quine, Putnam (und auch Davidson) sehen sich gedrängt, den eigentümlich freischwebenden Charakter sprachlichen Handelns anzuerkennen: »Der Schluß, den ich aus diesen Überlegungen ziehe, ist die Unerforschlichkeit der Referenz. Zu sagen, über welche Gegenstände jemand spricht, bedeutet nichts anderes, als anzugeben, wie wir unsere Prädikate und Namen in unsere eigene Terminologie zu übersetzen beabsichtigen. [...] Die gewählte Übersetzung fixiert die freischwebende Referenz der fremden Prädikate nur relativ zur freischwebenden Referenz unserer Prädikate. Sie verbindet beide Seiten.«[17] Es ist daher nur konsequent, wenn Putnam aus der Annahme der Unerforschlich-

16 W. V. Quine, Ontologische Relativität. A.a.O., 52.
17 W. V. Quine, Gegenstand und Beobachtung. In: Kant oder Hegel? Stuttgarter Hegel-Kongreß 1981. Stuttgart 1983, 421.

keit der Referenz die Behauptung folgert: »Der Bezug ist ein soziales Phänomen.«[18]

Es geht hier nicht darum, im Detail für oder wider Quine zu streiten, sondern um die Feststellung, daß auch im Rahmen der sprachanalytischen Diskussion die imaginäre Kraft universell gültiger Bedeutungen erlahmt, die wie selbstverständlich eine und nur eine Übersetzung vor den anderen als die eindeutig bessere auszeichnet. Keine Übersetzung verfügt über eine immanente oder natürliche Erzwingungskraft, die sie vor den anderen ins Recht setzt, die konkurrenzlos beste zu sein. In einem strengen Sinn erweisen sich alle als gleich gut oder gleicherweise möglich. Zu Recht wurde daher in der Literatur, um Quines philosophisches Anliegen im ganzen zu charakterisieren, von der »Flucht aus der Intension der Sprachmonaden« (Markis) gesprochen, was unter Anspielung auf Kapitelüberschriften aus *Word and Object* auch naheliegt.

Im Rahmen der Wissenschaftstheorie und Wissenschaftsgeschichte haben Kuhn und Feyerabend ähnliche Überlegungen angestellt. Feyerabends Behauptung: Es gibt kein experimentum crucis, um zwischen zwei konkurrierenden Theorien zu entscheiden, welche von beiden diejenige ist, die mit einem Satz gegebener Daten am besten übereinstimmt. Der Grund: Es gibt für die Anhänger verschiedener Theorietraditionen keine Aussage oder keine unstrittige Bedeutung, die in einer gleichsam neutralen oder theoriefreien Sprache das Ergebnis des Experiments zu beschreiben in der Lage wäre.[19]

Quine und Feyerabend bilden, so könnte man sagen, zwei Seiten ein und derselben Medaille. Wovon der eine zuviel hat, hat der andere zuwenig. Quine besitzt einen Überhang an Deutungskapazität: Zuviele Übersetzungen sind mit der Reizunterlage vereinbar. Feyerabend argumentiert für die Annahme eines im Grundsatz unerreichbaren Originals: Es gibt nicht einmal eine Interpretation, die der Vorlage gerecht wird. Der unendlich großen Zahl von sich gegenseitig ausschließenden Übersetzungssystemen kor-

18 H. Putnam, Repräsentation und Realität. Frankfurt/M. 1988, 58.

19 Vgl. P. Feyerabend, Wider den Methodenzwang. Frankfurt/M. 1976. Dazu G. Gamm und G. Kimmerle, Entfremdete Objektivität. Zur Kritik szientistischer Rationalität und ihrer anarchistischen Erneuerer. Frankfurt/M. 1980.

respondiert ein Inkommensurabilitätstheorem, welches darauf besteht, daß zwei Sprachen oder zwei konkurrierende Theorien so grundverschieden sein können, daß kein Übersetzungsformular mächtig genug ist, beide zu umfassen.
Die Quinesche Einsicht, daß im Prinzip jeder Text auch anders überschrieben werden kann (und wird), markiert das moderne Bewußtsein der Kontingenz. Die Zeichen haften gleichsam nicht mehr unendlich zäh an den Dingen; sie lassen sich mehr oder weniger leicht ablösen und verschieben, umakzentuieren und mit den unterschiedlichsten Interessen imprägnieren. Die nachkantische Erosion der Kategorie und Quines These von der ontologischen Relativität der Übersetzungen zielen auf denselben Sachverhalt: auf die epistemische und ontologische Unentscheidbarkeit zwischen Verständnisalternativen, die es nicht zulassen, von einem gemeinsamen Grund her verstanden zu werden. Eindeutige Zuschreibungen nach universellen, fest in die Weltordnung eingebauten Bedeutungen gibt es danach nicht mehr.[20]

Flucht ins Soziale (D. Davidson)

Davidson betritt die Bühne, umfangreiches Œuvre, feinziselierte Argumentation, fast schon ein Stil zu philosophieren, Hegelpreisträger. In Anspielung und kritischer Distanz zu Quine hat Davidson sein Programm unter das Stichwort ›Radikale Interpretation‹ gestellt. Bedeuten Quines Thesen von der Unbestimmtheit der Übersetzung und dem Ganzheitsbezug der Referenzen sprachlicher Ausdrücke einen weiteren Schritt in Richtung der Einstellung, die allgemein als Relativismus bezeichnet wird, so wendet

20 Die Unbestimmtheitsthese besagt natürlich nicht, es gebe keine pragmatischen Lösungswege für bestimmte Übersetzungsaufgaben; sie sagt auch nicht, daß nicht verschiedene Sprachen von ein- und demselben Individuum gelernt werden könnten. Das zu behaupten wäre abwegig. Aber eine Lösung als pragmatisch zu bezeichnen würde bereits Quines Argumentation bestätigen. Sprachliche Ausdrücke, die in einen wesentlich unabgeschlossenen Prozeß schrittweiser Verdeutlichung einbezogen bleiben, können auch nicht eindeutig ineinander übersetzt werden. Im pragmatischen Rahmen regiert der Zweck, durch den, innerhalb gewisser Grenzen, Spielräume markiert werden.

sich das ›Davidson-Programm‹ scharf gegen jede Form des Begriffsrelativismus. Und es sieht in der Tat so aus, als könne Davidsons radikaler Interpretationismus zumindest eine schwache Version der Bestimmtheitsgarantie des Wissens retten.

Mit unserem Interesse können wir direkt an seine Quine-Kritik anschließen oder genauer: an seine Dekonstruktion des Inkommensurabilitätstheorems, wie es Whorf in linguistischer, Kuhn und Feyerabend in wissenschaftstheoretischer und Quine in sprachphilosophischer Beleuchtung expliziert haben. Denn mit seiner Kritik des Inkommensurabilitätsarguments schleift Davidson, wie er glaubt, die dritte und letzte Bastion des logischen Positivismus, das heißt seiner empiristischen Dogmen. Quine hatte schon 1951 in seinem berühmten Aufsatz »Two Dogmas of Empirism« gezeigt, daß es höchst zweifelhaft ist, ob die Unterscheidung von analytisch und synthetisch nichtzirkulär getroffen werden kann, und darüber hinaus den Reduktionismus einer Verkürzung des Empirismus geziehen. Aber Quine hat, so stellt es Davidson dar, vor dem dritten Dogma des Empirismus haltgemacht und die im Unbestimmtheits- wie im Inkommensurabilitätstheorem wirksame, aber höchst fragwürdige Dichotomie von Begriffsschema und Inhalt nicht problematisiert, sie vielmehr in modifizierter Form seiner Argumentation zugrunde gelegt.

Davidson nimmt den Faden der Diskussion um den Begriffsrelativismus dort auf, wo er zunächst zugesteht, daß eine Sprache einfache Prädikate enthalten kann, »deren Extension in einer anderen Sprache keine einfachen Prädikate oder überhaupt keine Prädikate entsprechen«.[21] Um diesen Sachverhalt der Nichtübereinstimmung der Prädikate in verschiedenen Sprachen (oder auch in einer) überhaupt sehen zu können, ist, so glaubt Davidson, »eine beiden Sprachen gemeinsame Ontologie mit Begriffen« notwendig, »welche dieselben Gegenstände individuieren«.[22] Anders gesagt, die Vorstellung eines wirklich fremden Schemas läßt sich nach Davidson nicht ohne Rückgriff auf ein beiden Sprachen gemeinsames Bezugssystem verständlich machen; es dennoch versuchen hieße, einen Standpunkt zu beziehen, der außerhalb unseres eigenen Denkens läge. Entsprechend fällt es den verschiedenen Versionen des Begriffsrelativismus schwer darzulegen, worin denn das

21 D. Davidson, Wahrheit und Interpretation. Frankfurt/M. 1990, 273.
22 Ebd., 273.

Dritte, das tertium comparationis, das Gegegebene oder der Inhalt, das System gemeinsam geteilter Bedeutungen oder was auch immer, bestehen soll, zu dem jedes Schema relativ ist. Ohne befriedigende Antwort auf die Frage nach einem solchen tertium büßt die These: Jeder von uns bewohne gleichsam seine eigene Welt, aus der er nicht herauskomme, ihre Verbindlichkeit ein. Falls es uns nicht wirklich gelingen sollte, Bewußtseinszustände einer fremden Person korrekt zu ermitteln (unabhängig davon, ob die Person unserer eigenen oder einer fremden Kultur angehört, was philosophisch betrachtet nur einen graduellen Unterschied bedeutet), liegt das Davidson zufolge nicht daran, daß unsere Methoden versagen, »sondern der Grund muß der sein, daß es nicht richtig ist, diese Zustände als Bewußtseinszustände zu bezeichnen – es handelt sich bei ihnen eben nicht um Überzeugungen, Bestrebungen, Wünsche oder Absichten«.[23] Feyerabend rekurriert in diesem Zusammenhang auf einen Standpunkt außerhalb des Begriffssystems oder, wie er schreibt, auf die menschliche Erfahrung »als einen wirklich existierenden Prozeß« (*Problems of Empirism*); Quine zufolge weist die Gesamtheit unseres Wissens Berührungspunkte (»Kanten«) mit der Erfahrung auf. Es sieht in jedem Fall so aus, als bestünde eine reale Möglichkeit, die Begriffsschemata zu hintergehen oder sie doch so weit von der Erfahrung, vom Inhalt oder einem harten Kern unseres Wissens zu distanzieren, daß es gelingen könnte, die Relativität der begrifflichen Raster abzuschätzen.

Gleichgültig, welche Terminologie der Empirismus auch anlegt, seine Betrachtung der Welt bleibt in dem Dualismus von wechselnden Hüllen und invariantem Inhalt, von Weltsicht und Anhaltspunkt, Theorie und Daten/Belegen hängen. Der gemeinsame Impuls ist die Bestimmung der subjektiven Anteile, die wir, um zum Objektiven vorzudringen, sukzessive reduzieren müssen.

Man kann Davidsons Kritik in einem ersten Schritt wie folgt zusammenfassen: Die Rede von unterschiedlichen Begriffsschemata macht keinen Sinn, nicht einmal die von einem einzigen.[24] Wir können nicht wissen bzw. nicht sagen, was ein anderes, von dem unsrigen grundsätzlich verschiedenes Schema wäre. Anders gesagt, wenn nach Davidsons Überlegung die Unterscheidung von

23 D. Davidson, Mythos des Subjektiven. Stuttgart 1993, 86.

24 Vgl. D. Davidson, Wahrheit und Interpretation. A.a.O., 281, 282.

Begriffsschema und Inhalt nicht aufrechterhalten werden kann, heißt das auch, daß das Programm einer philosophischen Metasprache endgültig gestorben ist. Hegel hatte in seiner Kritik an Kants Auffassung der Kategorien bzw. Logik gründlich vorexerziert, was Davidson wiederholt. Es gibt keine Metasprache, keinen letzten Halt oder archimedischen Punkt, kein letztes Fundament oder formales Verfahren, sprachphilosophisch: keine Metasprache, weil sie den an sie gestellten, paradoxen Forderungen nicht gewachsen ist: von der Objektsprache radikal unabhängig und durch sie gesättigt zu sein. Davidsons Startbedingung ist daher eine andere: Um einander zu verstehen, müssen alle Sprecher und Interpreten eine gemeinsame Welt präsupponieren.

Wie könnte man Davidsons eigene Auffassung beschreiben? Man könnte, um das besondere Verhältnis von Sprache und Welt, das ihm vorschwebt, zu charakterisieren, auf einen Ausdruck Hegels aus der Einleitung der *Wissenschaft der Logik* zurückgreifen: In alles, in buchstäblich alles habe sich die Sprache und damit das Logische eingedrängt. Unsere Sprachkompetenz und der Einfluß, den die Welt auf uns nimmt, sind so miteinander verwoben, vermischt, vernetzt, daß keine Möglichkeit besteht, beide Elemente trennscharf voneinander abzugrenzen. Die Trennung von Zeichen und Gegenstand, Diskurs und Sache, Karte und Territorium war ein Markenzeichen neuzeitlicher Philosophie. Davidson möchte dieses Bild von Sprache und Welt umschaffen, oder er sieht, daß sich die Anzeichen mehren, die dafür sprechen, daß die dualistische Ontologie von Geist und Natur, Sprache und Welt, Subjektivem und Objektivem, die auch den Empirismus der sprachanalytischen Philosophie weitgehend beherrscht, daß diese Auffassung aufgegeben werden muß.

Selbst- und Fremdverstehen ist möglich, aber kein Punkt dieser Gemengelage läßt sich dadurch als extern qualifizieren, daß durch ihn mittels eines methodischen Verfahrens, einer quasi transzendentalen Reflexion auf die Bedingungen der Möglichkeit von Verstehen, das wechselseitige Verständnis von Sprecher und Interpret sichergestellt werden könnte. Hat man mit dem letzten und dritten Dogma des Empirismus, dem Dualismus von Schema und Inhalt, gebrochen, verbleibt keine Möglichkeit, sich in Tertia zu flüchten, in der Hoffnung, durch Angabe formaler Bedingungen (die ein Satz einer bestimmten Sprache L erfüllen muß, um als wahr akzeptiert zu werden) eine Art Rahmenkonzept für wahrheitsfähige Äußerungen in der Sprache L entwickeln zu können. ›Radikale Interpretation‹ bezeichnet einen theoretischen Kunstgriff, mit dem Davidson versucht, die grundlegenden Bedingungen der Möglichkeit intersubjektiven Verstehens aufzuklären, aber in der Durchführung dieser radikalen Intention zur Einsicht genötigt wird, daß eine bestimmte Darstellung der notwendigen und allgemeingültigen Bedingungen gelingender Kommunikation nicht möglich ist. Ein radikales Ernstnehmen der Sprache erlaubt es nicht, die Sprachlichkeit unseres Selbst- und Weltverstehens zu hintergehen. Rorty hat daher recht, wenn er zu bedenken gibt, daß das transzendentale Argument, das Davidson benutzt, dazu führen sollte, transzendentales Argumentieren zu beenden. Davidson bestreitet nämlich die Annahme einer weithin akzeptierten Sprachauffassung: daß es eine erste (oder buchstäbliche) Bedeutung der Redeteile einer Äußerung gibt, die ein kompetenter Sprecher aufgrund der systematischen Struktur, die die Redeteile untereinander aufweisen, korrekt zu interpretieren weiß, daß zweitens die buchstäblichen Bedeutungen etwas Gemeinschaftliches sind und drittens durch erlernte Konventionen bestimmt und beschrieben werden können.[25] Statt dessen, so könnte man sagen, tritt Davidson eine *Flucht ins Soziale* an, in die empirische Lebens- und Lerngeschichte des einzelnen, in der »die Sprecher zu ungefähren sprachlichen Ebenbildnern ihrer Freunde und Eltern werden«.[26] Aber – das ist jetzt entscheidend – diese Konvergenz hilft nicht, die eigentlich philosophische Frage nach dem »Wesen der Fertigkeiten« aufzuklären, *die* zur Konvergenz gebracht werden, sie erklärt nicht, was es heißt, »zu verstehen« oder was es mit gelingender Kommunikation auf sich hat.

In der sozial eingefädelten Lerngeschichte des einzelnen bildet sich zwar über kausale (und naturgeschichtliche) Mechanismen eine Art harter Kern sprachlichen Wissens und kommunikativer Bedeutungen heraus, der während des gesamten Lebens mehr oder weniger erhalten bleibt. Aber diese empirisch bedingte Lerngeschichte ist epistemologisch, hinsichtlich Bezug und Bedeutung, irrelevant, da auch, wenn wir eine gemeinsame Welt präsupponie-

25 Vgl. D. Davidson, Eine hübsche Unordnung von Epitaphen. In: Die Wahrheit der Interpretation. Hrsg. von E. Picardi und J. Schulte. Frankfurt/M. 1990, 203-272.

26 D. Davidson, Wahrheit und Interpretation. A.a.O., 391.

ren müssen, sich niemand zur Rechtfertigung seiner Überzeugungen, Intentionen und Wünsche auf deren Kausalgenese berufen kann.

Zudem macht die Kontingenz der Lernsituation, das heißt der Umstände, in denen die kausale Verbindung zwischen Gedanken und Gegenständen bzw. Ereignissen in der Welt auch hätte anders hergestellt werden können, einen Rückschluß auf einen gemeinsamen Satz von Regeln zum Verständnis von Begriff und Bedeutung unmöglich. Davidson: »[...] die Einzelheiten der Mechanismen, die von Sprecher zu Sprecher, von besprochenem Gegenstand zu Sprecher und Sprachlernendem führen, sind ihrerseits nicht von Belang [...] für Bedeutung und Bezug.«[27] Übrig bleiben die erwähnten kontingenten Lerngeschichten von einzelnen. Das in der Unmittelbarkeit der Konditionierungsprozesse erworbene Bedeutungs- und Bezugswissen verliert sich nie ganz, aber jeder Fortschritt an Differenzierung läßt auch die unter kausalen Vorzeichen geknüpften Relationen schwächer und undeutlicher werden.

Wie sich zeigt, glaubt im Unterschied zum postkantischen Idealismus Davidson (noch immer) an ein vorgängig gegebenes Sein, das kausal unsere Auffassungen und Urteile über uns und die Welt bewirkt, daß die Erfahrung nur kausal und nicht rational (aus Gründen) mit dem empirischen Denken assoziiert ist; was aber einschließt, daß seine Argumentation gegenüber dem ›Mythos des Gegebenen‹ an dieser Stelle systematisch zwiespältig bleibt. Der nachkantische Idealismus hingegen, insbesondere Hegels spekulative Dialektik, geht mit guten Gründen davon aus, das (sinnlich) Gegebene oder die Realität als äußere Grenze zu streichen, überhaupt das Bild einer äußeren Grenze zu destruieren, ohne dadurch – und das ist angesichts der gegenwärtigen Debatten notwendig zu betonen – zwangsläufig zum Idealisten zu werden, dessen Hauptproblem darin besteht, nicht mehr zwischen (begrifflicher) Fiktion und Wirklichkeit unterscheiden zu können. Wer auf der begrifflichen Vermittlung der ›Realität‹ besteht, muß nicht ihre Unabhängigkeit mißachten.[28]

27 D. Davidson, Mythos des Subjektiven. A.a.O, 92.

28 Über welche Schachzüge das selbst einem »Naturalismus der zweiten Natur« möglich erscheint, demonstriert John McDowell in: Mind and World. Harvard University Press 1996.

Vielleicht kann man im Rückgriff auf eine Metapher Kants Davidsons Auffassung am besten charakterisieren: Um diese Inseln aus lebens- und naturgeschichtlichem Urgestein tost das weite Meer der Unbestimmtheit unserer sprachlichen Ausdrücke. Alles außer diesen Inseln wird von der ›Radikalen Interpretation‹ Davidsons freigegeben; und selbst diese Inseln empirischer Bestimmtheit sind für die philosophische Aufklärung gelingender Kommunikation, das heißt für die Frage nach Intension und Extension, von nachgeordnetem Interesse. Die harten insularen Kerne naturgeschichtlich eingepflanzten Regelwissens helfen uns nicht zu verstehen, was es heißt, ›eine Sprache zu können‹. Um das zu leisten, sind wir nach Davidson auf etwas angewiesen, das *nicht theoretisiert* werden kann. Entsprechend rekurriert der Sprachphilosoph auf das Begriffsrepertoire der Hermeneutik. Er schreibt: »Womit wir jedoch nicht rechnen können, ist, daß wir imstande sind, die Überlegungen zu formalisieren, die uns dazu bewegen, unsere Theorie dem Zustrom neuer Informationen anzupassen. Kein Zweifel, normalerweise rechnen wir die Fähigkeit, den Standpunkt in angemessener Weise zu wechseln, mit zu dem, was ›die Sprache können‹ heißt. Aber in diesem Sinne aufgefaßt, läßt sich gar nicht angeben, was jemand wissen muß, der die Sprache kann; denn hier müssen Gefühl, Glück und Geschicklichkeit eine ebenso wesentliche Rolle spielen wie auf jedem anderen Gebiet [...] und die Rolle, die Geschmack und Sympathie spielen, wird noch wichtiger sein.«[29]

Zwar lassen uns die kausalen Mechanismen zu leidlich sozialen Wesen werden, sie stabilisieren auf undurchsichtige Weise unser Selbst- und Weltverständnis. An den Stellen aber, wo sie zu versagen drohen oder nicht mehr greifen, wechselt Davidson (entgegen dem analytischen Programm) das Terrain. Ein doppelter Appell kündet vom *Ende der Theoretisierbarkeit*: In Gestalt des ›principle of charity‹ übersteigt seine Deutung das Theoretische in Richtung eines moralisch-praktischen Appells, in Erinnerung an die allgemein mit Urteilskraft bezeichneten Vermögen – Geschmack, Fingerspitzengefühl, Geschicklichkeit – muß ein technisch-praktischer Appell herhalten, um Kommunikation und Ver-

29 D. Davidson, Wahrheit und Interpretation. A.a.O., 292, 293.

stehen zuwege zu bringen: Die Bestimmtheitsbedürfnisse lassen sich nur mehr praktisch befriedigen.[30] Das bedeutet einerseits, Anschluß zu finden an die überaus wichtige Einsicht des Idealismus vom Primat praktischer Vernunft, alles Verstehenkönnen oder alle gelingende Kommunikation besitze einen Tugendkern (Nachsicht, Liebe, Vertrauen), den man nach Davidson notwendig zu den Bedingungen der Möglichkeit von Verstehen rechnen muß; andererseits markiert diese Einsicht auch das Ende aller Hoffnung, rein theoretisch zu definitiv wahren Aussagen über unsere Weltverhältnisse kommen zu können.

Anders gesagt, von der epistemischen Bestimmtheitsgarantie des Wissens und Handelns bleibt auch im Davidson-Programm wenig übrig: Einer Art minimalistischem Weltvertrauen verdanken wir es lediglich, daß unsere höchst kontingenten Lebens- und Lerngeschichten konvergieren; wo das nicht der Fall ist, müssen moralisch-praktische und technisch-praktische Appelle einspringen, um gelingende Kommunikation sicherzustellen (was nicht weniger Vertrauen in die Kraft der Moral voraussetzt). Nach Davidson ist es uns nicht mehr möglich, uns selbst systematisch in den Rükken zu treten, die Flucht aus der Kategorie endet mit dem Überstieg in einen nicht weiter theoretisierbaren Grund sozialer Interaktion. Wir sehen uns zu dem (pragmatischen) Ausweg gedrängt, den Wittgenstein in seinem Begriff von Verstehen vorgeschlagen hat: To know means to know how to go on (how to complete the story). Die große Frage der Metaphysik, die Was-ist-Frage, nimmt Abschied von einer Vorstellung von Philosophie, die als (logisch und analytisch geschulte) Metatheorie allen Wissens und Handelns sollte auftreten und sich rechtfertigen können.[31]

30 R. Bubner hat in seinem Vortrag »Gedanken über die Zukunft der Philosophie« (Deutsche Zeitschrift für Philosophie 44 [1996] 5, 743-757) den Hauptunterschied zwischen der sprachanalytischen und der hermeneutischen Philosophie darin gesehen, daß erstere dem Primat einer rein theoretischen Selbstvergewisserung unterstehe. Für Davidson ist das durchaus fraglich. An seiner Analyse der Implikationen des Verstehens von Sätzen und damit von Wahrheit, Intersubjektivität, Bezug und Bedeutung läßt sich beobachten, wie eine theoretisch versierte, konsequente Untersuchung dieser Fragen zur Anerkennung der praktischen Voraussetzungen genötigt wird.

31 Damit bricht wissenschaftspolitisch auch die bequeme Arbeitsteilung zusammen, die der Logische Empirismus mittels seiner Leitunterschei-

Um diese Konsequenz noch etwas schärfer hervortreten zu lassen, könnte man sagen, daß Davidson und andere sprachanalytische Philosophen sich aufgrund ihrer Einsicht in die bloß relativen Unterscheidungen von Sprache und Welt, Geist und Wirklichkeit zu einer Repragmatisierung und Rehistorisierung der Idee von Philosophie gedrängt sehen, daß sie in einer Art Entkantianisierung oder »Detranszendentalisierung« (Rorty) nicht mehr den alten Philosophenglauben teilen, durch Analyse der Kategorien oder formaler Verfahren invariante Rahmenbedingungen wahrer Urteile ermitteln zu können. Sie gelangen vielmehr – auf eine wahrscheinlich auch sie selbst überraschende Weise – zu einigen von Hegelschen Denkfiguren nicht weit entfernten Überlegungen zu Geist und Welt.

Anhang

Schon Wittgensteins Gebrauchstheorie der Bedeutung markiert einen radikalen Zweifel an Freges Behauptung eines intelligiblen Reichs überindividuell feststehender Bedeutungen. Um sich seiner Auffassung zu vergewissern, erscheint es notwendig, sich von den gängigen, kantianisch eingefärbten Interpretationen Wittgensteins freizumachen, denen zufolge der Gebrauch der Sprache im Kontext von Sprachspielen die Bedeutung terminiert. Apel beispielsweise hat im deutschen Sprachraum dieser Deutung mächtig Vorschub geleistet, wenn er die Regelgebundenheit und Quasi-Institutionalisierung des Sprachspiels exponiert. Gebrauch ist danach, was Bedeutung formiert und festlegt. Aber das scheint nur die halbe Wahrheit zu sein, denn der Gebrauch *entregelt* die Bedeutung immer auch. Was damit gemeint sein könnte, läßt sich an einer Bemerkung Wittgensteins zum Bildbegriff ablesen:

»Ein Bild wird heraufbeschworen, das *eindeutig* den Sinn zu bestimmen scheint. Die wirkliche Verwendung scheint etwas Verunreinigtes der gegenüber, die das Bild uns vorzeichnet. Es geht hier wieder wie in der Mengenlehre: Die Ausdrucksweise scheint für einen Gott zugeschnitten zu sein, der weiß, was wir nicht wissen können; er sieht die ganzen unendlichen Reihen

dungen (analytisch/synthetisch, logisch/empirisch, objektsprachlich/metasprachlich usf.) glaubte zwischen Philosophie und Wissenschaft einrichten zu können.

[...] Für uns freilich sind diese Ausdrucksformen quasi ein Ornat, das wir wohl anlegen, mit dem wir aber nicht viel anfangen können. [...]
In der wirklichen Verwendung der Ausdrücke machen wir gleichsam Umwege, gehen durch Nebengassen; während wir wohl die gerade breite Straße vor uns sehen, sie aber freilich nicht benützen können, weil sie permanent gesperrt ist.«[32] (PU, § 426).

Sprachspiele sind nicht nur, nach Apels treffender Formulierung, »konkrete Einheiten von Sprachgebrauch, Lebensform und Welterschließung«[33]; Regelbefolgung und Praxis, Logik und Handeln zeigen sich in den verschiedensten Hinsichten auch in einen Unbestimmtheitsprogreß hineingezogen, der das Regeluniversum der Lebensform mit figurativ rhetorischen Antworten überschreibt. Wir sehen Metaphern und andere rhetorische Sprachfiguren einspringen, wo es sachlich oder logisch partout nicht weitergeht.
In den gleichsam übereinander geblendeten Partituren des Wittgensteinschen Diskurses über Sprach- und Weltverstehen gibt es eine Schicht, die auf Begriffe oder besser auf assoziative Komplexe reagiert, die sich einer klassenlogisch ausdifferenzierten Beschreibung widersetzen: »Physiognomie«, »Familienähnlichkeit«, »Stil«, »Nähe«, »Bild«, »Dunstkreis« und vor allem »Atmosphäre« lassen an den Brennpunkten der philosophischen Diskussion, wie man sagen könnte, jede feststehende Bedeutung ins unendlich Offene verschweben.
Aufschlußreich sind in diesem Zusammenhang einige Äußerungen Wittgensteins zur ›Atmosphäre‹. Es ist auffällig, daß sie in der Literatur zu Wittgenstein – soweit ich sehe – weder systematisch noch in einem erläuternden Sinn kommentiert worden sind.
Wittgenstein spielt oder experimentiert mit dem Gedanken, sich den *Sprachgebrauch als Transfer von Atmosphären* vorzustellen. In

32 L. Wittgenstein, Philosophische Untersuchungen. Frankfurt/M. 1971. Im folgenden im Text zitiert als PU. – Wittgenstein will wohl sagen, daß wir, wenn wir von Bildern sprechen, uns zu sehr vom Modell des intellectus archetypus oder des göttlichen Verstandes leiten lassen. Demgegenüber nimmt sich die wirkliche Verwendung als Verunreinigung aus, wir können gar nicht anders, als uns sprachlich außerhalb wohlunterschiedener, einfacher, überschaubarer Verhältnisse zu bewegen. Wir stehen mit dem Gebrauch sprachlicher Zeichen stets im Zwielicht intransparenter Ordnungen, die ins Offene verweisen.

33 K. O. Apel, Transformation der Philosophie, Bd. II. Frankfurt/Main 1973, 71.

den »Letzten Schriften über die Philosophie der Psychologie« heißt es geradezu apodiktisch: »Die Atmosphäre des Wortes ist seine Verwendung. Oder: Wir stellen uns seine Verwendung als Atmosphäre vor.«[34] Das könnte bedeuten, daß die Atmosphäre, die ein Wort hat, seine Verwendung steuert. Wie sich den wenigen Paragraphen entnehmen läßt, die sich explizit mit ›Verwendung als Atmosphäre‹ befassen, ist Wittgenstein hinsichtlich mehrerer Fragen unschlüssig: Wie eigentlich ist die Atmosphäre mit den Dingen bzw. den Worten und Sätzen verbunden? Sind letztere in sie eingebettet? Oder ist die Atmosphäre der Struktur der Dinge immanent? Handelt es sich, wie Wittgenstein sagt, um eine vom Ding untrennbare Atmosphäre? Ist sie also keine Atmosphäre? Wittgenstein betont auf der einen Seite, daß jede Situation die Bedeutung von Wörtern und Sätzen wieder und wieder verschiebt, um auf der anderen festzustellen, daß den Dingen über die Zeit hinweg unverkennbar bestimmte Atmosphären anhaften, die, wollte man sie wegziehen, unweigerlich den Eindruck des Peinlichen und Lächerlichen hervorrufen. Wittgenstein: »Die Atmosphäre ist gerade das, was man sich nicht wegdenken kann.« »Der Name Schubert, umschattet von den Gesten seines Gesichts, seiner Werke. – Also doch eine Atmosphäre? – Aber man kann sie sich nicht von ihm abgelöst denken.«[35]

Wittgensteins Behauptung wirft nicht einfach das Problem auf, ob eine vom Ding unabtrennbare Atmosphäre überhaupt noch eine Atmosphäre ist, sie deutet an, daß die Atmosphären der Worte selbst Züge einer eigentümlichen Bestimmtheit tragen, die auch unter Bedingungen wechselnder Beleuchtung nicht ganz aufgelöst werden können, aber zugleich im »›Dunstkreis‹ [...] schwach angedeuteter Verwendungen« (PU, Teil II, VI. 215) Dinge bzw. Sätze lose miteinander verkoppeln.

Gleichgültig, welche Form eine kohärente Interpretation dem Gedanken ›Verwendung als Atmosphäre‹ auch geben muß, deutlich ist, daß die den Wörtern eingeschriebenen Atmosphären erstens die Bedeutungen zerstreuen und vervielfachen, um sich gleichsam randlos in unbestimmte Weiten zu verströmen. Atmosphären rufen Räumlichkeitseindrücke hervor, denen jeweils ein

34 L. Wittgenstein, Letzte Schriften über die Philosophie der Psychologie. Frankfurt/M. 1993, 55.

35 Ebd., 15.

besonderer Gefühlston eingefärbt ist. Atmosphären kennen weder Lagebestimmungen noch Abstandsmaße, sie sind unteilbar ausgedehnt, sie lassen Satz- und/oder Bedeutungsverstehen ins Unbestimmte verschweben, ohne je in entropischer Bestimmungs- und Strukturlosigkeit zu versinken. Zweitens, Atmosphären vergegenwärtigen, daß die über den Gebrauch geregelten Referenzen vielfach nur auf der Basis eines Systems loser Koppelungen funktionieren. So kommen wir letztens nicht umhin, mit Wittgenstein einzugestehen, die »Hauptquelle unseres Unverständnisses« darin zu erkennen, »daß wir den Gebrauch unserer Wörter nicht *übersehen.*« (PU, § 122).

Will man diese Deutung durch einen systematischen Gedanken Wittgensteins abstützen, wird man wiederum auf eine Metapher verwiesen. An einer der beeindruckendsten Stellen seines Gesamtwerks schreibt Wittgenstein:

»Die Sätze, die dies Weltbild beschreiben, könnten zu einer Art Mythologie gehören. Und ihre Rolle ist ähnlich der von Spielregeln, und das Spiel kann man auch rein praktisch, ohne ausgesprochene Regeln, lernen.
Man könnte sich vorstellen, daß gewisse Sätze von der Form der Erfahrungssätze erstarrt wären und als Leitung für die nicht erstarrten, flüssigen Erfahrungssätze funktionierten; und daß sich dies Verhältnis mit der Zeit änderte, indem flüssige Sätze erstarrten und feste flüssig würden.
Die Mythologie kann wieder in Fluß geraten, das Flußbett der Gedanken sich verschieben. Aber ich unterscheide zwischen der Bewegung des Wassers im Flußbett und der Verschiebung dieses; obwohl es eine scharfe Trennung der beiden nicht gibt.
Wenn aber Einer sagte ›Also ist auch die Logik eine Erfahrungswissenschaft‹, so hätte er unrecht. Aber dies ist richtig, daß der gleiche Satz einmal als von der Erfahrung zu prüfen, einmal als Regel der Prüfung behandelt werden kann.
Ja, das Ufer jenes Flusses besteht zum Teil aus hartem Gestein, das keiner oder einer unmerkbaren Änderung unterliegt, und teils aus Sand, der bald hier bald dort weg- und angeschwemmt wird.«[36]

Worauf Wittgenstein mit der Metapher vom sich »verschiebenden Flußbett der Gedanken« aufmerksam macht, ist die jederzeit mögliche Dynamik oder die Temporalisierung des Wissens, der das System unterliegt, und die es schwermacht, ein für allemal zwischen »erstarrten« Sätzen (Erfahrungssätzen, logischen Sätzen), die ein absolutes oder apriorisches Wissen enthalten, und

36 L. Wittgenstein, Über Gewißheit. §§ 95-99.

den »flüssigen« zu unterscheiden. Beide können ihre Rollen vertauschen, so »daß der gleiche Satz einmal als von der Erfahrung zu prüfen, einmal als Regel der Prüfung behandelt werden kann«, was aber nicht bedeutet, daß darum Logik eine Erfahrungswissenschaft sei. Die Metapher zeigt, daß es nach Wittgenstein keine unabänderliche Unterscheidung gibt zwischen ›analytisch‹ und ›synthetisch‹, zwischen logischer Notwendigkeit und kontingenter Wahrheit und Falschheit.

Anders gesagt, in einer Welt bar ontologischer Gegenhalte zeigt sich, daß die Welt der empirischen Dinge für die Unterscheidungsoperationen des Verstandes in einer Weise porös oder permeabel sind, daß zuletzt die Situation einer ontologischen, auf jeden Fall aber epistemischen Unentscheidbarkeit eingetreten ist. Eindeutige Zuschreibungen nach universellen, fest in die Weltordnung eingebauten Bedeutungen gibt es danach nicht mehr. Eine Tatsache ist nur mehr Tatsache im Rahmen eines Weltbildes. Die Beobachtung ist nur mehr Beobachtung im Kontext der Gemeinschaft, die sich über eine bestimmte Disziplin von Beobachtung und Theoriebildung definiert. Das Argument zeigt seine Stärke nur insofern, als diejenigen, die es betrifft, auch im semantischen Netzwerk übereinkommen, in das es eingebettet ist. Die Zunahme der Unbestimmtheit hat dann in diesem Zusammenhang damit zu tun, daß der Rahmen in die Beobachtungsaussage diffundiert oder daß bei genauer Analyse der impliziten Bedeutungsvoraussetzungen der betreffenden Begriffe beide Seiten nicht trennscharf separiert werden können.[37]

37 Vgl. dazu ausführlich: G. Gamm, Flucht aus der Kategorie. Frankfurt/M. 1994, Kap. IV, 129-212.

8. Das Wissen der Gesellschaft

Die moderne Gesellschaft konfrontiert uns mit einer paradoxen Situation: auf der einen Seite eine ungebremste *Ausdifferenzierung* von Gesellschaft und dem Wissen über sie, auf der anderen ein beängstigender Zuwachs an *Diffusität*. Je bestimmter, das heißt analytisch differenzierter, genauer, in immer mehr Variablen und Kombinationen zerteilt, man die Gegenstände oder Ereignisse beschreibt, desto unbestimmter, bloß wahrscheinlicher und mehrdeutiger wird das Wissen darüber, wie sich ein System oder Gegenstand tatsächlich verhalten wird. Je unbedingter Philosophie und Wissenschaften versuchen, etwas ganz sicher zu wissen, desto größer geraten die Unsicherheitsmargen. Wo alles zur Disposition gestellt wird, immer mehr Variablen variiert werden oder die Relativität der Aussagen in Abhängigkeit von den Methoden, den Entscheidungspräferenzen, der Kontextgebundenheit, den Zielvorgaben und der Untersuchungstiefe zunimmt, steigt unausweichlich mit dem vermehrten Wissen über die Varianz der Verhältnisse das Nichtwissen und damit die Unbestimmbarkeit. Oder, wie Heidegger sagt: Das jederzeit zu Berechnende wird gerade dadurch zum Unberechenbaren.

Die folgenden Überlegungen gehen davon aus, daß man dem für die wissenschaftlichen und philosophischen Diskurse der Moderne konstatierten Befund einer ›Flucht aus der Kategorie‹[1] sozialphänomenologisch orientierte Studien zur Seite stellen kann, die für das Selbstverständnis moderner Gesellschaften von Bedeutung sind.

Die These lautet: Was mit Wissen und Sprache in Philosophie und Wissenschaft geschieht, läßt sich ebenfalls an solchen für den gesellschaftlichen Funktionszusammenhang relevanten Begriffen beobachten; eine Korrespondenz beider Seiten kann schwerlich bestritten, wenn auch nicht per Zuordnung oder Ableitung durchgeführt werden. Darüber hinaus müssen Wissen und Sprache selbst als wichtige Medien gesellschaftlicher Integration aufgefaßt werden.

1 Vgl. dazu G. Gamm, Flucht aus der Kategorie. Die Positivierung des Unbestimmten als Ausgang der Moderne. Frankfurt/M. 1994.

Drei Begriffe bieten sich an, um die Dialektik von Bestimmtheit und Unbestimmtheit moderner Gesellschaften genauer zu fassen, erstens der etwas plakative Begriff eines *Entzugs der Natur.* Der zweite Begriff bezieht sich auf die Entwertung des zentralen Relationsbegriffs neuzeitlicher Philosophie, auf die *Kausalität.* In einem dritten Schritt untersuche ich die veränderte Konstellation der Modalbegriffe: inwiefern gegenüber der vormodernen Welt *Mögliches und Wirkliches* ihre Stellung zueinander neu zu definieren beginnen. An diesen Begriffen soll die jeweils spezifische Struktur einer *Flucht aus der Kategorie* deutlich gemacht werden.[2]

Der Entzug der Natur

Der Begriff des Entzugs der Natur zielt auf die fehlende, uns abhanden gekommene Möglichkeit, unser Wissen und Handeln in einer äußeren, von subjektiven Zuschreibungen unabhängigen Instanz (›Sein‹, ›Natur‹, ›Gott‹ usf.) verankern zu können.

Die wissenschaftliche und technische Entzauberung der Natur läßt über weite Strecken von der Natur nichts übrig als das Bewußtsein, eine Konstruktion der Gesellschaft zu sein. Nicht daß die industrielle Zivilisation nicht auch in und von der Natur, von dem von Menschenhand Nichtgemachten, wie Aristoteles schreibt, lebt, aber die Natur verliert im Verlauf des 17. bis 19. Jahrhunderts die bedeutsame Funktion, eine orientierende Instanz außerhalb der menschlichen Vorstellungswelt zu sein. Das deutet sich schon bei Kant an, der im Kontext der Ausdifferenzierung des neuzeitlichen Naturbegriffs die wissensrelevanten Aspekte der Natur im Begriff »einer Existenz unter Gesetzen« zusammenfaßt. Zurück bleibt eine ontologisch dequalifizierte und normativ unbestimmte Natur, die alle entscheidenden Fragen an die Absender rückadressiert.

Um die These vom Entzug der Natur plausibel zu machen, böten sich verschiedene Wege an: Man könnte an die seit dem Spätmittel-

2 Diesem Text liegt ein Vortrag zugrunde, der zuerst unter dem Titel »The Indeterminacy of Modern Society« im Rahmen einer Veranstaltung des Internationalen Forschungszentrums Kulturwissenschaft in Wien (Dez. 1995) gehalten wurde. Das Thema des Workshops lautete »Die Unbestimmtheit sozialer Integration: Rechtsdenken in der Postmoderne«.

alter verstärkte Herauslösung von Denken und Handeln, Finden und Erfinden, von Kunst und Technik aus dem Mimesis-Begriff der Aristotelischen Tradition erinnern und daran, daß mit dem Bruch des Nachahmungsprinzips der Natur ein Moment vorbildloser Produktivität freigesetzt wird.[3] Man könnte auf die Natur als Projektionsfeld gegensätzlicher Naturbilder verweisen, wie sie sich bereits in den Texten von de Sade und Rousseau spiegeln, oder das Marxsche Motiv »des Zurückweichens der Naturschranke« aufnehmen, das in der Gegenwart bei Daniel Bell zur Diagnose führt, daß wir fast ausschließlich in einer sozialen Realität von selbsterzeugten Gegenständen leben und nicht mehr in der Natur. Auch an den konstruktivistischen Analysen der Wahrnehmung ließe sich studieren, wie die Natur im Sinne eines Außenbezugs sinnlicher Erfahrung ebenso radikal entmächtigt wird wie im Bereich der epistemologischen und sprachphilosophischen Analysen die empirische Realität bzw. die Belege der Sinneserfahrung für die Geltung von Wahrheitsbehauptungen.

Nicht weniger bedeutsam erscheint im Blick auf unsere These die Geschichte vom *Aufstieg und Fall des Naturrechts*, die Idee nämlich, daß es eine unverbrüchliche, ewige, unveränderliche Natur des Menschen gebe.

Daß es eine menschliche Natur gibt, die man – würden nur die richtigen Fragen gestellt und die richtigen Prämissen geteilt – auch umfassend erkennen und verstehen könnte, stand außerhalb jedes Zweifels, auch wenn die Deutung, worin sie eigentlich besteht, im Ausgang des Spätmittelalters ob der tiefgreifenden Divergenzen immer unsicherer wurde. Ob man die imago dei, die Ebenbildlichkeit Gottes, als Vorbild anerkennt oder der säkularen Vorstellung eines ›homo homini lupus‹ den Vorrang einräumt, ob die Kultur die menschliche Natur eher verdirbt oder hilft, sie zu verfeinern, gleichwie – die vormoderne Zeit erzielte darin eine fundamentale Übereinstimmung, daß das Universum vor dem Hintergrund der universellen Natur des Menschen verstanden werden muß. Dieser Natur des Menschen sind unveränderliche Zwecke eingeschrieben, die entsprechende Wertvorstellungen begründen, welche wiederum untereinander in einem geordneten, sinnfälligen Zusammenhang stehen, das heißt, so verknüpft sind, daß sie sich wechselseitig fordern und ergänzen. Das Naturrecht

3 Vgl. dazu genauer: G. Gamm, Technik als Medium. In diesem Band.

verkörpert diese Grundannahmen einer in sich geordneten und im Prinzip widerspruchsfreien Welt.

Es wäre gewiß eine lohnende Aufgabe, die tausendfältigen Ursprünge jener Unsicherheit zu beschreiben, die dazu geführt haben, daß man sich des Wesens des Menschen nicht mehr sicher sein konnte. Was ich meine, zeigt sich paradigmatisch an Fichte. Seine der künstlerischen Produktivität angelehnte Idee, alles aus der Macht des absoluten Subjekts zu konstruieren, zeigt u. a. auch die Konsequenz, an dieser Erfahrung buchstäblich *nichts mehr* zu haben; das Ich, jener letzte Punkt und Initiator der Konstruktion, verfällt, wie Fichtes Schriften in der Nachfolge der *Wissenschaftslehre* eindringlich belegen, der Selbstauflösung. Man kann die Resonanz, die diese Idee bei den Romantikern erzeugt hat, gar nicht überschätzen. Die nachrevolutionäre Zeit stürzt in eine fundamentale Ungewißheit darüber, wie die richtigen Fragen denn aussehen könnten, die Freiheit und Urteilswahrheit, Wissen und Glück ohne Widerspruch zusammenbringen und befördern könnten. Die Repräsentanten der Kultur wissen nicht mehr, ob überhaupt die Vermehrung des Wissens oder ein tugendhaftes Leben dem Glück zuträglich sind. Isaiah Berlin schreibt: »Die Welt zu erkennen könnte ins Unglück stürzen, Freiheit könnte durch Gleichheit eingeschränkt werden; und Sittlichkeit könnte Vergnügen, Macht und Wissen ausmerzen. Es könnte sein, daß Wissen überhaupt kein sittlicher Wert ist.«[4] Anders gesagt, daß Wissen und Glück, Gleichheit und Freiheit, Sittlichkeit und Wissen aporetische Situationen heraufbeschwören könnten, solche Gedanken waren der vormodernen Welt eher fremd, weil sie – bei allen Differenzen zwischen Empiristen und Rationalisten, Skeptikern und Dogmatikern – davon ausgingen, daß ein tugendhaftes Leben oder eines, das nach Wissen strebt, nicht mit einem glücklichen kollidiert.

Es ist dieser Zusammenhang, in dem die Universalität des Naturrechts als Grundlage und Ursprung aller positiven Rechte im Verlauf des 19. Jahrhunderts in Frage gestellt wird. Die Natur verliert die Funktion, Legitimationsbasis des Rechts zu sein. Man weiß nicht, worin diese Natur besteht, auf die man sich zum Beweis des Rechts berufen könnte.

4 I. Berlin, Revolution der Romantik. In: Lettre International, Heft 34, III. Vj. 1996, 81.

In dem Maße, in dem dieser äußere Bezugspunkt des positiven Rechts an Bedeutung verliert, beginnt im 19. Jahrhundert der Aufstieg einer anderen Kategorie, in deren Horizont sich die Soziologie als Wissenschaft endgültig etabliert: das *Soziale*. Es bewirkt nicht nur einen *Funktionswechsel des Rechts*, indem das Recht seine überzeitliche ›Würde‹ einbüßt und zu einem Instrument der Sozialdisziplinierung wird, das – analog zur Moral – primär dem Zwecke der sozialen Integration dient. Wie in den Debatten über Moral (Kontraktualismus, Utilitarismus, Kantianismus) wird auch im Rechtsdenken die Solidarität der Gemeinschaft bzw. die Gemeinschaft der neue Bezugsrahmen für Gerechtigkeit und Recht. Dieser Perspektivenwechsel führt dazu, daß, wie F. Ewald schreibt, die »Institution des Vorsorgestaates das Ende der Naturrechtslehren ankündigt. Es gibt kein Außerhalb der Gesellschaft mehr. Sie ist in sich abgeschlossen und scheint jede Möglichkeit eines objektiven Bezugspunktes verloren zu haben, der in Gemeinschaft mit einem neuen Gesellschaftsvertrag die Schaffung einer Gerechtigkeitsregel ermöglichen würde [...], denn wie könnte auch aus dem Sozialen, das ja im Grunde in zugleich solidarische und antagonistische Gruppen [...] zersplittert ist, diese zur Aufrechterhaltung des sozialen Konsenses erforderliche universelle Regel hervorgehen?«[5] Die Referenz der positiven Rechte bildet nicht mehr die Natur als ein Außerhalb der Gesellschaft, sondern das Urteil derjenigen, die, in der Auseinandersetzung um die Definition von Recht und Gerechtigkeit, ihre vertragliche Kodifizierung ständig neu aushandeln müssen. Delegitimationsprozesse des Rechts können angesichts dieser Situation nur dann verhindert werden, wenn der neue interne Bezugspunkt: die innere Kohärenz aller rechtlichen Bestimmungen, gewahrt bleibt, insbesondere der Grundsatz: Gleiches als gleich, Ungleiches als ungleich zu behandeln.

Die Hermeneutik des Risikos

Bereits Mitte der 60er Jahre, in der *Negativen Dialektik*, hat Adorno das Veralten des *Kausalitätsbegriffs* konstatiert und der Philosophie ins Stammbuch geschrieben, daß sie »von der Rechen-

5 F. Ewald, Der Vorsorgestaat. Frankfurt/M. 1992, 489.

schaft über Kausalität nicht sich dispensieren« könne.[6] Adorno sieht die »Krisis der Kausalität« im engen Zusammenhang mit der zeitgenössischen Gesellschaft, die in ihren Kausalnetzen die »universelle Abhängigkeit aller Momente von allen« dokumentiere.
Zu Zeiten Kants überragte die Kategorie der Kausalität noch alle übrigen an Bedeutung, auch hinsichtlich der erkenntnistheoretischen Frage, ob die Einheit des Gegenstandes eine durch das Bewußtsein erwirkte sei oder – im Sinne des Realismus – durch den Gegenstand mitverursacht werde. Schopenhauer hält die Kausalität nicht ohne Grund für die einzig relevante Kategorie. Aber schon im ausgehenden 19. Jahrhundert wird – angesichts einer Physik irreversibler Prozesse – die Kausalität mitsamt dem Energieerhaltungssatz eine »rein willkürliche und müßige Ansicht«[7], sie fungiert, wie E. Mach schreibt, allenfalls als »ein primitiver vorläufiger Nothbehelf«, der Anlaß gibt, »Ursache« durch »Funktion« zu ersetzen.[8]
In der Gegenwart wird die Frage nach dem, was wirklich ist, auch in den Sozialwissenschaften zusehends weniger mittels kategorialer Analyse entschieden; vielmehr geht es vorrangig um die Simulation der zeitlichen und räumlichen Verteilungsmuster von Ereignissen und Sachverhalten. Die kausale Analyse wird verdrängt durch die funktionale; am Ende stehen unübersichtlich große Mengen von Korrelationen, die Wahrscheinlichkeiten miteinander in Beziehung setzen. Flußdiagramme treten an die Stelle von Kausalketten; über Ursachen und Wirkungen urteilt man in der Sprache von Klangkörpern (›Resonanz‹). Und Begriffe aus dem Umkreis der Hermeneutik (Verstehen, Urteilskraft, Überblick, Geschicklichkeit usf.) erfahren auch im Kontext der Abschätzung von Technikfolgen eine unerwartete Renaissance.
Infolge des Entzugs des Außen (der Natur) und der Krise der Kausalität verliert auch der klassische Begriff der Erkenntnis als (sprachliche) Repräsentation einer ihr mehr oder weniger entsprechenden (unabhängigen) Wirklichkeit an Bedeutung. Diese aus unterschiedlichen Traditionen gespeiste Kritik der Repräsentationsidee (Nietzsche, Heidegger, Davidson, Foucault, v. Foerster, Rorty u. a.) ist die andere, der Naturentmächtigung korrespondie-

6 Th. W. Adorno, Negative Dialektik. Frankfurt/M. 1966, 263.
7 E. Mach, Die Principien der Wärmelehre. Leipzig 1896, 345 f.
8 E. Mach, Die Analyse der Empfindungen. Jena 1902³, 73.

rende Seite. Was wir Realität nennen, erscheint zusehends als Konstruktion von Verstandeshandlungen oder Kommunikationen, die, durch welche Kräfte auch immer, in den Rang neuer Selbstverständlichkeiten gehoben werden. Es überrascht daher nicht, daß eine Reihe von Theoretikern dazu neigt, Prozesse der Bestandssicherung der Realität über Mechanismen der Selbstreferentialität oder Rückbezüglichkeit zu interpretieren. Unter dieser Voraussetzung bleibt der Status der Realität äußerst prekär; die Wirklichkeit stellt sich als ein hochkomplexes System vielfacher Vermittlungen dar, deren Einzelwirkungen ebensowenig zu überschauen sind wie das Zusammenspiel aller an einem Ereignis beteiligten Komponenten. Lange Wege, das heißt, verzögerte Rückkoppelung und hochgradig mediatisierte Handlungen, geben überhaupt kein direktes Feedback, um einen Vergleich von Input und Output durchzuführen. Der Handlungsanstoß kann nicht wirklich mit dem Ergebnis, der Anfang nicht systematisch mit dem Ende einer Handlungssequenz eindeutig zusammengeschlossen werden.

Wenn ich die Selbstreflexionen der soziokybernetischen Theorien der Gesellschaft richtig verstehe, haben sie aus dieser Situation den fast unvermeidlichen (richtigen) Schluß gezogen, daß unter den Bedingungen hochgradiger Komplexität punktgenaue Eingriffs- und Steuerungsmöglichkeiten so gut wie ausgeschlossen sind, allenfalls Zielkorridore abgesteckt werden können. Zur gleichen Zeit machen wir die Erfahrung, wie eine neue Problemmaterie entsteht: *Risiken*. Es bildet sich, könnte man sagen, auch schnell eine entsprechende (neue) Disziplin: die Risikoheuristik, die sich quer durch alle gesellschaftlichen Problemfelder schreibt. Risiken müssen ökonomisch und ökologisch erschlossen und eingegrenzt, auf Sozial- und Umweltverträglichkeit geprüft und auf die Zukunft/Zukünfte hochgerechnet werden. Das gilt insbesondere für Risiken, die im Stadium der Planung noch weit außerhalb des Blickfeldes möglichen Wissens liegen, d. h. für ›evolutionäre Risiken‹ (Risiken in Größenordnungen und zeitlichen Erstreckungen, die über ein Menschenalter hinausgehen), die den Kontext, in dem sie auftreten, nachhaltig verändern. Für sie lassen sich keine historisch vergleichbaren Situationen angeben, weil die Gefahrenlagen, die sich mit ihnen entwickeln, noch nicht abgeschätzt werden können. Die Risikoheuristik ist Folge der Verwissenschaftlichung und Technisierung des Lebens. Sie bewegt sich in der Grauzone zwischen Erklären und Verstehen, Wahrsage und Vorhersage. Sie steht im Begriff, den Part der guten alten Urteilskraft zu übernehmen; Risikohermeneutik wäre daher ein ebenso treffender Begriff. Diese Heuristik ist freilich nicht auf Wissenschaft und Technik beschränkt, auch das Recht hat mit den Risiken in Form einer vorauseilenden Hermeneutik wie einer nachbessernden Kodifizierung zu kämpfen. Die Risikoheuristik ist die Wissenschaft des real existierenden Konjunktivs; in ihr bildet sich der Möglichkeitssinn der modernen Gesellschaft ab.

In all diesen Abschätzungsfragen spielt die Kausalität eine Rolle. Sie stellt unser Realitätsverständnis sicher, sie garantiert, wie Davidson sagt, daß unsere Urteile im großen und ganzen zutreffen, daß die meisten unserer Realitätsurteile wahr sind. Ohne ihre im Hintergrund unserer Lebensorganisation wirksame Kraft wäre eine allgemein verläßliche Handlungskoordination nicht möglich. Selbst wenn wir unterstellen, daß die Kausalität die von Davidson behauptete Rolle spielt, wissen wir auf einem bestimmten Komplexitätsniveau dennoch nicht genau, welche. Der Rekurs auf kausale Beziehungen hilft nicht weiter, wenn unterschiedlichste Faktoren von vielfach sich überlagernden Regelkreisen direkt oder indirekt auf das inkriminierte Ereignis einwirken. Entsprechend hat in der Wissenschaft die Kausalität (als Erklärungskonzept) ihre Welteindeutigkeit verbürgende Kraft ebenso eingebüßt wie in der Philosophie, in der seit Leibnizens Kritik an der frühneuzeitlichen Erkenntnistheorie (des Empirismus) klar ist, daß das Objekt des Erkennens nicht mit seiner Ursache verwechselt werden darf.[9]

In der Erkenntnistheorie, um daran zu erinnern, hat sich seit langem die Frage überholt, ob der Ursprung des Wissens vom Ich (Idealismus) oder vom Gegenstand (Realismus) ausgeht, insofern klar ist, daß das Bewußtsein stets Bewußtsein von etwas ist und der Gegenstand nur Gegenstand eines Bewußtseins. Es gelingt nicht, eine Erfahrung in seine Ursprungsregion zurückzuverfolgen; jedes Mal, wenn wir versuchen, den Grund oder die Ursache

9 Fichte beispielsweise übernimmt ein grundsätzliches Argument, das sowohl Leibniz als auch Spinoza benutzt haben, wenn er schreibt, daß die Annahme einer kausalen Wirkung eines Dings an sich auf ein Ich nicht zu verstehen sei; sie enthalte »bloße Worte, aber in ihr ist kein Sinn«. J. G. Fichte, Erste Einleitung in die Wissenschaftslehre von 1797. In: Fichtes Werke, Hrsg. von J. H. Fichte. Bd. 1. Zur theoretischen Philosophie. Berlin 1971, 438.

z.B. einer Wahrnehmung aufzuspüren, stoßen wir auf ein (in verschiedene Richtungen) vor uns zurückweichendes Fraktal. Es zeigt sich, wie sich mit dem Begriff der Grundlosigkeit der Erfahrung erneut die Grenze des Theoretisierbaren auftut. Anders gesagt: Etwas kann nicht eindeutig mit etwas anderem im Sinne der notwendigen Unabhängigkeit von Ursache und Wirkung miteinander in Beziehung gesetzt werden – weder im Bereich der mikrophysikalischen Realität, über die uns die Elementarteilchenphysik bzw. die Quantenmechanik informiert, noch in demjenigen, der in der Reichweite anthropologisch bestimmter Sinnesorgane liegt. Beginnen auf der einen Seite die Beobachtungs- und Gegenstandsgrenzen zu verschwimmen oder unscharf zu werden, so werden im Kontext unserer Praxis individuelle und kollektive Präferenzen derart in die Realitätsauffassung eingeschrieben, daß keine Möglichkeit verbleibt, diese von einer an sich seienden Realität zu trennen. Es ist nicht genau auszumachen, was der Subjekt-, was der Objektseite zuzurechnen ist; allenfalls lassen sich konventionell oder im Rückgriff auf pragmatische Zwecke bestimmte Verteilungsmuster erheben. Was wiederum erhebliche Folgen für die Erklärung von Gegenständen und Ereignissen hat, die nicht nur verschiedene, auf unterschiedlichen Ebenen liegende Ursachen/Gründe einbeziehen muß, vielmehr können sie auch gegensätzlicher Natur sein, ohne daß die Möglichkeit besteht, die Gegenstände auf sie zurückzuführen.

In der Wissenschaftstheorie von Kuhn bis Rescher hat sich die Auffassung durchgesetzt, daß unterschiedliche Erklärungen ein und desselben Phänomens wissenschaftlich möglich und vertretbar sind: Ereignisse oder Zustände, um die es jeweils geht, beruhigen sich nicht mehr in den Grenzen einer Erklärung (Interpretationspluralismus); sie scheinen nicht mehr ›gesättigt‹ durch die Ursachen und Gründe, die zu ihrer Erklärung bereitstehen. ›Ambivalenz‹ ließe sich daher in einer ersten Annäherung als Folge der Überkodierung und Überdetermination von Gegenständen und Ereignissen, Problemen und Programmen verstehen. Kurz, selbst wenn es kausale Zwänge gäbe, die uns zu einer bestimmten Realitätsauffassung veranlaßten, kann man sich nicht, wie Davidson gezeigt hat, auf die Kausalgenese unserer Überzeugungen und Wünsche, unserer Intentionen und unseres Wissens berufen, weder in dem Sinne, daß man sie auf bestimmte frühere Situationen und Ereignisse der Lebensgeschichte eindeutig zurückführen könnte, noch in dem anderen, daß sie normativ eine Legitimation darstellten für bestimmte Handlungen, die aus ihnen erwachsen könnten.

Beziehen wir diesen Stand der Dinge abermals auf das Recht, läßt sich eine gewisse Verwunderung darüber nicht verhehlen, daß unsere Gesellschaft bei der Suche nach Verursachern dennoch kein Pardon kennt: Bei immer schwieriger zu beantwortenden Zurechnungsfragen wird die Anzahl der zugerechneten Handlungen immer höher. H. Lübbe spricht gar von einer »Zurechnungsexpansion«[10], in deren Gefolge das ganze Leben mit Versicherungspolicen überzogen wird. Ein rechtsfreier Raum kommt für diese Gesellschaft einem horror vacui gleich. Das Problem aber ist nicht nur die expansive Politik der Zurechnung (und eine dementsprechende Abnahme persönlicher Verantwortung), sondern das Paradox, daß immer mehr darauf wartet, zugerechnet zu werden, ohne eindeutig zugerechnet werden zu können. Es bringt sich eine irreduzible Unbestimmtheit in Erinnerung, die nur um den Preis unvermeidbar willkürlicher Entscheidungen kleingearbeitet werden kann oder einen überaus hohen Vertrauensvorschuß braucht, um nicht in Erscheinung zu treten. Im Grunde aber untergräbt sie den bereits angesprochenen Rechtsgrundsatz, Gleiches als gleich, Ungleiches als ungleich zu betrachten.

Die ›zirkuläre Kausalität‹ macht es objektiv schwierig, wenn nicht unmöglich, ohne dogmatisch oder konventionell verabredete Definitionen von Primärursachen Täter zu identifizieren, Subsumtionsprobleme (des Rechts) zu lösen oder Technikfolgen abzuschätzen. Ein systemisch vernetztes Handeln beschränkt jede Beteiligung auf höchst indirekte Teilnahmen. Andererseits entsteht ständig ein erhöhter Zurechnungsdruck, weil jede Handlungsfolge von uns (individuell oder kollektiv) verursacht erscheint und entsprechend verantwortet werden muß, was so weit geht, daß auch die Kategorie des Unglücks, wo nicht abgeschafft, so doch in den Hintergrund gerückt wird. Jedes Unglück wird, wie J. Shklar betont, tendenziell zu einer Ungerechtigkeit.[11]

10 H. Lübbe, Moralismus. Über eine Zivilisation ohne Subjekt. In: Universitas [1994] 4, 332-342.

11 J. Shklar, Über Ungerechtigkeit. Erkundungen zu einem moralischen Gefühl. Berlin 1992, insbes. 8-28, 87-137.

Gesellschaften im Medium des Sich-voraus-seins

Diese Problemsituation wird im ganzen erst verständlich, wenn man das veränderte Verhältnis der Modalbegriffe mit einbezieht. Denn beide Klassen von Kategorien, Relations- wie Modalbegriffe, zeigen heute vergleichbare Fluchtbewegungen. Das, was ist oder passiert, findet danach in den herkömmlich interpretierten Modalbegriffen wenig Halt. Damit wäre ich bei meinem letzten Stichwort: Man hat von der Moderne wiederholt gesagt, sie bestehe wesentlich in/aus Vorreden zur Überschreitung; sie verweise in der Masse ihrer Handlungen und Produkte, ihrer Gesten und Deutungen auf ein ›Mehr‹, auf einen ›Überschuß‹, auf eine Bewegung ständiger Transgression. Von der Logik (Frege, Gödel) bis zur Kunst bleibe der Moderne zuletzt nur der Rekurs auf ein Ungesättigtes oder Undarstellbares. Sie wird vorgestellt als eine ununterbrochene Folge von Neueinsätzen und Anfängen, die sie mit einem einzigartigen Gefühl der Freiheit erfüllt. Einmal auf der Überholspur, sei sie gehalten, *sich ständig vorweg zu sein.*

Diese Beschreibung eines Surplus der Moderne erschließt die Sache im großen und ganzen richtig. Gleichwohl wäre es von Vorteil, sie im Kontext einer Semantik des Unbestimmten umzuakzentuieren und Konsequenzen in einer Richtung zu ziehen, die selten oder gar nicht anvisiert werden. Man könnte nämlich auch sagen, die moderne Gesellschaft erzeuge ununterbrochen eine Masse von Produkten und Handlungen, Problemen und Programmen, die einzuholen und rational zu durchdringen sie nicht in der Lage ist; sie wälze ständig eine opake Masse von Problemmaterie vor sich her, für die sie im Augenblick der Entstehung noch keine Regeln besitzt, um sie kleinzurechnen. Wissenschaft und Technik schüfen Fakten, z. B. technische Möglichkeiten, für welche die Gesellschaft weder die rechtlichen Strukturen oder die politischen Rahmenbedingungen noch eine entsprechende moralische Kompetenz ausgebildet habe, um sie befriedigend in ihren Lebensprozeß zu integrieren: Ein menschliches Wesen kann zwischen seiner Zeugung und seinem Eintritt in das Erwachsenenalter bis zu fünf Elternpaare haben.[12] Wir haben eine pränatale Diagnostik, wissen

12 Vgl. das schöne Schaubild in: Funkkolleg Technik. Studienbrief 3. STE 8/19. Deutsches Institut für Fernstudien. Tübingen 1994.

aber nicht, welche eugenischen, moralischen, rechtlichen und sozialen Konsequenzen wir aus dem Wissen um körperliche und geistige Defekte ziehen sollen. Wir haben Macht über Konzeption und Kontrazeption, können fötales Gewebe in die Köpfe kranker Menschen transplantieren. Das heißt, in den Labors und Rechenzentren werden durch die Steigerung technischer Potenzen Fakten geschaffen, denen die Gesellschaft hinterherhinkt und die sie zwingen, sie per Recht und Politik, Erziehung und Moral sinnhaft zu erschließen und einzugrenzen. Es scheint, daß die radikal moderne Gesellschaft mit ihren rechtlichen, politischen und wissenschaftlichen Mitteln zur rationalen Bearbeitung der Probleme immer *zu spät kommt*, weil sie sich im Medium des *Sich-voraus-seins* reproduziert. Noch bevor die alte Problemmaterie bewältigt ist, haben sich (vor allem in bestimmten ›heißen Phasen‹ der Technik- und Wissenschaftsentwicklung) bereits neue Fragen darübergeschoben.

Das bedingt die eigentümlich paradoxe Doppelbindung, in der die moderne Gesellschaft gefangen erscheint: Auf der einen Seite wird sie von Tag zu Tag transparenter, erweitern sich ständig die Möglichkeiten einer rationalen Problembearbeitung, auf der anderen Seite türmt sich eine undurchdringliche Masse von Problemen und Produkten vor ihr auf. Die Gesellschaft erscheint uns von Tag zu Tag unvertrauter, nachgerade unheimlich, wenn Versuche gemacht werden, bestimmte Technikfolgen (z. B. Gentechnik, Reproduktionsmedizin, Internet) zu antizipieren. Wie wir beobachten können, sind die gesellschaftlichen Konflikte heute wesentlich Auseinandersetzungen über Ungewißheiten und Ambivalenzen, die mit der rasanten Entwicklung von Technik und Wissenschaft einhergehen.

Kontingenz oder ›daß es auch anders sein könnte‹ bedeutet in diesem Zusammenhang, daß sich in jeder neuen Möglichkeit etwas verbirgt, dessen Folgen in keiner Weise vorhersehbar sind, etwas, das auf kurze oder lange Sicht alles umstoßen und einen generellen Wandel herbeiführen könnte: sowohl im individuellen wie im sozialen Leben, im Verhältnis der Staaten zueinander oder im ökotechnischen Gefüge moderner Gesellschaften.

In dieser Situation lohnt es sich, das Augenmerk auf die Modalbegriffe zu richten. Von Aristoteles bis an die Grenze der modernen Welt wird das Mögliche in den Horizont eines Wirklichen eingeschrieben, der für alle Potentialitäten eine begrenzte (endliche) Anzahl von Regeln/Wahlen/Optionen/Chancen bereithält. Das Mögliche kann, wie vermittelt auch immer, auf eine Art Vorzeichnung durch das Wirkliche zählen. Die Handlungsalternativen, die das Mögliche bietet, bleiben im Umkreis des Überschaubaren.

Die radikalisierte Moderne zersetzt diese Struktur. Zwar kann man nicht einfach sagen, die Sache habe sich verkehrt, das Mögliche entwerfe jetzt den Rahmen des Wirklichen, gleichwohl ist das Mögliche nicht mehr ein vom Wirklichen her eindeutig Bestimmbares. Schon deshalb nicht, weil dem Wirklichen selbst jene Welteindeutigkeit mangelt. Die moderne Gemengelage von Wirklichem und Möglichem enthält das Moment eines radikal Unbestimmbaren, das sich aus jener undurchdringlichen Problemmaterie herzuschreiben scheint, welche diese Gesellschaft im Medium eines permanenten Übergehens ständig vor sich herschiebt.

Ein Großteil der Theoretiker der modernen Gesellschaft neigt dazu, Möglichkeit im Sinne von Optionen/Chancen/Alternativen/Wahlen, welche die Gesellschaft den Verbrauchern bietet, auszudeuten. Danach wird die Umstellung auf den »Möglichkeitssinn« (Musil) als Optionalisierung der gesellschaftlichen Wirklichkeit verstanden. Die zeitgenössische Gesellschaft erscheint als »universe of chance« (Peirce), das den einzelnen vor die Qual der Wahl stellt (»Multioptionsgesellschaft«). Unbestimmbarkeit bezieht sich nur darauf, daß im Einzelfall unvorhersagbar bleibt, wann, von wem, in welcher Weise mit welcher Intensität Wahlen getroffen werden.

Wird das Gefüge der Modalbegriffe in dieser Weise gedacht, gerät die für die radikalisierte Moderne bezeichnende Unbestimmbarkeit noch nicht in den Blick, das heißt, jener neuartige Typ von Problemen, für die, wenn sie entstehen, es im Rahmen bestehender rechtlicher und technologischer Regelungen noch keine vorgebahnten Lösungswege gibt. E. Durkheim hatte noch geglaubt, diese ›Unterregelung‹ als zeitweilige oder vorübergehende Phasen eines »anomischen« Gesellschaftszustandes beschreiben zu können. In ihrem Sich-voraus-sein erzeugt die postmoderne Gesellschaft beständig eine Masse von Faktizitäten, die erst post festum erschlossen, das ist interpretiert, kodifiziert und geregelt werden müssen; die darauf wartet, nachträglich mit Sinn erfüllt zu werden. Das Unbestimmtheitsdispositiv dieser Gesellschaft macht es unmöglich, daß Mögliches und Wirkliches sich aneinander messen. Sie scheinen überhaupt keine Rahmen mehr füreinander zu sein. Anders als Marx geglaubt hat, schaffen wir uns offensichtlich Probleme, für die die Menschheit nicht längst schon die Lösungen besitzt, sie fortzuschaffen.

9. Wissen und Information

An der Semantik des Wissens läßt sich beobachten, wie die Ausdifferenzierung der Wissensordnung nicht notwendig dazu führt, genauer zu wissen, was mit Wissen gemeint ist. Durch die Wissenschaft oder sonstwie haben wir gelernt, zwischen prozeduralem und deklarativem Wissen zu unterscheiden, wir kennen das diskursive und intuitive, das propositionale und nichtpropositionale Wissen, glauben, die differentia specifica impliziten und expliziten Wissens benennen zu können, schätzen vernetztes Wissen höher ein als bloß fragmentarisches, können die Unterschiede zwischen Erfahrungs- und Orientierungs-, Basis- und Metawissen den jeweiligen Zwecken angemessen klar und deutlich markieren –, aber was Wissen ist, wissen wir nicht oder immer weniger; dem starken Verdacht, daß das, was Wissen heißt, sich bei näherer Untersuchung im diffusen Licht klarer Unterscheidungen verliert, läßt sich kaum mehr etwas begründet entgegenhalten. Unbegründet ist daher die Frage nicht, ob es diesen (intelligiblen) Gegenstand als ein diverse Wissensmodi umfassendes Band überhaupt gibt, ob er sich vielleicht nur über ein in Form von Teilmengen differenziertes Konstrukt darstellen läßt.

An die Diagnose einer Nichtrepräsentierbarkeit des Wissens (und der Gesellschaft) können weitläufige und interessante Überlegungen angeschlossen werden. Bereits Sokrates bzw. Platon mußten ähnlich schwer verständliche Erfahrungen mit den Formen des Wissens, einschließlich des Wissens, das sich selbst zu verstehen sucht, machen. Irritierend jedenfalls ist die Korrelation schon, die zeigt: Je mehr die Gesellschaft diesen Rohstoff zu ihrer Reproduktion und Prospektion braucht (zur Verständigung über ihre Grundlagen und Ziele, zur Koordination ihrer Systeme und Interessen, zur ökonomischen Entwicklung und Zukunftsplanung usf.), je mehr sie ihn in ihre fraktale Geometrie und Dynamik einbeschrieben begreift, desto intelligibler und undarstellbarer auch scheint sie sich in diesem reflexiven Medium zu werden.

Den erwähnten Differenzierungen soll nun nicht eine weitere hinzugefügt werden, es soll vielmehr eine Unterscheidung ausbuchstabiert werden, die nicht eigentlich »am Wissen«, sondern – wie man sagen könnte – »im Wissen« gemacht wird, um sie daran anschließend mit einigen Positionen des Informationsbegriffs zu konfrontieren. Das ist zugegeben nicht einfach, weil die Philosophie die Signifikanz des Wissens in eine begriffliche Konstellation eingebettet hat, in der auf dieser den kognitiven Diskurs betreffenden Ebene eher die Gegenbegriffe des »Meinens« und des »Glaubens« die erste Rolle gespielt haben.

I.

Georg Simmel hat bei Gelegenheit bemerkt, daß wir hinlänglich genau wüßten, was uns mißfällt, nicht aber ebenso klar und deutlich zu sagen wüßten, was uns gefällt. Es ist eine tausendfach gemachte Erfahrung, daß wir jedesmal in unseren positiven Bestimmungen dessen, was wir wünschen, weit hinter dem zurückbleiben, was wir kritisieren. Das gilt sowohl für die Voraussetzungen der Kritik, für die gesellschaftlichen und epistemologischen Bedingungen, die wir gezwungenermaßen unterstellen müssen, es gilt erst recht für den mit aufgerufenen, angestrebten Zustand eines Besseren, der uns allenfalls unbestimmt und vage vorzuschweben scheint. Jeder Text, der in kritischer Absicht vorgetragen wird, weiß also in einem ungleich höheren Maße die negativen Aspekte einer Sache bestimmt zu benennen als umgekehrt, in der Überschreitung des Bestehenden, sie auch in positive Bestimmungen umzusetzen.

Günter Anders schreibt in dem erstmals 1956 publizierten Buch über *Die Antiquiertheit des Menschen* – in einem Buch übrigens, das mit jeder technologischen Neuerfindung des Menschen bzw. am Menschen sich wie von selbst reaktualisiert: »Daß wir *nicht sterben wollen*, ist zwar wahr; unwahr dagegen, daß wir positiv weiter und immer weiter leben, also Abermillionen Jahre alt werden wollen.« In diesen Sätzen zeigt sich wiederum, daß, wie Anders weiter schreibt, »die Bestimmtheit [...] ausschließlich zur Negation (gehört), also zur Abwehr, nicht zum positiven Wunsch«.[1]

Mein letztes Beispiel. Im Anschluß an einen Vortrag über praktische Philosophie und Moral sagte einer der Veranstalter der Vor-

1 G. Anders, Die Antiquiertheit des Menschen. Bd. 1. München 1987, 58, 59.

tragsreihe: Er habe jetzt sehr gut verstanden, was Moral von Recht und Ökonomie, von ästhetischen und pragmatischen Handlungsorientierungen unterscheide, nicht aber, trotz aufwendiger Nachfragen, worin denn das positive Kriterium für moralisches Handeln bestehe – und also schloß er weiter: Diese Moralauffassung tauge nicht, sie habe wenig sittlichen Nährwert. Die bessere Tradition der Philosophie von Sokrates bis Wittgenstein – wenigstens in meiner Lesart – sagt aber etwas anderes, ihre Konklusion läuft daraus hinaus, daß, wenn wir den Unterschied zwischen gut und böse, recht und schlecht in eindeutiger Weise zu klären und zu bestimmen wüßten, es den Sinn des Moralischen zerstören würde. Wittgenstein: »›Als ob‹ das, was gut ist, noch begründet werden könnte.« Wir ›wissen‹, wann wir eine Handlung als moralisch verwerflich und böse (dis)qualifizieren können, wir können aber nicht positiv und mit Bestimmtheit sagen, was gut, was tapfer, was gerecht ist, was definitiv das moralisch Gute vom Verwerflichen unterscheidet. Oder wie Alain Badiou sagt: »Die Ungerechtigkeit ist klar, die Gerechtigkeit ist unklar.«[2]

Man könnte sagen, Simmels Hinweis auf die Unterbestimmtheit der Kritik; Anders' Einsicht in die Differenz zwischen dem Nichtsterbenwollen und dem: aber auch nicht endlos weiterleben wollen; sowie Platons bzw. Wittgensteins Begriff von der diskursiven Unerreichbarkeit des Guten sind Beispiele für eine auffällige *Asymmetrie im Wissen*. Sie markieren ein grundlegendes *Bestimmungsgefälle* zwischen dem positiven Wissen um das, was wir *nicht* wollen, dem Negativen also, und einer notorischen Unterversorgung des Wissens mit positiver Bestimmtheit dort, wo es darum geht zu sagen, was genau wir wollen oder wünschen. Kurz, wenn wir die in den Beispielen angestellten Reflexionen verallgemeinern, heißt das, eine fundamentale Asymmetrie im Wissen selbst anzuerkennen zwischen dem positiven Wissen des Negativen und dem negativen Wissen bzw. dem relativen Nichtwissen des Positiven. Im folgenden soll dieses qualitative Bestimmungsgefälle oder diese dem Wissen engrammatische Differenz oder Negativität dazu verwendet werden, um das Verhältnis zum Informationsbegriff genauer zu untersuchen.

2 A. Badiou, Wahrheiten und Gerechtigkeit. In: A. Badiou, J. Rancière u. a., Politik der Wahrheit. Wien 1997, 54.

II.

Nun verhält sich die Sache insofern vertrackter, als unser positiv bestimmtes Wissen um das Negative immer auch von (uns) intransparenten Vorgriffen, von der Kraft des relativ unbestimmten (oder teilabwesenden) Positiven zehrt; *unauffällig* ist es in den die Negativität rekonstruierenden Prädikaten präsent, es supplementiert, motiviert, normiert und subvertiert in seiner gespensterhaften Halbexistenz alle positiven Bestimmungen des Negativen. Was eben bedeutet, es kann nur in der Form eines Mangels an Bestimmtheit angesprochen werden, eines Bestimmtheitsdefizits, das gleichwohl, wie man sagen könnte, eine Positivität abstrahlt: Sie bietet, paradox genug, der bestimmten Kritik oder Aussage eine in entscheidenden Momenten unterbestimmte Basis, um sich dezidiert zu artikulieren. Dieses abwesend oder unbestimmbar Positive, von dem wir Kenntnis haben, ohne sie anderen prädikativ bestimmt zur Kenntnis bringen zu können oder auch nur zur Kenntnis bringen zu müssen, öffnet überhaupt erst den logischen Raum für unseren propositional bestimmten Zeichen- und Symbolgebrauch, erst vor diesem logischen Hintergrund können Aussagen auf ihren Aussagenwert geprüft und Sätze auf ihre kognitive Wahrheit, moralische Richtigkeit oder expressive Angemessenheit hin formuliert werden.
Sokrates: Wer oder was ist tapfer?
Die bestimmte Antwort des Feldherrn (Laches): Der, der nicht zurückweicht.
Sokrates: Ist nicht auch der tapfer, der zurückweicht, weil er einen strategischen Vorteil sieht, um auf andere Weise zu siegen?
Feldherr: Ja natürlich, auch der.
Sokrates: Also was?
Feldherr: Der, der kluge Standfestigkeit beweist.
Sokrates: Wer jemandem Geld geliehen hat und darauf beharrt, es zurückzuerhalten, ist klug und standfest, aber tapfer?
Feldherr: Stimmt auch wieder.
Sokrates: Also was?
(Sie sollten Nietzsches Kommentar mithören: Welch ein gerissener Hund, dieser Sokrates – dieser »Moralmonoman«, diese »Superfötation der Logik« – wie er an den Nerven der naiven, gutmütigen Athener zerrt).
Sokrates: Also was?

Feldherr (ganz tapfer): Tapferkeit ist eine Tugend.
Sokrates: Ja ja, schon recht, aber allenfalls ein Teil der Tugend, es gibt viele andere...
Sie beschließen das Gespräch – so Gott will –, morgen fortzusetzen, nicht ohne daß Sokrates seine (ironische) Antwort im Sinne einer Philosophie des Unbestimmten bzw. der unbestimmten Bestimmtheit zum besten gegeben hat: man müsse in allem dem logos folgen, der standhaft zu bleiben befiehlt.
Soweit Sokrates bzw. Platon als short story. Entscheidend ist, daß das Wissen um die Tapferkeit oder andere lebensrelevante Dinge von einer *radikalen Unbestimmtheit* durchquert wird, die uns zwar dazu verhilft, einseitige oder schiefe, widersprüchliche oder problematische Begriffsumfangsbestimmungen abzuweisen, das heißt, bestimmt zu negieren, nicht aber uns in die Lage versetzt, die Extension und Intension der Begriffe widerspruchsfrei und erschöpfend zu explizieren. Die Unbestimmbarkeit (des Wissens) supplementiert auf der einen Seite die ausschnitthaften, für unsere Alltagspraxis meist hinreichend präzisierten Konzepte, sie eröffnet den logischen Raum oder Hintergrund, in dem einzelne Aspekte als Teilbestimmungen des Ganzen verstanden werden können, das heißt, sie hat trotz der Unbestimmbarkeit des Umfangs eine Ordnung und Struktur, eine stets nachwachsende oder (in aller Begriffsarbeit) sich regenerierende Korrektivfunktion. Nicht ohne Grund hat Wittgenstein, als er in der Metapher ›vom sich verschiebenden Flußbett der Gedanken‹ auf dieses radikale Unbestimmtheitsmoment des Wissens stieß, von einer »Mythologie« gesprochen. Was gleichsam die Plausibilität der einzelnen richtigen oder problematischen Gegenstandsreferenzen fundiert, ist in der Tat eine Art apeironotropischer Richtungssinn, welcher die Unbestimmtheit des Allgemeinbegriffs aus sich entläßt.
Im Reflexivwerden aller Bestimmungen des Wissens und Handelns in der Moderne wird diese Grenze, die sich verschiebende Grenze, immer entfesselter traktiert und erneuert. Es verwundert daher nicht, Ironie und Melancholie als ständige Begleiter dieser Modernitätserfahrung beschrieben zu finden, einer Erfahrung, die alles begriffliche Denken (der Philosophie) einer Selbstverfehlung ausgesetzt oder den »Schmerz des Negativen« in das Wissen eingetragen sieht. (Jeder Begriff reflektiert den inneren Widerstreit der Vernunft, den zwischen Endlichem und Unendlichem, Freiheit und Notwendigkeit, dem Anfangenkönnen und dem Immer-

schon-angefangen-haben.) Ohne über die querelles entre les anciens et les modernes an dieser Stelle zu spekulieren – so viel läßt sich sagen, daß Sokrates' Strategie darin besteht, die unbestimmte Bestimmtheit in der Mitte des Begriffs bzw. des Wissens aufzurichten, ihre paradoxe Doppelbindungsstruktur auf mehrfache Weise ironisch zu brechen und zu nutzen: in Form begrifflicher Dekonstruktionen die epistemischen wie normativen Gehalte der praxisrelevanten Begriffe freizulegen sowie im Blick auf sein persönliches Leben den privaten Hausgeist, sein Daimonion, zu bemühen.

›Positivierung des Unbestimmten‹ bedeutet gerade nicht die Anerkennung des Irrationalen als Letztauskunft – irrational wäre die Auffassung nur, wenn die Rationalität alles wäre oder, besser, wenn die Vernunft zu ihrem Selbstverständnis oder ihrer Selbstbegründung einer Leerstelle oder einer Idee entraten könnte, nicht von sich aus einen Hintergrund, einen Kontext bräuchte, über die sie im Rückgriff auf Dispositive unbestimmter Bestimmtheit ihrer selbst ansichtig würde.

Auch die Rede vom »blinden Fleck« zielt in die falsche Richtung, sie läßt sich noch von der falschen Aufklärungsmetapher einer totalen Transparenz, eines Diaphanen, leiten, dabei ist das Unbestimmtheitsmoment hinsichtlich seiner Funktionsstelle nichts weniger als blind, es ist das, was Sehen allererst ermöglicht. Daß es selbst im Augenblick (des Sehens) nicht gesehen werden kann, ist nur denen ein Mangel, die Vernunft nicht als inneren Widerstreit von Freiheit und Notwendigkeit, sondern als totale Durchsichtigkeit denken. Die Metapher vom blinden Fleck ist selbst eine Blindgeburt der wissenschaftlichen Rationalität, die in unseren Tagen durch den Konstruktivismus in viele Disziplinen Einzug gehalten hat. Das implizite Modell einer vollständigen Sichtbarkeit/Gläsernheit bzw. Verständlichkeit als Gipfel oder Utopie der Vernunft beschreibt nicht nur das Wissen auf unangemessene Weise, es wäre, wie Friedrich Schlegel erkannt hat, gar nicht wünschenswert. »Aber ist denn die Unverständlichkeit etwas so durchaus Verwerfliches und Schlechtes? [...] Eine unglaublich kleine Portion ist zureichend, wenn sie nur unverbrüchlich treu und rein bewahrt wird und kein frevelnder Verstand es wagen darf, sich der heiligen Grenze zu nähern. Ja das Köstlichste, was der Mensch hat, die innere Zufriedenheit selbst hängt, wie jeder leicht wissen kann, irgendwo zuletzt an einem solchen Punkte, der im dunkeln gelassen werden muß, dafür aber auch das Ganze trägt und hält und diese Kraft in diesem Augenblicke verlieren würde, wo man ihn in Verstand auflösen wollte. Wahrlich es würde euch bange werden, wenn die ganze Welt, wie ihr es fordert, einmal im Ernst durchaus verständlich würde. Und ist sie selbst, diese unendliche Welt nicht durch den Verstand aus der Unverständlichkeit oder dem Chaos gebildet?«[3]

Was Friedrich Schlegel an der phänomenologischen Außenseite des Wissens beobachtet, sieht die Unbestimmtheitssemantik im Wissen selbst am Werk. Sie lehrt ein radikal unbestimmtes, ein anonymes Es-denkt, ein vorprädikatives Sein zu sehen, das in aller Gegenstandsbestimmung appräsentiert, mit dem, wie Sokrates wußte, man rechnen muß und: ohne das man nicht rechnen kann. Man kann daher auch sagen, daß die Unabgeschlossenheit unserer Interpretationen nicht Zeichen eines Bestimmtheitsmangels ist, sondern unvordenkliche Startbedingung möglichen Gelingens, daß ›Mißverstehen‹ nicht Anzeige kollabierender Kommunikation, sondern Medium des Verstehens ist, daß die apeironotropische Reaktionsempfindlichkeit des Weltbild- oder Rahmenwissens seiner Erkennbarkeit nicht widerstreitet, sondern erst die logischen Konditionen bereitstellt, die der epistemischen Struktur nach ein Bestimmt- oder Propositionalsein ermöglicht; was aber einschließt, es auch in seiner Partikularität zersetzt sein zu lassen, das heißt, anders als höchst ambivalent – als das »Absolute einer Gefahr«, um einen Ausdruck Derridas aufzugreifen – ist die Struktur des Wissens nicht zu denken.

Zusammengefaßt, an der Einsicht in das dem Wissen konstitutive Bestimmungsgefälle und seiner paradoxen Natur geht uns gleichsam eine Zweidimensionalität auf, die, in verschiedene Richtungen entfaltet, aller Information fremd ist.

3 Fr. Schlegel, Über die Unverständlichkeit. In: Athenäum. Eine Zeitschrift von A. W. Schlegel und Fr. Schlegel, 1789-1800. Bd. 2. Ausgewählt von C. Grützmacher. Hamburg 1969, 245, 246.

III.

Bezieht man den Begriff der Information auf das strenge durch Shannon und Weaver formalisierte Konzept, dann geht es in ihm um eine mathematische quantitative Definition des Informationsgehalts einer Nachricht oder Aussage A, welche die Information als Logarithmus des Kehrwerts der Wahrscheinlichkeit definiert p (A): I (A) = log 1/p (A) = –log p (A).

Die Maßeinheit der Information wird bestimmt durch die Basis des Logarithmus. In der Informationstheorie nimmt man gewöhnlich den Logarithmus zur Basis zwei und erhält die Maßeinheit Bit. Ein Bit mißt die Information über die Entscheidung zwischen zwei gleichwertigen Alternativen.

Die Grundidee jener Formel ist leicht nachzuvollziehen: »Wenn aus einem Skatspiel (32 Karten) zufällig eine Karte gezogen wird, so hat jede Karte die gleiche Wahrscheinlichkeit p = 1/32, gezogen zu werden. Soll man jetzt in einem Ratespiel durch Fragen, die sich mit ›ja‹ oder ›nein‹ beantworten lassen, herausfinden, welche Karte gezogen wurde, so braucht man offenbar fünf solcher Fragen. Man kann nämlich durch eine solche Frage immer eine von zwei Möglichkeiten identifizieren. Dadurch kann man dann mit zwei Fragen eine von vier Möglichkeiten identifizieren, mit drei Fragen eine von acht usw. In unserem Beispiel braucht man fünf Fragen, weil $2^5 = 2 \cdot 2 \cdot 2 \cdot 2 \cdot 2 = 32$ ist, das heißt $5 = \log_2 32 = \log_2 (1/p)$. Da man bei optimaler Strategie in einem Ratespiel, das auf binären Entscheidungen basiert, gerade fünf solcher Binärentscheidungen braucht, um eine Karte zu erraten, ließe sich eine Mitteilung, welche Karte gezogen wurde, auch optimal in fünf Binärzeichen codieren.«[4]

Anerkannt wird in diesem Konzept, daß der quantitative Informationsgehalt einer Nachricht nicht viel mit dem qualitativen Inhalt, das heißt der Bedeutung zu tun hat, weder im Sinne der Referenz oder des Gegenstandsbezugs, wonach ›H_2O‹ und ›Wasser‹ trotz unterschiedlicher Beschreibungsversionen denselben Gegenstand meinen (meaning). Noch hinsichtlich der Wertigkeit oder Valenz, also dessen, was die Lebensphilosophie mit Bedeutsamkeit (significance) umschrieben hat.

Gleichwohl gibt es auf der Basis erweiterter Konzepte eine ganze

4 G. Palm, Information und Entropie. In: Natur und Wissenschaft. Hrsg. von H. Hesse. Tübingen 1985, 96.

Reihe von Versuchen, den Bedeutungsaspekt in ein informationstheoretisches Konzept zu transformieren. Der Haupteinwand, der heute üblicherweise gegen diese Ansprüche erhoben wird, ist altbekannt und lautet: daß die informationsverarbeitenden Systeme, so kompliziert sie auch sein mögen, nichts von Bedeutungszusammenhängen wüßten, in diese würden sie z. B. erst durch den Programmierer, durch dessen Aufgaben- und Lösungsverständnis gestellt; daß die computerielle Manipulation von Zeichen physikalische Zustandsveränderungen seien (im trockenen Silizium), die vom sprachlich-symbolisch vermittelten Selbst- und Fremdverstehen von Menschen (in feuchter neuronaler Hardware) durch eine Bedeutungsschranke grundsätzlich getrennt seien, kurz: aus Syntax keine Semantik zu gewinnen sei. Oberflächliche Verhaltensähnlichkeiten bei Aufgabenlösungen oder Entscheidungen usf. seien die Folge der problematischen Totalisierung einer einzig am äußerlichen bzw. funktionalen Verhalten orientierten Beobachterperspektive.

Das alles braucht nicht bestritten zu werden, im Horizont der Unbestimmtheitssemantik scheint es dennoch angebracht zu sein, das Argument auf eine andere Weise zu reformulieren, auch deshalb, weil die Vermutung nicht leicht aus der Welt zu schaffen ist, daß bei einer Steigerung der Rechenkapazität um einige Potenzen sich doch vermittelst emergenter Prozesse jene Qualitäten (»qualitative Sprünge«) einstellen könnten, die wir mit Bewußtsein bzw. Bedeutung in Verbindung bringen – zumal es ja auch der ›Evolution‹ auf irgendeinem Wege gelungen zu sein scheint, das materielle System unseres Organismus so zu organisieren, daß es diese spezifische Leistung: mit Bewußtsein und Begriff zu operieren oder im Raum von Semantik und Pragmatik zu agieren, hervorgebracht hat. Zunächst ist jedenfalls nicht abzusehen, welche phantastischen Rechenleistungen Computer, zum Beispiel Quantencomputer, noch erreichen werden, auch wenn entscheidende Probleme (noch) nicht gelöst sind.

IV.

Läßt sich Wissen auf Information und Informationsverarbeitung reduzieren? Ist eine vollständige Informatisierung des Wissens möglich? Und: Wäre es das Ende des Wissens, wenn eine voll-

ständige Übersetzung wissensrelevanter Zusammenhänge in die Sprache der Information gelänge?
Was in den informationstheoretisch reformulierten Wissensarchitekturen ausgeschlossen wird, ist die aporetische, durch selbstbezügliche Negativität gekennzeichnete Struktur, also das den logischen Raum überhaupt erst eröffnende sprachliche Handeln, das seine nicht objektförmige (positionale) Positivität darin erweist, als schlechthin notwendige Supplementierung allem objektiven (formalisierbaren) Wissen vorausgehen zu müssen, ohne selbst als Gegenstand oder in seiner Objektivität in Erscheinung treten zu können. Diese radikale Unbestimmtheit hat die für propositionales Wissen notwendige Funktion der Welterschließung in des Wortes doppelter Bedeutung: als Bestimmtheit und Welteindeutigkeit schaffende *Schließung*, welche augenblicklich zu einer unvermeidbaren *Eröffnungspartie* gerät. Wie die Subjektivität als verschwindender Vermittler aus der sich selbst zersetzenden Mitte von ›ich denke‹ und ›es denkt‹ zu verstehen ist, so das Wissen durch einen nichtbewußten, nichtwißbaren, anonym bleibenden Wissenskern, der sich nicht in die Sprache von Null und Eins übersetzen läßt, nicht objektivierbar ist, weil er weder subjektiv (erfahrbar) noch objektiv (demonstrierbar) ist. Alle Verstandesoperationen lassen sich im Prinzip (wenn auch aller Wahrscheinlichkeiten nach nicht tatsächlich) binarisieren, in ›0‹ oder ›1‹ übersetzen – bis auf das Setzen selbst: das alle Unterscheidungsoperationen erst ermöglichende (intelligible) Projektionsfeld.
Die Pointe ist, daß man codieren/programmieren/implementieren müßte, was man nicht weiß, weil *es* sich entzieht, diese (radikal unbestimmte) Es-Funktion aber unabdingbar für das Wissen ist, und zwar in doppelter Hinsicht: als (stets externes) Supplement und (internes) Korrektiv. Das Wissen ist gleichsam der Sohn eines Vaters, der gleich im Augenblick seiner Zeugung den Herrensignifikanten für null und nichtig erklärt, ihn dadurch depotenziert, daß er ihn auf die Funktion einer bloß es-haften Voraussetzung herabdrückt, die zwar, in ihrer Zeugungs- oder Vermittlungsrolle unabdingbar, sofort verschwindet, wenn nach ihrer instantiierenden Leistung gefragt wird – um verwundert die Erfahrung zu machen, daß hinterrücks (in Gestalt eines neuerlichen Korrektivs) das Gesetz des Vaters, der Herrensignifikant, im Sohn wieder aufgerichtet wurde. Anders gesagt, es ist nicht zu sehen, wie die Struktur unbestimmter Bestimmtheit in die Hardware von infor-

mationsverarbeitenden Maschinen implementiert werden könnte, da im Augenblick der Implementation sie sich selbst transformieren und destruieren müßte.

Im Wissen spielt das Nichtwissen, die Negativität des Wissens, die größte Rolle, in der Information allenfalls eine andere Information. Wenn Mittelstraß im Rückgriff auf Pascal von einer Wissenskugel spricht, die im Ozean des Nichtwissens schwimmt, so ist das Bild mindestens insofern schlecht gewählt, als der entscheidende Punkt des Wissens, im Unterschied zur Information, diese dem Wissen immanente unbestimmte Bestimmtheit ist, ohne die das Wissen kein Wissen wäre. Das ›Nicht nichts‹ des Wissens ist kein Akzidenz des Wissens, sondern sein den Schmerz des Negativen vergegenwärtigendes Regulativ. Der Schmerz des Negativen gehört zum Wissen wie die Energie zur Masse.

V.

Die aus dem inneren Widerstreit der Vernunft resultierenden Probleme von Wissen und Information kehren in veränderter Gestalt in den gesellschaftlichen Auseinandersetzungen wieder, in die wir uns in Wissenschaft und Wirtschaft, Recht und Alltag verwickelt sehen. Die Zweidimensionalität des Wissens und die Eindimensionalität der Information zeigen sich auch in den verschiedenen Zusammenhängen der gesellschaftlichen Praxis. Information, könnte man pointiert sagen, ist immer stumm, neutral, das Paradeprodukt einer angebotsorientierten Ökonomie, mit Information allein kann man nichts anfangen. Erst wenn der Konstrukteur oder Programmierer die syntaktische Anordnung bestimmter Zeichen in symbolisch vermittelte Zusammenhänge übersetzt, wird aus Information Wissen; erst wenn die Nutzer der Information es verstehen, sie als Information zu entsprechenden Zwecken zu gebrauchen, verwandeln sie sie in brauchbare Kenntnisse, kann sie als Orientierungs- oder als Begründungswissen, als Meinung oder als Appell aufgefaßt werden. Information verlangt nach einer ständigen Transformation, damit aus ihr Wissen werden kann. Wie das Kapital bei Marx danach dürstet, den toten Produkten lebendige Arbeitskraft zu inkorporieren, um Kapital, Geld heckendes Geld aus ihnen zu machen, auf vergleichbare Weise muß der Information Wissen in Form von synpragmatischem Verweisungswissen und

Reflexivität zugesetzt werden. Was aber heißt, für die Gegenwart festzustellen, daß Wissen und Information der Tendenz nach immer weiter auseinanderdriften, mit der Folge, daß sich jetzt am Wissen Probleme immer nachdrücklicher zu Bewußtsein bringen, die, solange es in erster Linie um das Verhältnis von Wissen und Glauben, Wissen und Meinen ging, eine weit weniger beachtete Rolle gespielt haben. Legt man das Hauptgewicht darauf, Wissen von Meinen oder Glauben abzusetzen, werden zwangsläufig die Aspekte wichtig, welche die gewißheitsverbürgende Objektivität des Wissens belegen können. Wissen versteht sich dann im Unterschied zu vermuten, glauben, ahnen, vom Hörensagen kennen, interpretieren vornehmlich als etwas wirklich kennen oder: begründet über etwas Auskunft geben können oder: etwas hinsichtlich seines Funktionierens erklären können (bzw. auch praktisch umsetzen können). Wissen heißt dann, hinreichend genaue Kenntnis haben davon, wie sich eine Sache verhält.

Indem die Information jetzt die Bedeutung des Informiertseins, des Sichauskennens bzw. des Könnens hat, fällt dem Wissen mit seiner Aufgabe der Kontextualisierung der Information der Part zu, Unsicherheit zugleich aufzudecken und zu absorbieren. Kurz, im Zusammenhang der radikal modernen Welt tritt der *Fraglichkeitscharakter* des Wissens wieder stärker hervor; an der (an sich schätzenswerten) Information dagegen ihre in vielfacher Hinsicht problematische *Positivität*. Zwar sind beide auseinandergetreten, aber die historische Konstellation, die sie beschreiben, legt die Diagnose nahe, daß Information und Informationsverarbeitung, die tendenzielle Informatisierung der gesamten Gesellschaft sich einen Herrschaftsanspruch einverleibt hat: alles Wissen ausnahmslos als eine Art oder Abart von Information zu verstehen. Da man es den Informationen nicht oder wenigstens sehr häufig nicht ansieht, ob es sich bei ihnen um Berichte oder Meinungen, Absichtserklärungen oder Normen, science oder fiction oder beides handelt, muß Wissen aktualisiert werden, jener besondere Modus des Wissens, anderes Wissen zu managen. In Erinnerung bringt sich dabei vor allem ein, wenn nicht der entscheidende Unterschied: der Wahrheitsbezug, der sehr wohl vom Wissen, weniger aber oder gar nicht von der Information festgehalten wird. Informiertsein bedeutet in der Regel nicht zu wissen, ob die Information auch ›stimmt‹ oder welche Geltungsansprüche mit ihr verbunden werden. Wissen ist aber ohne den index veri et falsi nur schwer zu denken.

Die durch das Wissen angeleitete Rekontextualisierung der Information wiederholt das Bestimmungsgefälle, welches das Wissen selbst in sich trägt; Kontextualisierung erfordert sowohl ein Reflexivwerden in Form einer kritischen Prüfung über die Relationierung der Informationen als auch einen check-up in bezug auf praktische Zusammenhänge. Nicht zuletzt daran zeigt sich der Fraglichkeitssinn des Wissens, daß die Kluft zwischen wissenschaftlichem Verstand und praktischer Vernunft ständig größer zu werden scheint, durch Information allein jedenfalls läßt sie sich nicht schließen.

Wissen ist kein Behälter voller Informationen oder Kenntnisse, kein Schatz, auf dem man sitzt, es bildet als dezentrierte Mitte den inneren Widerstreit ab zwischen der bestimmten Negativität unserer Sätze und Aussagen und der Präsenz einer unbestimmbaren, stets unterdeterminierten Positivität, die jedes Wissen qua Information, jede Vorstellung, die Wissen gegenständlich auffassen oder in handhabbare Informationslasten umwandeln will, durchkreuzt. Was relativiert werden soll, ist diese dingliche Behältervorstellung vom Wissen. Zwar haben Information und Wissen eine große gemeinsame Schnittmenge, gleichwohl bringt sich heute der Fraglichkeitscharakter des Wissens stärker zu Bewußtsein, vor allem an Fragen wie,

– ob Wissen überhaupt besser ist als Nichtwissen, ob Wissen stets dem Nichtwissen vorzuziehen ist,
– welche impliziten Normen und Präferenzen zum Aufbau von Wissensstrukturen geführt haben, wie sie im Gebrauch sich erweitern und verengen, verstärken und abschwächen, wie die Performativität des Wissens seine Objektivität unterläuft,
– in welches veränderte Verhältnis Vergessen und Erinnerung zum Wissen treten,
– ob nicht die mit Informatisierung und Spezialisierung (Vergegenständlichung, Positivierung) verbundene Kapitalisierung des Wissens zu neuer gesellschaftlicher Ungleichheit führt,
– ob nicht das Wissen, von der Aufklärung zu einer Instanz gesellschaftlicher Befreiung erklärt, jetzt – vor allem in Gestalt der Informatisierung gesellschaftlicher Beziehungen – neue Formen von Herrschaft ausbildet und sich zuletzt, wie alle übrigen Institutionen auch, in einer ›Dialektik der Aufklärung‹ verfangen sieht?

III. Moral
Die normative Kraft des Unbestimmten

10. Die Unausdeutbarkeit des Selbst

Moralität ohne Sinn für Paradoxie ist gemein.

Friedrich Schlegel

Man sollte glauben, es sei ein leichtes, angesichts der Hochkonjunktur der Ethik gegen Ende des 20. Jahrhunderts die Grundlinien einer praktischen Philosophie zu entwerfen. Das Gegenteil ist der Fall. Es ist schwieriger denn je, über praktische Vernunft und verwandte Gegenstände zu sprechen.

Von Foucault – aus der *Ordnung der Dinge* – stammt der schier unglaubliche Satz, die Moderne habe keine Ethik hervorgebracht. Auch wenn man dieser Äußerung mit Skepsis begegnen sollte – sie hat einen sachlich bedeutsamen Kern; um ihn zu erschließen, muß man zuvor mit den herkömmlich philosophischen Denkgewohnheiten des 20. Jahrhunderts gebrochen und von allen Ethiken Abschied genommen haben, die sich von Aristoteles oder von Kant herschreiben. Was die Hauptströmungen betrifft, gibt es im großen und ganzen gerechnet seit langem keine anderen Ethiken als die des aristotelischen oder kantischen Typs. Aber beide verfehlen in ihren Grundbegriffen die Struktur der modernen Welt auf prinzipielle Weise. Die Problemlage einer Ethik der Moderne gerät überhaupt erst in den Blick, wenn man sich von den bestimmungslogischen Prämissen beider Ethiktypen freimacht oder, anders gesagt, wenn es gelingt, die zentralen Begriffe und Intuitionen der praktischen Philosophie auf die radikale Unbestimmtheit bzw. Unbestimmbarkeit des ethischen Horizonts (der Moderne) umzustellen. Das möchte ich zu Anfang kurz darlegen. Man muß aufhören, Gesetz und Handlung, Freiheit und Selbst in bestimmten Hinsichten festlegen zu wollen.

I.

Aristoteles' Ethik ist eine Lebensweltethik, eine Ethik sozialer Gewohnheiten, die auf die normativen Ressourcen zählen kann, die in der kosmologisch begründeten Ordnung selbst liegen. Der normative Eigensinn der Lebensform entfaltet seine verhaltensregulierende Kraft auf eine gleichsam natürliche Weise. Handlungsorientierungen haben nicht die Form von außen auferlegter Präskriptionen; sie sind mit den zentralen Bestimmtheiten des Lebens wie Alter und Geschlecht, Stand und Berufsrolle usf. ununterscheidbar verwachsen; was nicht mit einer Ethik der Üblichkeiten verwechselt werden darf. Ein Wesen, das logos besitzt oder fähig ist, über sein Verhalten Rechenschaft abzulegen, kann seine Gewohnheiten durch Einsicht und »überlegtes Streben« ändern. Die antike Ethik speist sich aus dem, was sich von selbst versteht, nicht aus dem, was in einer von Tatsachenurteilen separierten Sphäre rein moralischen Sollens vorgeschrieben wird.

Im Gegenzug dazu verflüssigt die Moderne alle scheinbar natürlichen Markierungen des Lebens: Auf der Zeit- wie auf der Raumachse geht es allein darum, an den Dingen und Personen, Problemen und Programmen die Zahl der Optionen und Alternativen zu steigern. Leben liegt nicht weiter an der Kette ontologisch präfigurierter oder lebensweltlich evidenter Bestimmungen. Gelebt wird im Horizont des ›Möglichkeitssinns‹, argumentiert im Bewußtsein des Konditionalis. Diesen historischen Strukturwandel verkennen die Neoaristoteliker der Ritter-Schule genauso wie die Kommunitaristen, die anglo-amerikanischen Autorinnen und Autoren um Martha Nußbaum und Alasdair MacIntyre, die glauben, an den eingespielten Handlungslogiken der Lebenswelt ethischen Halt finden zu können. Die normative Kraft, die die Großbegriffe der ontologischen Tradition wie Gott, Kosmos, Natur, Selbst, Geschichte usf. verströmt haben, ist versiegt. Kurz und plakativ: ethisches Denken im 20. Jahrhundert steht ohne ontologische Rückendeckung da. Die Auflösung ontologisch wie lebensweltlich evidenter Bestimmtheiten macht das transzendentale Signifikat verschwinden, auf das man im Kontext einer Rehabilitation der Lebensweltethik glaubt sich problemlos beziehen zu können. Wenn Kontingenz das Stichwort ist, das die Erfahrung des modernen Individuums kennzeichnet, dann kann eine Moralphilosophie in der Tradition des Aristoteles die Gegenwart nicht erreichen.

Bleibt Kant. Gegenüber allen Versionen des neoaristotelischen Partikularismus der Moral scheint mir der kantische Universalismus, die Umstellung der Rationalität von Werten auf Normen, von Inhalten auf formale Verfahren unendlich im Recht zu sein. Gleichwohl laboriert auch Kants praktische Philosophie an einer

Blickverengung, die darin liegt, daß er die Steigerung der Unbestimmtheit im Vergleich zu Aristoteles durch neue Bestimmtheiten wieder zurücknimmt.

Kants Ethik, könnte man sagen, ist die Ethik eines fundamentalanthropologischen Doppels. Das Doppel wird ausgefochten zwischen dem transzendentalen und dem empirischen Ich. Der Boden, auf dem es stattfindet, ist das anthropologische Paradigma des endlichen Menschen. Die einzige Regel des Spiels, die Gleichheitsregel, richtet sich an das empirische Selbst und lautet: Werde mit dir selbst gleich, nähere dich deinem transzendentalen Ego oder: realisiere die Menschheit in deiner Person, mach aus einem mit Vernunft begabten Lebewesen, einem animal rationabile, ein vernünftiges Wesen: ein animal rationale. Fichte bringt vor dem Hintergrund seiner transzendentalen Anthropologie den diese Ethik motivierenden Gedanken der *Selbstgleichheit* auf den Begriff: »Die letzte Bestimmung aller vernünftigen Wesen ist demnach absolute Einigkeit, stete Identität, völlige Übereinstimmung mit sich.«[1] Aber auch diese Unterstellung einer substantiell gesicherten Gleichheit von vielfarbenem Selbst und allgemeinem ego ist in der Moderne brüchig geworden. Die Moderne konstatiert oder dramatisiert den Verlust der Bestimmung des Menschen oder den Zerfall der kantischen Autonomieidee: *Der Mensch weiß nicht mehr, wer er ist, noch, was er sein soll.*

Kants Idee der Autonomie suchte Gesetzgeber und Adressat, Selbst und Gesetz zusammenzubinden, was plausibel zu machen nur unter der Annahme gelingt, daß das empirische Subjekt und das transzendentale in der Substanz identisch sind. Dieser Unterstellung begegnet bereits die Frühromantik mit Skepsis. Brechen nämlich historisch wie systematisch beide Seiten des Doppels auseinander, steht die absolute Verbindlichkeit des Sittengesetzes in Gefahr, vom Individuum als ein von außen auferlegter Zwang, als Heteronomie wahrgenommen zu werden. Es ist m. E. für die Moderne wesentlich, daß die Idee der Freiheit das transzendentalanthropologische Doppel in jeder Hinsicht überschreitet. Das Subjekt (Vehikel), auf das Kant und Fichte glaubten rekurrieren zu können, ist ausgewandert: ek-statisch bei Schelling, ex-zentrisch bei Plessner, ex-klusiv bei Luhmann. Das Subjekt ist immer

1 J. G. Fichte, Einige Vorlesungen über die Bestimmung des Gelehrten. In: Fichtes Werke, Bd. VI. Zur Politik und Moral. Berlin 1971, 297.

auf Achse, es ist immer anderswo. Das Anderswo ist das moderne Subjekt.

Subjektivität und Individualität können mit ihren Ansprüchen nicht zur Deckung gebracht werden. Subjektivität war Kant ein Synonym für Allgemeinheit und Notwendigkeit, theoretisch gebunden an die überindividuelle Gültigkeit der Kategorien und Anschauungsformen, praktisch ausgedrückt in Gestalt der absoluten Verbindlichkeit des Sittengesetzes. Die Selbststabilisierung der Subjektivität gelingt weder in der einen noch in der anderen Form. Theoretisch fallen Selbstbewußtsein und Selbsterkenntnis endlos auseinander. Aus den reflexiven Schleifen, die das Selbstbewußtsein verkörpern, entspringt nicht ein Funke des Wissens über mich selbst. Wie Fichte im Verlauf seines Philosophierens erfahren muß, vermag das zur absoluten Reflexion bestimmte Ich sich in keiner Sekunde festzuhalten. Zurück bleibt nur der formale Imperativ, mich in meinem transzendentalen Wesen wiederzufinden. Was ich aber finde, ist eine inhaltsleere Fläche gleicher und gleichgültiger Punkte. Die Ethik der Selbstgleichheit entpuppt sich als verkapptes Recht oder als ein rechtsförmiger Begriff der Moral. Das markiert die Problemzone jeden Universalismus und die Idee der Unparteilichkeit bis heute.

Bereits in der Romantik verstärkt sich die Erfahrung, Selbstverwirklichung nicht nur nicht in Übereinstimmung mit dem Gesetz, vielmehr gegen das Allgemeine erkämpfen oder in Szene setzen zu müssen. Die funktional ausdifferenzierte Ordnung, die bürgerliche Gesellschaft, die anderen Klassen, die Welt der Arbeit, die Kirche als Gemeinschaft der Gläubigen usf. sind Medien der Entfremdung, sie werden als Ausdruck der Negation von Individualität wahrgenommen. ›Subjektivität‹ verengt sich in der Folgezeit auf die je eigene Individualität. Kurz, was auseinanderbricht, ist die anthropologische Dublette, die teleologische Idee der Menschheit in uns, der zufolge das Gesetz, das wir uns selber geben, ein allgemeines Gesetz ist: Dem Wissen um die »Bestimmung des Menschen« (Fichte) folgt die Melancholie eines, wie Foucault sagt, »Denkens in der Leere des verschwundenen Menschen«. Die unüberbrückbare Kluft zwischen Individualität und Subjektivität, meiner Person und der Menschheit, zwischen Freiheit und vernünftiger Begründung, zwischen Urteil und Handlung (rationaler Einsicht und den inneren bzw. äußeren Handlungsbedingungen), zwischen meiner Lebenszeit und der Weltzeit, zwischen Ich und Über-Ich –, diese Inkongruenz im modernen Weltverständnis kann durch keine Antwort mehr ausgewogen werden, die sich von der kantischen Frage: wer ist der Mensch? leiten läßt.

Die Lebensbedingungen der modernen Welt entziehen uns nicht nur das transzendentale Signifikat; sie lösen ebenso das Gattungssubjekt auf. Die Moderne konstatiert auch den Tod des transzendentalen Signifikanten. Damit sind, stark vereinfacht gesagt, beide Ausgänge, sowohl der vom Weltpol (Aristoteles) wie der vom Ich-Pol (Kant), versperrt. Dieser doppelte Entzug der ethischen Referenz ist Startbedingung für eine praktische Vernunft, die im Zeichen der Unbestimmtheit das ethische Terrain neu zu vermessen sucht.

Es ist aufschlußreich zu sehen, daß diese Ausgangslage der doppelten Unbestimmtheit (Verlust des Signifikats und des Signifikanten) in gewisser Weise der Situation entspricht, die Hegel vorgefunden hat. Hegel erscheint in diesem Zusammenhang mehrfach attraktiv. Seine Semantik des absoluten Unterschieds zerbricht nicht nur den fundamentalanthropologischen Theorierahmen, der bis heute in den prozeduralen Ethikbegründungen des universalistischen Typs weiterwirkt; sein Begriff wechselseitigen Anerkennens stellt auch die für das transkategoriale Freiheitsverständnis der Moderne wesentliche Unbestimmbarkeit heraus. Der Explikation dieser These dient der nächste Schritt. Die These geht anders gesagt davon aus, daß der Moderne eine Dynamik der Überschreitung eigen ist, die im Zugrundegehen aller Gründe oder der Negation letzter Zwecke sich auf sich gestellt sieht; das heißt, sie lehrt den Ort der Moral in dem suchen, was als Hauptkennzeichen der Moderne angesprochen wurde: ihrer Offenheit oder Unbestimmbarkeit.

II.

Kant deutet das Gesetz menschlichen Handelns, das Sittengesetz, in enger Anlehnung an eine Gesetzesvorstellung, die für den Bereich der theoretischen Vernunft, das heißt, für Fragen richtiger Welterkenntnis, von Bedeutung ist. Wie der Apfel, der vom Baum auf die Erde fällt, ein Fall des Gravitationsgesetzes ist, so untersteht der ›Gegenstand‹ moralischen Handelns dem Sittengesetz; er wird diesem subsumiert: Er ist ›ein Fall von‹, ›ein bloßes Exemplar‹. Diese Betrachtung unterstellt unser Handeln gewollt oder ungewollt dem Aspekt *abstrakter Gleichheit*. Wir alle sind gleich, unterschiedslos gleich, nämlich darin, frei zu sein. Abstrakt ist diese Gleichheit, weil die Menschen nur als ›Fälle von‹ betrachtet werden, ohne Individualität; sie haben als ›Fälle von‹ durchaus kein eigenes Gesicht, tragen nur die Maske der Menschheit: frei zu sein. Sie können aber nicht wirklich frei sein, weil sie sich nicht in ihrer Individualität oder in ihrem von anderen unendlich *unterschiedenen* Wesen erkennen, das heißt anerkennen.

Wenn man nämlich das, was Kant in seinem Gesetzespathos einer kategorial bestimmten Freiheit nicht zu fassen in der Lage ist, auf eine knappe Formel bringen sollte, so müßte man sagen: Ja, alle Menschen sind gleich, aber jeder anders und das ›jeder anders‹, die Individualität, die empirische Verschiedenheit/Unterschiedenheit jedes einzelnen, das vielfarbene Selbst kommt in seiner Moralbegründung nicht zu seinem Recht. Die ungeheure Spannung, die auf der Formel: ›alle gleich, jeder anders‹ lastet, löst Kant einseitig auf, indem er durch den naturwissenschaftlich bestimmten Gesetzesbegriff und eine seit den Tagen des Aristoteles unveränderte Urteilslogik die Seite der abstrakten Gleichheit auf Kosten des (empirischen) Unterschieds überbetont. Erst die Dialektik wird dieser paradoxalen Lage menschlicher Existenz wirklich gerecht, indem sie die radikale Selbstbestimmung des Menschen über eine neue Grammatik, das logische Formular des *absoluten Unterschieds*, begreift.

Die Person x und die Person y zeigen sich neben ihrer abstrakten Gleichheit als Menschen als unendlich unterschiedene Wesen. Sie gleichen sich weder hinsichtlich ihrer Lebensgeschichten, ihrer Eigenschaften noch im Blick auf die Stärkegrade, in denen sich bestimmte Merkmale ausgeprägt haben. Die Pointe der Dialektik besteht in der Einsicht, diesen *Unterschied* zwischen den empirisch individuierten Personen x und y als das anzusetzen, was sie verbindet. Der *Unterschied* zwischen ego und alter ego ist das, worin sie übereinkommen. Das, was sie trennt, eint sie. Was sie unterschieden sein läßt, zeigt sie als gleich oder zusammengehörig. Im kleinen Einmaleins der Dialektik kann es demzufolge keinen Begriff geben, der beide übergreift und sich subsumiert. ›Sich selbst zersetzende Mitte‹ ist ein Formular, mit dem die Dialektik diese paradoxe Struktur umschreibt. Das Denken der Metaphysik am Leitfaden der Prädikation hat die vordialektische Logik dazu verführt, die Allgemeinheit des Begriffs wie ein Segeltuch aufzufassen, das sich über ego und alter ego bzw. alle Menschen spannt, sie unter sich begräbt und in ihrer Individualität verschwinden macht. Was Hegel in der Logik des absoluten Unterschieds ausbuchstabiert, präludiert Adornos Utopie »vom Miteinander des Verschiedenen«.[2]

III.

Die Darstellung des Begriffs wechselseitigen Anerkennens setzt vielleicht am besten damit ein, den Normalfall zu vergegenwärtigen. Anerkennen gehört dabei ohne Zweifel in den Zusammenhang von sozialen Systemen, die durch wechselseitig konditionierte Erwartungen geprägt werden: Wenn du tust, was ich will, tue ich, was du willst; wenn du mich in meinen Handlungen und Leistungen anerkennst, kannst du mit einiger Wahrscheinlichkeit darauf zählen, daß ich mich im umgekehrten Fall und in ähnlichem Umfang ebenso verhalte.

Die Frage ist nur, ob es ausreicht, Anerkennungsverhältnisse, den Begriff wechselseitigen Anerkennens der Zirkulation von Leistung und Gegenleistung, von Gabe und Gegengabe analog zu denken? Müssen nicht bereits, wie spieltheoretische Überlegungen und Experimente (z. B.: Gefangenendilemma) nahelegen, auf der Ebene des Kalküls wechselseitiger Nutzenmaximierung gleichsam ›gemischtlogische Strategien‹ in Anschlag gebracht werden, die es notwendig machen, das Nutzenkalkül durch einen für uns ungedeckten Vorschuß an Vertrauen zu supplementieren?

Ich kann mir niemals völlig sicher sein, ob der Andere sich wirklich so verhalten wird, wie ich es erwarte, also muß ich den ersten Schritt tun, auch auf das Risiko hin, daß alter ego sich anders verhält und meine Erwartung enttäuscht wird. Indem ich diese Gefahr des Scheiterns akzeptiere und den ersten Schritt tue, anerkenne ich die Unbestimmtheit des Anderen; ich gebe für diesen Augenblick alle Gewißheit auf, alter egos Verhalten im nächsten Augenblick bestimmen zu können.

Die spieltheoretischen Experimente und Überlegungen an dieser Stelle einzublenden ist interessant, weil sie gegen ein Absolutset-

2 Th. W. Adorno, Negative Dialektik, Frankfurt/M. 1966, 151.

zen des egozentrischen Nutzenkalküls sprechen. Ihre Pointe kann man in dem Grundsatz zusammenfassen: Man kann sich *nicht nicht* übers Ohr hauen lassen, nicht in dem Fall, wenn man erfolgreich kommunizieren oder spielen will. Man muß sich ein Stück weit der Macht von alter ego ausliefern, um auf lange Sicht mit einem befriedigenden Handlungsabschluß rechnen zu können. Ohne Entgegenkommen, ohne Vertrauenskredit nicht nur keine Gewinne, sondern herbe Verluste.[3]

Das Unbehagen, das sich angesichts jener Identifizierung von Nutzenkalkül und wechselseitigem Anerkennen einstellt, hat seinen Grund in der Sache selbst. Wenn es in meiner Macht steht, die Anerkennung von alter ego zu erzwingen, sei es aufgrund einer Schuld, in der mir gegenüber der Andere steht, sei es wegen einer Verpflichtung oder Angst vor Sanktionen, fehlt ein entscheidendes Moment, der Wunsch, um unserer selbst willen anerkannt zu werden und nicht einer Leistung, einer Noblesse, eines Wohlverhaltens oder einer Kompetenz wegen. Uns stört, daß Anerkennung überhaupt an Bedingungen geknüpft wird. Wir möchten aus freien Stücken anerkannt sein. Der »Riß in der Gleichgültigkeit« (Lévinas) wird nur sichtbar, wenn ich den Anderen radikal freigebe, zuletzt auf alle strategischen Spiele der Manipulation verzichte, meinen Willen, anerkannt zu werden, negiere, weil ich nur so aus Freiheit wirklich anerkannt werden kann.

Die Schwierigkeit, Prozesse wechselseitigen Anerkennens zu denken, liegt, anders gesagt, darin, in den Begriff der Wechselseitigkeit ein Moment aufzunehmen, das den Anderen radikal freigibt, das heißt, seine Einzigartigkeit oder sein von mir unendlich unterschiedenes Wesen anerkennt und aus der Wechselseitigkeit der Erwartung entläßt. Der Begriff wechselseitigen Anerkennens zielt auf einen Kampf, auf eine kommunikative Praxis sich selbst durchstreichender Erwartungen. Man muß ›Anerkennen‹ als ein gleichsam flottierendes, frei bewegliches, extrem fragiles Medium betrachten, das schon beim Versuch, es in die eigene Reichweite oder Gewalt zu bringen, augenblicklich zerstört wird.

3 D. R. Hofstadter, Metamagikum. Spektrum der Wissenschaft, August 1983, 8. Über die Resultate, den Verlauf der Diskussionen, ihre Weiterentwicklungen und Differenzierungen vgl. im Überblick: M. A. Nowak, R. M. May, K. Sigmund, Das Einmaleins des Miteinander. Spektrum der Wissenschaft, August 1995, 46-53.

Gleichzeitig oder in ein- und derselben Hinsicht muß man sich eingestehen, daß ego niemals radikal von sich selbst, seinen Perspektiven und Interessen, dem ganzen Kosmos wechselseitig koordinierter Erwartungen Abstand nehmen kann. Der Begriff wechselseitiger Anerkennung erfordert unabdingbar die Gleichnotwendigkeit beider Momente.

Man kann das Moment der *bedingungs- oder selbstlosen* Freigabe des Anderen, das heißt, die Idee eines freien Selbst, nicht durchstreichen, ohne den Gedanken wechselseitigen Anerkennens überhaupt zu verwerfen. Es muß eine winzige Öffnung in die Symmetrie, in die Reziprozität des Systems gesprengt werden, ein unökonomisches Moment in den Kreislauf einer auf Leistung und Gegenleistung basierenden Ökonomie der Anerkennung eingespielt werden. Anders gesagt, man muß die Reziprozität vergessen. Aber die Radikalität des Vergessens, die verlangt wird, ist nicht nichts. Das Vergessen des Anerkennungskreislaufs darf nicht etwas sein, das verschwindet; seine Abwesenheit muß präsent bleiben. Damit sich Wechselseitigkeit des Erkennens und Anerkennens ereignet, muß sich etwas zutragen, das nicht zur Ökonomie der Zeit gehört, »in einer Zeit ohne Zeit«, oder, wie Derrida im Zusammenhang seiner Analyse der ›Gabe‹ schreibt, »daß das Vergessen vergißt, sich vergißt, aber auch so, daß dieses Vergessen, ohne etwas Präsentes, Präsentierbares, Bestimmbares [...] zu sein, doch nicht nichts ist«.[4]

IV.

Gibt es Phänomene, gibt es eine Klasse von Verhaltensweisen, die diese Bedingung erfüllen, die in der Lage sind, der Logik des absoluten Unterschieds, der radikalen Unausdeutbarkeit des Selbst oder: des Anderen als Ausdruck einer möglichen Welt, wie Deleuze sagt, zu entsprechen? Hegel glaubt nach der gründlichen Durchmusterung einer langen, individuell wie kollektiv bedeutsamen Bildungsgeschichte am Sprechakt des Verzeihens den gesuchten Begriff explizieren zu können. Von dieser Klasse performativer

4 J. Derrida, Falschgeld Zeit geben I. Aus dem Französischen von A. Knop u. M. Wetzel. München 1993, 29.

Äußerungen sagt er, sie stellten ein »gegenseitiges Anerkennen« dar, »welches der *absolute* Geist ist«.[5]

Verzeihen ist eine *Sprachhandlung* oder, wie Hegel sagt, an das *Wort* der Versöhnung gebunden. Alter ego muß ego loslassen, damit ego wieder *neu anfangen* kann. ›Anfangen können‹ ist Kants *kritischer* Reflexion zufolge die differentia specifica, die menschliches Handeln als *freies* von allen übrigen Verhaltensweisen unterscheidet. Daß ego in der Lage ist, frei handeln zu können, hängt also nicht allein von ego ab, sondern ebenso von alter ego, in dessen Macht es steht, ego aus seiner Schuld, das heißt aus dem Bann vergangener Geschichten, zu entlassen. Für die Twens unter uns der gleiche Gedanke, Sting: »If you love somebody, set them free.«

Die Sprache, sagt Hegel etwas elaborierter, ist das Dasein des Geistes, und das *Wort* der Versöhnung, das *ausgesprochen* wird, ist der *absolute Geist*: Es läßt »die Wunden heilen, ohne daß Narben bleiben; die Tat ist nicht das Unvergängliche, sondern wird von dem Geiste in sich zurückgenommen«.[6]

Man registriert nicht ohne Erstaunen, daß Nietzsche ähnlich argumentiert. Die Menschen des Ressentiments sind diejenigen, deren Narben nicht heilen, die mit dem Leiden, das sie erfahren haben, ›nicht fertig werden‹. Überwertig ragt die Zeit, die Vergangenheit, in ihre Gegenwart hinein, sie läßt sie nicht los und blokkiert alle Bewegungen des Sich-Öffnens.

Wer verspricht, überfliegt die Zeit in Richtung Zukunft, wer verzeiht, steigt aus der Zeit, der Vergangenheit, aus, er hebt die determinierende Kraft vergangener Handlungen auf, nicht daß er das inkriminierte Verhalten ungeschehen machen kann, er klammert es ein, er erklärt die Zeit für ohnmächtig; er tut, als gäbe es sie nicht. Nur die Starken sind fähig, die alten Geschichten auf sich beruhen zu lassen. Verzeihen und Versprechen sprengen eine Öffnung in die Ökonomie der Zeit, sie markieren die Grenze der Zeit. Hegel nennt dieses die Grenze der Zeit markierende Handeln Geist oder auch absolutes Wissen.[7]

Das absolute Wissen ist kein Bauchladen, der alle relevanten

5 G. W. F. Hegel, Phänomenologie des Geistes. Werke in 20 Bänden, Bd. 3. Frankfurt/M. 1970, 493.

6 Ebd., 492.

7 Vgl. dazu ausführlich: G. Gamm, Der Deutsche Idealismus. Eine Einführung in die Philosophie von Fichte, Hegel und Schelling. Stuttgart 1997.

Kenntnisse und Informationen in sich enthält oder in einer aufgestuften Summe von Begriffen unter sich befaßt; es ist Ausdruck einer Praxis, eines Sprechakts, in dem ego und alter ego sich wechselseitig in ihre Freiheit und ihren unbezähmbaren Eigensinn entlassen. Diese kommunikative Praxis macht eine neue Zeitrechnung auf; sie rückversetzt den, der jemandem ein Unrecht getan hat, in den Stand, frei zu sein oder von vorn beginnen zu können. Die Zeit wird aufgehoben oder, wie Hegel auch sagt, »getilgt«.[8] Man würde die Rede vom Verzeihen gründlich mißverstehen, wenn man allein die theologischen Konnotationen wahrnähme; die angesprochene Semantik supplementiert mehr oder weniger offensichtlich und ganz undramatisch jede Form des Selbst- und Fremdverstehens. Sie ist gleichsam der moralische Stoff, in dem sich unausgesprochen alltäglich Verständigung abspielt, eine Art »principle of charity«, das die sprachanalytische Philosophie um Quine und Davidson für jede gelingende Verständigung voraussetzt.[9]

8 Vgl. dazu G. Gamm, Komödie oder Tragödie. In diesem Band.

9 Quine und insbesondere Davidson haben einem Begriff zu einigem Renommee verholfen, der im Kontext sprachanalytischer Diskurse wie ein Fremdkörper anmutet: »principle of charity«. Hinter dem Grundsatz steht die Idee, daß keine Verständigung und kein Textverstehen zustande kommt, wenn Hörer und Sprecher nicht ›Nachsicht‹, ›Menschlichkeit‹, ›Milde‹, ›Güte‹ walten lassen. Um gesprochene oder geschriebene Sätze wirklich zu verstehen, reicht die analytische Rekonstruktion der logischen Strukturmomente, das heißt, die Analyse von Syntax und Semantik, nicht aus. Sprecher und Hörer müssen sich wechselseitig guten Willen konzedieren. Das »principle of charity« erinnert uns daran, daß jemanden verstehen immer auch bedeutet, ihm gerecht zu werden; die Forderung, dem anderen Gerechtigkeit widerfahren zu lassen, macht augenblicklich auf den Tugendkern alles Verstehens aufmerksam. Man könnte sagen, die sprachanalytische Philosophie findet mit dieser Einsicht von den moralisch-praktischen Implikationen des Verstehens (als Grundlage eines gehaltvolleren Begriffs von Wahrheit) Anschluß an kontinentaleuropäische Traditionen, für die der Primat praktischer Vernunft selbstverständlich war: Daß Wahrheit Gerechtigkeit voraussetzt oder sich alles Verständnis des Theoretischen auf das Praktische verwiesen sieht, ist der allgemeine Begriff dieser Situation.
Im Rahmen der Unbestimmtheitssemantik läßt sich das »principle of charity« etwa auf folgende Weise reformulieren: Hörer und Sprecher müssen sich wechselseitig mittels sprachlicher Tropen anzeigen, daß die

V.

So weit die Rekonstruktion des Unbestimmtheitsdispositivs im Ausgang von Hegel. Was läßt sich damit anfangen? Welche Konsequenzen ergeben sich daraus für die praktische Philosophie? Und: Bereitet die Unbestimmtheitsidee wirklich den Boden für ein neues oder verändertes Ethikverständnis? Führt sie aus einigen Dilemmata herkömmlicher Ethikbegründungen heraus? Unter der Annahme, daß, wie Habermas sagt, die vornehmste Aufgabe praktischer Philosophie darin besteht, den moral point of view zu klären, kann man die Zwischenbilanzsumme auf wenigstens fünf Unterscheidungsgewinne festsetzen.

Erstens auf einen *klareren Begriff von Freiheit und Gerechtigkeit*. Im Unterschied zu Kants Autonomieidee zeigt sich die Unbestimmtheit der Freiheit nur im Vollzug und in der Bindung an eine kommunikativ eingefädelte Praxis, in der sich ego und alter ego wechselseitig befreien und sich gegenseitig die Unausdeutbarkeit ihres Selbst eröffnen. ›Frei‹ ist weder eine Eigenschaft von Personen, wie Körpergröße oder Augenfarbe, noch läßt sich das Prädikat überhaupt gegenständlich denken. Das Selbst ist kein Ding. Indem es sich auf sich bezieht oder sich von sich unterscheidet,

Bestimmtheit, die sie meinen, vom anderen in Richtung eines ›Mehr‹ oder auch ›Anders‹ überschritten werden muß, soll die Kommunikation gelingen. Sie müssen einen Sprachsinn für die Imprädikativität aller bestimmten Rede entwickeln. Der Hörer muß zum Beispiel den Sprecher vor den Bestimmtheitseffekten seiner eigenen Rede in Schutz nehmen, oder der Sprecher kommt nicht umhin, Demarkierungen an seiner Rede anzubringen, um die Bestimmtheitseffekte einzuklammern, die mit jeder Performanz und jedem Meinen verbunden sind. Gegenüber Davidson könnte man kritisch zu bedenken geben, daß er ein wirkliches Verständnis des praktischen Sinns seines Grundsatzes gar nicht erreicht, daß »Problem und Methode windschief aneinander vorbeilaufen« (Wittgenstein), wenn er, im identitätslogischen Denken befangen, glaubt, eine Regel aufstellen zu müssen, der zufolge es gelte, die Theorien der Interpretation zu bevorzugen, welche die Nichtübereinstimmung minimieren. Es geht aber in praktischen Diskursen nicht in erster Linie um eine (effektive) Pragmatik des Handelns oder darum, den Anteil der intersubjektiv oder gemeinsam geteilten Bedeutungen zu erhöhen, sondern um die Provokation einer moralischen Verpflichtung, für die Rede des anderen Sorge zu tragen, sollte sie sich bestimmterweise dem unausdeutbaren Horizont ihrer selbst verschließen wollen.

deutet ›frei sein‹ auf eine Differenz, die jede kategoriale Hinsicht zersetzt oder jede endliche Liste von Propositionen für unzureichend erklärt. Dieser Differenzsinn oder diese Abgründigkeit eines sich entziehenden Sinns der Freiheit deutet auf eine Präsenz ohne gegenständlich Präsentierbares. Adornos Ethik der Nichtidentität spricht in diesem Zusammenhang von einem unbestimmt »Hinzutretenden« (das sich auch somatisch, z. B. an verpönten Triebregungen, spüren läßt).

Etwas Vergleichbares gilt auch für den anderen Zentralbegriff praktischer Vernunft, den der Gerechtigkeit. Die Quelle der Gerechtigkeit ist der transkategoriale Begriff des Selbst: die in der Bewegung des Anerkennens aufscheinende Unausdeutbarkeit des Selbst. Sie entwickelt einen normativen Gehalt sui generis; sie läßt sich nicht mittels eines mehr oder minder stark differenzierten Katalogs von Prädikatstypen (Kategorien) erschöpfen (z. B. ›Verdienst‹ bzw. ›Leistung‹, ›Bedürfnis‹ und ›erworbene Rechte‹); sie läßt sich nicht auf Verteilungsgerechtigkeit reduzieren. Die in der Anerkennungsbewegung ›manifeste‹ Wechselseitigkeit ist ein Tausch ohne Tausch; an ihr haftet kein Recht, etwas einzufordern. Gerechtigkeit läßt sich nicht denken ohne irgend etwas, das nur gewährt werden, was einem nur zuteil werden kann, wie das Verständnis zum Beispiel, das man erfährt. Nicht ohne Grund bedeutet ja jemanden verstehen, ihm gerecht zu werden, ganz im Sinne der, wie Leibniz sagt, caritas sapientis (der mit Einsicht verbundenen Güte, der Liebe des Einsichtigen). Wie die Wahrheit keine Münze ist, die fertig gegeben und so eingestrichen werden kann, sowenig kann die Gerechtigkeit einzig als ein Kuchen gedacht werden, der in Form sozialer Güter verteilt werden kann, wie Rawls, Walzer, Taylor und zum Teil auch Honneth glauben, wenn sie, die Verdinglichung auf die Spitze treibend, Anerkennung als emotionale Zuwendung, rechtlichen Schutz, moralische Wertschätzung oder soziale Prestigezuweisung ausdifferenzieren. Derart vergegenständlicht, wird der Gerechtigkeitssinn der ihm wesentlichen Imprädikativität beraubt.[10] Gerechtigkeit, so Platon, erfährt einer, wenn er erhält, »was ihm zukommt« (z. B. die Strafe, die er verdient). Aber was jemand verdient, kann weder gleich

10 Vgl. im Blick auf die alle kategorialen Ordnungen/Befriedungen überschreitenden Aporien der Gerechtigkeit: J. Derrida, Gesetzeskraft. Der ›mystische Grund der Autorität‹. Frankfurt/M. 1991.

noch proportional verteilt werden. Wir wissen einfach nicht, worin der Wert des Menschen besteht. Niemand weiß, was ein Mensch ist. Anders gesagt, mehr als zweitausend Jahre lang haben alle kategorial bestimmten Deutungen Platons ›Kontextualisierung‹ der Gerechtigkeit erfolgreich verdrängt: Jenen namenlosen Ort des Guten, von dem Platon sagt, daß er »epekeina tes ousias«, »jenseits des Wesens und der Kategorie«[11], angesiedelt sei.

Ein Denken im Ausgang von unbestimmter Bestimmtheit gestattet es zweitens, *den der Ethik eigentümlichen Ort* genauer zu markieren. Wiederum im Überstieg der kantischen Idee der Selbstbestimmung zeigt sich das alter ego der Moral nicht als der beliebige Andere, den die Gleichheit des moralischen Subjekts vor dem Gesetz verlangt. Gleichheit ist Gleichheit vor dem Gesetz. Die ethische Sphäre scheint aber erst auf, wenn der Andere weder als Bürger noch als ein vorstaatliches Individuum begriffen wird, das seine natürlichen Interessen verfolgt.

Lévinas hat für das 20. Jahrhundert wie kein anderer diesen Gesichtspunkt der Einzigartigkeit des Anderen herausgestellt und Verantwortung als den Schock bestimmt, der mich durchfährt, wenn mir klar wird, daß ich für den Anderen Bedeutung habe, wenn ich jäh durch meine Bedeutsamkeit für den Anderen getroffen werde. Der Sinngehalt von Anerkennungsverhältnissen verweist auf Vorleistungen des Ethos, die dialogisch eingefädelt und hervorgerufen werden. Erst die Erfahrung eines für mich bedeutsamen Anderen erschließt den Sinngehalt des Ethischen. Nur von Angesicht zu Angesicht kann ich etwas verzeihen, etwas versprechen oder etwas verantworten. Diese Sprechakte sind nicht als allgemeine denkbar, oder besser, die Allgemeinheit dieser Sprechakte ist konkret, sie muß sich in Sprecher und Adressat individualisieren.

Der Kampf um Anerkennung wird in der Regel als Wunsch nach Anerkennung, als ›Wunsch auf etwas‹ verstanden, das heißt auf etwas, das man in einem gegenständlichen oder gegenstandsanalogen Sinn haben oder besitzen kann. Aber genau das ist *nicht* der Sinn der Hegelschen Dialektik, die deutlich zu machen versucht, daß der »Kampf des Anerkennens« (nicht: um Anerkennung) um überhaupt nichts bestimmtes oder gegenständlich zu verstehendes

11 Platon, Politeia. In: Sämtliche Werke, Bd. 3. Hamburg 1958, 509 b. Vgl. dazu: J. Derrida, Wie nicht sprechen. Verneinungen. Wien 1989, 59 ff.

geführt wird; eher geht es in diesem Widerstreit um ein beiderseitiges Nichtfestgelegt-werden-wollen oder darum, daß, ohne der strategischen Versuchung einer Vergleichgültigung des Anderen zu erliegen, er zu sich, in die Freiheit von sich, das heißt seines intelligiblen oder uneinholbaren Selbstseins, entlassen wird.
In diesem Zusammenhang einer Bestimmung des moral point of view läßt sich drittens genauer darlegen, worin die eigentümliche Logik oder *Struktur der moralischen Verpflichtung* besteht. Einerseits erhebt der moralische Sinn des ›du sollst‹ den Anspruch einer absoluten Verbindlichkeit, den ich erfahre, wenn ich mich auf die moralische Unterscheidung von gut und schlecht einlasse bzw. mich überhaupt auf sie beziehe oder mich als moralisches Wesen verstehe; in diesem für sie wesentlichen Sinn ist Moral nicht relativ. Andererseits darf die Unbedingtheit oder Nichtrelativität der moralischen Verpflichtung nicht wie ein Naturgesetz gedacht werden, dem ich mich beugen muß, weil ich nicht anders kann. Gesucht wird ein Begriff, der diese paradoxe Ausgangslage zu denken gestattet, der zufolge eine Verpflichtung unabweisbar oder notwendig ist und zugleich erklärt, daß ich ihr gegenüber absolut frei bin.[12]
Die Unbestimmtheitssemantik lehrt diese Struktur besser zu verstehen, wenn sie zu bedenken gibt, daß sich die Verpflichtung auf doppelte Weise nur auf ein Unbestimmbares beziehen kann, das in der Anerkennungsbewegung einen zeitweiligen Horizont des Undarstellbaren aufspannt. Erstens, weil der Bezug auf ein Bestimmtes, d. h. ein erstes oder evidentes Prinzip, eine Kategorie, einen universell gültigen Satz usf., augenblicklich den Sinn für die Moral und das ›frei sein‹ verstellen und verdunkeln würde: von einem Bestimmten qua Bedingten kann keine absolute Verpflichtung ausgehen. Zweitens, weil ein solcherart kategorial gelenktes Denken immer auch im Begriff steht, unethische Konsequenzen zu haben.
Das kann man sich klarmachen, wenn man sich viertens die heute viel diskutierte Frage vorlegt, wer adressiert welche Verpflichtung an wen? Wer entscheidet? Oder: Wer ist das *Subjekt bzw. der Adressat moralischer Forderungen?*

12 Wie unterschiedlich Lyotard und Tugendhat ansonsten auch argumentieren, in der Charakterisierung dieser Problemlage sind sie sich einig. Vgl. F. Lyotard, Der Widerstreit. München 1987, 183-214. E. Tugendhat, Vorlesungen über Ethik. Frankfurt/M. 1993, 2.-4. Vorlesung.

Jeder Versuch, das Subjekt zu bestimmen, zu sagen, was für ein Wesen es ist, welche Eigenschaften ihm zugesprochen werden müssen, um es als Subjekt oder Adressat der Moral auffassen zu können, ist zum Scheitern verurteilt und hat in der Regel eine Selbstrelativierung des Ethischen zur Folge. Weder Reflexivität noch Kooperationsfähigkeit, weder Rationalität noch Person- oder biologische Speziesmerkmale – auch nicht das exponierte Datum der Leidensfähigkeit – scheinen hinreichend zu sein, um das Verständnis eines moralisch verantwortlichen Selbst zu entwickeln. Über solche gegenständlich gedachten Subjektqualifikationsmerkmale läßt sich vortrefflich – mit Beispiel und Gegenbeispiel – streiten: Moralische Subjektivität tritt dabei noch nicht notwendig in den Blick. Ihrer wird man erst in der Spur der Überschreitung aller gegenständlichen Prädikate ansichtig. Denn als moralische Subjektivität bin ich ›mehr‹ als das Wesen, das im Rahmen eines Systems funktional abgestimmter Erwartungen agiert und reagiert, das, weil es sich als frei (von sich) versteht, die Erfahrung eines Angesprochenseins durch andere macht oder machen kann, welche sie unbedingt (und ›unmittelbar‹) verpflichtet, Verantwortung für sie zu übernehmen. In dieser Verantwortungsübernahme müssen alle an bestimmte Prädikationen oder Eigenschaften geknüpften Gründe überschritten werden. Gut sein kann man nur grundlos; um das Gerechte zu tun, gibt es keinen anderen Grund als das Gerechte selbst. In meinem (exklusiven) Angesprochensein durch den Anderen fallen alle interessierten Hinsichten und bestimmten Standpunkte in sich zusammen, nicht in dem Sinn, daß dadurch eine neue (falsche) Unmittelbarkeit heraufbeschworen würde, sondern um eine Unendlichkeit der Verpflichtung anzuzeigen, die der moralischen Subjektivität aus der Primordialität der Verantwortungssituation erwächst. Sie erlaubt keinen Dispens, auch die Verantwortungsverweigerung – die sehr wohl möglich ist – muß danach noch verantwortet werden.[13]

13 Die *Selbstlosigkeit* oder *Selbstvergessenheit* der moralischen Subjektivität läßt sich kaum anders denken als in der Struktur der coincidentia oppositorum. In ihr berührt sich der höchste Punkt, an den alle Moral geheftet ist, mit dem tiefsten, dem Abgrund, der alle Moralität zu verschlingen droht. Größte Anteilnahme und absolute Indifferenz werden in dieser (notwendig gedachten oder unterstellten) Einheit ununterscheidbar. Die höchste Verbindlichkeit fällt mit dem Durchgang der größten Gefahr zusammen: Frei von uns, sind wir richtungs-

Jede begrifflich-allgemeine Definition oder jedes Kriterium, das zur Bestimmung moralischer Subjektivität verwendet wird, setzt (augenblicklich) die Logik identifizierenden Denkens in Kraft, welche den Anderen auf ein im Horizont meiner Vorstellungen entworfenes Bild festlegt. Denn kriteriologische Analysen zielen stets auf Gleichheit, auf eine Gleichheit, die glaubt, im Namen des Anderen (aller Menschen z. B.) sprechen zu müssen. Daß aber die Definition der Gleichheit eine im Vorstellungskreis des *jeweils* Denkenden ist, entgeht diesem ebenso wie die offen oder verdeckt präsente Ausgrenzung der Andersartigkeit des Anderen, die als Kehrseite mit jeder Form begrifflich-verfügenden Denkens einhergeht.

Last but not least könnte man eine Art *Unbestimmtheitstest* ›U‹ vorschlagen. ›U‹ steht nicht wie bei Apel für Universalisierungsregel, sondern für Unbestimmtheitsprüfung, sie erfüllt primär eine heuristische Funktion, sie ist kein neues Prinzip oder Axiom der Moral; sie soll einzig die normative Kraft zu verdeutlichen helfen, die in der bestimmenden Unbestimmbarkeit der Moral liegt: Wie muß ich handeln unter der Annahme, daß der Andere ein unbestimmbar, ein unausdeutbar Anderer ist und bleibt? Handeln kann ich nur bestimmt; unbestimmt handeln zu wollen wäre Nonsens. Was sich freilich zeigt, ist, daß die Unausdeutbarkeit des Selbst, obwohl nicht repräsentierbar, kein Mangel, kein Defizit ist, aus ihr läßt sich vielmehr eine normativ gehaltvolle Orientierung gewinnen. Sie bindet die Freiheit des eigenen Selbst konstitutiv an die Freigabe des Anderen. In der Unbestimmbarkeit der Anerkennungsbewegung wird der gemeinsame Grund der moralischen Verpflichtung gegen sich selbst wie auch gegenüber anderen durchsichtig. Das Verzeihen bekundet seinen Respekt vor der Unausdeutbarkeit des Anderen gerade darin, daß es ihn produktiv in eine offene Situation, in das Neu-anfangen-können, versetzt.

In diesem ›Unbestimmheitstest‹ geht es nicht um eine gesetzesförmige Universalisierung à la Kant oder Apel, sondern um eine implizit oder explizit ausgehandelte, konkrete Allgemeinheit, die ihr Maß *nicht* am *generalisierten Anderen*, sondern am *signifikanten Anderen* nimmt, das heißt, an dem Anderen, der unausdeutbar ist, weil er sich von sich unterscheidet.

los, nichts (Bestimmtes) fesselt uns mehr an die Welt. Selbstlos sind wir offen sowohl für das Gute wie für das Böse.

Die im ›Test‹ aufgerufene Verpflichtung gebietet kategorisch; sie ist nicht relativierbar. Ein ethischer Relativismus wäre ein hölzernes Eisen. Was aber nicht bedeutet, nicht mit pragmatischen Widerständen rechnen zu müssen, die beispielsweise in Form von Ressourcenknappheit moralischen Ansprüchen entgegenstehen. Gleichwohl wird durch die pragmatische Relativierung der moral point of view in der Substanz nicht verändert.

VI.

Selbst wenn man bisher meiner Argumentation gefolgt ist, könnte es gleichwohl sein, daß ein Einwand oder mindestens ein Unbehagen sich breitmacht, die Frage nämlich, ob nicht die mit der Dialektik des Anerkennens verknüpften Handlungsdispositive wie Verzeihen und Versprechen, Verstehen und Versöhnen allzusehr auf den Nahhorizont lebensweltlicher Beziehungen eingestellt sind.

Daß Versöhnung von ego und alter ego, Selbst- und Fremdverstehen alltäglich stattfindet, bedarf keiner Frage. Problematisch ist allein die Bestimmung der Reichweite des Anerkennungsdispositivs. In dieser Situation könnte man auf den Ausweg verfallen, mit Hannah Arendt das menschliche Doppelvermögen von Verzeihen und Versprechen auch weiterhin als eine Art Rahmen-Ethos für gesellschaftliche Praxis zu begreifen. Diese Version legte die Gefahr einer anthropologischen Kodierung der Moral wieder nahe; man unterschätzte die Bedeutung des Gesellschaftlich-Geschichtlichen, seine Ausdifferenzierung und den Eigensinn seiner Problemlösungen.

Von Marx und Weber bis Plessner und Luhmann besteht Einigkeit darin, für die moderne Welt einen Rationalisierungs- und Differenzierungsschub in Rechnung stellen zu müssen, der sukzessive – und auf nahezu allen Ebenen des gesellschaftlichen Verkehrs – persönliche Beziehungen in *sachliche* umgewandelt hat. Der signifikante Andere ist einer Vielzahl semi-signifikanter Anderer gewichen. In der Diagnose wird zu Recht die Versachlichung und Vergleichgültigung, die Irrealisierung und Maskierung der gesellschaftlichen Verkehrsformen als das bezeichnende Moment der modernen Welt herausgestellt. Was mit dem Verzeihen und verwandten Interaktionsformen konzeptuell schwierig zu fassen ist,

ist, anders gesagt, die in der Moderne institutionalisierte Doppelung von Maske und Gesicht, Rolle und Individualität, Öffentlichkeit und Privatheit, worin (auch in normativer Perspektive) ein Gutteil der nicht gering zu veranschlagenden Freiheitsgewinne begründet liegt, die uns die Moderne beschert hat.

Um zwei Beispiele zu nennen: Die Dialektik des Einander-Erkennens und -Anerkennens wird ausgehöhlt, wenn sich zuletzt der Markt in den Besitz der Drehbücher bringt, nach denen die Kurzgeschichten für Identität geschrieben werden, oder wenn, worauf Zygmunt Bauman hingewiesen hat, erst die Übernahme einer marktgängigen Identität die Voraussetzung dafür bietet, sozial anerkannt zu werden.[14]

Noch deutlicher zeigt sich der Zerfall des Anerkennungsdispositivs im Horizont der fortschreitenden Technisierung von Selbst, Natur und Gesellschaft. Baudrillard hat den Blick darauf gelenkt, daß im Bewußtsein äquivalenter Reproduktionen (Stichworte ›Klonierung‹, ›Unendlichlinge‹) der Kampf des Anerkennens tendenziell außer Kraft gesetzt wird, daß der Mensch sein Spiegelbild im Gegenüber des anderen Menschen verliert, wenn Reproduktionstechniken der verschiedensten Art den Kampf als Medium der Anerkennung ablösen.[15]

Zusammengefaßt: Was sich abzeichnet, sind zwei Formen von Unbestimmtheit. Die eine, normativen Inhalts, entfaltet sich im Medium des Kampfes wechselseitigen Anerkennens; man könnte von einer *fraktalen Unbestimmtheit* sprechen. Im Unterschied dazu verweisen Versachlichung, Marketing und Technisierung auf fatale Strategien, die Freiheit als Indifferenz unterstellen. *Fatal* nenne ich diese Formen der Unbestimmbarkeit, weil sie die über absoluten Unterschied und Anerkennung motivierte Unbestimmtheit überlagern und aushöhlen; sie zehren von dem, was sie auch heute in abgewandelter und abgeschwächter Form supplementiert. Sie setzen schiere Komplexität frei oder suchen durch wahllose Vermehrung von Differenzen und Optionen die Welt in der Perspektive eines »universe of chance« (Peirce) zu perfektionieren. Was man systematisch unterscheiden kann, bildet gleichwohl genealogisch und zeitdiagnostisch eine Gemengelage. Auch

14 Z. Bauman, Moderne und Ambivalenz. Hamburg 1992, 250.

15 J. Baudrillard, Transparenz des Bösen. Ein Essay über extreme Phänomene. Berlin 1992.

die fatalen Strategien bergen befreiende Effekte. In Erwähnung der Freiheitsgewinne durch Versachlichung hatte ich das angedeutet. Dennoch bleibt ein Unterschied ums Ganze. Das läßt sich verdeutlichen, erinnert man sich des kategorischen Imperativs, den der einflußreiche Kybernetiker Heinz von Foerster vorgeschlagen hat: »Handle stets so, daß die Anzahl der Wahlmöglichkeiten größer wird.«[16] Diese bloße Steigerung von Optionen ist eine fatale Strategie: die Welt als riesiger Bazar mehr oder minder gleichgültiger Wahlmöglichkeiten; eine ethisch bedeutsame Markierung läßt sich daran nirgends erkennen. Auf diese Weise gefaßt, würde der Hauptsatz der Multioptionsgesellschaft: ›mehr von allem‹ maßgebend auch für den Bereich der Ethik. Es geschähe, was ohnehin geschieht; das nenne ich fatal.

Verabsolutiert man also, wie eine Reihe der Theoretiker der Postmoderne das nahezulegen scheinen, die Unbestimmtheit im Sinne der fatalen Strategien, verwandelt man sie in eine neue Bestimmtheit. Demgegenüber läßt sich erkennen, wie unterhalb oder vielfach mit ihr vermittelt die fraktale Unbestimmtheit ein anderes Moment der Offenheit, ein qualifiziertes und nicht beliebiges, wahrzunehmen lehrt, eines, das fast immer übersehen wird. Es besitzt einen normativen Gehalt, den man in Form einer Maxime kurzfassen kann: Handlungen, Projekte, Entscheidungen, Zukunftsvorhaben daraufhin zu prüfen, inwieweit Offenheit auch nach der Verwirklichung der Projekte noch gewährleistet bleibt. Das heißt beispielsweise in bezug auf die Implementierung riskanter Technologien danach zu fragen, ob eine Entscheidung für oder gegen eine Technologie die Möglichkeiten zur Revision der Entscheidung einschließt, ob Technologien Spielräume einrichten, in denen Fehler und Irrtümer nicht zu irreparablen, das heißt katastrophischen Folgen führen. Die Unbestimmtheitsprüfung ist eine Art regulativer Erfahrung, man kann sie als ein negativ wirksames Instrument auffassen, das, valide und trennscharf wie kein anderes, die Feinde von Offenheit und Toleranz zu identifizieren vermag: Rassistische oder fundamentalistische Projekte können den Unbestimmtheitstest niemals ohne Unverträglichkeitsvermerk passieren.

Praktische Philosophie im Sinne der Unbestimmtheitssemantik ist

16 H. v. Foerster, Sicht und Einsicht. Versuche zu einer operativen Erkenntnistheorie. Braunschweig/Wiesbaden 1985, 41.

keine Ethik im herkömmlichen Verständnis. Auf moralische Vorschriften/Zumutungen reagiert sie – wie die Moderne insgesamt – eher allergisch; was aber nicht bedeutet, sie sei einfach eine Reflexionstheorie der Moral, sie ist keine Metaethik, welche in erster Linie die Wahrheitsbedingungen oder die Bedeutung sittlicher Prädikate oder evaluativer Urteile analytisch aufzuklären versucht. Sie anerkennt den ›moralischen Stoff‹ in seiner Bedeutsamkeit als Medium sozialer Prozesse. Sie hält sich dementsprechend an die womöglich einzige Mitteilungsform ethischer Reflexion, an die indirekte. Ihre Stärke liegt in der Aufnahme praktisch begründeter Gesichtspunkte zur kritischen Durchdringung gesellschaftlicher Wissens- und Praxisformationen. Die Unbestimmtheitssemantik erneuert die Idee einer Kritischen Theorie, indem sie sich aus dem Würgegriff der Rekonstruktionsversuche sowohl der ontologischen Metaphysik als auch der Universalgrammatik/-pragmatik zu lösen sucht. Ein Relativismus ist dabei gerade nicht die notwendige Folge.

Mit anderen Worten, was mir vorschwebt, ist das Programm einer praktischen Philosophie, das die Bestimmtheit der fatalen Strategien aufzubrechen sucht oder Widerstand entwickelt gegen Strategien, die den Horizont des gesellschaftlichen Lebens zu verschließen suchen.

11. Der sprachliche Sinn der Moral*

Wo Politik ist und Ökonomie, da ist keine Moral.

Friedrich Schlegel

Würde es nicht zu manieriert oder zu verklausuliert klingen, hätte ich diese Vorlesung gern – in Anlehnung an Derrida – unter einem anderen Titel angekündigt: ›Wie über Moral nicht sprechen‹. Dieser Satz oder dieses Fragment eines Satzes kommt in seiner mehrfachen Bedeutung dem Moralverständnis sehr nahe, das ich in dieser Vorlesung entwickeln möchte. Setzt man in Gedanken ein Ausrufezeichen hinter diese Phrase, zielt ihre Botschaft auf eine Warnung bzw. auf eine mit Nachdruck vertretene Aufforderung, die sich mit einem bestimmten Wissen verbindet: Es gibt Sprachen der Moral, die ihr nicht angemessen sind, es gibt ein Sprechen über die Moral, das ihr nicht gerecht wird; man sollte es daher zu vermeiden suchen, es könnte die Moralwahrnehmung blockieren.

Gibt man dem Satz die Form einer Frage, kann sein Sinn als sprachlicher Ausdruck eines Zweifels gelesen werden: Können wir überhaupt sprechen, ohne nicht – wie zwangsläufig – auf sie, auf die Moral zu sprechen zu kommen? Wie nur über Moral nicht sprechen? Wie nur reden und denken, uns selbst und die anderen verstehen oder die Welt erklären, ohne daß dieser Parasit, dieses Alien unter all den vornehmen und ehrbaren Geistern der praktischen Philosophie sich einmischt? Wie also vermeiden, über Moral zu sprechen? Niemand der bei Sinnen ist, wird das freiwillig tun. Denn welchen Weg er auch einschlägt oder wie auch immer er sie zu konzeptualisieren gedenkt, sie läßt jeden, der sich mit ihr befaßt, schlecht aussehen. Man kann sich ihr gegenüber aus verständlichen Gründen nicht gut, nicht schuldlos aus der Affäre ziehen. »Man kann nicht«, so eine Notiz Nietzsches aus dem Nachlaß, »über Moral nachdenken, ohne sich nicht unwillkürlich

* Antrittsvorlesung, gehalten am Fachbereich 2 (Gesellschafts- u. Geschichtswissenschaften) der TU Darmstadt, 6. Nov. 1997.

moralisch zu bethätigen und (zu) erkennen zu geben.«[1] Die Situation ist deshalb vertrackt, weil auf der anderen Seite vielleicht nur ein Sprechen über sie uns eine Chance bietet, ihren (legitimen) Expansionsdrang in Schach zu halten.

Man könnte sagen, in der Konsequenz der ersten Einsicht, daß es einzelne, inadäquate Sprachen der Moral gibt, wird auch der Zweifel genährt, ob es überhaupt Äußerungen gibt, die an das von der Moral immer schon Ausgesagte heranreichen, oder ob sie überhaupt als gegenständlich oder gegenstandsanalog formiertes ›Etwas‹ in der herkömmlich kategorial erschlossenen Welt der Sachverhalte vorkommen kann: Denn entgegen allem Anschein hat sie keinen Ort, kennt sie weder Zweck noch Funktion, ist ihr das logische Schema von Grund und Folge ebenso fremd wie das von Herkunft und Zukunft; das heißt, sie spricht zuletzt auch aller Rationalität Hohn; nicht ohne Grund haben Horkheimer und Adorno in der *Dialektik der Aufklärung* mit Bezug auf den Marquis de Sade daran erinnert, daß es unmöglich sei, wie sie schreiben, allein »aus der Vernunft ein grundsätzliches Argument gegen den Mord vorzubringen.«[2]

Wie also über Moral nicht sprechen? Sagt die eine Interpretation des Satzes, daß Moral vielleicht nicht nichts ist, aber keinesfalls unter die honorigen Sachverhalte der Welt gezählt, nicht in Form propositionaler Sätze repräsentiert werden kann, so verweist die andere auf etwas, das nicht weniger gewiß erscheint: auf die aufdringliche Präsenz der Moral, der zufolge es uns überhaupt versagt sein könnte, nicht immer auch über sie sprechen zu müssen oder in jeder Faser unseres Denkens durch sie bestimmt zu sein; eine Metaposition ihr gegenüber einzunehmen scheint ausgeschlossen. Kurz, wovon ich einen Begriff vermitteln möchte, ist diese, wie die Philosophen seit Nikolaus von Kues sagen, coincidentia oppositorum, also davon, daß die Moral einzig im Modus des Zusammenfalls der Gegensätze, im Medium dieses Widerstreits existiert, daß sie, ganz und gar paradox, einzig in ihrer Abwesenheit präsent ist.

1 F. Nietzsche, Sämtliche Werke. Kritische Studienausgabe in 15 Bänden (KSA), Bd. 12. Nachlaß Herbst 1885-Frühj. 1886. Hrsg. von G. Colli u. M. Montinari. Berlin/New York 1988, 1 [9].

2 M. Horkheimer, Th. W. Adorno, Dialektik der Aufklärung. Frankfurt/M. 1969, 127.

1.

Wenn man heute die öffentlichen und wissenschaftlichen Debatten über die Lage der Moral verfolgt, lassen sich zwei Fraktionen unterscheiden; man könnte sie – der Einfachheit halber – die Moralisierer und die Entmoralisierer nennen. Die *Moralisierer* beklagen die Moraldefizite der postindustriellen Gesellschaft; sie gehen davon aus, daß die Moral in einem nicht unbeträchtlichen Maße zum sozialen Zusammenhalt der Gesellschaft beitrage und daß dort, wo sie zerfalle, wo Rechte und Pflichten nicht ausgewogen, Fürsorge und Respekt, Solidarität und Gerechtigkeit als soziale Bindungskräfte im Schwinden begriffen seien, auch die Gesellschaft auseinanderzubrechen drohe: daß sich in einer Zeit, in der sich der Kapitalismus geradezu neu erfindet, immer weniger Menschen und Kollektive um die Moral scheren – an dieser Diagnose besteht für sie kein Zweifel. Die *Entmoralisierer* hingegen plagen andere Sorgen. Sie beschweren sich über zuviel Moral, über eine Hypermoral, die alles bedrohe; sie suchen zu belegen, daß alles und jedes von moralisierender Rede überzogen werde: buchstäblich nichts, von der Energieversorgung mittels Atomkraft bis zur Erziehung der Kinder, von der Politik bis zur Technik, bleibe von der Moral verschont, keine Plastiktüte und kein Pelz sei mehr vor ihren Invektiven sicher.

In beiden Fällen wird der Moral ein Zweck eingeschrieben, sie wird einem Zweck unterstellt; für die *Moralisierer* hat es böse Folgen, wenn die Moral als gesellschaftliches Bindemittel, als Regulativ zur Herstellung gerechter gesellschaftlicher Verhältnisse ausfällt; die *Entmoralisierer* befürchten kontraproduktive Effekte oder eine schleichende Erosion des Rechts, wenn sich die Moral in alles einmischt und die interne Sachgesetzlichkeit bestimmter Gegenstände oder gesellschaftlicher Subsysteme nicht beachtet. Aber gleichgültig, wie man die Kontroverse beurteilt, die Moral wird in beider Denken und Sprechen einem Schema unterstellt, dem *Schema* oder der Kategorie des Zwecks, in beider Betrachtung erfüllt sie eine bestimmte Funktion; für die einen – die Moralisierer – ist sie das bzw. ein Medium sozialer Integration, die andere Fraktion – die Entmoralisierer – analysiert das Zusammenspiel von Moral und Gesellschaft stärker im Kontext der Frage nach den Chancen gesellschaftlicher Stabilisierung und Produktivitätssteigerung. Wie auch immer man dazu steht – es gilt festzuhalten, daß

sowohl von seiten der öffentlichen Diskussion als auch von seiten der Wissenschaften die Moral weithin unter bestimmten funktionalen Blickwinkeln aufgefaßt und interpretiert wird.
So über die Moral zu sprechen macht eine weitere aufschlußreiche Einstellung bewußt: Wer auf diese Weise spricht, tut es von außen, von einem äußeren Standpunkt aus, er aktiviert den Blick eines externen, quasi-wissenschaftlichen Beobachters auf die Moral, dessen Blick selbst – das nur in Parenthese – von normativen Vorgaben geprägt ist; der Zweck oder die jeweils der Moral zugeschriebene Funktion fungiert dabei als das beobachtungssteuernde Schema. Daß die Moral einen Zweck hat und wissenschaftlichen Beobachtungsschemata subsumiert werden kann, gehört zu den tragenden Säulen einer wissenschaftlich konzeptualisierten Moral.
Nun spricht gar nichts dagegen, moralisches Verhalten zweckhaften oder funktionalen Überlegungen zu unterwerfen. Im Gegenteil, es hat unser Wissen außerordentlich erweitert und interessanter gemacht, Moral als Unterdrückungsstrategie der herrschenden Klasse oder als perfide Psychologie der Schlechtweggekommenen, als Handlungskoordination garantierende soziale Interaktion, als Austauschprozeß oder als Machtbalance sehen zu lernen, sie als Kontrollmechanismus oder als Medium sozialer Integration bzw. Desintegration, als Suche nach dem größtmöglichen Glück der größtmöglichen Zahl oder als System von Wertpräferenzen begriffen zu haben oder, wie es in einer Soziologie der Technik[3] heißt, als das, was auf der Basis wechselseitigen Respekts das Risikoverhalten von Personen sanktioniert.
Problematisch wird die Sache dann aber doch, wenn die wissenschaftlich sanktionierten Konzepte mit dem Anspruch auftreten, etwas Allgemeingültiges über Moral sagen zu können, und diese Auffassung auf das allgemeine, sogar auf das philosophische Verständnis von Moral abzufärben beginnt. In dieser Situation muß man ernste Zweifel anmelden, ob das, was der Moral spezifisch ist, von diesem Sprechen überhaupt berührt wird, und das nicht irgendwelcher kontingenter Gründe wegen, sondern weil die Rahmenbedingungen wissenschaftlicher Forschung es von sich aus nicht zulassen, dasjenige wahrzunehmen, was für die Moral konstitutiv ist, d. h. jene Momente, ohne die Moral gar nicht wäre, was sie ist.

3 J. Halfmann, Die gesellschaftliche ›Natur‹ der Technik. Eine Einführung in die soziologische Theorie der Technik. Opladen 1996.

Denn weder kennt noch anerkennt die Moral einen Zweck oder ein Worumwillen, für das sie da ist, sie ist in einem herkömmlichen pragmatischen Sinn zu nichts nütze, auch wenn sie eine bestimmte Funktion zu erfüllen vermag, sie läßt sich auf nichts, auf keinen Sachverhalt in der Welt zurückführen, noch ist für sie ein Beobachtungsschema bezeichnend; aber es wäre auch weit gefehlt zu glauben, es sei – wie konnte man es übersehen – die Teilnehmerperspektive, aus der über Moral gesprochen werden müsse: *Perspektivität in jeder Form scheint der Moralmaterie fremd zu sein*, Moral ist offenbar kein Gesichtspunkt unter anderen.
Ganz sicher gehört es zu den vornehmsten Aufgaben der Ethik oder der Moralphilosophie, den, wie Habermas sagt, moral point of view zu klären. Die Schwierigkeit besteht nur darin, zu sehen, daß der moralische Gesichtspunkt keiner ist, jedenfalls nicht im Sinne eines durch Grundsätze, Kriterien oder Universalisierungsverfahren ausweisbaren Standpunkts. Moralphilosophische Überlegungen lassen sich nicht den epistemologischen Standards der Erfahrungswissenschaften angleichen oder auf Regeln gründen, die für theoretische Diskurse Gültigkeit haben. Die Macht der Moral entfaltet sich womöglich nur im Medium ihrer theoretischen Ohnmacht.

II.

Woher rührt diese der Moral eigentümliche Ohnmacht? Welche Bedeutung hat sie? Auch auf die Gefahr hin, mißverstanden zu werden, sie rührt daher, daß es für die Probleme, die sie aufwirft, keine für alle verbindlichen Lösungsmuster gibt, und es ist sogleich hinzuzufügen, daß diese Antwort aber partout nichts mit Relativismus oder ähnlichen Dingen zu tun hat, vielmehr auf die Aporien oder Sackgassen anspielt, in die sich alle Versuche einer rationalen Moralbegründung verstricken.
Der bereits erwähnte französische Philosoph Jacques Derrida hat in seinem Buch *Gesetzeskraft. Der ›mystische Grund der Autorität‹* drei Aporien der Gerechtigkeit entfaltet. Ohne sie im einzelnen diskutieren zu können, läßt sich eine Aporie, die der »Epoché der Regel«[4], wie folgt zusammenfassen: Eine Entscheidung, die das

4 J. Derrida, Gesetzeskraft. Der ›mystische Grund der Autorität‹. Frankfurt/M. 1991, 46 ff.

Rechte oder Gerechte betrifft, muß sich an einem Gesetz ausrichten oder einer Regel folgen, d. h. sie muß sich an einem Allgemeinen orientieren, aber sie muß auch dem Einzelfall gerecht werden; da aber jeder Fall anders liegt, bedarf es, um gerecht zu sein, einer einzigartigen Deutung, für die keine bestehende oder bereits codierte Regel einstehen kann. Kurz, um gerecht zu sein, bedarf es einer Regel, aber keine Regel kann den Anspruch, der sich mit dem Prädikat ›gerecht‹ verbindet, einlösen. Eine Regel ist nötig, aber jede Regel untergräbt das Gerechte. Die Regel zielt immer auf ein Gleiches, aber sie erreicht nicht das, was verschieden ist. Wenn, wie Platon sagt, gerecht ist, daß jeder das erhält, was er verdient, oder jedem das Seine zuerkannt werden muß, dann kann eine Regel, die gleichartige Fälle subsumiert, per definitionem nicht das ausschöpfen, was am Prädikat ›gerecht‹ auf die Anerkennung des Verschiedenen zielt. Aber ohne Regel, ohne Gleichheit und Vergleich bliebe das, was gerecht genannt zu werden verdient, auch ohne Orientierung.

Man kann die Sache auch anders aufzäumen, es gibt eine Reihe vollendet schöner Begriffe und Wendungen, worin das ausgesprochen wird, was für Gerechtsein zentral zu sein scheint, so zum Beispiel in Leibniz' Begriff von Gerechtigkeit als sapientis caritas, dessen verschiedene Übersetzungen das spiegeln, was mit einem Verstandesbegriff schwer zu erfassen ist; sie lauten »Liebe des Einsichtigen« oder »mit Weisheit gepaarte Güte«, »vernünftige Liebe« oder »was in gleichem Maße der Weisheit und der Güte gemäß ist« usf.[5] Leibniz' Begriff trifft sich mit demjenigen Nietzsches, der im Zarathustra fragt: »Wo findet sich Gerechtigkeit, welche Liebe mit sehenden Augen ist«, um fortzufahren, »die Jeden freispricht, ausgenommen den Richtenden.«[6] Aber keine dieser tiefsinnigen Definitionen vermag uns zu einer Operationalisierung zu verhelfen, die so konkret wäre, daß sie eine bestimmte Situation in ihrer Singularität zu erreichen oder eine definitive Verhaltensantwort zu formulieren vermöchte.

Eine kleine philosophiegeschichtliche Reminiszenz kann die Basis dieses Gedankens verbreitern. Häufig glaubt man, Moral habe es mit Grundsätzen zu tun, z. B. mit bestimmten Moralprinzipien,

5 G. W. Leibniz, Schriften zur Ethik und Rechtsphilosophie. In: Hauptschriften zur Grundlegung der Philosophie. Bd. II. Hamburg 1966, 511.

6 F. Nietzsche, Also sprach Zarathustra. KSA, Bd. 4. A.a.O., 88.

die uns, wie der kategorische Imperativ Kants, sagen, was wir tun sollen: »die Menschheit sowohl in deiner Person, als in der Person eines jeden anderen jederzeit zugleich als Zweck, niemals bloß als Mittel« zu gebrauchen.[7] Aber noch bevor man den Sinn der Formel ganz erfaßt hat, bringt sich das Problem der Regel in methodologischer Gestalt in Erinnerung. Wie gelange ich von der Allgemeinheit der Regel, vom allgemeinen Grundsatz der Moral zum Verständnis der besonderen Situation, in der gemäß der Regel gehandelt werden soll? Es bedarf einer großen Menge zusätzlicher Deutungskapazität, um die Regel auf die Besonderheit der Situation anzuwenden oder ihre Überdeterminiertheit einer der Regel gerechten Interpretation zuzuführen. Die aristotelische Tradition hat sich hier mit einem Begriff geholfen, der das Problem nur verschiebt, dem Begriff der Phronesis, der Klugheit, um Fall und Regel in die richtige, lebensweltlich angemessene Relation zu setzen. Bei Kant stünde der Begriff der Urteilskraft bereit, auf den er sich aber im Falle der Moralphilosophie mit guten Gründen nicht stützen kann. Nachdem sie sich lange Zeit gesträubt hatte, hat auch die Diskursethik von Apel und Habermas die Relevanz des Problems für ihre Argumentation erkannt. Im kognitivistischen Kontext der Diskursethik sucht man das Anwendungsproblem mit der Entwicklung von Begriffen wie dem eines »Sinns für Angemessenheit«[8] zu begegnen; die grundsätzliche Schieflage, die aus der theorieanalogen Anlage des Moralkonzepts erwächst: die Moral begreifen zu wollen nach dem Schema von Gesetz und Fall, Regel und Anwendung, bleibt indes auch hier erhalten. Wie Hegel schon Kant vorgerechnet hatte, erreicht eine Prinzipienphilosophie der Moral, eine Moral des leeren Sollens, weder die Bestimmtheit und Wirklichkeit des Handelns noch überhaupt den Sinn des Moralischen.

7 I. Kant, Grundlegung zur Metaphysik der Sitten. Kants Werke. Akademie-Ausgabe, Bd. IV. Berlin 1968, 249.

8 K. Günther, Der Sinn für Angemessenheit. Anwendungsdiskurse in Moral und Recht. Frankfurt/M. 1988.

III.

Man kann die antinomischen Strukturen, die das Feld moralischen Handelns durchfurchen, auch in anderer Form darstellen. Sokrates hat auch in diesem Punkt den Knoten der Moral kunstvoll, d. h. aporetisch geschürzt, wenn er auf der einen Seite immer wieder aufs neue und durchaus ernsthaft, ohne sokratische Ironie, versichert, daß er nichts weiß, daß ihm sein Nichtwissen das Allergewisseste ist, er auf der anderen Seite aber sehr wohl davon überzeugt scheint, daß jeder Mensch im Besitz gewisser Grundwahrheiten ist, die ihn zumindest dazu befähigen, falsche (ethische) Vorstellungen als problematisch zu durchschauen. Er glaubt, nichts sicherer zu wissen als das, was lobenswert ist; entsprechend appelliert Sokrates an unser Bemühen, es allein auf das Gute auszurichten und alles andere als zweitrangig einzustufen. Das, was erstrebenswerte Sitten sind, dieses Wissen können wir ihm zufolge aus uns selbst schöpfen. Es wäre auch traurig um die Welt bestellt, wenn die Menschen nicht immer schon gewußt hätten, was die entsprechenden Situationen ethisch von ihnen verlangten. Kant sieht das ähnlich; was moralisch verbindlich ist oder was mir die Pflicht zu tun gebietet, darüber brauchen wir nicht zu »vernünfteln«. Man kann diesen Widerspruch verschärfend auch auf folgende Weise ausdrücken: Es wäre uns unmöglich, uns als moralische Wesen zu verstehen, wenn wir nicht wüßten, nach gut und böse zu unterscheiden; es wird, wenn wir moralisch handeln können sollen, notwendig vorausgesetzt, daß wir wissen, was gut und böse ist.

Offensichtlich kann die Klärung dessen, was moralisch ist, *nicht* im Rahmen theoretischer Diskurse stattfinden, die verlangen, daß es eindeutige Kriterien, allgemeingültige Gesetze oder widerspruchsfreie Grundsätze gibt, auf die moralisches Verhalten zurückgeführt werden kann. Wenn wir das Zwischenergebnis dieser Überlegungen festhalten sollten, könnte man es in zwei Sätze kleiden: *wir wissen, was richtig und gut ist* und *wir wissen es nicht*, nicht in dem Sinne, daß wir es jemals sagen könnten, daß wir es in Form diskursiv strukturierten Satzwissens explizieren oder auf einen bestimmten Grundsatz zurückführen könnten, daß wir mittels einer bestimmten Definition, d. h. mit Allgemeingültigkeit und Notwendigkeit sagen könnten, worin denn das Unterscheidungskriterium zwischen gut und böse, recht und schlecht liegt. Wenn wir diesen Unterschied theoretisch in eindeutiger Weise zu klären vermöchten, würde es sogar, wie Wittgenstein annimmt, den Sinn des Moralischen zerstören.[9]

Aber verurteilt uns dieses Dilemma nicht zum Nichtstun? Muß nicht der Philosoph versuchen, da herauszukommen, um die Menschen bei ihren Orientierungsbemühungen zu unterstützen? Und in der Tat, der Philosoph könnte durch dieses Ansinnen des Publikums und durch den Sinnlosigkeitsverdacht, unter den sein Unternehmen für den Fall gerät, daß er sich bei der Darstellung des Dilemmas bescheide, dazu verführt werden, einen Ausweg zu suchen, z. B. durch eine veränderte Konzeptualisierung des Problems. Der Philosoph könnte die Aporie mit dem Unterschied von ›implizit‹ und ›explizit‹ bearbeiten und auf diese Weise versuchen, sie aufzulösen; er könnte die Annahme machen, es sei ein implizites oder »stillschweigendes« Wissen, das wir haben, wenn wir wissen, was im Sinne des moralisch Richtigen zu tun ist, daß aber eine Explikation, die sprachlich diskursive Darstellung der Sache, uns nicht wirklich gelingt, weil im Zusammenhang des Sinns für die Moral eine der Welt immanente Unendlichkeit zum Tragen kommt, welche alle sprachlichen Artikulationsmöglichkeiten übersteigt. Zu diesem Zweck könnte der Philosoph Zuflucht bei einer Analogie suchen, um das, worauf Moral abzielt, zu erläutern. Was Augustinus über die Zeit sagt, das gelte auch für die Moral: daß man über sie genau Bescheid wisse, solange man nicht nach ihr gefragt werde. Augustinus: »Wenn mich niemand danach fragt, weiß ich es; will ich es jemanden, der danach gefragt hat, erklären, weiß ich es nicht.«[10]

So hilfreich die Unterscheidung von implizit und explizit in vielen Fällen ist, sie führt im Kontext der Moral in die Irre, sie hält an einer *theoretischen* Einstellung fest, sie legt nahe zu glauben, daß im Prinzip der Gehalt oder der Begriff des Guten ausgeschöpft werden könnte; daß nur unser sprachliches Unvermögen oder unsere Sprachnot der Grund dafür seien, daß der Begriff seinen Umfang, seine Definition oder Erfüllung nicht finde. Das Gegenteil ist der Fall; es spricht nicht viel dafür, daß das, was die Moral

9 Vgl. L. Wittgenstein, Werkausgabe, Bd. 3. Ludwig Wittgenstein und der Wiener Kreis. Gespräche aufgezeichnet von F. Waismann, 17. Dez. 1930. Frankfurt/M. 1989, 117.

10 Augustinus, Bekenntnisse. 11. Buch, 14. Kap.

betrifft, sich jemals unseren Begriffen subsumieren lassen könnte, daß wir aber, um einen schönen Ausdruck von Adorno auszuborgen, nur mittels des Begriffs in der Lage sind, über den Begriff hinauszugelangen.

IV.

Um zu sehen, was für die Moral wichtig ist, sollte der Philosoph einen anderen Blick auf Moral werfen. Man könnte sagen, die geschilderten Aporien bilden eine Art Vorhalle oder, besser noch, ein Nadelöhr, durch das sich hindurchdenken muß, wer verstehen will, worin der Sinn des Moralischen besteht.

Wie angedeutet, versperren uns die Aporien den Weg einer verstandesmäßigen Lösung, weil zwei gleicherweise notwendige, aber sich widersprechende Aussagen bzw. Voraussetzungen beim Begriff der Sache mitzudenken oder in den Entwurf einer Handlung einzurechnen sind. An dieser Grenze unseres Wissens, an der Stelle, an der wir mit der kognitiven Durchdringung einer (sozialen) Situation definitiv an ein Ende gelangen, an dieser Grenze erst geht der Sinn des Moralischen auf: Die Einsicht in die Grenze des Verstandes ist der Anfang der Moral. Moral hebt – darin verwandt mit der Phantasie – dort an, wo der Verstand nicht mehr ein noch aus weiß, wo er sich in einem Moment radikal entmächtigt sieht, das heißt in Augenblicken, die in einem übergrundsätzlichen Sinn *offen* oder *überdeterminiert* sind, die, weil im Angesicht des Anderen alle herkömmlichen Strategien kognitiver Weltbewältigung versagen, mich (hochgradig) irritiert zurücklassen und der Andere, mein Gegenüber, die moralische Adresse, von mir nicht mehr *als ein nur so oder so bestimmter Anderer* wahrgenommen wird. In diesen Situationen umfänglicher Irritation, in denen kein Rückgriff auf ein Inventar bereits codierter Lösungswege mehr weiterhilft, alle Gewohnheiten und utilitaristischen Berechnungen des Handlungserfolgs zugrunde gehen oder alle Präferenzen gleichgültig werden, wird gleichsam der (intelligible) Raum geschaffen für den moralischen Impuls oder für eine Verantwortung, die von mir verlangt, eine ausschließlich auf den Anderen zugeschnittene, unverwechselbare oder authentische (neue) Verhaltensantwort zu finden oder zu erfinden. Dieser Verantwortung für den Anderen bin ich in gewisser Weise ausgeliefert, ihr kann ich mich nicht entziehen. Einem (fast anstößigen) Wort E. Lévinas' zufolge bin ich in der durch moralische Verpflichtungen gekennzeichneten Situation der Gefangene, ja »die Geisel des Anderen«.[11]

Wie ich nach Sartre zur Freiheit verurteilt bin oder nicht die Wahl habe, nicht wählen zu müssen, so habe ich im Zusammenhang der Moral nicht die Möglichkeit, angesichts des Anderen nicht auch Verantwortung für ihn übernehmen zu müssen. Es wäre aber falsch anzunehmen, daß dadurch bestimmte Typen von Situationen gleichsam bereichsspezifisch als moralisch ausgezeichnet würden. Jede Situation des Umgangs und der Kommunikation mit Anderen impliziert ein Moment der Unausdeutbarkeit; noch in der beiläufigsten Geste des Grüßens steckt eine wie immer explizite Erwiderung auf den normativen Anspruch des Anderen, der in unterschiedlichen Situationen zwar verschiedene Konkretisierungen erfahren kann (Anspruch auf Respekt, Achtung, Fürsorge, Schutz, Freilassung usf.), denen aber gemeinsam ist, daß sie mich kategorisch in eine irreduzible Verantwortung verweisen.[12]

Anders gesagt, dort, wo der kognitiven Aneignung der sozialen oder zwischenmenschlichen Wirklichkeit (aufgrund der Aporien) eine unüberschreitbare Grenze gesetzt wird, erschließt sich der Sinn des Moralischen – parallel zur Definition des bekannten Kybernetikers Heinz von Foerster, der zufolge *wir* nur die Fragen entscheiden können, die prinzipiell unentscheidbar sind.[13] Aporien sind solche prinzipiell unentscheidbaren Fragen, die, richtig aufgefaßt, nicht nur ein Eingeständnis intellektueller Ohnmacht bedeuten, sondern *positiv* zu bewerten sind: Sie motivieren den Schritt des Überstiegs von der Theorie zur Praxis, vom Erkennen zum Anerkennen. Aus der (theoretischen) Unentscheidbarkeit der Situation erwächst die Notwendigkeit für den Übergang zu der für die Praxis und zuletzt für die Moral spezifischen Verantwortung. Der aporetische Hintergrund erschließt uns die Möglichkeit oder

11 E. Lévinas, Ethik und Unendliches. Gespräche mit Ph. Nemo, Wien 1992.

12 Der Andere, mein Gegenüber, ist moralisch gesehen stets ein Anarchist, der sich jeder meiner situativ dramatisierten Adressen und Zuschreibungen widersetzt. Gleichgültig, ob ich ihn (insgeheim) als geschätzten Kollegen, nützlichen Idioten oder anstrengenden Zeitgenossen usf. klassifiziere, er hat sich immer schon meiner Bestimmungszumutung entzogen.

13 H. v. Foerster, KybernEthik. Berlin 1993, 153.

den Raum, in dem wir frei werden, etwas verantworten zu können und dann aber auch verantworten zu müssen. Die Geschichte vom barmherzigen Samariter ist daher nicht ohne Grund die Urszene der Moral genannt worden.
Der theoretische Blick auf das (moralische) Handeln will sich einen Überblick verschaffen, will durch Kenntnis einer nach Kategorien oder Mechanismen, Strategien oder Regeln geordneten Realität die Kontrolle über die betreffenden Situationen erlangen, sein Bestreben ist offen oder verdeckt darauf gerichtet, sie zu beherrschen. Im moralischen Handeln wird der Versuch, mittels des identifizierenden oder prädizierenden oder kategorisierenden Blicks herrschen zu wollen, aufgegeben. Moralische Praxis läßt sich davon leiten, daß ein Schritt ins *Ungewisse* getan werden muß, daß das Medium, worin sich die Moral abspielt, eine Offenheit, eine irreduzible Ungewißheit ist, der man – idealtypisch zugespitzt – mit unterschiedlichen Orientierungen begegnen kann: *theoretisch* bzw. *strategisch*, indem man die Ungewißheit als Mangel einer angestrebten potentiellen Gewißheit betrachtet, oder *praktisch* bzw. *moralisch*, indem die Ungewißheit positiv gewertet, nicht als defizitärer Zustand begriffen wird, sondern (wie bei einem Versprechen) als Medium (und Element) der Handlung, ohne das man gar keine Gelegenheit hätte, sich moralisch verhalten zu können.[14]

V.

Ein ausgezeichnetes Beispiel für den nicht-strategischen Umgang mit Ungewißheit und den Fragen der Moralität insgesamt bildet das Versprechen, nicht als ›sich versprechen‹ im Sinne einer Fehlleistung, sondern als performativer Sprechakt, in dem das Sprechen (wie bei einer Bitte oder der Eröffnungsrede einer Versammlung) zugleich ein Handeln ist. Anders als bei einem Vertrag, den man als rechtlich kodifiziertes Versprechen bezeichnen könnte, geht es bei

14 Auch hier muß insofern eine Einschränkung bzw. Präzisierung angebracht werden, als nicht erst die explizite moralische Praxis das Prädikat ›moralisch‹ verdient, sondern jede durch die Intersubjektivität gekennzeichnete Situation, in welcher der andere qua unausdeutbarer Identität mich immer schon in meine Verantwortung verwiesen hat, der ich natürlich auch strategisch begegnen kann.

einem Versprechen im Kontext der Moral nicht in erster Linie um die Reduktion von Ungewißheit, um Situationskontrolle, sondern darum, den Anderen freizulassen, alter ego das Bewußtsein zu vermitteln, daß er in seinen Entscheidungen frei ist. Man muß gleichsam den Kalkül wechselseitigen Nutzens, die Logik: ›Wenn du tust, was ich will, tue ich, was du willst‹ für einen Moment außer Kraft setzen, um die Bedeutung, welche die Ungewißheit als Medium und Element des Versprechens für dieses hat, zu begreifen. Sie ist die Eintrittsbedingung für den moralischen Raum: Die Ungewißheit des Versprechens gibt den Anderen frei. Sie klammert die eigene Erwartung ein, sie läßt sich auf etwas ein, für das es keine Garantie gibt, ja, gäbe es sie, das Versprechen wäre ohne Wert. Im Unterschied zum Vertrag läßt es sich auch nicht einklagen. Der Vertrag als rechtlich institutionalisierte Basis eines Versprechens reduziert die Ungewißheit und Offenheit qua Ankündigung von Sanktionen im Falle der Zuwiderhandlung. Dahinter steht die Idee einer Tauschgerechtigkeit; aber die Gerechtigkeit, die das Recht selbst noch begründet und dekonstruiert, ist nicht distributiver Natur, sondern etwas, das, wie Platon bereits gesehen hat, jenseits des Wesens und der Definition, und das heißt, des Vergleichbaren, angesiedelt ist.

Das Drehbuch des Versprechens läuft parallel zu einer Ordnung des Geschenks, der Gabe, die – im Unterschied zum Geschäft – einen Tausch ohne Tausch darstellen: Es gibt einen Ausgleich, aber der Ausgleich ist nicht das Primäre; die Schenkenden verstehen sich auf die Kunst des Paradoxierens, sie verstehen sich darauf, die Logik des Ausgleichs zu vergessen und selbst dieses Vergessen noch zu vergessen. Es gelingt dem Beschenkten, das Geschenk trotz der Beschämung, der leeren Hände, der Verpflichtungen, die damit verbunden sind, anzunehmen; nicht nur weil er weiß, daß er es ausgeglichen haben wird, er ›weiß‹ auch, daß in diesem Tausch ohne Tausch ein Moment präsent ist, das nicht dem Tausch, der Berechnung, der Strategie entspringt, sondern der puren Lust oder Freude am Anderen, ein Moment, das sich gleichwohl der sprachlich diskursiven Bestimmung verweigert. Die Grammatik unseres sprachlichen Ausdrucks wird uns unweigerlich hintergangen, in die Schemata von Grund und Folge, Motiv und Verhalten, Innen und Außen usf. zurückgezwungen haben. Daß sich die Moral an der Grenze darstellbaren Wissens aufhält, ist ebenso zwingend wie Index ihrer Wahrheit. Die Paradoxien des Versprechens (und der

Moral), der Tausch ohne Tausch, das Vergessen, das auch sich selbst noch vergißt, kleiden sich stets in Sprachfiguren wie die der absprechenden Verneinung, das heißt, sie weisen auf etwas hin, das sie sogleich zurücknehmen, sie umkreisen, was sich unseren bestimmten Begriffen endlos entzieht, darum aber noch lange nicht nichts ist.

Weder die kategoriale Sprache des Rechts noch die der Ökonomie können dem Versprechen wie der Moralität insgesamt gerecht werden. Sie stoßen im Versuch einer rationalen Selbstbegründung auf unüberwindbare Schranken, an denen sich – wie im Zusammenhang der Aporie der Regel angedeutet – eine Inkonsistenz oder Widersprüchlichkeit zeigt; das heißt, sie müssen zu ihrer Selbststabilisierung auf etwas zurückgreifen, das sie jederzeit überschreitet: das Recht auf die Gerechtigkeit, die Ökonomie auf ein transökonomisches Moment.

Dem Versprechen in diesem Sinn haftet etwas Widernatürliches an. Es widersetzt sich der Schwerkraft, vor allem, es mißachtet die Zeit, es tut, als hätte es Macht über die Zeit. Wie das *Verzeihen* die determinierende Kraft vergangener Handlungen aufhebt, entsprechend überfliegt, wer *verspricht*, die Zeit in Richtung Zukunft. Nur diejenigen erheben sich zur Moral, welche die Ungewißheit oder Ambivalenz, die den Prozeß wechselseitigen Anerkennens begleiten, produktiv zu übernehmen verstehen: nur sie können den Anderen im Versprechen in die Freiheit zu sich entlassen.[15]

VI.

Aber – und mit diesem Einwand könnte sich der Moralskeptiker erneut in die Diskussion einmischen: ›Warum soll ich mich an Unternehmungen wie an Versprechen in dem gerade explizierten Sinn überhaupt beteiligen? Warum sollte ich mich in dieser konstitutiv ungewissen Weise auf jemanden anderen einlassen? Mir genügen vertraglich abgesicherte oder spieltheoretisch gründlich kalkulierbare Erwartungssicherheiten bzw. gut durchdachte Pläne für ein Folgehandeln, gesetzt den Fall, daß mein Gegenüber anders reagiert als erwartet.‹

15 Zum Begriff wechselseitigen Anerkennens vgl. G. Gamm, Die Unausdeutbarkeit des Selbst. In diesem Band.

Um diesem Einwand zu begegnen, könnten empirische Gründe ins Feld geführt werden, sie laufen, soweit ich sehe, darauf hinaus, dem Versprechen und dem, was es trägt, seinem Untergrund, dem Vertrauen nämlich, eine sozial integrative Kraft zu attestieren, welche die über die doppelte Kontingenz aufgebaute Komplexität intersubjektiver Beziehungen zu reduzieren, die Unwahrscheinlichkeit gelingender Kommunikation einzuschränken hilft. Rein strategisches Handeln oder ein Denken entlang der Logik des Verdachts machen die Welt hyperkomplex; Versprechen, Verzeihen, Vertrauen usf. helfen dabei, Komplexität abzubauen und die Erwartungssicherheiten zu erhöhen.

Für ein Moralverständnis in dem von mir vorgeschlagenen und, wie ich denke, der modernen Welt angemessenen Sinn, bleibt diese Antwort unzulänglich, weil sie sich auf etwas beruft, was faktisch so ist, das darum aber noch nicht die Bedingung erfüllen muß, im strengen Sinn auch richtig zu sein; sie bleibt daher ebenso problematisch wie die Antworten, die Moralphilosophen der Gegenwart geben. Sie motivieren den Übergang zur Moral mit strategischen Überlegungen: Aufs Ganze des Lebens gesehen, so argumentieren sie, befördert moralisches Handeln, zum Beispiel Versprechen zu halten, obwohl es nicht unerhebliche Kosten nach sich ziehen kann, auch das eigene Glück und Wohlergehen. Sie glauben, die Menschen über ihren Egoismus für ein Leben nach den Spielregeln der Moral ködern zu können. Sie instrumentalisieren die Moral, sie sprechen ihr eine »Schutzfunktion für das Glück«[16] zu. Moral wird für ein glückliches Leben dienstverpflichtet. Nicht nur bleibt hinsichtlich der empirischen Bilanz zuletzt unklar, ob sich aufs Ganze des Lebens gesehen wirklich ein Ausgleich zwischen Moralkosten und Glücksgewinn einstellt, der Hauptmangel dieser buchhälterischen Auffassung ist, daß er überhaupt rationalistisch nach lebensklugen oder präferentiellen Gründen für die Moral forscht oder den Übergang zur Moral als einen externen betrachtet, für den man sich zu entscheiden, für den man Gründe aus einem wohlverstandenen Eigeninteresse herbeizuzitieren habe. Diese externen oder empirisch bedingten Motive

16 So M. Seel, Versuch über die Form des Glücks. Studien zur Ethik. Frankfurt/M. 1995. Vgl. dazu kritisch: G. Gamm, Glück, Moral und ästhetische Erfahrung. In: Philosophische Rundschau. Hrsg. von R. Bubner und B. Waldenfels. Jg. 45, [1998] 2, 129-149.

können aber niemals die Unbedingtheit moralischer Verpflichtung verständlich machen. Sie sind mit dem Sinn für die kategorische Verpflichtung, der von der Moral ausgeht, begrifflich unvereinbar. Die funktionalistisch eingefärbte Indienstnahme verfährt mit der Moral wie zur Zeit der Reformation die Kirche bzw. die Christen mit Gott, die durch den Kauf von Ablässen das Seelenheil zu erwirtschaften suchten. Von einem moralisch entwickelten Bewußtsein scheint das eine wie das andere gleich weit entfernt zu sein.
Aber auch dieser Hinweis bleibt noch Vordergrund; zuletzt dreht sich die Frage, wie Lyotard gezeigt hat, darum, ob ich überhaupt einen Standpunkt außerhalb moralischer Verpflichtungen beziehen, das Sollen überhaupt durchstreichen kann. Die Antwort ist vereinfacht gesagt die, daß mit jener Frage nach der Motivation zur Moral oder den präferentiellen Gründen immer schon der normative Hintergrund einer Verpflichtung oder Verantwortung anerkannt ist, aus dem ich nicht heraustreten kann, daß die Externität, welche die Frage spiegelt, eine Illusion der Moderne ist: die *Frage selbst* eine Rechenschaftsgabe verlangt oder mir eine Antwort zumutet, weil sich in jeder Kommunikation mit anderen der Horizont der Verpflichtung immer schon geöffnet hat. Man kann nicht nur nicht nicht kommunizieren, wie die Kommunikationstheorie sagt, man kann sich auch nicht nicht verantworten können, insofern bereits in der Frage nach der Legitimität von Gründen oder Argumenten der Horizont einer Verantwortlichkeit aufgespannt ist, dem ich auch nicht entgehe, wenn ich sie verweigere oder abschlägig bescheide.[17]
Nicht weniger problematisch ist eine andere moralphilosophische Variante, die glaubt, den Übergang zur Moral in einer Art Hermeneutik des eigenen Selbst fundieren zu können oder darin, wie man sich im Horizont der signifikanten sozialen Beziehungen selbst verstehen möchte, eben als ein Wesen, das nicht nur in den Augen der anderen geachtet wird, sondern das auch vor sich selbst bestehen kann. Aber auch diese Auffassung ist nur schwer mit unseren Intuitionen zur Moral in Einklang zu bringen. Vor allem aber, sie bindet sie nicht an die Dezentrierung des Selbst, nicht daran, daß die Irritation durch den Anderen Anlaß gibt, Verantwortung zu übernehmen, sondern an die kleinliche Sorge um das eigene Selbst.

17 F. Lyotard, Der Widerstreit. München 1987.

VII.

Seit jeher hat man die Moral im Gegensatz zur Natur gesehen; von daher ist Nietzsches Unternehmung, eine *Naturgeschichte* von Gut und Böse zu schreiben, an sich schon eine Provokation. Seitdem ist die Liste länger und länger geworden, die Unbedingtheit oder das Selbstzweckhafte der Moral in eine Reihe von Bedingtheiten aufzulösen: Die *Soziobiologie* sucht die Grundzüge des moralischen Verhaltens der Menschen aus der Artgeschichte abzuleiten, die *Psychoanalyse* glaubt es als konfliktbeladene Resultante des Kampfes zwischen Lust- und Realitätsprinzip, zwischen den unbewußten und unberechenbaren Triebkräften des einzelnen und der rationalisierenden und disziplinierenden Autorität der Gesellschaft begreifen zu können, die *Soziologie* führt die Moral auf bestimmte Funktionen zurück, die sie im Leben der Gemeinschaft bzw. der Gesellschaft übernimmt, die *Ethnologie* folgt seit eh und je ihrer Leitidee: andere Völker, andere Sitten. Kurz und plakativ: Gibt es in dieser Welt der Bedingtheiten ohne Ende noch einen archimedischen Punkt des Unbedingten oder Selbstzweckhaften der Moral? Nach diesem Punkt fahnden immer noch eine Reihe von Philosophen und Moraltheologen, um an ihm die moralischen Grundlagen unseres Verhaltens zu befestigen. Doch es gibt diesen Punkt nicht, nicht wenn man annimmt, ihn an etwas Bestimmtes heften zu können, z. B. an einen von allem Widerstreit und allen Ambivalenzen befreiten unerschütterlichen Grundsatz der Moral, an eine moralische Intuition, die allen Menschen innewohnt, an eine Rationalität, die sich über prozedural bestimmte Techniken herausgemendelt hat, an Emotionen, wie das Mitleid, das allen Menschen mehr oder weniger eigen sein soll. Was uns zur moralischen Orientierung nötigt, ist nichts Bestimmtes, sondern ein *Unbestimmbares*, etwas, über das wir nicht verfügen, obwohl es der Welt immanent ist.

Um noch einmal auf das Versprechen zurückzukommen, der Witz am Versprechen war es, daß der Raum der Moral sich allererst öffnet, wenn wir den Anderen loslassen, unsere Kontrollwünsche aufgeben, oder traditionell gesprochen, selbstlos werden, um uns dadurch dem Anderen auszuliefern. Keine Frage also, Lévinas trifft die Sache, den Kern der Moral, wenn er davon spricht, daß wir zur »Geisel des Anderen« werden, weil wir uns unter einen Anspruch gestellt sehen, dem wir nicht ausweichen können: Auch die Ausweichmanöver haben wir danach noch zu verantworten. Aber das Authentische oder Unbestimmbare dieser Reaktion ist nicht die Folge eines prädeterminierten Verhaltensmusters, sondern die Erfindung einer neuen, auf den Anderen, seine Erfahrung und sein Leben zugeschnittenen Antwort. Die *Dezentrierung* des Subjekts der Moral ist, wie beim Versprechen angedeutet, der Übergang zur Moral; nicht rationale Argumente, sondern Gründe, die im Angesicht des Anderen zugrunde gehen, sind der Anlaß, um von der Synopse eines theoriegeleiteten Erkennens zur ethischen Praxis des Anerkennens überzugehen; mit Paul de Man gesprochen, »blindness« und »insight« wären zwei Begriffe, die dem Moralverständnis sehr nahekommen. Nicht die Selbstermächtigung, sondern die Selbstentmächtigung bietet die Chance, moralisch zu handeln.

Man hört den falschen Zungenschlag sehr wohl, wenn man diese Urszene der Moral mit Begriffen der theoretischen Vernunft zu überschreiben versucht und glaubt, bei dem Übergang zur Moral handele es sich um einen Standpunktwechsel, man solle sich auf den Standpunkt des Anderen stellen, den Standpunkt des Anderen einnehmen; sicher, es wäre auch eine Art Dezentrierung des Selbst, aber nur nach Maßgabe des eigenen Modells vom Anderen, des Fremdbilds, das man sich von ihm gemacht hat. Aber nicht nur wäre die Gefahr sehr groß, wieder in die Fußangeln einer Hermeneutik des Selbst zu geraten, zu glauben, im Verstehen, im einverständigen Übergang zum Anderen, ohne Projektion und die Kommunikation verdeckter Machtansprüche auskommen zu können; der Hauptgrund gegen eine solche Politik des Standpunktwechselns sind vielmehr die identitätslogischen Implikationen, die identifikatorischen Praktiken, die in solches Handeln eingelassen sind und nicht ausreichend reflektiert werden können. Sie führen dazu, den Anderen auf das Bild festzulegen, das ich von ihm habe, anstatt zu sehen, daß die Andersartigkeit des Anderen mich nötigt, nicht nur mein Bild von ihm zu zerbrechen oder Vorurteile zu revidieren, um eine verbesserte Version an deren Stelle zu setzen, sondern zu sehen, daß erst vermittelst der Schwächung aller identifikatorischen Vermögen die Kraft oder Stärke einer moralischen Antwort entbunden werden kann.

Um ein Beispiel zu nennen, der Rassist ist die reine Verkörperung des klassischen Typus identitätslogischen Denkens, er weiß, wer der Andere ist, er kann ihn identifizieren. Rassismus könnte man als Beispiel eines konsequenten bestimmungslogischen Denkens bezeichnen. Der Rassist läßt sich durch das Andersartige des Anderen nicht berühren, sein kategorisierendes Denken und Handeln betrachtet den Anderen als Summe bestimmbarer Eigenschaften. Der latente Faschismus dieses Modells ist das eigentliche Problem. Daß der Rassist in den Augen vieler Menschen seine Identifikationen unter die falschen Vorzeichen setzt, die falschen Kennzeichen wählt, ist aller Verachtung wert, es kann politisch und rechtlich verfolgt werden; für die philosophischen Überlegungen zur Moral kann nur daran gelegen sein, daß dieses rassistisch aktivierbare Potential, das in jeder Hinsichtnahme liegt: etwas *als* Etwas zu identifizieren oder *als* Gegenstand aufzufassen, nicht der Einstieg in ein angemessenes Verständnis der Moral sein kann, daß die Pointe der Moral gerade in der Überschreitung aller Hinsichtnahmen oder aller identifizierenden Blicke liegt.

VIII.

Daß es einen nicht kognitiv aufzuklärenden Rest der Moral anzuerkennen gilt, könnte Anlaß für ein weiteres Mißverständnis sein: die letzte Instanz der Moral in einer neuen Unmittelbarkeit, in einer moralischen Intuition, im Mitleid oder einer anderen affektiven Regung zu suchen. Daß man sich damit dem Vorwurf des Irrationalismus der Moral aussetzte, wäre noch am ehesten zu verschmerzen; gravierender wäre schon die Zurücknahme jener Einsicht, die uns dahin geführt hatte, die Unentscheidbarkeit moralischer Fragen als die paradoxe Einstiegsbedingung der Moral anzusetzen. Oder anders gesagt, was unsere Motivation zur Moral von allen Irrationalismen des Mitleids unterscheidet oder was eine im Umkreis der Semantik des Unbestimmten entwickelte Idee der Moral von allen Rückgründungen der Moral in affektiver Betroffenheit trennt, ist nicht der alte, generelle Einwand, Mitleid verstoße gegen die elementaren Bedingungen der Gerechtigkeit, sondern das *Zugrundegehen aller Gründe* als Ausgang der Moral. Die Nichtirrationalität der Moral ergibt sich also nicht aufgrund zweifelhafter Letztbegründungen oder hinreichend plausibler Gründe, sondern dadurch, daß wir im Zugrundegehen der Gründe frei werden, Verantwortung übernehmen zu können. Die Idee überhaupt, sich an eine letzte Bestimmtheit, an einen Ursprung, an eine

letzte Adresse oder einen evidenten Grundsatz halten zu müssen, ist in sich problematisch. In der Verantwortungsübernahme müssen alle an bestimmte Prädikationen oder Eigenschaften geknüpften Rechtfertigungen überschritten werden. Gutsein kann man nur grundlos; um das Gerechte zu tun, gibt es keinen anderen Grund als das Gerechte selbst. Ein Versprechen zu halten liegt einzig in der Logik des Versprechens. Wittgenstein schreibt: »›als ob‹ das, was gut ist, noch begründet werden könnte.«[18] In meinem exklusiven Angesprochensein durch den Anderen fallen alle interessierten Hinsichten und bestimmten Standpunkte in sich zusammen, nicht in dem Sinn, daß dadurch eine neue falsche Unmittelbarkeit heraufbeschworen würde, sondern um eine Unendlichkeit der Verpflichtung anzuzeigen, die der moralischen Subjektivität aus der Primordialität der Verantwortungssituation erwächst. Sie erlaubt keinen Dispens, auch die Verantwortungsverweigerung – die sehr wohl möglich ist – muß danach noch verantwortet werden.
Um auf das Problem der Unbedingtheit der Moral zurückzukommen, es ist von entscheidender Bedeutung, die Unbedingtheit der eigenen moralischen Verpflichtung nicht mit dem allgemeinen Glauben an die Unbedingtheit (oder Universalität) der Moral zu verwechseln. Es ist eines, den unbedingten, nichtrelativen, notwendigen Charakter der moralischen Adresse, der mir aus meinem Angesprochensein erwächst, zu betonen, etwas anderes aber ist es, die eigene Moral zu einer allgemein verbindlichen zu erheben. Die Einsicht in die kulturrelative oder historische Bedingtheit der Moral, die ein fiktiver externer Beobachter feststellen kann, bedeutet eben nicht, von moralspezifischer Verbindlichkeit freigesprochen oder entlastet zu werden, die ein Anderer an mich richtet; vielmehr tritt sie unter der Bedingung der Relativität aller Moralen bzw. im konkreten Situationsbezug überhaupt erst hervor, und zwar als Adresse, die an mich ergeht. Es gibt keine Moral für die anderen. Dieser Einsicht kann man spätestens seit Nietzsche nur schwer widersprechen. Wittgenstein schreibt: »Ich habe in meinem Vortrag über Ethik zum Schluß in der ersten Person gesprochen: Ich glaube, daß das etwas ganz Wesentliches ist. Hier läßt sich nichts mehr konstatieren; ich kann nur als Persönlichkeit hervortreten und in der ersten Person sprechen.«[19] In der Semantik

18 L. Wittgenstein, Gespräche. A.a.O., 115.
19 L. Wittgenstein, Gespräche. A.a.O., 117.

einer sprachanalytisch aufgeklärten Ethik hat sich der Sprachgebrauch durchgesetzt, die erste Person Singular sei die privilegierte Redeposition, wenn über moralische Phänomene gesprochen und geurteilt werde. Wenn es um moralische Regeln geht, bin ich angesprochen, da muß ich Verantwortung übernehmen, keine soziale Autorität kann sie mir abnehmen, ich kann sie nicht delegieren; auf den Arzt oder den Anwalt kann ich gleichsam Teile meiner selbst, Rechte, Kompetenzen, Fähigkeiten usf. übertragen: Handlungsverständnis im Kontext der Moral schließt solches Ansinnen aus, da handelt es sich um eine quasi-transzendentale Situation, von der man, wenn man genau sein wollte, sagen müßte, daß sie uns immer schon einbezogen sein läßt, daß sie uns immer schon involviert vorfindet.

IX.

Aber man muß in diesem Zusammenhang noch einem anderen Einwand Gehör verschaffen, der etwa folgendes besagt: Was bislang an Überlegungen zur Moral ausgeführt worden sei – schön und gut –, aber zu schön, um wahr zu sein, die Überlegungen zeigten gleichsam den Geburtsfehler aller Philosophie, nämlich in einem unbegründeten Glauben an das Gute befangen zu sein, sie seien mit einem Wort zu »idealistisch«. Eine derartige Darstellung des Moralproblems übersähe, daß unter dem Druck der technologischen Rationalität der modernen Welt die moralische Subjektivität sich aufgelöst habe, zerfallen sei in ein Patchwork von Funktionen und Teilleistungsmengen, Rollen und Kompetenzen, in deren Übernahme oder Verkörperung das Selbst niemals mehr, wie Zygmunt Bauman es ausdrückt, »ganz« sei. Die Arbeitsteilung, das Rollen- und Funktionssplitting der modernen Gesellschaft habe einen homo ludens, homo oeconomicus, homo faber, homo sentimentalis usf. mit je sphäreneigenen Spielregeln und Aufgabenlösungen hervorgebracht. Die *Fragmentierung* des moralischen Selbst sei Folge einer technologischen oder instrumentellen Rationalität, welche alle Probleme zulässig und zuverlässig nur bearbeiten könne, wenn sie zuvor in einzelne und kleine Teile zerlegt und auf diese Weise in handhabbare Problemlasten umgewandelt worden seien. Handhabbare Teilprobleme anstatt großer Entwürfe: nicht die Gesundheit des Menschen, sondern eine

Niere; ein Herzkreislaufversagen, aber nicht der Tod; eine Krankheit, aber nicht der (natürliche) Alterungsprozeß. Das Individuum selbst erweise sich als teilbar, aufgesplittet nach Funktionen, Rollen und Techniken. Wie die Gesellschaft, so komme auch die Subjektivität als ganze nicht mehr vor; als ganze aber müsse man sie ansprechen oder voraussetzen, wenn es um die Moral gehe. Bauman: »Das moralische Selbst ist das evidenteste und prominenteste Opfer der Technologie.«[20] Wahrscheinlich ist das richtig, wahrscheinlich schrumpft der Bereich, in dem die Moral in dem von mir explizierten Sinn relevant wird, auch wenn man sehen muß, daß sie sich gleichzeitig fast ungebremst auf alle Bereiche ausdehnt, gleichsam als frei flottierende Moralenergie sich die verschiedenen aktuellen Problemfelder der Gesellschaft erschließt, um sie mit ihren oft distanzlosen Ansprüchen zu besetzen. Aber eine Antwort wie diese würde dem Problem wieder nur ausweichen: Existiert das Individuum noch, das unteilbare, das wenigstens punktuell auf sich als Ganzes Bezug zu nehmen in der Lage ist? Oder haben wir es in der Tat mit dem, wie Kant gesagt hätte, vielfarbenen Selbst zu tun, mit einer Pluralisierung des Ichs, in oder hinter der keine Selbstreferenz mehr auszumachen ist?
Um eine Antwort vorzubereiten, wechsele ich für einen Augenblick das Terrain. Die moderne Welt extremer Arbeitsteilung hat einen interessanten Menschenschlag hervorgebracht, den Spezialisten, der, wenn er sich in seinem Fach wirklich auskennt und bewährt, zum Experten mutiert. Es geht mir nicht darum, über diesen modernen Typ Mensch Witze zu reißen, hinter den Witzen über den Spezialisten verbirgt sich ein interessantes Paradox. Denn der Witz dieses Typs ist es, in einer ähnlichen Lage zu sein, wie wir mit unserem Sinn für die Moral. Der Experte sieht sich gezwungen, im Namen einer Kompetenz zu sprechen, die er nicht hat: der für das Große und Ganze. Seine Glaubwürdigkeit beruht auf der Kenntnis hochspezialisierten Wissens oder der Beherrschung hochentwickelter Praktiken; gleichzeitig aber verlangt die Gesellschaft von ihm, zum Interpreten und Übersetzer seiner Kompetenz in anderen Bereichen zu werden. Er sieht sich zum Beispiel zur Finanzierung seiner Forschung dazu gezwungen, sich über seine Zielsetzung zu äußern, er muß über den Nutzen seiner Forschung öffentlich Rechenschaft ablegen, und genau dafür

20 Z. Bauman, Postmoderne Ethik. Hamburg 1995, 295.

braucht er (gute) Gründe, die immer auch jenseits seiner Fachgrenzen liegen, die immer auch auf das Ganze Bezug nehmen: auf den Fortschritt, den seine Forschung bedeutet, die Erkenntnisgewinne, die sie abwirft, auf die zivilisierende Wirkung seiner Einsichten, auf die potentielle Reduktion des Hungers in der Welt, auf den allgemeinen Nutzen, den sie befördern, und das Leiden, das sie verringern werden. In einem Wort, der Forscher sieht sich genötigt, immer auch eine Referenz auf das für die Menschen allgemeine Beste ins Spiel zu bringen, das heißt auf etwas, das nun wahrlich jenseits alles Expertentums liegt. Aber die Autorität, die Glaubwürdigkeit, die er auf diesem Feld des Allgemeinen ins Spiel bringt, ist eine erborgte, sie entstammt seiner Kompetenz als Spezialist, nicht seinem Sinn fürs Allgemeine. Seine Autorität beruht auf etwas, was er gerade dort nicht hat, wo er sie einsetzt; er könnte sein Expertentum nicht eimal verteidigen, wenn seine Verteidigung nicht weit über sein Expertentum hinausgriffe und Fragen beantworten könnte, für die er keine seiner Fachkompetenz analoge Legitimation besitzt. (Er wird sogar versuchen – aber das nur in Parenthese – diesen Unterschied zu verwischen, er wird alles daran setzen, daß wir die Verwechslung von gesellschaftlichem bzw. politischem und technischem bzw. spezialisiertem Diskurs nicht bemerken.) Anders gesagt, der Bezug auf das Ganze, auf das Allgemeine scheint auch für den zwingend, der sich in ein extremes Teilleistungshandeln eingebunden sieht.

x.

Ich denke, es ist nun mehr als eine Analogie, den Bezug des Selbst auf die Moral in vergleichbarer Weise durchsichtig zu machen. So richtig es ist, daß unter dem Druck der großen Maschinerie, wie Marx gesagt hätte, sich das moralische Selbst fragmentiert, als kompakte Einheit, als Individualität dekonstruiert wird, so können wir doch nicht umhin, in der irritierenden Dezentrierung durch den Anderen uns als »ganz«, als »authentisch« oder moralisch herausgefordert zu verstehen, auch wenn das Authentische, um das es geht, nicht positiv, nicht mittels mehr oder weniger diskursiv bestimmbarer Prädikate eingeholt und identifiziert werden kann. Die logische Innenansicht der Moral verlangt eine Sprache nichtabsprechender Verneinung, welche auf der rhetori-

schen Ebene dazu führt, das Gleichnis dem Vergleichen, die indirekte der direkten Rede vorzuziehen. In jedem Selbstbezug des »Me«, wie George Herbert Mead sagt, läßt sich die Referenz auf das »I« nicht unterdrücken, es überfällt uns hinterrücks, es klammert alle Rollen, Muster und Selbstmanifestationen ein, es überschreitet jede denkbare Rolle, jede identifizierende Hinsichtnahme, jedes prädikative ›als‹ mit einer Spontanität oder Kreativität, die den Horizont für neue Verhaltensantworten öffnet. Mead erweist sich freilich als ein schlechter Interpret des »I«, wenn er seine beiden Bedeutungsschichten ineinander auflöst, den hinzutretenden (moralischen) Impuls, das radikal nichtidentische Moment des »I«, in die Figur des universalisierten Anderen und damit in ein wesenslogisch begriffenes Allgemeines einschreibt.
Zusammengefaßt: man könnte die Grammatik der moralischen Sprache, die sich von den (kategorialen) Sprachen der Ökonomie und/oder des Rechts gleichermaßen unterscheidet, sozusagen klassisch nach *Person*, *Tempus* und *Modus* unterteilen und diese relevanten Kennzeichen, die von der *Unbestimmtheit der Referenz*, d. h. von der *Unausdeutbarkeit des Anderen*, ausgehen, wie folgt darstellen: Der unaufhebbare Selbstbezug der Moral, ein Handeln, bei dem ich mich nicht von anderen vertreten lassen kann, verpflichtet mich zur Rede in der ersten Person Singular. Die nichtsynchronisierbare Zeit: der Andere, der mich verpflichtet haben wird, legt als Tempus, legt als Zeitform der Moral das Futur II, die vergangene Zukunft, nahe. Und wenn man zuletzt dem Anspruch des Anderen, der Verantwortung für den Anderen, nicht einmal in seiner Negation entgeht, dann ist der Modus der Verpflichtung, der mir aus der Moral erwächst, die Unausweichlichkeit.

12. Ethik und Moral

Es gehört zur Moral, nicht bei sich selber zu Hause zu sein.

Theodor W. Adorno

In seiner berühmten Schrift *Beantwortung der Frage: Was ist Aufklärung?* schreibt Kant: »Es ist so bequem, unmündig zu sein. Habe ich ein Buch, das für mich Verstand hat, einen Seelsorger, der für mich ein Gewissen hat, einen Arzt, der für mich die Diät beurteilt, usf., so brauche ich mich ja nicht selbst zu bemühen. Ich habe nicht nötig zu denken, wenn ich nur bezahlen kann [...]. Daß der bei weitem größte Teil der Menschen [...] den Schritt zur Mündigkeit, außer dem daß er beschwerlich ist, auch für sehr gefährlich halte: dafür sorgen schon jene Vormünder, die die Oberaufsicht über sie gütigst auf sich genommen haben.«[1]

An dieser Situation, die Kant auf eine selten direkte Art und Weise schildert, hat sich bis heute wenig geändert, obwohl man sich hätte vorstellen können, daß die lokale und globale Ausbreitung der Informations- und Kommunikationsmedien zum Beispiel jenen Zustand der Mündigkeit hätte befördern können, den Kant vor Augen hatte: Daß das Publikum sich selbst aufkläre – auch oder gerade dann, wenn nach Kants realistischer Einschätzung die Kräfte des einzelnen nicht ausreichten, um sich gegen die Interessen der Vormünder auf der einen Seite und die »beinahe zur Natur gewordenen Unmündigkeit« (Kant) auf der anderen durchzusetzen.

Die allseits befestigte Abhängigkeit von den Vormündern hat sich in den letzten beiden Jahrhunderten eher noch verschärft: Die *Experten* sind an die Stelle der Vormünder getreten. Kaum mehr eine private oder öffentliche Angelegenheit, die nicht in Expertenhand wäre, kein gesellschaftlicher Konflikt oder eine technologisch bedingte Katastrophe, bei deren Beurteilung nicht Experten zu Rate gezogen würden oder sich selbst in die Position der

1 Immanuel Kant, Beantwortung der Frage: Was ist Aufklärung? Kants Werke, Akademie-Ausgabe, Bd. VIII. Berlin 1968, 35.

Vormünder reflektiert hätten. Die Gesellschaft hat in einem außerordentlichen Maße die Wissensproduktion an das Expertenhandeln delegiert, sie hat auch weite Teile der gesellschaftlichen und lebensweltlichen Praxis ihrer Obhut unterstellt.[2]

Welche Rolle spielt angesichts dieser Situation einer Allzuständigkeit der Experten die Ethik? Hat sie überhaupt noch eine Bedeutung? Wird sie nicht sukzessive aus den Bereichen herausgedrängt, die für die Menschen von elementarem Interesse sind oder sein sollten? Welches ist die Stellung der Ethik im System einer funktional, nach Teilleistungskompetenzen geordneten Welt?

Unter der Annahme, daß der Experte in der durch gesellschaftliche Erwartungen definierten Rolle wie kein zweiter den (technologischen) Wissens- und Handlungstyp, das Rationalitätsschema der modernen Welt verkörpert, versuche ich im ersten Teil zu zeigen, wie aufgrund der dieser Wissens- und Handlungsform immanenten Schwierigkeiten und Widersprüche, sich zwangsläufig die Fragen einer neuen, *nachmetaphysischen Ethik* ergeben: Die (massierte) Wiederkehr der Ethik ist die Folge oder Konsequenz der funktional differenzierten Welt der Experten; sie spiegelt die Kehrseite eines Zuwachses an Differenzierung, Präzisierung und Professionalisierung.

Wenn das Interesse an ethischen Fragen – darauf zielen die Überlegungen des zweiten Teils – in enger struktureller Koppelung mit den primär kognitiv oder instrumentell organisierten Weltzugängen des Expertenwissens entsteht, dann liegt auch die Vermutung nahe, daß die Ethik heute nicht (und schon gar nicht ausschließlich) unter aristotelischen Prämissen, das heißt, im Rahmen der antiken Lebensweltethik verstanden werden kann.

Der dritte und abschließende Teil sucht in Reflexion auf die Einheit und Differenz von Ethik und Moral sich ihrer Differenz zu versichern; er demonstriert, auf welche Weise die Moral, insofern sie die Ethik ›fundiert‹, auch die Voraussetzungen für eine Kritik der Ethik enthält.

2 Die umfassende Professionalisierung von Erziehen, Beraten, Unterstützen, Pflegen usf. erscheint wie ein weiterer Schritt, die eng mit der ethischen Praxis verbundenen Kernfähigkeiten des Sozialen auszuhöhlen. Jeder Schritt, sie zu delegieren, scheint die sozialen Bindungskräfte zu schwächen.

Expertenhandeln als Signatur der Moderne

Experte ist, wer sich auf eine Sache versteht, d. h. sie analytisch auf ihre elementaren Mechanismen und Zusammenhänge zurückzuführen versteht; Sachverstand beruht auf einer hinlänglich genauen Kenntnis, die in unserer Zeit vor allem über *Spezialisierung* oder eine systematisch kontrollierte Verengung des Blicks erworben wird. Erinnert die Idee der Vormundschaft noch an konkrete, Interessen und Übersicht wahrende, sprechende Personen, so verlieren sich die individualisierenden Eigenschaften im Bild oder Gesicht des Experten; dieser spricht im Namen der Sache, er repräsentiert die sachinterne Rationalität des Gegenstandes, soweit sie sich wissenschaftlich oder technologisch operationalisieren läßt. Der Experte sollte nicht nur die für das Verständnis der Sache notwendigen Informationen besitzen, er sollte dort etwas wissen, das heißt, es nach Gesetzen (und Randbedingungen) für alle nachvollziehbar (objektiv) ableiten, berechnen und herstellen können, wo der Laie nur etwas glaubt, ahnt oder vermutet. Das Expertenwissen ist zugleich Resultat und (unbezwingliche) Antriebskraft des Modernisierungsprozesses; es prägt die Signatur der Moderne wie kein anderer Verhaltenstyp. Unter der Form arbeitsteiliger Spezialisierung haben die Experten auf nahezu allen Ebenen von Arbeit, Wissenschaft und Kommunikation die Idee funktionaler Differenzierung zum vorherrschenden Paradigma gesellschaftlicher und wissenschaftlicher Problemlösung gemacht: Probleme werden fortgeschrieben oder gelöst durch *Differenzierung des Wissens*, Märkte erschlossen oder erweitert durch *Diversifizierung der Produkte*, Risiken minimiert durch *Division und Zurechnung auf Systemkomponenten*, Kommunikation und Kultur subsidiert und angereichert durch *Prozessualisierung* und *Dramatisierung von Unterscheidungen.*

Es ist in einer ersten Annäherung aufschlußreich zu sehen, daß dieses in Gesellschaft und Verwaltung, Wissenschaft und Technologie praktizierte Modell der Problembearbeitung durch Differenzierung für ethische Zusammenhänge untauglich zu sein scheint. Die ethisch reflektierte Praxis steht quer zu diesem Typ von Erfahrung und Problemlösung. Und dies von zwei entgegengesetzten Ausgangspunkten her: Auf der einen Seite zielen die Fragen der Ethik tendenziell auf das, was das Handeln des Einzelnen betrifft bzw. auf das, was der Einzelne verantworten kann. ›Verantwortung für den Anderen zu übernehmen‹ oder auch ›zur Verantwortung gezogen werden‹ – der ethische Gehalt dieser Begriffe zielt auf *Individuation*, oder wie Lévinas sagt: Verantwortung ist ein Individuationsprinzip. Wenn es um Verantwortung in einem strengen Sinne geht, kann sich derjenige, der sich für etwas zu verantworten hat, nicht von anderen vertreten lassen.

Auf der anderen Seite muß man es für philosophische Probleme, insbesondere der praktischen Philosophie, als charakteristisch ansehen, daß sie in keiner philosophischen Terminologie hinlänglich genau definiert werden können. Begriffe wie Gerechtigkeit, Freiheit, Verantwortung, Tugend usf. sind so grundlegend wie nur möglich, d.h. sie zeigen eine beinahe unheimliche Komplexität, sie entziehen sich der bündigen Definition deshalb, weil sie überall hineinspielen, sich unter alle Verhältnisse der gesellschaftlichen und individuellen Praxis eingeschaltet haben. Gleichsam um diese Infektion der praktischen Verhältnisse mit ethischer Vernunft zu demonstrieren, sagt Thomas von Aquin über die Gerechtigkeit: »Wo immer äußeres Handeln ist, da ist Gerechtigkeit im Spiel« (Circa actiones est justitia).

Dieser *zugleich* individualisierende wie universalisierende Zug der praktischen Vernunft entfernt die ethische Reflexion und ihr Verhältnis zur Praxis so weit und so deutlich wie möglich von jener Komplexität, die das Expertenwissen über das Operationalisieren, Gewichten und Korrelieren einzelner isolierter Variablen erzeugt. Dieser Unterschied bringt nachdrücklich jene auch intern zu beobachtende Grenze eines Expertenwissens und -handelns in den Blick, das sich allein über die wissenschaftliche und technische Operationalisierung zu legitimieren versucht. Sie steht im Zusammenhang mit der Asymmetrie zwischen Expertenwissen und Ethik, nach der es zwar eine Ethik der Experten, aber keine Experten der Ethik geben kann.

Auch wenn das Teilleistungshandeln immense Vorteile bringt und seine Macht ungebrochen ist, hat das Expertenwissen in den letzten Jahrzehnten öffentliche Reputationseinbußen erlitten. Die Reaktorkatastrophe von Tschernobyl und andere Unfälle in großtechnischen Anlagen mit Langzeitfolgen, inklusive der divergierenden Expertenurteile dazu, haben das Vertrauen in die Kompetenz der Experten nachweislich erschüttert und zu einer, wie man sagen könnte, *Entzauberung der Experten* geführt. Der allgemein verstärkten Skepsis korrespondieren systematische Schwierigkeiten, die sich mit der Ausdifferenzierung von Wissen und Kommunikation, Arbeit und Technik immer deutlicher an den Expertenurteilen ablesen lassen. An drei Zusammenhängen läßt sich das demonstrieren.

Gutachterdilemma. – Der erste Hinweis zielt auf das, was man heute verschiedentlich mit dem Begriff des *Experten- oder Gutachterdilemmas* umschrieben hat. Dieser Begriff reflektiert den Sachverhalt, daß Wissenschaftler oder Experten hinsichtlich Beschreibung und Verlauf, Voraussetzungen und Beurteilungen einer Sache verschiedene Expertisen verfassen, obwohl man erwarten könnte, daß dort, wo es um die Objektivität wissenschaftlich konstatierbarer Zusammenhänge geht, nicht mit einer Vielzahl unterschiedlicher, ja gegensätzlicher Stimmen gesprochen wird. Eine Pluralität wissenschaftlicher Aussagen zu ein und demselben naturgesetzlich geregelten Sachverhalt scheint ein Widerspruch in sich zu sein.

Pluralität und Widersprüchlichkeit der Gutachterergebnisse sind unter anderem die Folge des erhöhten gesellschaftlichen, ökonomischen und politischen Drucks auf Wissenschaft und Technologie, sich der anwendungsorientierten, das heißt praxisnahen Forschung nicht zu verschließen. Fragen gesellschaftlicher Relevanz und sozialer Präferenz machen aber die Überparteilichkeit oder die bestechende Souveränität eines methodisch abgezirkelten, rein kognitiv organisierten Weltzugangs wieder zunichte. Man könnte sagen: Je größer der Zwang der Wissenschaften, auf praxisnahe Fragen zu antworten, desto höher die Wahrscheinlichkeit, soziale Konfliktlagen und Perspektiven, kollektive Präferenzen und Einstellungen der Gesellschaftsmitglieder in Forschung, Wissenschaft und Technologie hineinzutragen, ohne daß die Möglichkeit bestünde, sie gleichsam von dem Resultat wieder abzuziehen. Wenn die Experten das Labor verlassen, verläßt sie die Sicherheit und Gewißheit, die das Laborwissen garantiert.[3]

Nichtwissen. – Mit dem Begriff des Expertendilemmas hängt ein zweiter, systematisch eher selten reflektierter Gesichtspunkt zusammen; er bezieht sich darauf, daß die Spezialisierung und Technisierung des Wissens in einem unerwarteten Ausmaß das *Nichtwissen* vergrößert hat. Nicht nur die moderne Systemtheorie sieht im Zusammenhang der evolutionären Dynamik von Wissen und

3 Vgl. dazu ausführlicher: G. Gamm, Diskurs und Risiko. In diesem Band.

Gesellschaft Bestimmtheit und Unbestimmtheit, Differenzierung und Entdifferenzierung in wechselseitiger Steigerung begriffen – was Karl Raimund Popper in seinen Eingangsthesen zum »Positivismusstreit« noch in die eher beschwichtigende Formel gekleidet hat, daß der Fortschritt des Wissens »uns immer von neuem die Augen für unsere Unwissenheit öffnet«[4], hat angesichts der neuen Biotechnologien zum Beispiel eine fast bedrohliche Gestalt angenommen. Noch keine Kultur oder Zivilisation hat so wenig über ihre eigene Zukunft gewußt wie die unsrige; frühere Generationen waren im Besitz höherer Erwartungssicherheiten, sie ›wußten‹ ungleich Verläßlicheres über ihre Zukunft, sie konnten relativ sicher sein, daß sich die bestimmenden Strukturen der Lebenswelt auch in Zukunft nicht sehr von denen unterscheiden, unter denen sie ihr Leben fristen mußten; sie konnten davon ausgehen, nicht in den Strudel unabsehbarer Veränderungen um Leib und Leben hineingerissen zu werden.[5]

Gentechnik und Reproduktionsmedizin, in einem Wort die Biotechnologien, stehen heute im Begriff, die Naturbasis des ›homo faber‹ zu verändern, sie wird technisch zur Disposition gestellt: Der Mensch »weiß nicht nur nicht, was er selbst dann sein wird, sondern auch nicht, ob er das soll wollen dürfen oder nicht. Der höchste Fortschritt des Wissens hat den nicht mehr steigerbaren Grad des Nichtwissens herbeigeführt: ›*homo faber technologicus*‹ ist ›*homo faber doctus ignorans*‹.«[6] Die Technologie spiegelt genau das, wovon die Philosophie der letzten zwei Jahrhunderte ein deutliches Bewußtsein erarbeitet hat: Der Mensch weiß nicht mehr, wer er ist, noch, was er sein soll.[7]

Paradoxie. – Mein letzter Hinweis zielt auf eine eigentümliche Paradoxie des Expertenhandelns, wenn man auf den Zwiespalt achtet, der besteht zwischen seiner spezialisierten Kompetenz und der Inanspruchnahme einer sozialen Autorität. Die Glaub-

4 K. R. Popper, Die Logik der Sozialwissenschaften. In: Der Positivismusstreit in der deutschen Soziologie. Theodor W. Adorno u. a. Frankfurt/M. 1989, 103.

5 Vgl. C. Koch, Ende der Natürlichkeit. Eine Streitschrift zu Bio-Technik und Bio-Moral, München 1994.

6 W. Ch. Zimmerli, Wandelt sich die Verantwortung mit dem technischen Wandel? In: Technik und Ethik. Hrsg. von G. Ropohl u. H. Lenk. Stuttgart 1993², 98.

7 Vgl. G. Gamm, Die Unausdeutbarkeit des Selbst. In diesem Band.

würdigkeit des Experten beruht auf der Kenntnis hochspezialisierten Wissens oder der Beherrschung hochentwickelter Praktiken; gleichzeitig aber verlangt die Gesellschaft von ihm, zum Interpreten und Übersetzer seiner Kompetenz in anderen Bereichen zu werden. Er könnte sein Spezialistentum nicht einmal aufrechterhalten, wenn er seine in hochspezialisierten Tätigkeitssegmenten ausgebaute Kompetenz nicht dort in die Waagschale werfen würde, wo er sie nicht hat, wo er über keine andere als die verfügt, die alle anderen Menschen auch haben. Zur impliziten oder expliziten Legitimation seines Expertendaseins muß er immer auch auf ein Wissen ausgreifen, das die engen Grenzen seiner Tätigkeit transzendiert: zum Beispiel auf den Fortschritt, der mit der Spezialisierung verbunden ist, oder die humanisierenden Wirkungen, die von seinem Tun ausgehen. Er muß direkt oder indirekt den Nutzen für das allgemein Beste plausibilisieren. Aber die Autorität, die Glaubwürdigkeit, die er auf diesem Feld des Allgemeinen ins Spiel bringt, ist eine erborgte, sie entstammt seiner Kompetenz als Spezialist, nicht seinem Sinn fürs Allgemeine. *Seine Autorität beruht auf etwas, was er gerade dort nicht hat, wo er sie einsetzt.*

Nachmetaphysische Ethik

Archäologie des Normativen. – Kurz, divergierende Expertenurteile, die Ökologie des Nichtwissens und die Paradoxierung des Expertenhandelns zeigen, wie in den Kernbereichen von Wissenschaft und Technologie ethische Fragen mit einer gewissen Dringlichkeit oder Unausweichlichkeit wiederkehren. *Die dargestellten Engpässe des Expertenwissens sind ausgezeichnete Einbruchstellen für das Normative*; dabei weist die Phänomenologie des Normativen eine erstaunliche Bandbreite auf, sie erstreckt sich von impliziten weltanschaulich oder geschichtsphilosophisch geprägten Interpretamenten über die Natur des gesellschaftlichen Fortschritts, über den Wert oder Unwert des Wissens für ein gutes Leben, über politische Präferenzen, kulturelle Praktiken und ethische Urteile bis zu den impliziten Entscheidungen darüber, ob rationales Handeln einzig nach Maßgabe eines ökonomischen Kalküls verstanden bzw. legitimiert werden müsse oder doch eher ethischen Maximen zu folgen hätte, die sich dem moralischen

Gesichtspunkt sozialer Gerechtigkeit verpflichtet wissen. Die Rehabilitation der praktischen Vernunft ist eine Folge der verschärften Modernisierung, d. h. der Verwissenschaftlichung und Technisierung der Gesellschaft – auch oder gerade infolge der Macht und Eingriffskompetenz, die Wissenschaft und Technik für alle Lebensverhältnisse an den Tag legen. Sie sehen sich daher zwangsläufig mit den Fragen nach den Bedingungen des guten Lebens konfrontiert.

Eine Einbettung in ethische Zusammenhänge wird dadurch herausgefordert, weil die tatsächlichen Auswirkungen auf die Lebenswelt weit über die wissenschaftlich und technologisch intendierten Resultate hinausreichen, weil im Falle der modernen Technologien mit ihrer – in Reichweite und Eingriffstiefe – umfassend angelegten Umgestaltung der materiellen Welt, inklusive des menschlichen Körpers, jede Beschränkung auf das Labor oder einen engen z. B. ingenieurwissenschaftlichen Kontext sich als illusionär erweist (›Risiken‹). Aufgrund der Struktur und der Dynamik der technologischen und wissenschaftlichen Praxis entgleiten die ›Effekte‹ und ›Produkte‹ des Expertenwissens und -handelns zwangsläufig dem engen Rahmen, in dem sie experimentell provoziert, modelliert und konstruiert worden sind. Das eben bringt jene Gesichtspunkte und Überlegungen ins Spiel, die per definitionem jenseits jeder Experten- oder ingenieurwissenschaftlichen Kompetenz liegen.

Um nicht mißverstanden zu werden, meine Überlegungen sind kein Plädoyer für die unreflektierte Aufnahme oder Integration normativer Gesichtspunkte in wissenschaftliche Expertisen, im Gegenteil, ethische Reflexion versteht sich als kritische (fast ideologiekritische) Auseinandersetzung über Fragen, die auf der Höhe der modernen Welt die Bedingungen eines guten Lebens zu klären helfen; sie ist daher in einem ersten Schritt eine *Archäologie des Normativen*, sie dechiffriert die unthematisierten normativen Gehalte in Expertenurteilen. Die These lautet, daß mehr oder weniger alle Expertenurteile, die von öffentlichen oder allgemeinem Interesse sind, bestimmt aber die, die sich mit der komplexen Dynamik von Natur und Gesellschaft auseinandersetzen – von den Klimamodellen bis zu den Versicherungsfragen –, von starken normativ geprägten Verfassungen getragen oder begleitet werden, ohne daß sie in der Regel als solche markiert würden. Es geht darum, daß Experten selten Experten bleiben (können), daß sie vielmehr den gesellschaftlichen Erwartungen folgen, die für sie eine der Doublebind-Struktur analoge Situation institutionalisiert haben, die verlangt, sowohl die gegenwärtig sichere Kenntnislage darzustellen als auch ein kompetentes Urteil darüber abzugeben, wie das richtige Prozedere für die Zukunft aussehen soll.

Kants Dialektik der Aufklärung. – Es ist in diesem Zusammenhang nicht uninteressant, in einem philosophiehistorischen Blick auf Kant sich dessen Stellung in dieser Auseinandersetzung zu versichern. Sein philosophischer Diskurs verkörpert nicht nur die besten Seiten der Aufklärung, er reagiert, wie man sagen könnte, bereits auf die »Dialektik der Aufklärung«: auf jene von der Aufklärung unterstellte Homologie von Wissen und Tun, von rationaler Planung und gelingendem Leben. Das Zeitalter der Vernunft und der beginnenden Technologie hegt die feste Überzeugung, daß der richtige Gebrauch der Wissenschaft sowie der technischen Fähigkeiten die Menschen in die Lage versetzen, aus ihrem Leben ein gutes oder geglücktes zu machen; daß, würden sie nur lernen, das objektive, planvoll hergestellte Wissen für ihre Zwecke rational zu nutzen, es ihnen auch gelingen würde, das Leben insgesamt zu meistern, das heißt, es im Sinne nachhaltiger Entwicklung (sustainable development) zu beherrschen und zu kontrollieren. Kant attackiert diesen Traum: daß eine gleichsinnige Entwicklungsrichtung von der kognitiven zur moralischen Weltbewältigung führe. In seinen geschichtsphilosophischen Überlegungen schreibt er: »[...] und Rousseau hatte so unrecht nicht, wenn er dort den Zustand der Wilden vorzog, sobald man nämlich diese letzte Stufe, die unsere Gattung noch zu ersteigen hat [...] wegläßt. Wir sind in hohem Grade durch Kunst und Wissenschaft *cultiviert.* Wir sind *civilisiert* bis zum Überlästigen, zu allerlei gesellschaftlicher Artigkeit und Anständigkeit. Aber uns für schon *moralisiert* zu halten, daran fehlt noch sehr viel. Denn die Idee der Moralität gehört noch zur Kultur.«[8]

Die Aufklärung überfliegt diese unüberwindliche Kluft, wenn sie glaubt, die Welt des Expertenwissens auf direktem Weg in richtige Praxis übersetzen, Verhältnisse zweckrationaler Planung in Kontexte gelingenden Lebens verlängern zu können. Kant hingegen konstatiert die Dialektik der Aufklärung, wenn er einerseits auf

8 I. Kant, Idee zu einer allgemeinen Geschichte in weltbürgerlicher Absicht. Kants Werke. A.a.O., Bd. VIII, 26.

der Irreduzierbarkeit von Glück und Moral besteht und auf der anderen sich weigert, ein durch Kunst, Technologie und Wissenschaft bis zum Überlästigen zivilisiertes Leben schon ein gelungenes zu nennen. Nur ›bloßes Leben‹ läßt sich algorithmisch ausbuchstabieren, nicht das, was verlangt, ›geführt‹ zu werden.

Heuristik des guten Lebens. – Die Ethik im oben angesprochenen Sinn zu charakterisieren verlangt meines Erachtens eine Präzisierung in mehrfacher Hinsicht. Eine Ethik, die in der Hauptsache danach fragt, wie wir leben wollen oder was das allgemein Beste für uns ist, versteht es nicht, die Spuren des Normativen richtig zu deuten, sie bildet den Sinn für das Moralische nur unzureichend ab: Sie verkürzt die Archäologie des Normativen auf eine Heuristik des guten Lebens. Es braucht daher nicht eigens betont zu werden, daß die Einbettung der Ethik in den allgemeinen gesellschaftlichen Rahmen der Frage nach dem guten Leben sie um jenen Verbindlichkeitsanspruch bringt, wie ihn die Moralphilosophie der Neuzeit, insbesondere Kant, so glänzend verteidigt hat. Unter den genannten Voraussetzungen kann der Universalismus praktischer Vernunft nur in abgeschwächter oder abgeleiteter Form aufrechterhalten und begründet werden. Zweitens muß in diesem Zusammenhang darauf hingewiesen werden, daß *Ethik heute* eine Reihe von Gesichtspunkten und Disziplinen umfaßt, von denen nicht klar ist, wie sie überhaupt aufeinander abgestimmt oder koordiniert werden könnten: utilitaristische Interessen und die pragmatische Zuschreibung von Verantwortlichkeiten, implizite Tugendlehren und (ethnozentrische) Hierarchien substantieller Werte, politische Präferenzen, rechtliche Regelungen und moralische Prinzipien, d. h. die Ethik besteht aus allem, was man braucht, um über das Ganze eines gelingenden Lebens nachzudenken: das macht die Situation so *offen* wie *unverbindlich*. Drittens bietet diese Wiedererinnerung an eine das Ganze des Lebens umfassende praktische Vernunft nicht unbedingt Anlaß, zu aristotelischen Prämissen oder antiken Verständnisschemata zurückzukehren. Was eine nachmetaphysische Ethik als Reflexionsform der Möglichkeit oder Unmöglichkeit gelingenden Lebens in einer technisch bestimmten Zivilisation von der Ausgangslage der Antike unterscheidet, läßt sich vereinfacht anhand der nachfolgenden Stichworte rekonstruieren:

- Eine *Pluralität von Lebensformen*, die selbst einander fremde oder *inkommensurable* Entwürfe zuläßt

- *Entkanonisierung* solcher durch die natürlichen bzw. sozialen Bestimmtheiten des Lebens wie Alter und Geschlecht, Berufsrolle und Stand vorgeprägten Lebensentwürfe
- *Kontingenz*, weniger im Sinne einer Handlungskontingenz, sondern qua allgemeinem kosmologischen Ordnungsrahmen, der für die Antike als ein für allemal vorgegeben erscheint (eine nachmetaphysische Ethik kann nicht mit einem ontologischen abgeschirmten Ensemble gemeinsamer substantieller Werte und Tugenden rechnen, welches zuletzt die Lebenspraxis fundiert)
- der *Zukunftsbezug des Handelns* als zentrale Dimension der Praxis

Die Kontingenz moderner Gesellschaften hat eine Situation geschaffen, in der sich posttraditionalistische Ethiken in der Regel als eine *Heuristik* präsentieren: als eine nach vielen Seiten offene *Suchbewegung* in Fragen des guten Lebens, in der Versatzstücke des Rechts und der Politik, der Moral und der Ökonomie, von Wissenschaft und Technik gleichermaßen präsent sind und sich vielfach überlappen. Als Heuristik des guten Lebens reagiert sie auf zwei Sorten von Problemen, die eine auf Modernisierung eingestellte Welt notwendig begleiten. Sie sieht sich dazu verurteilt, der Veränderungsgeschwindigkeit, der Dynamik des gesellschaftlichen und kulturellen Wandels Rechnung zu tragen; wer mitreden will, muß sich auf die Domänenspezifität der Sachfragen einlassen, die in viele Richtungen auseinanderdriften. Der Rückzug auf eine rein formale Argumentation, wie er in der Philosophie immer wieder angestrengt worden ist, wirkt selten überzeugend. Sie steht zweitens vor der Schwierigkeit, daß keine der traditionellen Instanzen einer ontologisch bzw. bewußtseins- oder sprachphilosophisch beglaubigten Moral (Gott, Mensch, Sein, Natur) mehr von sich aus genügend Überzeugungs- und Bindungskraft besitzt, um als eine allgemein anerkannte oder jedem Zweifel überhobene praktische Urteils- und Handlungsbasis dienen zu können. Es ist daher nur zu verständlich, daß sich Ethik heute eher der *Moderation* gesellschaftlicher und sozialer Konflikte verschrieben hat als der definitiven Letztbegründung präskriptiver Urteile.

Schon die im weiteren Sinne praktische Philosophie Kants reflektiert in der dritten Grundfrage »Was darf ich hoffen?« auf den Zukunftsbezug unseres Handelns. Diese Referenz auf die Zukunft als konstitutives Moment einer geschichtlich verstandenen Praxis trennt nicht nur Kant von der Politik und Ethik des Aristoteles aus einer Reihe von gewichtigen Gründen, vor allem aber kann sich eine Ethik heute wegen der durch Wissenschaft, Kultur und Technik provozierten Möglichkeiten zur Veränderung der Gesellschafts- und Naturbasis nicht mehr der Reflexion auf die Geschichtsdimension der Praxis verschließen.

Einheit und Differenz

Die ›Substanz‹ der Moral. – Wie sollte man in diesem Kontext einer umfassenden ethischen Orientierung die Moral situieren, die offensichtlich nicht mit der Ethik als einer Heuristik des guten Lebens zusammenfällt? Wie soll man den *Eigensinn der Moral* zur Sprache bringen, der einesteils die Bemühungen der ethischen Reflexion supplementiert, andernteils aber in einer irreduziblen Spannung, einem unvermeidlich kritischen Gegensatz zu ihr steht? Wie also die Gefahr der Selbstverabsolutierung der Ethik bannen, die glaubt, den Sinn für die Moral durch die Frage nach dem richtigen Leben hinreichend erschöpfen zu können?

Nicht nur, daß die Moral einen höheren Grad an Verbindlichkeit aufweist – in dem paradox geschnürten Knoten der Moral geht der Universalisierungsanspruch, die Form kategorischer (unbedingter) Verpflichtung in ein und derselben Hinsicht mit einer extremen Individualisierung in Gestalt der größtmöglichen Freiheit dem Gesetz gegenüber einher; die Universalisierung einer individuellen moralischen Erfahrung steht in paradoxer, unauflöslicher Verbindung mit der Individualisierung eines Gesetzes, das sich aus überindividuellen Kräften zu speisen scheint, das den Anschein erweckt, als zeichne eine gleichsam transzendente Kraft für seine Unbedingtheit verantwortlich.

Man könnte die universelle Verpflichtung, die der Moral zugrunde liegt, oder die Verantwortung für den Anderen, die niemand fremd ist, das heißt, die ›Substanz‹ der Moral, in dem sehen, was Gottgläubige wie viele Nichtgläubige dazu veranlaßt, unter der Folter zu sterben, ohne ihre Freunde zu verraten, oder andere dazu bringt, auch auf die Gefahr hin, von der Pest angesteckt zu werden, Pestkranken zu helfen. Es hat im Abendland wenig Zweifel daran gegeben, worin der Kern der Moral besteht. Platon hat ihn Sokrates in den Mund gelegt: Es sei besser, Unrecht zu leiden, als ungerecht zu handeln (als Unrecht zu tun). Kant hat diesen

Grundsatz der moralischen Verpflichtung in seinem paradoxen Begriff eines »Faktums der Vernunft« bekräftigt. Moral sei keine weltfremde Spekulation, sie sei etwas *Gegebenes*, weniger im Sinne empirischer Faktizität als in dem eines *vernünftigen Wirklichseins*, das ein unbedingtes Sollen mit sich führe. Das Beispiel, das Kant in Erläuterung zu § 6 der *Kritik der praktischen Vernunft* gibt, läßt wenig Zweifel aufkommen über die Kernstruktur der Moral, deren Gesetz er »mit der gröbsten und leserlichsten Schrift in der Seele des Menschen geschrieben« sieht.[9] Kant fragt, ob jemand, der unter Androhung einer an ihm unverzüglich vollstreckten Todesstrafe aufgefordert wird, ein falsches Zeugnis wider einen ehrlichen Mann abzulegen, obwohl er große Lust hätte, ihn zu vernichten, er es nicht doch (trotz einer großen Lust zu leben) für möglich hielte, das falsche Zeugnis zu verweigern. Kant fährt fort: »Ob er es tun würde, oder nicht, wird er vielleicht sich nicht getrauen zu versichern; daß es ihm aber möglich sei, muß er ohne Bedenken einräumen. Er urteilt also, daß er etwas kann, darum weil er sich bewußt ist, daß er es soll, und erkennt in sich die Freiheit, die ihm sonst ohne das moralische Gesetz unbekannt geblieben wäre.«[10] Anders gesagt, die praktische Vernunft in Form der Moralität kann Kant zufolge nicht als ein weltfremdes Sollen verstanden werden, sondern als eine Wirklichkeit, die wir immer schon anerkennen.

Der kategorische Sinn moralischer Verpflichtung. – Moralphilosophie besteht m. E. in der Rekonstruktion der alltagsweltlichen moralischen Intuitionen, welche die Gesellschaftsmitglieder in ihren Handlungen und Urteilen, Gefühlsreaktionen und wechselseitigen Adressen zugrunde legen, auf die sie ausgesprochen oder unausgesprochen rekurrieren, wenn sie moralische Ansprüche aneinander stellen oder von sich weisen, Entschuldigungen vorbringen oder Vorwürfe zurückweisen. Aufgabe der Moralphilosophie ist es aber auch, den in den kommunikativen Austauschprozessen eingeschriebenen Verpflichtungscharakter, das aller Moralität immanente Sollen oder die besondere Form einer moralinternen Normativität zu verdeutlichen. Das schließt die Auffas-

9 I. Kant, Über den Gemeinspruch: Das mag in der Theorie richtig sein, taugt aber nicht für die Praxis. Kants Werke. A.a.O., Bd. VIII, 287.
10 I. Kant, Kritik der praktischen Vernunft. Kants Werke. A.a.O., Bd. V, 30.

sung ein, daß wir es bei der Moral nicht einfach mit subjektiven Empfindungen oder individuellen Wertpräferenzen oder utilitaristischen Kalkülen zu tun haben. Es scheint, ihre Kernstruktur läßt sich am besten nach Art paradoxer Doppelbindungen begreifen. Dazu abermals ein rascher Blick auf Kant.

Das von Kant (halb widerwillig) freigelegte Paradox besteht darin, daß die moralische Verpflichtung, die ich erfahre, bzw. eine Situation, in der mir eine bestimmte Handlung moralisch geboten erscheint, eine absolute oder kategorische Verbindlichkeit enthält, auch entsprechend zu handeln. Kant sprach aus diesem Grund von der Unbedingtheit moralischen Handelns, das der Gültigkeit eines Naturgesetzes analog sei: Es gebiete unbedingt, Ausnahmen könne es per definitionem gar nicht geben. Auf der anderen Seite – auch das konzediert Kant, wenngleich nicht eben nachdrücklich oder in der sachlich gebotenen Form – muß ich angesichts der Unbedingtheit des Anspruchs, den das moralische Gesetz mir gegenüber erhebt, mich auch als absolut *frei* begreifen können. Es ist von alles entscheidender Bedeutung, daß jene Verbindlichkeit, die Allgemeinheit und Notwendigkeit des Sittengesetzes, meine Freiheit nicht für den Augenblick eines Gedankens einschränkt. Ich muß mich gegenüber der Objektivität oder der Universalität des Sittengesetzes als durch *nichts* determiniert verstehen können. Das ist genau die Stelle, an der Kant zögert bzw. seine Ambivalenz hinsichtlich der Struktur moralischer Verpflichtung darauf hindeutet, daß er den Menschen in seiner Handlungssituation nicht wirklich in die Unausdeutbarkeit seiner selbst, in die leere, negative Mitte seiner Subjektivität entläßt. Wenn Kant schreibt: »Wo das sittliche Gesetz spricht, da gibt es objektiv [...] keine freie Wahl in Ansehung dessen, was zu tun sei«, so hat er vollkommen recht: denn verstieße jemand gegen das Gesetz, wäre er nicht frei, sondern bestenfalls der Willkür seines Handelns ausgeliefert; was aber heißt, daß Handeln in Übereinstimmung mit dem Gesetz, Freiheit und Notwendigkeit zusammenfallen oder absolut identisch sein läßt. Auf der anderen Seite muß sich der moralisch Handelnde zugleich in größtmöglicher Distanz zum Sittengesetz wissen: Wäre er dem Gesetz wie einem Naturgesetz ausgeliefert, ließe sich mit dem Prädikat ›frei‹ kein vernünftiger Sinn verbinden: Eine logische Welt muß zwischen Freiheit und Notwendigkeit, der Spontanität (dem Selbst) und dem Gesetz eingezogen werden, sonst verliert die Konstruktion ihre Pointe. Kant blickt in den

Abgrund (des Differenzsinns) der Freiheit, über den kein Gesetz mehr gebietet, aber er schrickt vor seinem Anblick zurück, durch den sich die Kontingenz der Welt nachdrücklich in Gestalt der Ununterscheidbarkeit von Wille und Willkür in Erinnerung bringt. Anders gesagt, Freiheit und Notwendigkeit müssen unendlich unterschieden sein; nur wenn der Graben abgrundtief ist, wenn sie nicht vermittelt werden können, lassen sie sich hinsichtlich ihrer Unvermitteltheit aufeinander beziehen. Eben dies meint Dialektik: Nur ihre irreduzible Verschiedenheit erlaubt ihre Vermittlung.

Moralische Norm und die Singularität der Situation. – Nach Kant kann eine partikularistische Moralbegründung nicht wirklich konsistent sein. Wäre das Moralprinzip, das Sittengesetz nicht unbedingt gültig, würde es zu nichts verpflichten, seine Partikularität oder die Einschränkung der Gültigkeit auf bestimmte Bedingungen könnte nicht eine Verpflichtung einschließen, die verlangt, ihm unter allen Umständen Rechnung zu tragen. Ein bedingter Grundsatz wäre keiner. Kant glaubt, daß (auf der Höhe der modernen Welt) ein unbedingt gültiges Moralprinzip sich nur vermittelst einer Abstraktion von allen inhaltlichen Bestimmungen rechtfertigen läßt. Der kategorische Imperativ muß sich damit aller Voraussetzungen entledigen, das heißt, er kann sich nur auf die bloße Form, nicht auf inhaltliche Bestimmungen des Willens stützen. Und er muß für alle vernünftigen Wesen in gleicher Weise gültig sein. Das Streben nach Glück kann nicht zur Grundlage der Moral gemacht werden: auch wenn es allgemein ist, so sind es doch nicht die konkreten Gestalten, in denen es sich für jeden einzelnen verwirklicht. Die Aporie, in die diese Konzeption gerät, besteht nach dieser Seite darin, daß die Universalität der moralischen Regel der Singularität der Situation *unendlich* widerstreitet, daß die Allgemeingültigkeit des Sittengesetzes, die nur formal definiert werden kann, den signifikanten Anderen nicht erreicht. Kein bloß der Form nach gültiger Grundsatz, keine formale Universalisierungsregel enthält eine der Situation mächtige Individualisierung, die eine und nur diese Handlung als moralisch verbindlich auszuweisen in der Lage wäre. Wäre sie es, ließe sie eine Ableitung, eine algorithmisch verfahrende Abwärtstransformation zu, wäre sie schon in die Falle gegangen; sie höbe sich auf, weil sie die conditio sine qua non der Moral: das individuelle, auf die Unausdeutbarkeit der Subjektivität bezogene Moment, negierte. Als leere Form kann sie ihre Adresse, das moralische Selbst, nur als Fall eines Gesetzes, als Exemplar einer Gattung ansprechen. Die Universalisierungsregel erfaßt in der Gesetzesform des kategorischen Imperativs zwar den unendlichen Verpflichtungscharakter der Moral, aber die Deutung der Unendlichkeit bleibt unzulänglich, weil sie das Normative der Moral über eine Logik ausbuchstabiert, welche die Implosion, den Einschluß des Unendlichen in das Endliche, nur abstrakt als perennierendes Sollen (Verantwortung für jedermann), nicht konkret auf die unausdeutbare, exzentrische Mitte der Subjektivität zu denken versteht. Sie verfehlt den Sinn der Moral, der nur über den ›quergeschriebenen‹ Begriff eines singulären Universellen angesprochen werden kann. Die Archäologie der Moral ist durch ein kategoriales Denken blockiert, das die radikale Offenheit des moralischen Selbst stets aufs neue verschließt. Die moralische Bestimmung der Handlung vom Standpunkt eines abstrakten Universalismus der Moral muß daher entweder Tautologien produzieren, oder sie steht im Verdacht, eine petitio principii zu sein, weil sie immer schon mit unausgewiesenen (materialen) Referenzen rechnet, welche der formale Grundsatz der Moral mit den jeweils konkreten inhaltlichen Bestimmungen der Situation unterhält.

Wider die Ökonomie der Selbstsorge. – Betrachtet man die Substanz der Moral unter *genealogischen* Perspektiven, das heißt, verankert man das Gefühl für moralische Verpflichtung empirisch in der Primärerfahrung der Sozialisation, in der zwischenmenschlich-wechselseitigen Abhängigkeit von Kindern und erwachsenen Bezugspersonen, und führt es mit Freud und/oder Mead auf die eine oder andere Variante der Internalisierungstheorie zurück: auf die Verinnerlichung der die Verbote, Normen und Werthaltungen verkörpernden elterlichen Autorität bzw. auf die Rollenübernahme des signifikanten Anderen – so bleibt in der genetischen Erklärung gerade das ausgespart, was die moralische ›Reaktion‹ auszeichnet, nämlich das, wodurch sich das moralische Selbst verpflichtet fühlt, auch gegen die Geltung von Gruppennormen zu verstoßen oder seine Loyalität den allgemein akzeptierten sozialen Regeln gegenüber aufzukündigen. Moral, könnte man sagen, tritt erst angesichts einer Verpflichtung in Erscheinung, die uns in einem kategorischen Sinn auffordert, Verantwortung zu übernehmen, gleichgültig, ob man dabei mit den moralischen Standards der Kultur und Gemeinschaft kollidiert oder nicht. Den

genealogischen Gesichtspunkt einzubeziehen ist deshalb wichtig, weil er einen Fingerzeig darauf enthält, daß wir den Anderen immer schon in uns haben, daß es, überspitzt gesagt, gleichsam die Revolte des Anderen in uns ist, die uns mit Schuld, Scham usf. konfrontiert und uns dazu anhält, uns ihm gegenüber nicht zu verschließen. Der signifikante Blick des Anderen, der uns formt und fesselt, befreit und neue Perspektiven eröffnet, ist eine grundlegende Bedingung der Moralität. Umberto Eco schreibt: »Ohne den Blick und die Antwort des Anderen können wir nicht begreifen, wer wir sind (so wie wir nicht leben können, ohne zu essen und zu schlafen). Selbst wer andere tötet, vergewaltigt, beraubt, verletzt, tut das nur in Momenten der Ausnahme, und den Rest seines Lebens verbringt er dann damit, von seinesgleichen Anerkennung, Liebe, Achtung und Lob zu erbetteln. Sogar von denen, die er demütigt, verlangt er die Anerkennung der Angst und der Unterwerfung. Ohne den anerkennenden Blick eines anderen kann das Neugeborene, das im Wald ausgesetzt wird, nicht zu einem Menschen werden [...], und wir würden sterben oder verrückt werden, wenn wir in einer Gemeinschaft leben müßten, in der ausnahmslos alle beschlossen hätten, uns nie anzusehen und sich so zu benehmen, als ob wir nicht existierten.«[11] Das ist schön gesagt, aber nicht durchdacht, denn dieser »Blick und die Antwort des anderen«, wie U. Eco ihn auffaßt, ist aber (noch) nicht der moralische; er bleibt in einer Perspektive der (ethischen) Selbstkonstitution befangen, die sich auf den berechenbaren Nutzen versteift, den der Andere (insgesamt die Moral) *für mich* hat. Ausgesprochen wie unausgesprochen dreht sich die Frage stets um dasselbe, um eine theoretisch wie praktisch interessierte Hermeneutik des Selbst: Wer bin ich? Das Selbstsicherungsinteresse steht im Mittelpunkt; Kants »praktische Selbstliebe«[12] regiert dieses Konzept der Moral. Das Drehbuch für Ecos (ethischen) Blick schreibt die Ökonomie der Selbstsorge, nicht die Dekonstruktion des Selbst bei Angelegenheit einer moralischen Adresse.
Die genealogische Betrachtung demonstriert auch, daß die moralische Verpflichtung, Verantwortung zu übernehmen, die uns – und sei es durch das Über-Ich – angezeigt wird, nur im Kontext der

11 U. Eco, Vier moralische Schriften. München 1998, 78, 79.
12 I. Kant, Kritik der praktischen Vernunft. Kants Werke. A.a.O., Bd. v, § 3.

Sozialwissenschaften bzw. der Psychoanalyse als *Zwang*, als *Funktion* oder als *determinierender Niederschlag* vergangener Objektbeziehungen erscheinen kann. Für einen realitätsnäheren und theoretisch versierteren Begriff der Moral muß unterstellt werden, daß auch der Zwang, den das Über-Ich auf die betreffende Person ausübt, nicht als Naturgesetz verstanden oder als natürlicher Mechanismus beschrieben werden kann; denn in diesem Fall wäre es nicht einmal möglich, den Zwang als Zwang zu identifizieren. Die Genealogie des Verpflichtungsgefühls erklärt noch nicht das eigentümliche Faktum des Verpflichtetseins, sie klammert die mit der spezifischen Bedeutung des Normativen einhergehenden Fragen aus. Moral hat nur Bedeutung, wenn wir uns jenem Zwang gegenüber auch noch als frei im Sinn einer Differenz oder einer Überschreitung verstehen können; wenn sich in der Einsicht, durch Zwänge bestimmt zu sein, gleichsam ein Spalt öffnet, der das Ungegenständliche der moralischen Reaktion, eine weltimmanente Transzendenz, nicht ausschließt.

Die Ortlosigkeit der Moral. – Wenn die Moral aufgrund der Aporien, in die sich ihre Explikation verstrickt, das Unmögliche ist, von dem man dennoch weiß, daß es ›da‹ ist, dann bedeutet das, daß sie strenggenommen keinen gesellschaftlich festumrissenen Ort hat, an dem sie identifiziert werden kann; sie ist in dieser Hinsicht weder dem Recht noch der Wirtschaft oder der Bildung als ausdifferenzierten Funktionssystemen vergleichbar, sie stellt kein ›Gebiet‹ neben anderen dar; gleichwohl ist sie aus keiner Sphäre wegzudenken. Ihre Präsenz hat sich eher unausdrücklich in die verschiedenen Klassen des Teilleistungshandelns eingeschrieben, auch wenn sie über keine Sprache oder, besser, über keinen spezifischen Code verfügt, der ihre im höchsten Sinn ungegenständliche Sache vertritt. Das macht die Position zugleich stärker und schwächer, anfechtbarer und sicherer. Die Moral ist das eigentlich Ortlose, das *Atopische*, sie kommuniziert darin mit der unausdeutbaren oder exzentrischen leeren Mitte der Subjektivität, die jedes Moralgesetz zu verschließen droht, das universelle Gleichheit fordert; nicht die allgemeine Forderung nach Gleichheit in Form der Rücksichtnahme auf jedermann ist problematisch, sondern ihre Übersetzung in rechtsförmige Paragraphen und Praktiken, weil das, was als *gleich* definiert wird, in Theorie und Praxis Gefahr läuft, das mögliche Anderssein des Anderen sachlich und normativ auf eine Definition von Gleichheit zu beziehen, die dem selbstinteressierten Vorstellungskreis jeweils *bestimmter* Menschen oder Kulturen entstammt. Sie ist daher durch nichts davor gefeit, zu einer Strategie der Unterdrückung zu werden.

Die weltimmanente Transzendenz der Moral kann als genealogische und systematische Ressource für die Ethik begriffen werden; sie subsidiert nicht nur die ethischen Diskurse, sie ist dasjenige, was sie *fundiert*. Die Ethik muß an deren Energiesystem angeschlossen bleiben, will sie nicht zum willfährigen Diener beliebiger Zwecke und Interessen werden oder in einer sterilen Politik paritätisch besetzter Gremien versinken.

Synthetische Differenz. – Die *Ethik* bildet ein öffentliches Forum, auf dem Verständigung darüber angestrebt wird, wie wir uns, bezogen auf ein mehr oder weniger gemeinsam geteiltes Ethos, verstehen möchten oder von anderen verstanden werden wollen. Die Ethik ist diskursiv, sie expliziert das praktische Wissen einer Kultur über die allgemein geltenden Präferenzen und Werte im Blick auf das, was es für die Akteure heißt, ein in the long run gutes und gelingendes Leben zu führen; sie bezieht die Leitvorstellungen des einzelnen über die Authentizität des je eigenen Lebensentwurfs ebenso in ihre Diskurse mit ein wie die kulturellen Korollarien eines an Gruppenstandards orientierten Selbst- und Weltverständnisses. Als Heuristik des guten Lebens kann sie weder die politischen noch die ökonomischen Rahmenbedingungen ausklammern. Sie steht von daher immer schon im Begriff, eine sozialkonforme Politik des Interessenausgleichs zu betreiben; handelte es sich bei der Ethik um eine Person, so müßte man wohl sagen, ihr gehe das Gespür für den kategorischen Geltungssinn moralischer Verpflichtung ab. Aber anders als Habermas glaubt, zeigt sich ihre Grenze nicht in erster Linie am universalistischen Gehalt der Moral, d. h. in horizontaler Perspektive an Fragen »der gleichen Achtung und solidarischen Verantwortung für jedermann«, sondern an dem nicht relativierbaren Verpflichtungscharakter der Moral, der im Antlitz des Anderen dem einzelnen kategorisch gebietet, für ihn Verantwortung zu übernehmen. Nur aus der Unbedingtheit der Moral sind die kritischen Potentiale gegenüber der Ethik zu schöpfen. Die Moralität führt auf direktem oder indirektem Weg eben auch dazu, die kontextbezogenen Entscheidungen bezüglich eines für uns guten Lebens noch als kulturrelativ zu verstehen und zu transzendieren, ohne den moralischen Impuls auf ein universelles Schema gleicher moralischer Adressen und

Ansprüche, einen Katalog definitiv begründbarer ethischer Bewertungskriterien oder einen moralischen Grundsatz abzuziehen. Vielmehr erwächst aus diesem Spannungsverhältnis von Moral und Ethik theoretisch wie praktisch jene (synthetische) *Differenz,* die es gestattet, auch die Ethik des für uns relativ Besten noch zu relativieren und in politisch oder rechtlich, ökonomisch oder kulturelle Praktiken umzusetzen, welche den moralischen Impuls transportieren.

Kritik des ethischen Reduktionismus. – Wie in einer Derrida assimilierten Perspektive die Gerechtigkeit das Recht zugleich supplementiert und dekonstruiert, auf nämliche Weise sieht sich die Moral in eine antinomisch verfaßte Doppelbindung mit der Ethik verstrickt. Sie ist in ein und derselben Hinsicht die Basis, die conditio sine qua non der ethischen Vernunft: Sie fundiert die Ethik, um gleichzeitig ihre symmetrischen, auf Diskursivität und Ausgleich bedachten Verhältnisse zu unterminieren. Das Verhältnis der Moral zur Ethik ist immer auch das einer Subversion, man könnte sagen: ein aus der Unausdeutbarkeit der Subjektivität gespeister Impuls (der Moral) durchquert die Ethik, um gleich mehrfach ihre zentral auf den kognitiven Raum zugeschnittene Wehrkraft zu zersetzen.

Wie die Gerechtigkeit gegen das Recht auf der Singularität der Situation besteht, so pocht die Moral auf die Individualität des Handelns, auf das Mehr an Verantwortung für die erste Person Singular, auf die Nichtsubstituierbarkeit und Nichtreversibilität *meiner* Verantwortung. Ob man mit Lévinas zu bedenken gibt: »Das Ich hat immer ein *Mehr* an Verantwortlichkeit als alle anderen«[13], oder an das Gewissen erinnert, dessen ungebärdiger, unbezähmbarer moralischer Eigensinn die Legalität des Gesetzes unbegründet begründet in Frage stellt – das Individuelle ist auch im Rahmen praktischer Vernunft ineffabile: unartikulierbar und doch *nicht nichts.* (Studiert man den Begriff der Gerechtigkeit, bemerkt man, daß er sowohl weiter, umfassender, allgemeiner als auch spezifischer, individueller als der des Rechts ist. Unsere Vorstellungen über ihr Verhältnis laufen in jeder Beziehung auf eine (ontologische) Vorgängigkeit/Vorrangigkeit der Gerechtigkeit vor dem Recht hinaus.)

13 E. Lévinas, Ethik und Unendliches. Gespräche mit Philippe Nemo. Graz 1986, 76.

Man könnte das kritische Geschäft einer zeitgemäßen Moralphilosophie darin sehen, diesen aller ethischen Vernunft vorgängigen, widerspenstigen moralischen Impuls aufzunehmen und ihn *gegen den Reduktionismus* wenden, der, unter vielen Gestalten verborgen, sich heute der gesellschaftlichen und wissenschaftlichen Diskurse bemächtigt hat:

- gegen den Reduktionismus, der die Menschen, die nicht Mitglieder der eigenen Rasse, des eigenen Volkes oder der eigenen Sprachgemeinschaft sind, als nichtmenschliche Wesen, als »Barbaren« auszugrenzen;
- gegen den offenen oder verdeckten Reduktionismus von Wissenschaft und Technologie, die immer im Begriff stehen, diejenigen Wesen, die damit konfrontiert sind, ein ›Leben führen zu müssen‹, auf *bloßes Leben* zu verkürzen;
- gegen den Reduktionismus von Ethiken, insbesondere von Bioethiken, die glauben, an biologischen Spezieseigenschaften ein sicheres Kriterium gewinnen zu können, wer in Folge welcher Eigenschaften begründet darauf einen Anspruch hat, als moralisches Subjekt wahrgenommen und behandelt zu werden, wem Respekt und Rücksicht zu zollen ist und wem nicht;
- gegen die Reduktion der wirklichen Rede auf Rhetorik, die in Form von Demagogie, Pädagogik, Schmeichelei, Diplomatie usf. die Freiheit korrumpiert und der Gerechtigkeit Hohn spricht.

Die Moral ist ein stetes Korrektiv, sie wendet sich gegen die unterschiedlichen Spielarten des rhetorischen und szientifischen, politischen und ethischen Reduktionismus, die strategisch das allem Handeln und Sprechen eingelagerte ›Mehr‹ in seiner auch normativ bedeutsamen unbestimmten Bestimmtheit zu invisibilisieren suchen; sie erinnert daran, daß die Gerechtigkeit weder im Begriff aufgehoben noch in einer Ökonomie der Verteilung abgebildet oder durch eine Ethik des guten Lebens ersetzt werden kann.

IV. Technik
Die Technisierung der Gesellschaft

13. Technik als Medium
Grundlinien einer Philosophie der Technik

> Nur die Fragen, die prinzipiell unentscheidbar sind, können *wir* entscheiden.
>
> Heinz v. Foerster

Es gibt gegenwärtig keine philosophische Diskussion über Technik, die nicht den Umstand beklagt, daß der traditionelle, im (anthropologischen) Kontext von Zweck/Mittel-Überlegungen entwickelte Technikbegriff grundsätzlich unzulänglich bleibt. Der historische Strukturwandel von Technik und Gesellschaft ist zu offenkundig, als daß ein dem menschlichen Handlungsverständnis angelehntes Konzept ausreichen könnte, eine planetarisch ausgelegte Technik zu begreifen.

Ich lasse daher die handlungstheoretisch begründeten Technikdeutungen auf sich beruhen. Meine Absicht ist es – intentio recta – ein neues Interpretationsformular vorzustellen. Es geht von der Annahme aus, daß nur ein Begriff der Technik dem neuesten Stand der Dinge gerecht wird, der die *Technik als Medium* begreift und danach fragt, was es bedeutet, die moderne Technik von einer Art Unbestimmtheit durchquert zu sehen, die für ein umfassendes Verständnis technologischer Prozesse konstitutiv ist. Meine These lautet: Es ist für die soziotechnischen Systeme postindustrieller Gesellschaften bezeichnend, in einem wesentlichen Sinn *unbestimmbar* zu sein. Die Technik widersetzt sich in den verschiedenen Hinsichten allen Versuchen, sie auf ihre instrumentelle Funktion zu reduzieren.

Mit dem Stichwort ›Unbestimmtheit‹ bzw. ›Unbestimmbarkeit‹ verbinde ich ein Forschungsprogramm, das ich seit einiger Zeit verfolge. Die sprachphilosophischen, logischen und gesellschaftstheoretischen Implikationen einer Semantik des Unbestimmten habe ich an anderer Stelle entwickelt.[1] Im folgenden geht es um

1 Vgl. G. Gamm, Flucht aus der Kategorie. Die Positivierung des Unbestimmten als Ausgang der Moderne. Frankfurt/M. 1994.

die Rolle des Unbestimmtheitsdispositivs im Kontext einer Philosophie der Technik.

I.

Man schreckt unwillkürlich davor zurück, Technik in Verbindung mit Unbestimmtheit zu bringen, gilt doch die Technik als Synonym für Eindeutigkeit und Exaktheit, für konstruktive Transparenz und Funktionalität, in einem Wort als Synonym für kontrollierbare Praxis in Kenntnis von realem Mechanismus und Methode. Das Urbild neuzeitlicher Technik ist die Maschine, die mechanisch Kraft überträgt. Und dennoch, wie sich beobachten läßt, hat sich im Verlauf der Moderne auch der Begriff der Maschine verändert bzw. erweitert. Prototyp ist heute weniger das mechanisch funktionierende Räderwerk der Uhr, das heißt, »die triviale Maschine«, wie von Foerster sie nennt, die Maschine, »die nach einer festgesetzten Regel arbeitet« und »getreulich gewisse Tatbestände in andere überführt«[2], sondern die »nicht-triviale Maschine«, die »Maschine zweiter Ordnung«, um nochmals von Foerster zu zitieren, die, obgleich synthetisch determiniert, »analytisch unbestimmbar, historisch bedingt und nicht voraussagbar«[3] ist. Die schiere analytische Unbestimmbarkeit der nicht-trivialen Maschine könnte eine Art Leitbild für das Verständnis der Technik insgesamt sein.

Um den Mythos oder den Grundsatz einer durchgängigen Bestimmbarkeit der Technik zu erschüttern, könnte auch die Vergegenwärtigung der räumlichen und zeitlichen Folgen von Interesse sein, die mit dem Betrieb von Großtechnologien verbunden sind. Diese Folgen sind bar jeder Bestimmbarkeit im Sinne einer analytischen Rationalität: Sie sind weder versicherungstechnisch noch finanziell, weder ökonomisch noch ökologisch überschaubar. Der Begriff der »evolutionären Risiken«[4], wie er sich in der Literatur zur Risikoforschung findet, zielt auf diesen Umstand.[5]

2 H. v. Foerster, KybernEthik. Berlin 1993, 135.

3 Ebd., 143.

4 Vgl. Riskante Technologien: Reflexion und Regulation. Hrsg. von W. Krohn u. G. Krücken. Frankfurt/M. 1993.

5 Ein Versuch, rationale Bestimmbarkeit wenigstens dem Prinzip nach zu sichern, sind die in der Geschichte der Technikfolgenabschätzung ent-

Evolutionär werden Risiken genannt, die, wenn sie auftreten, den Kontext, in dem sie auftreten, nachhaltig verändern. Bei traditionellen Risiken konnte man die Veränderung der natürlichen oder gesellschaftlichen Verhältnisse vernachlässigen. Für sie lassen sich historisch vergleichbare Situationen bestimmen, die, innerhalb gewisser Grenzen, Evaluationen gestatten. Für evolutionäre Risiken fehlt der Vergleichsmaßstab. Man denke an die Zerstörung der Wälder durch ›sauren Regen‹, die Belastung einiger tausend Jahre zukünftiger Gesellschaft mit radioaktivem Müll, Klimaveränderungen durch den Treibhauseffekt, Eingriffe in die biologischen Arten durch Gentechnik und die Abhängigkeit der Gesellschaft von großen Informationssystemen. Kurz, man kann die evolutionären Risiken nicht bestimmen, ohne sie eintreten zu lassen.

Nun könnte man einwenden, daß selbst wenn die Folgen der modernen Technik in dem Maße unbestimmbar werden, wie das angedeutet wurde, das doch nicht die Technik beträfe, die weiterhin auf eine bestimmte Weise funktioniere. Die Strategien von Politik, Wirtschaft und Wissenschaft haben ohne Zweifel lange Zeit darin bestanden, die problematischen Folgen der Technik von der Technik selbst abzutrennen. Das Wertneutralitätsargument über die Technik funktionierte in diesem Sinn. Es regelte die Zuschreibung von Verantwortung dadurch, daß es die möglichen negativen Folgen den Anwendern der Technik aufbürdete, um auf diese Weise der Technik das Fortschrittsprädikat zu belassen. Spätestens mit der Einsicht, daß auch bei korrekter Nutzung der Technik (Verkehrssysteme, chemische Anlagen, Landwirtschaft usf.) die Folgen zwiespältig sind, verfiel man auf eine andere Strategie. Unter Rückgriff auf das klassische Schema von Substanz und Akzidens wurde von Haupt- und Nebenfolgen gesprochen, ganz so, als sei die politisch und gesellschaftlich motivierte/normierte Unterscheidung eine rein deskriptive. Da die Technikfolgen sich heute nicht mehr vom Betrieb der Technik abtrennen lassen (wie Virilio sagt, hat man mit dem Auto auch die Massenkarambolage von 300 Autos innerhalb von fünf Minuten erfunden), legt

wickelten Risikoanalysen, die vermittelst Wahrscheinlichkeitsrechnungen versuchen, den relativen Umfang der Kosten beim Eintritt von Schadensfällen zu beziffern. Wahrscheinlichkeiten sind von unbestimmter Bestimmtheit: bestimmt im Hinblick auf die Häufigkeit und das Ausmaß (die Schwere) der Schadensfälle pro Zeiteinheit, unbestimmt aber im Blick auf den Zeitpunkt, an dem der Unfall geschieht.

man den begrifflichen Schnitt zwischen Haupt- und Nebenfolgen, suggerierend, daß die eine Absicht, die man mit der Technik verbindet, zugleich auch die (geringfügigen, unerwarteten, negativen) Nebenfolgen rechtfertige.
Aber wie sich zeigt, beginnen die Nebenfolgen die Hauptfolgen auszuzehren: Der Stau macht die Mobilitätsgewinne langsam aber sicher wieder zunichte; der Kernkraftunfall in Three Miles Island führte die Betreiber- und Herstellerfirma in den finanziellen Ruin.[6] Kurz, die Erfindung von Haupt- und Nebenfolgen ist die gesellschaftlich anerkannte Form, auf die generelle Unbestimmbarkeit der Technik zu reagieren. Was am Bewußtsein unvorhersehbarer Folgen an die öffentlich kommunizierte Oberfläche tritt, findet seine Erklärung an der Struktur der technischen Systeme selbst.

II.

Um diesen Gedanken wenigstens ansatzweise zu entwickeln, scheint eine Unterscheidung geboten, die – wie man sie nennen könnte – eine *transzendentale* Unbestimmtheit der Technik von einer *immanenten* trennt.
Die transzendentale Unbestimmtheit betrifft den ontologischen Status oder die seit dem Spätmittelalter verstärkte Herauslösung von Denken und Handeln, Finden und Erfinden aus dem Mimesis-Begriff der aristotelischen Tradition. Die Bedeutungsverschiebung in der Vorstellung vom schöpferischen Handeln belegt das. Alles Sein liegt für die Antike wie für das Mittelalter idealiter vorstrukturiert im Umkreis der Vollständigkeit und Einheit des Seins. Es gibt keinen Spielraum an Möglichkeiten, der nicht wesentlich durch das vorgängige Reich der Natur oder des Kosmos oder der Ideen gedeckt wäre. Alles Mögliche ist immer schon da. Das Neue oder Mögliche beschränkt sich auf Variationen des eidos.[7]
Mit dem Beginn der Neuzeit verliert die Naturordnung ihre ontologisch präfigurierte exemplarische Verbindlichkeit. Die Kunst-

6 Vgl. Ch. Perrow, Normale Katastrophen. Die unvermeidbaren Risiken der Großtechnik. Frankfurt/M. 1987.

7 Vgl. dazu ausführlich: H. Blumenberg, ›Nachahmung der Natur‹. Zur Vorgeschichte der Idee des schöpferischen Menschen. In: ders., Wirklichkeiten in denen wir leben. Aufsätze und eine Rede. Stuttgart 1981, 55-104.

und Technikvorstellung emanzipiert sich vom antiken Motiv einer Nachahmung der Natur. Analog zur Kunst enthält auch das technische Handeln etwas, das im Rahmen der Natur oder des mittelalterlichen Ordo-Gedankens nicht aufgeht. Was dazu führt, daß zuletzt der moderne Erfindungsgeist – gleichgültig, ob im Blick auf die Kunst oder die Technik – ohne ontologischen Gegenhalt in der Natur bleibt. Der Bruch mit dem Nachahmungsprinzip der Natur setzt ein Moment vorbildloser Produktivität frei, für das es im Tableau der Repräsentationen kein Äquivalent gibt, was nichts repräsentiert, auf das es zurückweisen könnte. Die Rede vom radikal Neuen an der Erfindung macht historisch eben erst Sinn, wenn die Kreativität des Handelns nicht in der Spur des Entsprechungs- oder Abbildungsmythos der Natur entziffert werden kann.

In einer Art historischer Parallelaktion wächst zugleich das Bewußtsein der Konstruktivität menschlichen Handelns und Denkens, das sich, mit Foucault gesprochen, in die unendliche Leere des endlichen Menschen ergießt.[8] Die (leere) Konstruktivität von Technik und Gesellschaft insgesamt erscheint als Substitut der zerbrochenen Repräsentativität und der aufgelösten Tableaus bedeutungshafter Verweisung. Zusammengefaßt, Technik ist nicht Nachahmung, sondern, wie Castoriadis sagt, Schöpfung.[9] Sie ist Erfindung, durch die neue, künstliche Wirklichkeiten geschaffen werden: Das Rad, der Generator, die Glühlampe, um nur wenige zu nennen, haben kein Vorbild in der Natur.

Die transzendentale Unbestimmtheit zielt also auf jene grundlegende Veränderung der Neuzeit, in der das technische Handeln sich aus dem Kreis des Nachahmungsprinzips der Natur herauslöst und – begleitet von der Temporalisierung und Formalisierung des Wissens – sich in die Leere der vorbildlosen Produktivität einschreibt, für die es im Prinzip weder eine innere noch eine äußere Schranke gibt. Der Horizont der Moderne, das ist die transzendentale Obdachlosigkeit der Technik. Sie hat die Auflösung der Kategorie als Einheit von Sein und Selbst zur Voraussetzung. Analog dazu verschiebt sich im Begriffsgefüge von Wirk-

8 M. Foucault, Die Ordnung der Dinge. Eine Archäologie der Humanwissenschaften. Frankfurt/M. 1971.

9 C. Castoriadis, Durchs Labyrinth. Seele, Vernunft, Geschichte. Stuttgart 1981, 203.

lichkeit, Möglichkeit und Notwendigkeit die ontologische Wertung: Wirklichsein sieht sich durch kein anderes Prädikat mehr von der Möglichkeit unterschieden als durch seine zufallsbedingte Eintrittswahrscheinlichkeit. Keine ontologisch oder geschichtsphilosophisch markierte Auszeichnung setzt die Wirklichkeit über die Möglichkeit ins Recht, dazusein. Das Nichtseiende ist genauso wirklich wie das Seiende. Und das Notwendige ist das, was sich im Rückblick als konstitutiver Bestandteil dieses oder jenes Systems von Lösungswegen herauskristallisiert hat.

III.

Von der transzendentalen Unbestimmtheit der Technik ist die *immanente* zu unterscheiden, diejenige, die dem Medium selbst anhaftet oder von ihm selbst erzeugt wird. Ich meine damit das unbestimmte Surplus technischer Potenzen infolge der *Differenz von Funktion und Gebrauch*: Die technischen Artefakte gehen nicht in der Funktion auf, oder besser, sie sind nicht durch die Funktion determiniert, für die sie konstruiert worden sind. Das ist nun keineswegs so trivial, wie das berühmt-berüchtigte Hammerbeispiel der herkömmlichen Technikinterpretation nahelegt, insbesondere dann nicht, wenn es sich wie im Fall moderner Technologien um hochgradig vernetzte technische Ensembles handelt, die in einer beispiellosen Erosion von Mitteln und Zwecken eine wechselseitige Bestimmung beider zur Folge hat. Diese Bestimmungslücke oder der durch das historische Apriori der Großtechnologie vertiefte Bruch zwischen der in den technischen Instrumenten repräsentierten Funktion und einem möglichen (unbestimmten) Gebrauch, der jederzeit von den Gerätschaften gemacht werden kann, bildet das Einfallstor des immanent Unbestimmten. Es wird in der Hochsäkularzivilisation mit jeder technischen Neuerung ein Stück weiter aufgestoßen.

Die transzendentale Unbestimmtheit lockert die Anschlüsse, weicht die scheinbar kausal verfugten Ordnungen auf. Sie durchwirkt die sozialen und epistemischen Felder mit dem ›Möglichkeitssinn‹ und radikalisiert die immanente Unbestimmtheit inklusive der Risikopotentiale, die sie birgt.

Dreifach sind in diesem Zusammenhang die Wege, Unbestimmtheit zu erzeugen: Neben der einfachen Variation in der Ausnutzung interner technischer Momente sind vor allem die im Augenblick der Konstruktion unvorhersehbaren Synergieeffekte von Belang, die durch Kombination mit anderen technischen Systemen erzeugt werden. Weizenbaum erinnert in diesem Zusammenhang daran, daß die synergetische Kombination von Computer und Systemanalyse die entscheidende Voraussetzung für den rapiden Ausbau der Computerindustrie gewesen ist. Letzten Endes schöpft eine historisch oder technologisch veränderte Situation ständig auch neue Gebrauchsmöglichkeiten. Sie führt in einem bestimmten historischen Augenblick zur Umdefinition ganzer Technologien. Die Vorgeschichte der Lokomotive – ca. hundert Jahre nach der Erfindung der ersten Dampfmaschine (um 1700) – ist dafür ein anderes, anschauliches Beispiel. »Nachdem die ersten stationären Dampfmaschinen von Newcomen und Savery überall in England Verwendung gefunden hatten, [...] montierte Trevithik eine Dampfmaschine auf einen Wagen und setzte den Wagen auf die Schienen einer Pferdebahn in Wales. Dieses Herauslösen der stationären Dampfmaschine aus ihrem alten und die Versetzung in einen gänzlich neuen Zusammenhang transformierte die Maschine in eine Lokomotive und führte zur Transformation der Pferde- in eine moderne Eisenbahn.«[10]

Man kann das auch anders sagen: Technischen Artefakten sind immer auch symbolische oder imaginäre Bedeutungen imprägniert; sie stehen in Gesellschaftsformationen, für die das Leitbedürfnis des Neuen konstitutiv ist, stets im Begriff, die Phantasie anzustacheln und sie in andere als in die ursprünglichen Zusammenhänge einzusetzen. Im Kontext hochgradig vernetzter technischer Systeme besteht von Augenblick zu Augenblick, von Okkasion zu Okkasion die Möglichkeit, in eine neue wissenschaftlich-technische Revolution verstrickt zu werden. Technik entfaltet sich in unvorhersehbarer Weise als ein mehr oder weniger unbegrenztes Spiel mit Alternativen und Optionen, die zu einer bestimmten Zeit offenstehen.

Daß diese Transformationen wiederum neuartige Probleme heraufbeschwören, die ihrerseits zur Erfindung von bislang unvorstellbaren Werkzeugen führen, ist die andere unausweichliche Folge. Auf der Basis einer bestimmten Technologie werden neue

10 J. Weizenbaum, Die Macht der Computer und die Ohnmacht der Vernunft. Frankfurt/M. 1977, 55.

Räume eröffnet, in die hinein neue Zwecke geschöpft oder erfunden werden können; was zugleich bedeutet, daß die technischen Artefakte selbst an zielbestimmendem Einfluß gewinnen. Auf der erweiterten Stufenleiter postindustrieller Technologien ergibt sich eine wechselseitige Bestimmung von Mitteln und Zwecken: Mittel und Zwecke bewegen sich im Kreisverkehr. Die Zwecke werden in vielfältigen Zusammenhängen mit den Mitteln selbst erst erzeugt. Der Primat (unvermittelter) Zwecke wird eingezogen. Die Technik- und Kulturkritik von E. Jünger bis M. Horkheimer und G. Anders hat diese Erosion oder diesen Aufstand der Mittel gegen die Zwecke als Verkehrung von Mitteln und Zwecken wahrgenommen. Sie hat die Verselbständigung der Mittel zu Zwecken als Symptom des Niedergangs oder als Entfremdung der spätkapitalistischen Industriegesellschaft gedeutet.

Nun ist es in der Literatur an dieser Stelle wohlfeil, stets auch auf die Gegenbewegung hinzuweisen und festzustellen, daß bei aller Offenheit technischer Horizonte das komplementäre Prinzip, die Bestimmtheit oder Beschränktheit einer Ordnung, konstatiert werden muß, die zwischen Notwendigkeit und Beliebigkeit changiert. Nur nach einem Kriterium, welches die Beschränkung aufzuweisen in der Lage wäre, fahndet man vergeblich.

So richtig es ist, auf die in jedem Augenblick wirksamen Strategien der Unbestimmtheitsbegrenzung oder der Möglichkeitsreduktion zu verweisen, so unmöglich ist es, bestimmterweise zu sagen, worin sie in einer historischen Situation bestehen. Es kommt in unserem Zusammenhang darauf an, eine Unterscheidung zu treffen, die besteht zwischen einem impliziten Wissen um die Eingeschränktheit technischer Möglichkeiten und einer zugleich fortbestehenden Unvorhersehbarkeit/Unentscheidbarkeit. Es gibt kein Prinzip, Beschränkung in einem systematischen Sinn durchzuführen, wenn man einmal eine Gemengelage von Bestimmtheit und Unbestimmtheit, Kontinuität und Diskontinuität akzeptiert hat, es sei denn um den Preis starker geschichtsphilosophischer oder anthropologischer Annahmen.

IV.

Das Zusammenspiel beider Unbestimmtheitsdispositive, des immanenten in seiner Differenz von Funktion und Gebrauch und des transzendentalen eines Jenseits jeglicher Repräsentation, machen angesichts des Entwicklungsstands moderner Technik einen neuen Begriff soziotechnischer Systeme notwendig. Die Brisanz (und Bedrängnis) moderner Technik erwächst aus der Diffusion beider Unbestimmtheiten. Sie fordern die Umstellung auf den Begriff des *Mediums*, weil Technik selbst, ihrer Unbestimmtheit wegen, zum universalen Medium des Austausches geworden ist.

Technik ist Medium geworden, das heißt, sie hat sich in ein Etwas verwandelt, in das sich (nahezu) alles übersetzen läßt oder in dem anderes zirkulieren kann. Medium bedeutet auch Mittel, doch nicht primär Mittel zu sein, sondern eher die Summe über alle Mittel, in der Zwecke und Mittel relativ beliebig gegeneinander verschoben werden können. Was Zweck ist, was Mittel ist, liegt nicht (mehr) hierarchisch geordnet ein für allemal fest. Charakteristisch für das Medium ist seine Intelligibilität oder Konvertibilität, ein Zustand, in dem Verschiedenes (Orte, Gegenstände usf.) miteinander in Beziehung gesetzt und getauscht werden können. Es ist der unstoffliche Stoff, worin alles andere abgebildet und strukturiert, öffentlich gemacht und wieder in den Kreislauf eingespeist werden kann, ohne selbst an Substanz zu verlieren. Technik ist wie Sprache oder Geld eine Art Zirkular der modernen Gesellschaft.

Die Vorstellung von einem Medium hat genau betrachtet zwei Grundbedeutungen; sie lassen sich nicht vollständig ineinander überführen. Medium ist nicht nur – abstrakt gesprochen – globales Mittel zum Austausch gesellschaftlich verabredeter Zeichen, nicht nur Transformationsraum von Information und Macht, Wissen und Energie, Medium ist auch das, was dazwischen ist, dazwischentritt, die Mitte oder das Vermittelnde. Es verweist auf Mitten und Räume, die sich zwischen Mensch und Mensch, Mensch und Natur, Mensch und Kultur, den Menschen und sich selbst geschoben haben. Das Medium dämpft, es moderiert; es hält – mit Hegel zu reden – »vom Menschen sein materielles Vernichten ab«[11]; es bricht der Unmittelbarkeit der Erfahrung die Spitze, die uns aus

11 G. W. F. Hegel, Anhang zur Jenaer Realphilosophie. In: Frühe politi-

der direkten Konfrontation mit der inneren und äußeren Natur erwächst. Technik ist Medium oder die unsichtbare Mitte als Beziehungsform, über die in postindustriellen Gesellschaften die soziale Kommunikation, der Nachrichtenfluß und der Austausch von Erfahrung ebenso laufen wie die Versorgung mit Elektrizität und Wasser, Nahrung und Gesundheit. Man kann das vielleicht überzeugendste Argument für die mediale Natur der Technik darin sehen, daß uns im täglichen Umgang mit den Gegenständen deren technische Wirklichkeit nicht zu Bewußtsein kommt, wir aber in dieser Abstraktion leben wie Fische im Wasser.

Das Medium ist Mitte, weil es in dieser Funktion die Selbstvermittlung der Gesellschaft übernimmt oder die Netze, Bahnen und Bindungen beschreibt, die die Gesellschaft zusammenhalten. Besser noch wäre die Mitte als Mischung zu fassen, weil sie Totes und Lebendiges, Geistiges und Materielles, Probleme und Programme, Handlungsgemäßes und Automatenhaftes füreinander durchlässig macht.

Die Mitte ist unbestimmt, sie hat nur mehr wenig gemein mit dem unbewegten Ort zwischen zwei gleich weit entfernten Äußersten, wie die Euklidsche Geometrie sie zu fassen sucht; sie ist auch Lichtjahre entfernt vom konnotativen Zusammenschluß von Maß und Mitte, wie ihn die aristotelische Idee des Guten ins Auge faßt. Mitte ist, wie Nietzsche sagt, überall.[12] In Systemen von zirkulärer Kausalität und Rückkopplungsschleifen ist die Mitte das Vermittelnde auf Zeit, stationäre Verdichtung von Energien, Interessen und Ideen, nur auf Zeit, nach Zwecken und Mitteln geschieden. Sie ist treibende Kraft. In der Sprache der Biologie bzw. der Chemie würde man sagen, Technik als Medium wirke ›autokatalytisch‹, sie sei der Stoff, der gesellschaftliche und kulturelle Veränderungsprozesse auslöst und/oder beschleunigt ablaufen läßt und sich in diesem Prozeß selbst stetig regeneriert.

Als das Vermittelnde auf Zeit ist es über die klassischen Gegensätze der philosophischen Tradition hinaus: Das Medium ist seiner Funktion nach intelligent, es repräsentiert menschliches Können,

sche Systeme. Hrsg. und komment. von G. Göhler. Frankfurt/M., Berlin, Wien 1974, 322.

12 F. Nietzsche, Also sprach Zarathustra. In: Kritische Studienausgabe in 15 Bänden, Bd. 4. Hrsg. von G. Colli und M. Montinari. München 1980, 273.

insofern sich intersubjektive Beziehungen in ihm objektiviert haben. Technik in diesem Sinn zielt weniger auf die Welt dinglicher und sachlicher Mittel; sie ist – wie sich am Sprachwandel ablesen läßt – *Technologie*, weil sie die Seite des Wissens, den logos und die soziale und kulturelle Organisation des Lebens in sich einbegriffen hat.

V.

Man kann diesen Aspekt aufnehmen und in grundsätzlicher Weise verallgemeinern: Indem sie den logos speichert, ist die Technik wesentlich *Medium der Selbst- und Welterschließung*, und das nicht nur in dem äußerlichen Sinn technischer Erfindungen, die uns – wie das Elektronenmikroskop und das Fernrohr – helfen, in Regionen des unendlich Kleinen und unendlich Großen vorzudringen oder uns wie die Raumfahrttechnologie einen neuen transterrestrischen Blick auf unseren blauen Planeten werfen lassen (auf seine Verlorenheit im Kosmos, auf seine Schönheit, Verletzlichkeit und Endlichkeit); das Medium im Sinne der Welterschließung verweist auf den Horizont, von dem her wir die Welt erfinden oder auch das Bild von uns selbst immer nachdrücklicher technisch überschreiben.

Technische Modelle schalten sich immer nachdrücklicher in die Praktiken und Selbstverständigungsrituale der Gesellschaftsmitglieder ein. Sie sind das Medium, in dem sich der Mensch in seiner Artefaktibilität durchsichtig wird.[13]

Vom Mittel-Sein ist das Medium auch dadurch getrennt, daß das Subjekt nicht bestimmt werden kann, das im Kontext der Handlungstheorie sich in der Lage dünkt, den Technikeinsatz zu steuern. Das Medium ist von unbestimmter Allgemeinheit. Es ist herrenlos, es liegt per definitionem allen Bestimmungen unvordenklich voraus. Es ist als Ganzes unverfügbar, auch wenn es in einem Raum unendlich vieler Bifurkationen Orte der Entscheidung und Verantwortung gibt, an denen sich die Technikentwicklung in dieser oder jener Richtung verzweigen kann. Das Zusammentreffen beider Unbestimmtheitsdispositive erzeugt eine bri-

13 Vgl. dazu G. Gamm, Die Vertiefung des Selbst oder das Ende der Dialektik. In diesem Band.

sante Mischung. In seiner formalen Allgemeinheit übernimmt das Medium wie angedeutet die Rolle des Horizonts, welcher die Gesellschaften spätmodernen Zuschnitts über ihre technische Formbestimmtheit in sich einschließt, um sie gleichzeitig in die Öffnung neuer Räume, neuer Oberflächen und neuer Kommunikationsformen zu stellen. Auf der Grenze des Denk- und Sichtbaren gehen sie immer auch mit einem Nichttechnischen einher. Das Medium ist Hintergrund und als Hintergrund zu unscharf und vage, um dennoch – trotz der Unbestimmtheit seines Umfangs – eine Struktur, eine Ordnung aufzuweisen.

Um einen weiteren Aspekt zu nennen: Medium zu sein heißt, Macht zu verkörpern. Macht beruht auf sozialer Anerkennung. Das Medium ist nur Transformationsraum, weil es Macht verkörpert oder die Gesellschaftsmitglieder, die Kollektive und Systeme darin (vorbewußt) übereinkommen läßt, Interessen und Bedürfnisse, Wissen und Kompetenzen im Fluß seiner Bedingungen zu verhandeln. Nur was ins Medium transformiert werden kann, hat eine reelle Chance, öffentlich anerkannt zu werden. Das Medium normiert und normalisiert, es ist eine Vorschrift, ein Zwang, die Dinge so herzurichten, daß sie in ihm transportiert werden können, aber so, daß der Anteil, den das Medium daran hat, unsichtbar wird. Das Medium will nicht als Medium erkannt sein, es ist ›message‹, es macht sich verschwinden.

Technik ist daher vor allem Medium, weil sich in ihr der gesellschaftlich-geschichtliche Handlungszusammenhang verkörpert und verfestigt hat. Sie ist vergegenständlichte Arbeit, geronnene Geschichte, Möglichkeit zur Fortsetzung von Handlungen. Kurz, Technik ist Medium aufgrund der *Gesellschaftlichkeit der Technik* und der *Technisierung der Gesellschaft*, um zwei gängige Formeln der gegenwärtigen Technikdiskussion aufzunehmen.[14] Im Zusammenhang der Gesellschaftlichkeit der Technik erinnere ich nur an die bekannten Phänomene wie die Teilung der Arbeit bzw. ihre Taylorisierung als Voraussetzung für die Erfindung des Fließbandes oder an den Computer als Vergegenständlichung menschlicher Rechenleistungen in technischen Sachsystemen.

Was die Technisierung der Gesellschaft betrifft, sei auf die Vernetzung der Gesellschaft nach Maßgabe bestimmter technischer

14 Vgl. beispielsweise: G. Ropohl, Technologische Aufklärung. Beiträge zur Technikphilosophie. Frankfurt/M. 1991.

Funktionen verwiesen – wie das Verkehrssystem seine Leistungsfähigkeit allein im Zusammenhang des Straßennetzes, des Netzes der Tankstellen und Servicestationen, des Systems der Versicherungen, der Rechtsordnung, der Versorgung bei Unfällen usf. erbringt.

Beide Perspektiven verweisen auf eine zweite Funktion der Technik heute: auf Technik als Medium im Sinne eines *Integrationsmediums.*[15] Integrative Macht entfaltet die Technik insofern, als sie die Gesellschaftsmitglieder subjektiv über technisch modellierte Formen der Bedürfnisbefriedigung und objektiv über die Abhängigkeit von technischen Systemen an sich bindet (was *desintegrierende*, traditionelle Verbindlichkeiten auflösende Impulse nicht ausschließt, die regelmäßig mit jeder technischen Neuerung einhergehen).

Bleibt ein drittes Moment – das wenigstens abschließend genannt zu werden verdient –, Technik als *Medium der Selbststeigerung.* Ich meine damit den in der Technologie verkörperten Zwang des Selbst, über sich selbst hinauszugelangen, sich in neuen, künstlichen Welten zu erschaffen: eine neue Unendlichkeit, sei es in den unendlich ausgedehnten Räumen intelligenter Maschinen oder in Form einer prädikativen Medizin[16], die imstande sein wird, über Geschlecht und andere Merkmale zu entscheiden.

Was Karl Jaspers vor rund einem halben Jahrhundert geschrieben hat, ist daher nach wie vor von unverminderter Aktualität: »Wegen der Größe der Frage, was damit aus den Menschen werden kann, ist die Technik heute vielleicht das Hauptthema für die Auffassung unserer Lage. Man kann den Einbruch der modernen Technik und ihre Folgen für schlechthin alle Lebensfragen gar nicht überschätzen.«[17]

15 Vgl. G. Böhme, Technische Zivilisation. In: ders., Am Ende des Baconschen Zeitalters. Frankfurt/M. 1993, insbes. 469.

16 Vgl. C. Koch, Ende der Natürlichkeit. Eine Streitschrift zu Bio-Technik und Bio-Moral. München 1994. Vgl. auch P. Virilio, Die Eroberung des Körpers. München 1994.

17 K. Jaspers, Ursprung und Ziel der Geschichte, Frankfurt/M., Hamburg 1955, 98.

14. Anthropomorphia inversa
Die Medialisierung von Mensch und Technik

Wer es aber mit dem Geist hält, kehrt nicht zurück.

Helmuth Plessner

Man behauptet sicher nicht zu viel, wenn man feststellt, daß die philosophische Anthropologie, kaum daß sie die Eierschalen ihrer späten Anfänge im 18. Jahrhundert zerbrochen hat und im Fächerkanon der Philosophie zu einer wohlgelittenen Disziplin herangereift ist, mit der Plessnerschen Definition vom Menschen als einem wesentlich nicht definierbaren Wesen auch schon wieder an ein Ende gelangt ist. Nicht nur äußere Gründe wie die rasche Ausbreitung und Ausdifferenzierung des Wissenschaftssystems, das fortan diesen prominenten Gegenstand unter sich aufteilt, haben zu dieser Krisis beigetragen; die anthropologische Unbestimmtheitsrelation selbst, wie Plessner sagt: »die Unerfaßbarkeit des Lebens und die Unerschöpflichkeit menschlichen Könnens«[1], lassen seiner Auffassung zufolge den Menschen nur mehr »als Macht und offene Frage« zurück.[2] Einzig die Auseinandersetzung mit der Geschichte läßt den Menschen das erwerben, was ihm, der alle Rahmen überschreitenden Natur, selbst als Rahmen oder Horizont zu einer Selbststabilisierung auf Zeit dienen könnte. »Was der Mensch ist«, heißt es lapidar, »kann er nur durch Geschichte erfahren.«[3]

Plessner bestätigt nachdrücklich das offene Ende einer auf Wesensdefinitionen abgezirkelten Anthropologie, wenn er im Jahre 1931 in »Macht und menschliche Natur« schreibt: »Halten wir aber an unserer Konzeption des Menschen als Macht und offener Frage, als an einem nur geschichtlichen Produkt fest, dann verliert sie den

1 H. Plessner, Macht und menschliche Natur. In: Ges. Schriften, Bd. v. Frankfurt/M. 1981, 188.

2 Ebd., 189.

3 Ebd., 221.

Sinn und Rang einer Wesensbestimmung, einer zum Menschlichen durchstoßenden Erkenntnis.«[4]

Der Begriff der Unbestimmbarkeit des Selbst reflektiert dabei eine Doppeldeutigkeit; er erinnert daran, daß im Verlauf der Moderne der Mensch als Subjekt des Kalkulierens und Rechnens selbst eine Sache der Kalkulation und der Berechnung geworden ist, daß er sich im Kalkulieren selbst aufgelöst hat: »Die Herrschaft des Menschen über sich selbst, die sein Selbst begründet«, heißt es in der *Dialektik der Aufklärung*, »ist virtuell allemal die Vernichtung des Subjekts, in dessen Dienst sie geschieht.«[5] Auf der anderen Seite deutet Unbestimmbarkeit auch auf die Möglichkeit des Entwurfs alternativer Welten und Modelle, auf die radikale Unausdeutbarkeit des Selbst, auf seine Offenheit oder Überdeterminiertheit, die kein Mangel, sondern trotz seines Unbestimmtseins ein Positives ist, eine Durchgangsstation, ein Chiasmus, eine Subjektposition, die im Gefüge gesellschaftlicher Machtverhältnisse einer *fatalen* oder *fraktalen* Besetzung offensteht.

Nicht daß die Dekonstruktion der Subjektivität oder, wie Plessner sagt, die Unergründlichkeit des Menschen und sein kompensatorisches Verwiesensein auf Geschichte ein neuer Gedanke, einer des 20. Jahrhunderts wäre – nur, nach Lage der Dinge sieht es so aus, daß die Implikationen, die diese Deutung birgt, sich erst langsam gegen Ende dieses Jahrhunderts abzuzeichnen beginnen, und das vor allem deshalb, weil die geschichtliche Horizontlinie, auf der wir die Unbestimmtheit des Selbst auslegen und ausbalancieren müssen, eine *technische* ist, eine, die durch Technik (als Medium) und durch bestimmte Großtechnologien gezogen wird.

Natur und Kultur

Bedenkt man das Verhältnis von Kultur und Natur im ganzen, können sie meines Erachtens nur so miteinander in Beziehung gesetzt werden, daß beide, obschon unendlich getrennt, es gleichzeitig notwendig machen, die Trennung, die zwischen ihnen herrscht, radikal zu annullieren: Natur ist keine von Menschen-

4 Ebd., 189.

5 M. Horkheimer, Th.W. Adorno, Dialektik der Aufklärung. Frankfurt/M. 1969, 62.

hand konstruierte Welt, sie liegt unserem Handeln unvordenklich voraus, übersteigt es nach allen Seiten, sie ist, wie Aristoteles sagt, das nicht von uns Gemachte: Niemand rührt an die Natur, wie sie an sich ist. Zugleich ist es eine sich unserer Gegenwart überwältigend aufdrängende Erfahrung, die Natur als eine von uns in den Labors und Rechenzentren, von Wissenschaft und Technologie erzeugte Natur zu begreifen, das heißt durch Kultur im weitesten Sinne geschaffene Natur aufzufassen, die in jeder Hinsicht gesellschaftlich durchgearbeitet und von sozial präformierten Naturbildern überlagert wird. ›Naturgegenstände‹ sickern, strömen millionenfach in die Kultur, werden jeden Augenblick in unbekannter Zahl und Größe von der Kultur absorbiert. In einer Art Gegenläufigkeit mischen oder synthetisieren sich Natur und Kultur und bleiben gleichwohl unendlich getrennt. War der klassische Begriff des Diskursiven geradezu darüber definiert, daß Natur und Kultur, Geist und Materie, Gegenstände und Diskurse, Determination und Indetermination, lebendige und nicht lebendige Wesen strikt auseinandergehalten werden, so wird es heute problematisch, die Unterscheidungen weiter zu gebrauchen. Ihre Kraft, die Welt zu erschließen, scheint nachzulassen, wenn wir unsere Welt mit einer ständig wachsenden Zahl von Mischwesen, Cyborgs, Hybridorganismen aus Biogewebe und Elektronik/Photonik oder Quasi-Objekte, wie Michel Serres sie nennt, bevölkert sehen. Welchen ontologischen und epistemologischen Gegenstandsstatus haben Embryonen im Reagenzglas, ein künstlich angelegter See, Expertensysteme oder Systeme künstlicher Intelligenz?

Die Vermittlung bzw. Vernetzung von Mensch und Technik wird auf den verschiedenen Ebenen immer enger. Sie reicht von der Technisierung der Lebensanfänge bis zu der des Lebensendes. Mit der Miniaturisierung der Technik auf der einen Seite und einer immer detaillierteren wissenschaftlichen Kenntnis der physiologischen Reaktionen auf der anderen werden Mensch und Technik immer poröser füreinander: Waren es zunächst noch Plomben, Prothesen, künstliche Gelenke, so steigt mit der extremen Miniaturisierung der Technik in Zukunft die Wahrscheinlichkeit, nicht nur den Lebensrhythmus per Herzschrittmacher, sondern auch neuronale Prozesse per Mikrochip zu stimulieren. Der Körper erhält eine gleichsam technische Infrastruktur. Auf der anderen Seite verweist der Gedanke der Gesellschaftlichkeit der Technik nicht nur darauf, daß es unzureichend ist, die Technik als materielles Sachsystem zu begreifen, als eine Ansammlung kleiner und großer Maschinen, sie muß vielmehr als gesellschaftlich angeeignete Natur oder als sozialer Handlungszusammenhang verstanden werden, der sich im technischen Sachsystem materiell verkörpert hat. Die gesellschaftliche Natur der Technik zielt auf das im technischen Gerät vergegenständlichte individuelle Können. So ist beispielsweise die gesellschaftliche Arbeitsteilung eine konstitutive Voraussetzung für die Erfindung des Fließbandes. Der Computer ist eine Materialisation kognitiver Leistungen, von denen die Menschen lange Zeit geglaubt hatten, es sei ihr Privileg, sie zu besitzen. Bevor diese technische Verfassung möglich werden konnte, mußten allerdings die kognitiven Funktionen der Menschen auf vergleichbare Weise wie ihre Handarbeiten taylorisiert werden. Nicht nur der Computer ist eine Verkörperung menschlicher Leistungsfähigkeiten, für Max Weber ist jede leblose Maschine »geronnener Geist«.

Dies bedeutet, daß Mensch und Technik sich wechselseitig interpretieren, das eine jeweils durch das andere System: Artefaktibilisierung des Menschen und Humanisierung der Technik. Der Wissenschaftshistoriker Bruno Latour argumentiert dafür, diesen Hybridorganisationen, diesen neuen Netzwerken von Mensch und Technik, von lebendigen und nicht lebendigen Wesen einen eigenständigen ontologischen Status zu verleihen und im Ausgang der vermittelten und vernetzten Wesen eine neue symmetrische Anthropologie zu entwerfen.[6]

Technik als Medium

Es scheint angebracht, die herkömmlichen Technikdeutungen einer Revision zu unterziehen, das heißt einen Begriff von Technik zu konzipieren, der sie nicht vor dem Hintergrund der dualistischen Ontologie der Neuzeit und der ihr immanenten Leitdifferenz von Subjekt und Objekt begreift, sie vielmehr als *Medium* auffaßt, in dem Totes und Lebendiges, Geistiges und Materielles, Probleme und Programme, Handlungsgemäßes und Automaten-

6 B. Latour, Wir sind nie modern gewesen. Versuch einer symmetrischen Anthropologie. Berlin 1995.

haftes miteinander in Beziehung gesetzt und füreinander durchlässig gemacht werden kann.

Sozio-technische Systeme. - Anlaß zu dieser Transformation gibt, wie angesprochen, der Begriff *sozio-technischer Systeme*, der immer häufiger in der soziologischen und philosophischen Literatur Verwendung findet. Dieser Begriff spiegelt die enge Verflechtung und wechselseitige Durchdringung von sozialen und technischen Prozessen: die *Gesellschaftlichkeit der Technik* und die *Technisierung der Gesellschaft*. Diese doppelte Perspektive deutet darauf hin, daß die große Maschinerie, wie Marx gesagt hätte, immer technische und nicht-technische Prozesse integriert, daß die im engeren Sinn technischen Funktionen nicht nur politische und moralische, symbolische und magische Bedeutungszusammenhänge verkörpern, sondern daß diese scheinbar außertechnischen Zusammenhänge schon in der Erfindungs-, der Konstruktions- und Durchsetzungsphase, das heißt, im Verlauf der *Technikgenese*, einen auf Form und Lösung zielbestimmenden Einfluß ausüben. Technische Artefakte sind in einer Vielzahl von Fällen nicht, wie es scheint, neutral, sondern stabilisierende Formen der sozialen Ordnung, worauf nachdrücklich Weizenbaum[7] u. a. hingewiesen haben.

Vernunft oder die List der Mittel. – Mit dem Begriff *Technik als Medium* wird des weiteren versucht, der veränderten Konstellation von Mitteln und Zwecken Rechnung zu tragen. Wie sich bereits Hegels *Phänomenologie des Geistes* entnehmen läßt, besteht die Revolution der modernen Welt auch oder vor allem darin, die Befreiung der Mittel von den Zwecken zu befördern. Die Wirklichkeit, wie das aufklärerische Bewußtsein sie faßt, kennt keine in ihr selbst liegende Bedeutung mehr, sie enthält keine aus einer absoluten Seinsordnung entspringenden höchsten Zwecke[8], welche die Menschen darauf verpflichten, Mittel und Zwecke in eine eindeutige Relation zu setzen oder eine Hierarchie anzuerkennen, in der feststehende, ontologisch verankerte Zwecke einen variablen Mittelgebrauch organisieren. Damit die Menschen wirklich frei sein können, dürfen die Mittel nicht mehr durch eine Ordnung vorgegebener Zwecke definiert oder diktiert werden,

7 J. Weizenbaum, Die Macht der Computer und die Ohnmacht der Vernunft. Frankfurt/M. 1977, insbes. Kap. 1 u. 2.

8 G.W.F. Hegel, Phänomenologie des Geistes. Werke in zwanzig Bänden, Bd. 3. Frankfurt/M. 1969 ff., 359-441.

die Mittel müssen die Zwecke überschreiten. »Es ist dieser Überschuß, der die moderne Welt mit ihrem einzigartigen und nie dagewesenen Gefühl der Freiheit erfüllt; es ist dieser Überschuß, der die Moderne zu einer ständigen Transgression, zu einer ununterbrochenen Folge von Neuanfängen werden läßt; es ist dieser Überschuß, der der Realität die Maske göttlicher Vorsehung oder hartnäckiger Unvermeidlichkeit herunterreißt.«[9]

Die Mittel selbst entwickeln derart einen ziel- und zweckbestimmenden Einfluß, sie selbst werden schöpferisch und beginnen allein aufgrund der in ihrer Instrumentalität liegenden Möglichkeiten, Zweck, *Selbstzweck* zu werden. Weil sie der Welt immer neue Seiten abgewinnen und erschließen, neue Horizonte vorentwerfen und neue Praktiken präsentieren können, welche die Macht und Reichweite der Handlungsvermögen zu steigern versprechen, scheinen sie fast a priori allem Legitimationsdruck entzogen zu sein. In der Instrumentalität ihres Daseins rechtfertigen sie sich selbst. Nicht ohne Grund hielt Hegel die Mittel den endlichen und vorübergehenden Zwecken überlegen[10]; als das Nichtephemere verkörpern die Mittel oder Werkzeuge das Vernünftige des zivilisatorischen Fortschritts.

Nachahmung passé. – Damit Mittel und Zwecke gleichsam flüssig werden, gegeneinander verschoben, sich wechselseitig substituieren oder sich im Kreisverkehr bewegen können, mußte sich die Neuzeit von einer Vorstellung emanzipieren, welche Kunst und Technik in erster Linie als *Nachahmung der Natur* gesehen hatte. Seit der Zeit, von der es heißt, sie stelle eine Epochenschwelle dar, zeigt sich eine verstärkte Herauslösung von Denken und Handeln, Finden und Erfinden aus dem Mimesisbegriff der aristotelischen Tradition. Dem schöpferischen Handeln werden Bedeutungen zugesprochen, die dem antiken Begriff eher fremd waren. Für die Antike wie für das Mittelalter liegt, worauf Blumenberg hingewiesen hat[11], alles Sein idealiter vorstrukturiert im Umkreis der Vollständigkeit und Einheit des Seins. Die Neuzeit bricht mit dem Gedanken, das jeweils Neue als Aktualisierung eines Möglichen

9 Z. Baumann, Postmoderne Ethik. Hamburg 1995, 283, 284.

10 G.W.F. Hegel, Wissenschaft der Logik II. Werke in zwanzig Bänden. Bd. 6. Frankfurt/M. 1969 ff., 453.

11 H. Blumenberg, ›Nachahmung der Natur‹. Zur Vorgeschichte der Idee des schöpferischen Menschen. In: ders., Wirklichkeiten, in denen wir leben. Stuttgart 1981, 55-104.

begreifen zu müssen, das in Form eines Ideenuniversums oder einer unseren Handlungen vorgängigen Naturordnung präexistiert. Alles Mögliche ist immer schon da; insofern es nur aktualisiert zu werden braucht, beschränkt es sich auf Variationen des eidos. Mit der Heraufkunft der Neuzeit verliert, anders gesagt, die Naturordnung ihre ontologisch präfigurierte exemplarische Verbindlichkeit. Analog zum Schöpferischen in der Kunst wird auch dem technischen Handeln etwas zugesprochen, das im Rahmen der Natur oder des mittelalterlichen Ordogedankens nicht aufgeht, etwas, das über sie hinausweist.[12] Der Bruch mit dem Nachahmungsprinzip der Natur setzt einen Moment *vorbildloser Produktivität* frei, für das es im Tableau der Repräsentationen kein Äquivalent gibt; das nichts repräsentiert, auf das es zurückweisen könnte. Die moderne Welt wird, je mehr sie sich ausbreitet und vertieft, sich immer weniger in der Spur einer Korrespondenz von Urbild und Abbild, von Vorbild und Nachbild bewegen. Technik ist nicht Nachahmung, sondern, wie Castoriadis sagt, Schöpfung.[13]

Pragmatische Wende. – Auf vergleichbare Weise wie in der philosophischen Anthropologie, die keine Wesensdefinitionen mehr zuläßt, weil begriffen ist, daß die menschliche Subjektivität nicht gleichsam gegenständlich wie in einem Kern verkapselt vorliegt, hat sich auch in der Technikdiskussion eine Richtungsänderung angebahnt. Man sucht weniger das Wesen des Technischen zu ergründen, als in einer, wie man sagen könnte, wittgensteinschen Perspektive den Gebrauch zu analysieren, der von bestimmten Technologien gemacht wird; man untersucht die gesellschaftlichen Entstehungskontexte, die rechtlichen Normierungen, die politischen Kräfte, die sozialen Konflikte, die direkt oder indirekt ihre Spuren in der Gestaltung der technischen Artefakte hinterlassen haben. Ein Grund für diese *pragmatische Wende* liegt unter anderem darin, daß ›Natur‹, aber auch der ›Mensch‹, immer weniger die begriffliche Funktion erfüllen, das Andere gegenüber der Welt der Artefakte zu sein, das, wogegen man das Technische abgrenzen könnte; sie scheinen, anders gesagt, als Differenzformulare einer alteuropäischen Semantik auszufallen. Man fragt nach dem Aus-

12 Vgl. dazu: G. Gamm, Technik als Medium. In diesem Band.
13 C. Castoriadis, Durchs Labyrinth. Seele, Vernunft, Geschichte. Aus dem Franz. übers. von H. Brühmann. Frankfurt/M. 1981, 203, 204.

maß an Politik, das in bestimmten Technologien steckt (artefacts have politics), danach, in welchen Hinsichten soziale Verwerfungen Konflikte und gesellschaftliche Spannungen sichtbar werden lassen, die mit bestimmten Technologieentwicklungen einhergehen, unter welchen sozialen Umständen sich Widerstand und Protest artikulieren, welche produktadäquaten oder abweichenden Gebrauchspraktiken sich mit bestimmten Technologien verbinden.[14] Die pragmatische Wende der Technikdiskussion fördert ein verändertes Bild der Technik zutage. Dies gibt erstens Anlaß zu einer Differenzierung, Technik nicht allein als Medium, sondern unter dem Doppelaspekt: als Medium und als einzelne Technologie zu begreifen, was es ermöglicht, dem Eigengewicht oder den domänenspezifischen Bedingungen unterschiedlicher Technologien gebührend Rechnung zu tragen. Das Bild weist zweitens den in vielen kulturkritischen Technikdeutungen vorherrschenden Determinismus zurück, dem zufolge eine unausweichliche, der Technik immanente Logik die Menschen schicksalsgleich immer weiter in den Sog der Technisierung und Artefaktibilisierung, das heißt der Dehumanisierung, hineinzieht.
Vor diesem Hintergrund läßt sich drittens auch eine politische oder gesellschaftskritische Theorie, zum Beispiel die der »Subjektpositionen« (Laclau, Mouffe[15]) anschließen, der es darum geht, Artikulationsmedium für soziale Konflikte zu sein, Orte oder Felder aktueller gesellschaftlicher Auseinandersetzungen zu bestimmen, an denen der Kampf um einzelne Technologien aufflammt.
Kurz, im Kontext des Leitbegriffs soziotechnischer Systeme werden auch die indeterministischen Züge sichtbar: Je stärker oder nachhaltiger sich die Technologien mit den sozialen Zusammenhängen vernetzen, sich in unser Leben einschreiben, sich ihm anpassen, desto komplexer werden sie auch, als desto flexibler, offener, symmetrischer, für Optionen zugänglicher stellen sie sich heraus. Sie sehen sich wie die sozialen Beziehungen der Gesellschaft insgesamt einer rapiden Kontingenzerhöhung ausgesetzt. Das gilt ebenso für die Relation von Technologie und ihren Nut-

14 Vgl. dazu im Überblick: S. Beck, Umgang mit Technik. Kulturelle Praxen und kulturwissenschaftliche Forschungskonzepte. Berlin 1997, insbes. Teil II.

15 E. Laclau, Ch. Mouffe, Hegemonie und radikale Demokratie. Zur Dekonstruktion des Marxismus. Wien 1991, 139-263.

zern, welche die von den Herstellern vorgeschriebenen Verwendungsweisen subversiv unterlaufen oder verfremden, sie durch neue Gebräuche (de Certeau sagt »Bräuche«[16]) substituieren. Sie gilt erst recht für die Auswirkungen der Technologieentwicklung, sie lassen sich an den Stichworten »Risiko«, »Technikfolgen«, »ökologische Katastrophen« ablesen, unter die wir das Reflexivwerden der Technologien, die Unsicherheit und Unvorhersehbarkeit zu rubrizieren gewohnt sind. Sie betreffen die großen soziotechnischen Systeme ebenso wie die überschaubare Technik des Alltags. Das heißt, auf den verschiedenen Ebenen der Technikdeutungen muß man mit etwas rechnen, das man auf den allgemeinen Begriff einer *Differenz* von *Funktion und Gebrauch, Funktion und Folgen* bringen könnte.

Transtechnische Technik. – Man kann diese Diskussion auch über einen anderen Begriff zusammenfassen: Von Hegel und Marx bis Luhmann, von Max Weber bis Daniel Bell haben Theoretiker der modernen Welt die Gesellschaft unter dem Gesichtspunkt einer arbeitsteiligen oder funktionalen oder axialen Ausdifferenzierung von Sphären gesehen. Mit dem gleichen Recht betonen Jean Baudrillard und andere, daß der Politik der Ausdifferenzierung nach eigenständigen Realitätsbereichen eine Bewegung, ein transversaler und universeller Prozeß der Durchdringung oder Diffusion der verschiedenen Systeme parallel läuft. Die Ökonomie ist nicht mehr auf die Ökonomie begrenzt, sie durchdringt oder infiziert genauso wie der Sex oder die Politik alle anderen Bereiche: den Sport, die Wissenschaft, die Kunst, das Alltagsleben usf. Keine Sphäre hält es mehr in den Grenzen der ihr eigenen Logik. Dieses Milieu einer geradezu »viralen Ununterscheidbarkeit«[17], der Vermengung aller Gattungen, tendiert zur Ersetzung einer Sphäre durch die anderen. Aufgrund der gegenseitigen Ansteckung aller Kategorien ist zuletzt kein Bereich dem anderen mehr wirklich fremd, so fremd, daß er ihm, wie Baudrillard sagt, noch als eine Metapher dienen könnte.

Baudrillard hat für diese Aus- oder Übergriffspotenz jeder Sphäre auf alle übrigen den Begriff des »Trans« gewählt: eine transökonomisch gewordene Ökonomie, eine sich transästhetisch realisie-

16 M. de Certeau, Kunst des Handelns. Berlin 1988, 79.

17 J. Baudrillard, Transparenz des Bösen. Ein Essay über extreme Phänomene. Berlin 1992, 14.

rende Ästhetik usf., und in diesem Prozeß der Transgression einen spezifischen Zug der modernen Gesellschaft gesehen. Technik als Medium sucht eben diesen Begriff genauer zu fassen, den der transtechnisch gewordenen Technik, d.h. einer Technologie, die ihren logos nur erläutert unter Einbeziehung verschiedenster Realitätsbereiche: nicht das Auto, sondern das Verkehrssystem als Ensemble von Rechts- und Versicherungsfragen, von Servicestationen und gebahnten Wegen, ökologischen Debatten und politischen Ideologien, Materialprüfungsanstalten und Wahrnehmungspsychologien.

Die Büchse der Pandora

Unbestimmte Bestimmtheit. – Der Begriff des Mediums trägt in unserem Zusammenhang zwei bzw. drei nicht weiter aufeinander reduzierbare Bedeutungen: Er zielt auf das Vermittelnde, die Mitte, auf das, worin etwas ist oder, mit anderem in Beziehung gesetzt, getauscht, in anderes transformiert werden kann. Es ist auch die Welt der neuen Mischwesen, der Gemengelagen und Quasi-Objekte, wie wir sie in Anlehnung an Michel Serres genannt haben. Last but not least geht es im Begriff des Mediums um den Hintergrund oder Technisierungshorizont der radikal modernen Welt, den wir nicht umhin können über die paradoxe logische Struktur unbestimmter Bestimmtheit auszudeuten. Darin geht das Technische qua Medium unseres Selbst- und Weltbezugs nicht nur stets mit einem Nicht-Technischen einher, als Hintergrund ist es zu vage, unscharf, um dennoch – trotz der Unbestimmtheit seines Umfangs – eine Struktur oder Ordnung zu ermöglichen bzw. aufzuweisen. Der *Kontext* hilft uns trotz seiner definitiven Unabschließbarkeit, den Text zu verstehen; die *Figur*, einmal ins Auge gefaßt, läßt uns den Grund oder Hintergrund vergessen, ohne den sie gleichwohl nicht wäre, dessen konstitutiver Anteil sie erst zu dem macht, was sie ist. Wir können, sooft wir wollen, um die Erde herumgehen, den *Horizont* erreichen wir nie, um gleichzeitig zu bemerken, wie allererst seine (abgeschattete) Präsenz, die Permanenz seiner unaufdringlichen (imaginären) Schließungen alle bestimmten Gestalten oder Gegenstände aus sich entläßt und die Möglichkeit bietet, ihn zu übersteigen. Das Unbestimmbare, das Unausdeutbare selbst entfaltet eine bestimmende Kraft.

Ohne diese Logik unbestimmter Bestimmtheit[18] im einzelnen entfalten zu können, Technik als Medium im Sinne eines unbestimmt bestimmenden Hintergrunds unserer Weltverhältnisse zu verstehen bedeutet, mit einem Unbestimmten rechnen zu müssen, das heißt, mit etwas, dem es an diskursiv geordneten Zusammenhängen gebricht, das nicht wirklich die für einen allgemeinen Begriff von Gegenständlichkeit konstitutiven Bedingungen erfüllt, oder das – nach seiner existentiellen Seite hin betrachtet – uns in seiner Ungegenständlichkeit *Angst* macht und damit im Begriff steht, zum ›Ort‹ oder ›Gegenstand‹ einer Verdrängung zu werden. Technik als Medium heißt auch, die Technisierung der Welt als eine Geschichte von Verdrängungen lesen und ausbuchstabieren zu lernen.

Das Verdrängte der Technisierung. – Wollte man einen in aller Vorläufigkeit befestigten Begriff dieser Verdrängungsgeschichte geben, liegt es nahe, an die Ambivalenz des Technisierungsprozesses zu denken. Man könnte sagen, die im Medium technischer Potenzen geschaffenen Artefakte, Prothesen und Programme, die vermischten und vernetzten Systeme aus Natur und Technik, Mensch und Maschine, Information und Elektronik, Hardware und Software, Automat und lebendigem Stoff sind so *ambivalent* wie die Fabelwesen aus tierischen, menschlichen und göttlichen Elementen der griechischen Mythologie: faszinierend und erschreckend, stark und schwach, verlockend und abstoßend, positiv und negativ, befreiend und unterdrückend, Ordnung stiftend, aber auch zum Chaos hin offen, d. h. Grenzüberschreitungen und Risiken vorbereitend, sie geradezu anziehend und herausfordernd.

Die neuen Technologien sind von so unerhörter Mächtigkeit, daß sie unsere Handlungsradien auf eine nie gekannte Weise erweitern. Sie erzeugen aber auch Angst wegen ihrer Unabsehbarkeiten: Auf der Zeit- wie auf der Raumachse entfalten sie gleichermaßen ihre Ambivalenz; sie bringen sich auch in der Sozialdimension zu Bewußtsein; ebenso in der Wunschproduktion des Einzelnen oder den Diskursen der Wissenschaftler und Philosophen, die seit langem schwanken zwischen einer Dämonisierung der Technik als dem einen Extrem und dem Glauben, durch Identifikation mit dem Aggressor, durch Mimikry ans Maschinelle die bedrohlichen Seiten

18 Vgl. dazu: G. Gamm, Flucht aus der Kategorie. Die Positivierung des Unbestimmten als Ausgang der Moderne. Frankfurt/M. 1994.

fernhalten oder vergessen machen zu können. Es scheint, daß wir uns den technischen Systemen gegenüber nicht in eine ruhige Mittellage bringen können. Was wir verdrängen, ist stets da. Sie ist uns näher, verwandter, innerlicher, als wir zu akzeptieren bereit sind, wir verabscheuen sie auch, wir spalten sie ab als etwas, das uns fremd ist, nicht zu uns zu gehören scheint. Gleichwohl wissen wir die Technologien in ihren befreienden und entlastenden Funktionen zu schätzen; ohne uns darüber im einzelnen Rechenschaft abzulegen, zeigt sich aber auch, wie sich durch sie die Unsicherheit und Kontingenz des Lebens erhöht. Der Mythos hat diese Ambivalenz in das Bild von der Büchse der Pandora gebannt. Nicht alles, was schön und gut aussieht, hält, was es verspricht. Die Technologie verspricht, die Welt vor der entropischen Strukturlosigkeit des Chaos in Ordnung zu bringen, vielleicht sogar seine Überwindung ins Auge zu fassen, um gleichzeitig entweder ein neues Regime von Zwängen oder Unabwägbarkeiten im großen Stil heraufzubeschwören. Ihre Dynamik, die im Selbstlauf der Mittel forcierte Technisierung, könnte auch eine neue Hörigkeit heraufführen, sie könnte sich als ein geschlossenes System erweisen, welches verlangt, daß auch die Probleme, die sie hervorbringt, einzig mit mehr Technologie bekämpft werden könnten.

Wie Fische im Wasser bewegen wir uns im Medium der Technologie und werden dennoch von der Angst beschlichen, daß angesichts der Beschleunigungsrationalität, die alles erfaßt, wir ins Hintertreffen geraten, daß wir veralten, starr vor Schreck unsere Urteilskraft einbüßen im Anblick der schieren Größe dieses Projekts, der Schwierigkeiten des Weiterdenkens und Extrapolierens, der konstitutiven Richtungslosigkeit, die mit diesem Projekt einhergeht. Die Wünsche, die Technologieentwicklung weiterzutreiben, fließen ungehemmt; wir wünschen ihre Evolution, nichtsdestotrotz fürchten wir sie. Die Technik hat sich in unsere Triebstruktur ebenso eingeschaltet wie die Ordnung der Sprache in unsere Selbst- und Weltwahrnehmung. Nirgends ist das so deutlich zu erkennen wie an den Wünschen, die den Endlichkeits- und Sterblichkeitsschranken aufhebenden Technologien, der Reproduktionsmedizin und der künstlichen Intelligenz z. B., immanent sind, Wünsche, die die Technologieentwicklung ebenso vorantreiben wie sie selbst durch den Fortschritt der Technik bedingt sind, der sie ebenso nachhaltig umgestaltet wie neu erschafft.

Ein prometheisches Motiv. – Mit dem Empirismus und Rationalismus der frühen Neuzeit gewinnt der Gedanke der *Naturbeherrschung*, der immer besseren Ausnutzung der Naturkräfte durch Wissenschaft und Technik, an Boden. Das Ziel ist die Herrschaft des Menschen über die natürlichen und gesellschaftlichen Bedingungen menschlichen Daseins. Wissenschaft und Technik werden zu unverzichtbaren Voraussetzungen bei der Verbesserung der menschlichen Lebenspraxis. Sie zerbrechen sukzessive den teleologisch konzipierten Rahmen der aristotelischen Natur- und Weltdeutung, sie gestatten es, daß sich die Menschen von der schrecklichsten aller Fesseln, der der vorgegebenen und vorbestimmten (Über-)Lebenszwecke, befreien. Technik wird begriffen als Werkzeug zur Ausnutzung von Naturkräften, als Anwendung von Naturgesetzen oder auch als Übersetzung von Ursache-Wirkungs-Relationen in technische Artefakte. Dabei versteht man die Natur vor allem dann, wenn man nicht so sehr *gegen* sie vorgeht, als vielmehr lernt, sich unter ihre Gesetze zu schalten, wenn man sich ihr unterwirft, um so glanzvoller über sie zu triumphieren, denn sie läßt sich nur, wie Bacon sagt, »durch Gehorsam bändigen«.[19] Dabei wird die Ordnung der Natur im Unterschied zur Antike in Analogie zur Mechanik gedacht: Insbesondere Descartes hat immer wieder darauf hingewiesen, daß die Ordnung, die Gott seinem Werk, das heißt der Natur, eingeprägt hat, mechanischen Gesetzen folgt.

Nicht daß dieses Motiv einer Emanzipation aus der Abhängigkeit der Natur aufgehört hätte, wirksam zu sein, aber es wird alsbald von einem anderen Motiv überlagert; dieses zielt eher darauf ab, eine zweite Schöpfung, eine neue Perfektibilität, eine verbesserte, die erste Natur überbietende Version von Mensch und Gegenstandswelten abzuliefern. Die zweite Natur soll eine in technisch-praktischer Absicht optimierte Neugestaltung der ersten sein. Anders gesagt, mit dem Projekt der Moderne verbindet sich das prometheische Motiv: Technik als Überwindung, als Umgehung, als Überhöhung, als Neuerschaffung der ersten Natur. Aber die zweite Natur erreicht niemals die Orientierungssicherheit der ersten. Es stellt sich heraus, daß die zweite wissenschaftlich und technisch, ökonomisch und rechtlich geschöpfte Natur nichts besitzt, an das man sich fraglos halten kann. Weder bieten wir selbst, die Subjekte, noch die Dinge noch die technisch geschöpften

19 F. Bacon, Neues Organon (1620). Hamburg 1990, 81.

Ensembles von Instrumenten irgendeinen Anhaltspunkt für die Reorganisation sinnvermittelnder Lebenszwecke. Der einzige allgemein anerkannte Zweck, der nach der wissenschaftlichen und technischen Institutionalisierung einer fremden, zweckfreien Welt noch geblieben ist, derjenige der Selbsterhaltung, ist im Grunde keiner, er ist inhaltsleer, so daß sich Nietzsche schon bald zur Frage genötigt sieht: »Wozu«?

Diese neue Freiheit permanenter Neuanfänge, die Einladung zu einem immer neuen Herumgehen in der zweiten Natur, bedeutet eben auch einen massiven Sicherheitsverlust: Man muß, wie der leicht abgewandelte Titel eines Aufsatzes von G. Schulze lautet: gehen lernen ohne Grund. Die zweite Natur, die diesseitig orientierte radikale Neugestaltung der Welt im Medium technischer Ensembles speist sich aus einer der Religion vergleichbaren Quelle, der der *Selbst- und Weltüberwindung*. Weniger das Bild und Gleichnis Gottes, das, je weiter die Zeit fortschreitet, mehr und mehr verblaßt, auch nicht das im Rahmen einer Analytik der Endlichkeit entworfene Bild des Menschen soll die neue Formel liefern, um diese zweite Selbst- und Weltschöpfung in die Wege zu leiten. Vielmehr geht es darum, die Differenz von Endlichem und Unendlichem überhaupt einzureißen, sie durch eine (Re-)Attribuierung der ins Jenseits verlängerten Gottesprädikate zum Verschwinden zu bringen, das heißt die These Feuerbachs technisch einzulösen, nach der die Wahrheit der Theologie die Anthropologie ist.

Aporien der Subjektivität

Sprache und Informationstechnologie. – In den ersten beiden Schritten habe ich versucht, an die Stelle einer handlungstheoretischen Deutung einen Begriff von Technik als Medium zu setzen, des weiteren vorgeschlagen, die Ambivalenz als Schlüssel zur Wahrnehmung einer Verdrängungsgeschichte des Technisierungsprozesses der modernen Welt zu benutzen. Der Begriff der Technik als eines Mediums ließe sich ausdifferenzieren: als Medium der Welterschließung, der Welt- und Selbststeigerung, als Medium der Integration bzw. Desintegration. Dieser Weg soll nicht beschritten werden; statt dessen soll in einer Art kurzer Fallstudie auf die Ambivalenzen einer Technologie aufmerksam gemacht werden, die uns heute theoretisch wie praktisch ›Welt‹ erschließt. Computer oder Systeme der Informationsverarbeitung sind u. a. solche Medien, über die wir verstärkt uns selbst und die Welt wahrzunehmen und zu verstehen suchen, was aber wiederum nicht bedeutet, sie nicht auch im relativen Gegensatz zu den ›Extravaganzen‹ anderer Medien, z. B. unserem eigenen sprachlichen Weltumgang, in Beziehung setzen zu können, um zu sehen, welche Dimensionen unserer Erfahrung in den technisch geprägten Medien nicht repräsentiert werden können, von welchen für unser Leben konstitutiven Bedeutungen wir möglicherweise durch diese neue Technologie abgeschnitten werden; es wäre möglich, daß die technische Beschriftung, die binäre Codierung oder Verdatung dazu führen könnten, bestimmte Aspekte des sprachlichen Selbst- und Weltbezugs und damit unseres In-der-Welt-Seins zu verkennen.

Denn der Gedanke scheint nicht weit hergeholt zu sein, daß die Informationstechnologie eine Entsprachlichung darstellt oder einer Entrhetorisierung Vorschub leistet[20], daß sie eine Relativierung, wenn nicht Entmachtung unseres *sprachlichen* Weltbezugs insgesamt befördern könnte –, zumal sie einer geschichtlich seit der frühen Neuzeit gebahnten Tendenz der Formalisierung und Kalkülisierung entgegenkommt, welche sich am mathematischen Gegenstandsentwurf der Wissenschaften ebenso gut studieren läßt wie am Abstraktwerden der Arbeit in Wirtschaft und Gesellschaft insgesamt. In der wechselseitigen Reflexion technischer, d. h. informationeller und sprachlicher, Medien möchte ich den relativen Gegensatz zwischen beiden Weltzugängen sichtbar werden lassen. So könnte man den Gedanken zuspitzen: Wer annimmt, menschliches In-der-Welt-sein lasse sich am besten nach Art von informationsverarbeitenden Systemen, über die Zusammenschaltung Algorithmen abarbeitender Programme oder Maschinen, verstehen und in den (tautologischen) Satz kleiden: cognition is computation, muß nicht nur den Primat des Kognitiven unangefochten lassen, er klammert auch ohne viel Aufhebens den sprachlichen Weltbezug der Subjektivität ein, die unhintergehbare Verschränkung von Sprache und Welt. Was noch entscheidender ist, er sitzt im Medium eines technischen Systems einer Verdrängung auf: der

20 Vgl. u. a. R. Capurro, Leben im Informationszeitalter. Berlin 1995.

Entparadoxierung des Selbst- und Weltbezugs, der mit der Entmachtung der Sprache als Medium des Geistes einhergeht.[21] Anders gesagt, die technisch realisierte Welterschließung könnte dazu führen, daß um einer maschinellen Modellierung willen der Selbst- und Weltbezug des Menschen genau um das gebracht wird, was für ›Sprache‹, ›Intelligenz‹, ›Verstehen‹, für den ›Geist‹ wie für die ›Moral‹ bezeichnend ist: ihre antinomische Verfassung. Sie spiegelt sich, um einen Vorbegriff zu geben, in Plessners anthropologischer Unbestimmtheitsrelation oder in seinem Hinweis, daß nur, wer über sich steht, unter sich fallen kann.

Die Sprache, das Medium des Geistes. – An der Sprache als dem unstofflichen Stoff des Geistes läßt sich das erläutern, sie reflektiert seine paradoxe Existenz, sie verhält uns dazu, niemals bloß ein einzelnes, ein dieses-da, das wir meinen, auch aussprechen zu können. In der Sprache sprechen wir das Allgemeine aus. Sie übersteigt den Sprechenden ebenso wie den, der einen Sprechakt ausdeutet, sie hat, wie Schiller konstatiert, eine »der Individualität ganz entgegengesetzte Tendenz«, sie sabotiert unser Meinen; Hegel spricht auch von der »Voreiligkeit der Sprache«, insofern das Allgemeine der Wortbedeutung jedes Gemeinte, Konkrete, einzelne überfliegt. In ihrem voreiligen Bezug auf ein Allgemeines, in das wir uns in unserem Sprachgebrauch immer eingebunden finden, sabotiert die Sprache unsere Selbstgewißheit: jemals sagen zu können, was wir meinen; sie greift immer über uns hinaus, nicht nur, in dem sie stets ein vorgängig schon Bestimmtes mit sich führt, es gibt keinen absoluten Nullpunkt, keinen Anfang in der Sprache. Sprechen heißt, in einen vorgängig schon immer bestimmten Sprachgebrauch hineinsprechen oder unsere Schriftzeichen auf andere, schon existierende oder mit anderen Bedeutungen verbundene aufpfropfen. Es bleibt stets ein Rest an Ungewißheit, nicht zu wissen, welcher Gebrauch von unseren Wörtern und Sätzen gemacht wird. Kurz, wir sagen *immer zu wenig*, um auszudrücken, was wir meinen; in ein- und derselben Hinsicht verleitet uns das Medium aber auch dazu, *immer mehr* zu sagen, als was wir

21 Auch die Wissenschaft, der, um ein Beispiel zu geben, es um das allgemeine Verständnis des einzelnen Menschen geht, die Psychologie, orientiert sich nach der halbherzigen Verabschiedung des Behaviourismus verstärkt am Paradigma der computeriellen Informationsverarbeitung.

meinen. Thomas Bernhard hat diese coincidentia oppositorum existentiell gewendet, wenn er schreibt: »Wir gehen immer zu weit, damit wir nicht zu kurz kommen.«[22] Aber diese Einbindung der sprachlichen Referenzen in allgemeine Zusammenhänge von Kommunikation und Handeln sollte nicht im Sinn einer transzendentalpragmatischen Rückversicherung performativer Äußerungen in der universellen Kompetenz von Sprechern verstanden werden, sondern als »Arbeit des Geistes an der Sprache, als an der Form seiner Institution in der Welt« (J. Simon).

Worauf es hier ankommt, ist, die paradoxale Struktur des sprachlichen Weltbezugs hervorzuheben, nämlich im eigensinnigen Gebrauch der Sprache, unser Selbstverhältnis zu dezentrieren, stets ein sich widersprechendes Mehr *und* Weniger an Bedeutung bzw. Wirkung realisieren zu müssen: Das *Meinen* wird durch das *Sagen* dekonstruiert, wie bei einer Fehlleistung wird es jedesmal durch das, was gesagt wird, bloßgestellt; im *individuellen* Bezug auf uns selbst können wir nicht umhin, auch das *Allgemeine* zu verwirklichen; nur im *Sinnlichen* der Lautgestalt läßt sich das *Unsinnliche* der Bedeutung transportieren; durch das *Ideale* sehen wir uns dazu in der Lage, das *Reale* bewegen zu können – wie Georgias von Leontinoi in seiner berühmten Helena-Rede formuliert hat: »Mit den kleinsten und unscheinbarsten Körpern vollbringt sie (die Sprache) göttliche Taten.«[23] Entscheidend ist die Kennzeichnung der Sprache, die Wilhelm von Humboldt zusammenfassend gibt: Die Sprache sei »die Mittlerin«, wie er schreibt, »von unendlicher und endlicher Natur«, die einzige unter unseren Fähigkeiten, »welche widersprechende Eigenschaften zu verbinden im Stande ist«.[24]

Was die philosophische Tradition »Geist« genannt hat, verkörpert sich in der paradoxen Struktur der Sprache. Die Sprache ist das Medium des Geistes. »Geist« steht dafür, daß wir immer schon über uns hinaus sind, um gleichzeitig unendlich weit hinter uns zurückzubleiben, daß wir uns in geschichtlich vermittelte Traditionen eingebunden finden, die uns in jeder Hinsicht schon zuvorgekommen sind, nach rückwärts wie nach vorwärts sind wir in

22 Th. Bernhard, Korrektur. Frankfurt/M. 1988, 361.

23 G. von Leontinoi, Reden, Fragmente und Testimonien. Hrsg. mit Übers. und Komm. von Th. Buchheim. Hamburg 1989, 9.

24 W. v. Humboldt, Werke in fünf Bänden, Bd. II. Darmstadt 1960 ff., 138.

der Partizipation dessen, was Hegel Geist nennt, auf seine Supplementierungslogik verwiesen.[25] Er verkörpert diese an die Extreme verfallene logische Bewegung von Erkennen und Verkennen, Wirken und Verwirken, von Uns-voraus-sein und Hinter-uns-zurückbleiben. Geist oder Subjektivität ist nicht ›Etwas‹, nichts Gegenständliches, *kein Ding* oder *Gehirnorgan*, das man *sezieren* (Bedeutungen sind nicht im Kopf), als *Intelligenz digitalisieren* oder in einem universellen *Speicher synchronisieren*, d. h. zuletzt in die Identitätslogik eines rekursiven Algorithmus einschließen könnte. Was in diesen Modellen wiederkehrt, ist, mit Castoriadis gesprochen, die Herrschaft eines identitätslogisch Imaginären, nach dem alles die Form eines leeren Selbst annehmen soll, das aber, im Unterschied zu Hegels »sich zersetzender« oder Plessners »exzentrischer« Mitte, nicht negativ, nicht fraktal, sondern positiv oder vergegenständlichend, als leere Selbigkeit begriffen wird.

Moral. – Von noch größerer Bedeutung ist die antinomische Verfassung für einen Begriff des Handelns im Kontext praktischer Vernunft. Ohne im einzelnen darauf eingehen zu können, läßt sich leicht ersehen, daß eine vom VDI angestoßene Studie »Künstliche Intelligenz. Leitvorstellungen und Verantwortbarkeit« eine entscheidende Dimension der Moral[26] verfehlt, wenn es dort heißt, daß man sich eine Ausweitung der ethischen Dimension auf Maschinen durchaus vorstellen kann, wenn diese »humane Fähigkeiten simulieren können«[27], man also in der Lage wäre, solche den Menschen analoge ethische Kompetenzen dem Computer zu implementieren. Die Idee als Ganzes erscheint im Augenblick zu abwegig, um sie ernsthaft zu diskutieren; interessant ist aber doch die implizite, heute auch in der Ethikdiskussion weitverbreitete »Leitvorstellung«: Moral oder Verantwortung als Aktivierung eines bestimmten Ensembles kognitiver und praktischer Fähigkeiten aufzufassen, durch die nach Maßgabe bestimmter Schemata (z. B. Rücksichtnahme versus Gleichgültigkeit, Vorteile versus Nachteile usf.) bestimmte Situationen auf ihre moralische Rele-

25 Vgl. ausführlich G. Gamm, Der Deutsche Idealismus. Eine Einführung in die Philosophie von Fichte, Hegel und Schelling. Stuttgart 1997, 85-124.
26 Vgl. dazu die Kap. 10-13 in diesem Band.
27 Künstliche Intelligenz. Leitvorstellungen und Verantwortbarkeit. Hrsg. vom Verein Deutscher Ingenieure. Düsseldorf 1993[2].

vanz hin abgecheckt werden könnten, um entsprechend dieser instrumentalistischen, nach Prinzip und Anwendung, Regel und Fall geordneten Sicht bestimmte Handlungen als moralisch oder moralisch höherwertig zu präferieren. Diese Vorstellung ist zutiefst fragwürdig. Der Moralität werden wir überhaupt erst gewahr, wenn der Versuch, bestimmte soziale Situationen kognitiv zu durchdringen, auf eine unüberwindbare Grenze stößt, das Aporetische der Situation zu einer Blick- oder Einstellungsänderung führt und infolge davon der Schritt von der Theorie zur ethischen Praxis, vom Erkennen zum Anerkennen, gebahnt wird. Nur weil man den Sinn der Moral der (durch die Unausdeutbarkeit des Anderen) überdeterminierten Situation nicht gleichsam objektiv ablesen kann wie das Prädikat ›rot‹ der Rose oder die eindeutig richtige Verhaltensantwort nicht a priori in der intersubjektiv veranlagten Realität bereitliegt – nicht solange bis sie gegeben, d. h. erfunden wird –, nur deshalb können wir überhaupt etwas verantworten.

Auf diese unmögliche Einstiegsbedingung zielt der Kybernetiker Heinz von Foerster, wenn er schreibt: »Nur die Fragen, die prinzipiell unentscheidbar sind, können *wir* entscheiden.«[28] Moralische Fragen sind mehrfach unentscheidbare Fragen. Ihre Unentscheidbarkeit öffnet allererst den Raum, in dem wir in je konkretem Situationsbezug etwas moralisch verantworten können. Dieser Sinn für die Offenheit oder Überdeterminiertheit jeder moralisch-praktischen Situation deutet auf eine irreduzible Ungewißheit hin, die nicht das Gegenteil von Gewißheit ist, die, weil sie für moralisches Handeln zwischen ego und alter ego konstitutiv ist und keinen Mangel darstellt, nicht theoretisch ist, d. h. nicht mittels Wahrscheinlichkeitsanalysen kleingerechnet werden kann; sie hat überhaupt nichts mit Stochastik oder Aleatorik zu tun.

Die moralspezifische Ungewißheit liegt darin, daß Prinzipien, Regeln, Orientierungsmuster u. ä. der Singularität der moralischen Herausforderung nicht gerecht werden können, daß kein normativer Code oder keine moralische Semantik mich eindeutig anzuweisen vermögen, wie ich handeln soll. Erst diese Ungewißheit erhebt den Handelnden in den Rang eines verantwortlichen Subjekts.

Leere Subjektivität. – Zusammengefaßt, die antinomische Verfas-

28 H. v. Foerster, KybernEthik. Berlin 1993, 153.

sung des Geistes deutet nicht nur, nicht einmal in erster Linie auf eine Grenze im Sinne des Dreyfusschen *Was Computer immer noch nicht können*, sondern darauf, daß sich die Antinomie der leeren Subjektivität immer schon in die Form der Technik eingeschrieben hat oder die leere, exzentrische Mitte der Subjektivität immer auch der Besetzung durch technische Metaphern und Modelle offensteht, daß sie geradezu als Bestätigung der »natürlichen Künstlichkeit« (Plessner) gelesen werden kann, kurz, daß die Antinomie an den technischen Systemen selbst aufbricht: als Freiheit *und* Beherrschtwerden, als Souveränität, die mit der Angst synthetisiert ist, als selbstbewußte Aneignung der Gottesprädikate *und* Zurücksinken in bloßen Naturzwang. Auch die soziotechnischen Systeme finden sich in Paradoxierungen verstrickt.
So begriffen ist die Technik nicht das bloße Gegenüber der anthropologischen Form des absoluten Unterschieds, der leeren Mitte des Selbst, sondern eine ihrer Manifestationen, eine, die sich nicht im Medium des (geistigen) Begriffs reflektiert, sondern in identitätslogische Reformulierungen zurückfällt. Ob es sich bei diesem Begriff noch um eine Anthropologie im klassischen Sinne handelt, muß dahingestellt bleiben; wie nur wenige andere aber erfüllt er die der Anthropologie von Plessner zugewiesene Aufgabe, im geschichtlichen Horizont der Gegenwart den Menschen als Macht und offene Frage zu denken.

15. Diskurs und Risiko
Über die Vernunft der Kontexte

Zum Zweck der Heuristik kann man folgende für die Fragen der Technikfolgenabschätzung wichtige Unterscheidungen treffen:

- Diskurse, die geführt werden zwischen den Wissenschaftlern oder Experten, die, wenn sie in der Sache uneins sind, das heraufbeschwören, was man verschiedentlich das Gutachter- oder Expertendilemma genannt hat,
- Diskurse, die stattfinden oder verstärkt stattfinden sollten zwischen den Experten, die sich in der Regel aus den Bereichen von Wissenschaft und Technik rekrutieren, und den Gesellschaftsmitgliedern, die glauben, mehr oder weniger, auf kürzere oder längere Sicht, von den Folgen der Technologieentwicklung betroffen zu sein,
- Diskurse, die den Reflexionsexperten (den Experten des Diskurses) Gelegenheit bieten, sich über die propositionalen oder impropositionalen, rationalen oder vorrationalen Voraussetzungen von Diskursen zu verständigen.

Diese nach Konflikten bzw. Kollektiven geordneten Diskurse sind weder unabhängig voneinander, noch lassen sie sich aufeinander reduzieren; sie weisen Schnittmengen auf, aber auch bedeutende strukturelle Unterschiede. Im folgenden geht es weniger um diese Übereinstimmungs- oder Abgrenzungsfragen, eher darum, am Leitfaden jener Unterscheidungen einige Thesen zu bestimmten Aspekten des Diskurs- und Rationalitätsbegriffs zu entwickeln, die in den gegenwärtigen Debatten nicht genügend Beachtung finden.

Die Thesen zielen erstens auf eine ›Erkenntnis‹ und ›Politik‹ betreffende Mehrdeutigkeit, die dem Begriff des Gutachterdilemmas selbst anhaftet (I); zweitens auf Sprach- und Orientierungsprobleme, die sich zwischen Wissenschaft und Alltagswelt auftun und unter anderem ihren Grund in unterschiedlichen Erfahrungs- und Rationalitätsformen haben könnten (II/III). Diese Mehrdeutigkeit des Rationalitätsbegriffs wird in Überlegungen, die sich mit dem Problem der Technikfolgenabschätzung und dem Selbstverständnis der Wissenschaften beschäftigen, weiterverfolgt (IV/VI).

I.

Auch wenn der Begriff des *Experten- oder Gutachterdilemmas* in der Zwischenzeit von den Untertönen moralischer Empörung[1] befreit wurde, bleibt die Frage, ob er konzeptuell dem Verständnis einer selbstkritischen Wissenschaft angemessen ist. Der Begriff unterstellt dort ein Dilemma, wo man auch sagen könnte, es sei im Rahmen demokratischer Institutionen ein normales Prozedere bzw. es berge große Vorteile, wenn Wissenschaftler hinsichtlich Beschreibung und Verlauf, Voraussetzungen und Beurteilungen einer Sache verschiedene Expertisen verfaßten. Von einem Dilemma zu sprechen bedeutet, an einem Begriff von Wissenschaft festzuhalten bzw. in Richtung der Wissenschaften die Erwartung zu hegen, sie könne ein unparteiisches Schiedsgericht mit gottähnlichem Überblickswissen sein, eine Art Metainstitution, die Welteindeutigkeit verbürge oder in letzter Instanz wisse, wie sich die Dinge in Wirklichkeit verhalten. Der Begriff des Gutachterdilemmas gibt, anders gesagt, zu erkennen, daß ihm eindeutige, von kollektiven Präferenzen unabhängige Antworten lieber wären, er bekundet implizit sein Bedauern darüber, daß Wissenschaft nicht in der Lage ist, naturgesetzliche Zusammenhänge unabhängig von Interessen und Wertungen objektiv darstellen zu können. Das Konzept fordert unausgesprochen, daß dort, wo es um die Objektivität wissenschaftlich konstatierbarer Zusammenhänge geht, nicht mit einer Vielzahl unterschiedlicher, ja gegensätzlicher Stimmen gesprochen werden könne. Eine Pluralität wissenschaftlicher Aussagen zu ein und demselben naturgesetzlich geregelten Sachverhalt sei ein Widerspruch in sich.
Wird ein derartiges Bild der Wissenschaften qua Welteindeutigkeit verbürgenden Metadiskursen festgehalten, geraten die Veränderungsprozesse nicht in den Blick, die die Wissenschaften in immer größerem Umfang dazu bestimmt haben, angewandte Forschung zu werden. (Inwieweit die Unterscheidung von Grundlagen- und Anwendungsforschung generell problematisch geworden ist, kann an dieser Stelle außer acht bleiben.) Anwendungsorientierung und Praxisnähe, Fragen gesellschaftlicher Relevanz und sozialer Präferenz machen die Überparteilichkeit oder bestechende Souveränität

1 Sie finden sich beispielsweise bei K. M. Mayer-Abich, Wege zum Frieden mit der Natur, München 1986, 242 ff.

eines methodisch abgezirkelten, rein kognitiv organisierten Weltzugangs wieder zunichte. Man könnte sagen: Je größer der Zwang der Wissenschaften, auf praxisnahe Fragen zu antworten, desto höher die Wahrscheinlichkeit, soziale Konfliktlagen und Perspektiven, kollektive Präferenzen und Einstellungen der Gesellschaftsmitglieder in die Forschung hineinzutragen, ohne daß die Möglichkeit bestünde, sie gleichsam von dem Resultat wieder abzuziehen. Zusammengefaßt: Das Gutachterdilemma ist in erster Linie eine Folge der verstärkten Anwendungsorientiertheit wissenschaftlicher und technologischer Forschung; es trifft aber auch auf politische und gesellschaftliche Kräfte, die, im Zeichen einer weitergehenden Demokratisierung und Pluralisierung bestrebt sind, den Prozeß der Entautoritarisierung der Wissenschaften (qua totaler Institution) voranzutreiben.

Der *Anwendungsbezug* stellt die Naturwissenschaften bzw. die Wissenschaften, die sich mittels naturwissenschaftlicher Instrumente bemühen, Natur- und Technikfolgen abzuschätzen, vor die gleichen Probleme, mit denen die Sozial- und Geisteswissenschaften seit Jahr und Tag zu kämpfen haben. Sie hängen allesamt mit der Dynamik komplexer technologischer und naturnaher Systeme zusammen, die dadurch potenziert werden, daß soziale Belange, die Wünsche und Bedürfnisse der Menschen berücksichtigt, gewichtet und beurteilt werden sollen. Man braucht sich nur die Kennzeichen komplexer Systeme: Vernetztheit, Nichtlinearität, Emergenz und Irreversibilität, in Erinnerung zu rufen bzw. an ihre Dynamik in unterschiedlichen Zeithorizonten zu denken, um zu sehen, daß sich erstens die selbst in der Retrospektive ungelösten Probleme der Datengewinnung, der Methodenwahl und des Theorienpluralismus, wie sie in den Sozialwissenschaften gang und gäbe sind, in den Prognosen über technologische oder ökologische Langzeitentwicklungen wiederholen; daß zweitens nicht abzuschätzen ist, wie unter radikal modernen Bedingungen von Demokratie und Pluralität, Partizipation und Kontingenz, in einem Wort der Entkanonisierung autoritativer Lebensentwürfe, Übereinstimmungen in Wertfragen erzielt werden, d. h. realitätsnahe Kriterien der Bewertung expliziert werden könnten, die verbindlich gute und erstrebenswerte Zustände von solchen unterscheiden, die schlecht sind und folglich zu vermeiden wären; daß drittens, gesetzt, eine antizipatorische Technikfolgenabschätzung sei wünschenswert, sie nur als systematische Analyse durchgeführt werden könnte; nur sie wäre in der Lage, auch Nebenwirkungen und Spätfolgen, synergetische Effekte und kumulative Wirkungen zu erfassen, was wiederum unter der Annahme nichtlinearer Prozesse so gut wie ausgeschlossen ist.

Der Ausweg, mehrdimensionale Szenarios systematisch miteinander in Beziehung zu setzen, reproduzierte epistemologisch alle mit dem Inkommensurabilitätsproblem aufgeworfenen Fragen einer umfassenden, koordinationsfähigen Theorie und setzte praktisch eine zentrale institutionelle Instanz der Steuerung, Lenkung oder Koordination voraus, was erstens der Wissenschaft widerspricht und zweitens der Politik eines demokratisch bestimmten Gemeinwesens widerstrebt.[2]

Diese Selbstrelativierung wissenschaftlicher Aussagen über mögliche Kosten- und Nutzenanteile technologischer Evolutionen bedeutet keinesfalls, sie seien überflüssig; nicht nur verfügen wir auf einer bestimmten Ebene unseres Weltbezugs über keine zuverlässigeren Instrumente und Methoden, wir haben nichts Besseres; es sind unerläßliche Entscheidungshilfen, auch wenn sie in Erwartung definitiver Entscheidbarkeit der Eindeutigkeit ermangeln. Die Konkurrenz oder der Widerstreit der Expertisen bedeuten vielmehr, den Raum politischen Handelns und einer gesellschaftlichen Praxis überhaupt sichtbar zu machen, ihn im Blick auf die Alternativen zu öffnen, die ein allzu szientifisches Wissenschaftsverständnis zu verschließen droht. Kurz, divergierende Gutachten sind für die Wissenschaft kein Menetekel und für die Politik kein Dilemma, sondern eine Hochform der società civile, in der sich die Wissenschaften von metaphysikverwandten Welterklärungsansprüchen zu emanzipieren beginnen. Auch für Expertisen oder wissenschaftliche Prognosen gilt, was die Chaos-Theorie ganz allgemein behauptet: Minimale Differenzen in den Ausgangsbedingungen oder den Prämissen können gravierende Abweichungen zu einem späteren Zeitpunkt bzw. im Ergebnis zur Folge haben.

Was die Einschätzung der Experten der (Natur-)Wissenschaften betrifft, bedeutet das, in der Entautoritarisierung und Demokratisierung der Wissenschaften fortzufahren, die Gültigkeit, Reichweite und Reflexivität neu beurteilen zu lernen, insbesondere

2 Vgl. dazu auch W. Bühl, Wissenschaft und Technologie. An der Schwelle der Informationsgesellschaft. Göttingen 1995, 75 ff.

wenn lebens- oder praxisnahe Kontexte berührt werden. Das heißt, das Bild der Wissenschaften zu modifizieren bzw. sie gegen ein/ihr Selbstmißverständnis zu verteidigen, welches gemäß dem Szientismus/Positivismus des 19. Jahrhunderts unterstellt, daß mehr oder weniger alle Fragen der menschlichen Praxis ihre rationelle Lösung in Wissenschaft und Technologie fänden.

II.

Die Diskurse der zweiten Ebene, die zwischen den Gesellschaftsmitgliedern und den Experten, berühren Konfliktlagen (Lebenswelt/Wissenschaften), die unmittelbar Fragen nach den (historischen) Konstellationen und Kriterien aufwerfen, die systematisch zur näheren Bestimmung des Diskursiven herangezogen werden könnten. Wird das (irreduzible) Spannungsverhältnis zwischen Lebenswelt und Rationalität ohne Beachtung ihrer *synthetischen Differenz* nach der einen oder anderen Seite hin aufgelöst, bleibt nicht nur der allgemeine Rahmen für eine Theorie der Kommunikativität und Diskursivität reichlich unterkomplex, er läuft auch Gefahr, in einem szientifisch oder formalistisch beschränkten Begriff von Rationalität hängenzubleiben.
Die neuere Kognitionswissenschaft hat eine stattliche Anzahl von Experimenten durchgeführt, mit denen sie zu ermitteln sucht, wie Menschen (tatsächlich) denken und ob Menschen, wenn sie schlußfolgern, die Regeln der Logik beachten, ob sie, wenn sie Begriffe bilden, das auf logisch konsistente Art und Weise tun, ob sie, wenn sie Urteile fällen, sich nach dem richten, was die Axiome der Wahrscheinlichkeitstheorie idealerweise vorschreiben; in einem Wort: ob sie sich der (idealen) Prinzipien der Logik bedienen oder vielleicht andere Heuristiken und Logiken ins Spiel bringen, die ihnen helfen können, die jeweils anfallenden Aufgaben des Alltags zu bewältigen.
Im Rückgriff auf diese Forschungen läßt sich für das alltagsweltliche Denken und Handeln eine praktische Logik, das heißt, eine Logik bestimmter Denk- und Handlungsschemata ausarbeiten, der man, obwohl sie nicht den Standards wissenschaftlicher Rationalität und formallogischer Richtigkeit genügt, eine gewisse Vernünftigkeit, z. B. im Sinne einer pragmatischen Bewährung, nicht absprechen kann. Die Urteilsschemata entfalten einen logisch-

praktischen Eigensinn, der im Vergleich mit wissenschaftlichen oder theoretischen Verhältnissen als Defizit, als Mangel an konsistenter Begriffsbildung oder statistisch unbegründeter Inferenz erscheinen mag, es in Wirklichkeit aber nicht ist.

Die besondere Form des Alltagsdenkens und -urteilens, jener logisch-praktische Eigensinn, beruht zu einem Großteil auf etwas, das man eine *Logik der Repräsentativität* nennen könnte. Man kann dieser Denkform nicht ohne weiteres das Prädikat ›logisch‹ oder ›rational‹ absprechen, auch dann nicht, wenn diese alltagspraktisch bewährten Denkschemata nicht in gleichem Maße formalisierbar sein sollten, wie das bei einer Rekonstruktion am Leitfaden der formalen Logik der Fall ist. Auf jeder Ebene der traditionellen Logik, das heißt für Begriff, Urteil und Schlußverfahren, gibt es im Rahmen der Kognitionswissenschaften empirische Evidenzen für eine lebensweltliche Elementarheuristik repräsentativer Muster. Diese Logik des Repräsentativen scheint im alltagspraktischen Denken eine ähnliche Funktion zu erfüllen wie die Prägnanzerfahrung in der gestalttheoretischen Interpretation der Wahrnehmung.[3]

In der kognitiven Psychologie der letzten Jahrzehnte hat eine Theorie der Begriffsbildung zunehmend Beachtung gefunden, die sich deutlich von der klassischen Konzepttheorie absetzt. Letztere stand in ihrer Auffassung von rationaler Begriffsbildung unter dem Einfluß der klassischen Philosophie. Für sie war der Grundsatz maßgebend, daß gleiche Begriffe über gleiche Merkmale beschrieben und die Begriffsgrenzen eindeutig oder ohne semantische Unschärfen bestimmt werden können. Darüber hinaus sollte der klassischen Theorie zufolge die Intension die Extension einer Kategorie (das heißt, was dazugehört) bestimmen. Entsprechend wurde es als unsinnig betrachtet, zu sagen, eine Kategorie habe eine innere Struktur, aufgrund deren einige Dinge offenbar bessere Beispiele dieser Kategorie seien als andere. Aber genau das kann die »natürliche Konzepttheorie«[4] zeigen. Danach werden Kategorien um Prototypen gruppiert. Sie beziehen sich auf

3 Die Thesen des II. Teils werden ausführlich dargestellt und begründet in: G. Gamm, Flucht aus der Kategorie. Die Positivierung des Unbestimmten als Ausgang der Moderne. Frankfurt/Main 1994, Kapitel VIII.2: Richtiges Denken, 299-331.

4 Vgl. E. Rosch, Principles of Categorization. In: Cognition and Categorization. Hrsg. von E. Rosch und B. B. Lloyd. Hillsdale, N. J. 1978.

ein repräsentatives Beispiel einer Klasse. Nicht eine gemeinsame Eigenschaft oder ein Bündel von Merkmalen ist ausschlaggebend für die Zusammenfassung verschiedener Elemente zu einer Klasse, sondern ein Kandidat, der eine bestimmte Klasse am besten vertritt: ›Rotkehlchen‹ ist prototypischer für Vogel als ›Huhn‹, ›Mord‹ prototypischer für Verbrechen als ›Landstreicherei‹ usf. Wir stoßen auf Resultate, die auch die Philosophie des 20. Jahrhunderts sehr beschäftigt haben. Neben den phänomenologischen Wahrnehmungsanalysen von Carl Stumpf und Edmund Husserl, die bereits vor der Jahrhundertwende diese Phänomene intuitiv erschlossen und mit Begriffen wie »Limesgestalten«, »Steigerungsreihe« oder »Bezug auf Optima« umschrieben haben, ist auch an Ludwig Wittgensteins Überlegungen zur Sprache (»Familienähnlichkeiten«, »Physiognomie«) zu erinnern.
Für Urteils- und Schußfolgerungsprozesse spielen repräsentative Urteilszusammenhänge eine vergleichbare Rolle. Der Zusammenschluß der vielfältigen und unvollständigen Informationen in der Alltagswelt erfolgt vornehmlich am Leitfaden repräsentativer Bilder und Beispiele. Neben der Wahrscheinlichkeit im theoretisch definierten Sinn (Stochastik) gibt es eine andere, alltagspraktisch bewährte, im Sinne von Repräsentativität.

»Stellen Sie sich vor, Sie seien auf dem Weg ins Theater mit zwei Karten, die 50 DM gekostet haben, und Sie stellen fest, daß Sie die Karten verloren haben. Würden Sie nochmals 50 DM bezahlen? Jetzt stellen Sie sich vor, Sie seien auf dem Weg zum Theater, um diese Karten zu kaufen. Dort angekommen, stellen Sie fest, daß Sie 50 DM Bargeld verloren haben. Würden Sie jetzt die Karten für die Vorstellung kaufen? Objektiv gesehen sind diese Situationen identisch, denn beide Male haben Sie 50 DM weniger als zuvor. Trotzdem meinen die meisten, sie würden eher neue Karten kaufen, wenn sie das Geld, als wenn sie die Karten verloren hätten.
Die Begründung lautet, daß der gleiche Verlust auf verschiedenen ›geistigen Konten‹ verbucht wird. Der Verlust von 50 DM Bargeld geht auf ein Konto, das getrennt ist von der Aufführung und somit vergleichsweise wenig Auswirkung darauf hat, ob man neue Karten kauft. Die Kosten für die verlorenen Karten hingegen gehen auf das Konto ›Theaterbesuch‹, und man würde nur höchst ungern die Kosten für den Theaterbesuch verdoppeln – indem man für zwei Karten 100 DM hinblättert.«
Das nächste Beispiel handelt von ›Linda‹. Linda »ist 31 Jahre alt, unverheiratet und überaus intelligent. Sie hat während ihres Studiums Seminare in Philosophie belegt, interessierte sich als Studentin sehr für Probleme der Rassendiskriminierung und der sozialen Ungerechtigkeit und nahm an

Demonstrationen gegen Atomwaffen teil. Nun sollen Sie, auf einer Skala von ›sehr wahrscheinlich‹ bis ›sehr unwahrscheinlich‹ insgesamt acht Aussagen bewerten. Dazu gehören Aussagen wie ›Linda ist Sozialarbeiterin in der Psychiatrie‹, ›Linda ist Bankangestellte‹ und ›Linda ist Bankangestellte und aktive Feministin‹. Rational betrachtet ist es wahrscheinlicher, daß Linda Bankangestellte ist, als daß sie Bankangestellte und aktive Feministin ist. Schließlich ist die Wahrscheinlichkeit von x immer größer als die Wahrscheinlichkeit des unabhängigen Ereignisses x und des unabhängigen Ereignisses y. Und doch stimmen mehr als 80 Prozent der Versuchspersonen, darunter solche, die in Statistik sehr bewandert sind, eher der Aussage zu, Linda sei Bankangestellte und Feministin, als der Aussage, Linda sei Bankangestellte.«

Wie ist ein solches Ergebnis zu erklären, das jeder Rationalität Hohn spricht? Tversky und Kahneman, zwei israelische Psychologen, die diese Untersuchungen durchgeführt haben, glauben,

»hier sei das Prinzip der Repräsentativität weitaus stärker als die Wahrscheinlichkeitsgesetze. Menschen gehen allzu bereitwillig auf die naheliegende Vermutung ein, daß jemand mit bestimmten Charakterzügen auch bestimmte andere aufweisen wird. (Ist also ein Frau politisch aktiv, dann ist es wahrscheinlich, daß sie auch Feministin ist.) Je besser die vorgegebenen Details zu einem repräsentativen Bild passen, desto größer ist die Wahrscheinlichkeit, daß eine Versuchsperson diesen neuen Details zustimmt, selbst wenn (rational gesehen) die zusätzlichen Details die Stichprobe immer kleiner und daher absolut gesehen weniger wahrscheinlich werden lassen. Das heißt, angesichts der Information, daß Linda eine bestimmte Art von Mensch ist, passen Versuchspersonen bereitwillig weitere Dinge ein, die in der Vergangenheit für derartige Menschen repräsentativ waren, und ignorieren dabei alles, was sie ansonsten über Wahrscheinlichkeit wissen. Aber das ist noch nicht alles. Die Personen wissen sehr wohl implizit einiges über die Regeln der Wahrscheinlichkeit, bringen es aber nicht zur Anwendung. Stellt man ihnen die reichlich abstrakte Frage ›Was ist wahrscheinlicher, nur x oder x und y?‹, sagen die Vpn sofort, daß ›nur x‹ wahrscheinlicher sei. Konfrontiert man sie anschließend mit dem offensichtlichen Widerspruch zwischen dieser abstrakten Antwort und ihren Antworten auf die Fragen zu Linda, räumen sie sofort ein, einen Fehler gemacht zu haben. Darum wäre es zu einfach, wenn man behaupten wollte, die Vpn seien einfach nur übertölpelt worden.«[5]

Vielmehr legen die Antworten der Versuchspersonen den Schluß nahe, daß die Reaktionen, die bei der Frage zu Linda auf Reprä-

5 Zit. nach H. Gardner, Dem Denken auf der Spur. Der Weg der Kognitionswissenschaft. Übers. von E. D. Drolshagen. Stuttgart 1989, 389 ff.

sentativität basieren, »Zeichen einer tief verwurzelten menschlichen Urteilsverzerrung« sind. Eine andere Frage von Tversky und Kahneman lautet: Welche Sequenz ist beim Münzwurf wahrscheinlicher: KZKZZK oder KKKKKK (wenn K für Kopf und Z für Zahl steht)? Wiederum glauben die meisten Menschen, die erste Folge trete mit größerer Wahrscheinlichkeit auf. In Wirklichkeit sind beide Sequenzen gleich wahrscheinlich. Eine Erklärung für dieses Phänomen scheint darin zu liegen, daß das erste Ereignis vielen anderen Ereignissen, die wir kennen, zu ähneln scheint – z. B. KZKKZK oder KZZKZK, während die Folge aus bloßen Ks, wenn also beim Münzenwurf nur Kopf erscheint, uns nicht sehr vertraut vorkommt und daher uns eher unwahrscheinlich dünkt. Entgegen unserer Intuition ist die Wahrscheinlichkeit für jeden Wurf für Z wie für K 0.5, und sechsmal die Münze geworfen, ergibt für beide Sequenzen je eine Gesamtwahrscheinlichkeit von 0.016.

Die Beispiele legen die Behauptung nahe, daß, neutral gesagt, Menschen nicht auf eine Weise Urteile fällen und Entscheidungen treffen, die in sich (formal) logisch stimmig sind und/oder den Regeln der Wahrscheinlichkeit gehorchen. Was aber nicht bedeutet, dieses Verhalten sei unlogisch oder nicht erklärbar. Die Urteilsforscher haben eine eigene Psychologie der Präferenzen aufgedeckt, die zwar nicht streng ökonomisch Verlust- und Gewinnbilanzen folgt, statt dessen aber darauf achtet, in welchen Rahmen man Wahlmöglichkeiten einbettet, das heißt Überlegungen anstellt:

- um welche Situation es sich handelt, ob ein Verlust zum Beispiel unvermeidlich oder nur wahrscheinlich ist;
- welche spürbaren Auswirkungen ein Handlungsergebnis auf die übliche Lebensweise haben wird;
- ob oder in welchem Umfang man problemlos Zugriff zu einem Element der fraglichen Kategorie hat;
- wie die eigene Phantasie mit dem umgeht, was hätte passieren können;
- wie ähnlich ein Beispiel einem Prototyp ist, über den man schon eine feste Meinung hat;
- wie eine Frage formuliert ist;
- in welcher Stimmung man sich befinden wird usf.

Tversky und Kahneman kommen zu dem Schluß, daß statistische Prinzipien und Deduktionsregeln nicht einfach aus dem Methodenrepertoire des Wissenschaftlers in das Alltagsdenken übernommen werden: »Diese deskriptive Studie über Präferenzen stellt auch die Theorie rationaler Entscheidungen in Zweifel, denn oft ist es alles andere als klar, ob man die Wirkungen von Entscheidungsgewichtungen, von Referenzpunkten, Rahmenbildungen und Verlusten als Fehler oder Verzerrungen erachten oder als valide Elemente menschlicher Erfahrung akzeptieren sollte.«[6]

III.

Im Ausgang von der Kognitionsforschung können mehrere Standpunkte oder Deutungsmöglichkeiten voneinander unterschieden werden. Die Urteilsforscher selbst verteidigen die wissenschaftliche oder besser szientistische Weltsicht. Sie halten die Orientierung an den lehrbuchgerechten Regeln logischen Schließens und der induktiven Urteilsbildung für die einzige Möglichkeit, sich rational zu verhalten. Denjenigen, die gegen die Regeln der Logik verstoßen, könne man allenfalls eine mangelnde Ausbildung in Statistik und formaler Logik zugute halten.

Man könnte aber auch, wie bestimmte Philosophen das tun, in der Nachfolge Wittgensteins argumentieren und darauf verweisen, daß die methodische Rationalität der Statistiklehrbücher weithin irrelevant sei, und die Intuition des Durchschnittsmenschen als Kriterium für Rationalität ansetzen. Bezogen auf mein individuelles Leben muß ich womöglich ganz andere als statistische Kenngrößen zu Rate ziehen.

Denkbar wäre auch eine pragmatische Interpretation im Sinne eines evolutionsbiologischen Funktionalismus. Der Mensch hat sich im Verlauf der Evolution in einer Weise entwickelt, die es ihm ermöglicht, sich in einer bestimmten natürlichen und sozialen Umwelt zu behaupten; selbst wenn er von Logik und Rationalität abweichen sollte, sich also in gewisser Weise irrational verhält, ist sein Verhalten überlebenstechnisch betrachtet sinnvoll. Evolutionstheoretisch ist es vorteilhaft, auf die abstrakten Prinzipien der Inferenz und der Logik zu verzichten. Induktion und Deduktion werden gewohnheitsmäßig durchgeführt, und zwar so, daß sie das Überleben wahrscheinlicher machen.

6 Ebd., 390. Vgl. Judgement under Uncertainty. Heuristics and Biases. Hrsg. von D. Kahneman, P. Slovic, A. Tversky. Cambridge 1981.

Ohne im einzelnen auf die Diskussion der verschiedenen Positionen eingehen zu können, kann man zu bedenken geben, daß im Rahmen der Praxis eine Orientierung am Typischen gute Gründe auf ihrer Seite weiß. Sie kann zeigen, wie die praktisch orientierte Logik ausgezeichnet zu den Aufgaben »paßt«, die das Alltagsbewußtsein ständig zu bewältigen hat.

Was die Logik der Repräsentativität charakterisiert, ist deren theoretische oder logische Unschärfe im Umgang mit Begriff, Urteil und Schluß. Im Unterschied zur Theorie oder auch zum wissenschaftlichen Denken enthält sie eine Reihe von Vorzügen, die sich aus ihrer relativen Unbestimmtheit ergeben.

(1) Die Logik der Repräsentativität gestattet unter den Bedingungen praktischer Handlungs- und Entscheidungszwänge rasche Orientierung. Wie die Prägnanzeffekte im Rahmen der Gestaltwahrnehmung richten die repräsentativen Bilder und Begriffe das Denken auf die zentralen, gesellschaftlich evaluierten Inhalte aus.

(2) Ihre Operation mit unscharf gezogenen Grenzen macht es leicht, neue Erfahrungen oder neue Gegenstände zu assimilieren, auch dann, wenn sie nicht genau passen sollten.

(3) Sie ist einigermaßen stabil, weil widerlegungsresistent; niemals gelingt es einem Gegenbeispiel, sie zu falsifizieren. Ausnahmen werden ausdrücklich zugelassen.

(4) Die Existenz von Widersprüchen, die Vermengung von Bedeutungskategorien, der Wechsel von Bezugssystemen und Argumentationskontexten, die Überlagerung durchaus verschiedener Sprachmodalitäten wie Erklärung und Rechtfertigung, Sein und Sollen, Wunsch und Prognose werden, wenn überhaupt, nur verschwommen wahrgenommen, es fehlt ein der Theorie analog explizit ausformulierter Aussagenzusammenhang.

(5) Die Logik der Repräsentativität ist zudem den Erfordernissen der Alltagspraxis angemessen, insofern sie eine Art ganzheitlicher Informationsverarbeitung darstellt, vermittelst deren sie geschickt ist, komplexe und unvollständige Gemengelagen von Informationen sicher und routiniert aufzuarbeiten. Im Unterschied zum wissenschaftlichen Denken sieht sie sich nicht gezwungen, Erfahrungswissen über analytische Verfahren, das heißt über Operationalisieren, Gewichten und Korrelieren einzelner isolierter Variablen, validieren zu müssen. Die Repräsentativitätslogik ist gleichsam die Theorie der Praktiker.

(6) Vor allem aber verweist die Elementarheuristik des Repräsen-

tativen auf den Aspekt lebenspraktischer Bedeutsamkeit, auf das Hervorgehobensein oder das Paradigmatische einer Erfahrung für denjenigen, der sie macht. Wissenschaftliche Erfahrung ist gleichsam eindimensional, weil sie das, was sie ›Wirklichkeit‹ nennt, auf das schmale Band von Erfahrungen eingrenzt, die wissenschaftlich operationalisiert und zu falsifizierbaren Tatsachen verdichtet werden können. Im Kontext des Wissenschaftshandelns kommt das Prädikat ›wirklich‹ allein kognitiv beschränkten Tatsachenurteilen zu, wobei der Bedeutsamkeitsaspekt, der eine Erfahrung über die auf Tatsachenfindung abgestellte kognitive Funktion heraushebt, nicht in den Blick gerät. Dieser Aspekt wurde von Dilthey und Heidegger bis Blumenberg immer wieder herausgestellt, aber auch (unter dem Begriff eines »signifikanten Anderen«) von G. H. Mead in sozialpsychologischer und E. Lévinas in ethischer Hinsicht zu einem Grundbegriff gemacht.

(7) Es macht ganz offensichtlich einen Unterschied, ob jemand im eigenen Interesse handelt oder sich aufgefordert sieht zu beurteilen, welches Resultat bei einem hypothetischen Ereignis das wahrscheinlichere ist. Entsprechend geht in jede Form repräsentativer Erfahrung ein Moment des Selbstbezugs ein, worin eine Entscheidung oder Erfahrung ausdrücklich mit der Person, die etwas erfährt, verknüpft wird. Von diesem besonderen Bezug auf den Wissenden selbst als den Träger der Erfahrung läßt sich nicht abstrahieren, will man das volle Gewicht einer Handlung in Rechnung stellen. Denn im Unterschied zur wissenschaftlichen kann man sich bei seiner eigenen Erfahrung unmöglich von anderen vertreten lassen.

(8) Das bedeutet zuletzt auch, die normative Orientierung richtigen Denkens und Handelns im Begriff des Repräsentativen wiederzufinden. Das Repräsentative ist auch das Beispielhafte, das, woran man sich halten kann, das, was Orientierung verschafft, was man eben so macht, ohne lange zu überlegen.

Diese Diskussion des Rationalitätsbegriffs legt Folgerungen nahe, die in verschiedene Richtungen ausgezogen werden können; drei Aspekte könnten in diesem Zusammenhang von Interesse sein: ein Aspekt, der unmittelbare Probleme der Technikfolgenabschätzung, genauer das Verständnis von Risikoanalysen betrifft; ein zweiter, der im Anschluß an die Debatten der neueren Wissenschaftstheorie das Selbstverständnis der Wissenschaften in den Blick nimmt; und ein letzter, der die Generalfrage nach einer den Diskursbegriff supplementierenden Theorie der Rationalität nochmals aufnimmt.

IV.

Wie die Risikostudien der letzten Dekaden in überwältigender Weise gezeigt haben, klafft eine außerordentliche Lücke zwischen dem (scheinbar) objektiven Risiko und der subjektiven Risikowahrnehmung. Jeder weiß, daß die Lebens- und Gesundheitsrisiken beim Autofahren, Rauchen, Skilaufen, Paragliding oder S-Bahn-Surfen unvergleichlich höher liegen als diejenigen, die uns durch Chemieunfälle, Schiffskatastrophen oder radioaktive Verseuchung bei ziviler Nutzung von Kernenergie drohen. Daß der Betrieb von Kohlekraftwerken jährlich (weltweit) mehrere tausend Tote (unter Tage, Transport, Verarbeitung, Verschmutzung) kostet und im Unterschied dazu alle mit der Kernkraft verbundenen Risiken nur einen Bruchteil jener Gefährdungspotentiale enthalten; was aber nichts daran ändert, daß nahezu die Hälfte der Bevölkerung die mit der Kernkraft verbundenen Risiken weitaus höher einschätzt als die, die von konventionellen Kraftwerken ausgehen.

Risikoanalytiker und aufgeklärte Öffentlichkeit, Wirtschaft und Politik haben diese Schieflage gern zum Anlaß genommen, die Urteile der Gesellschaftsmitglieder bzw. bestimmter Kollektive eines irrationalen Entscheidungsverhaltens zu überführen, da doch die Einschätzung der Risiken nicht entlang der Realität erfolge, sondern nach Maßgabe vorgefaßter Meinungen oder Vorurteile.

Obwohl die Risikoanalytiker und Ingenieure sich häufig auf die Resultate der Urteilsforscher berufen (zeigen letztere doch, wie angedeutet, eine auffallende Rationalitätslücke der Alltagsakteure), lassen sie eines der bemerkenswertesten Ergebnisse außer acht: die alles überragende Bedeutung des Kontextes (Präferenzen, Bezugssysteme, persönliche Verlustrechnungen usf.) als valides Element menschlicher Erfahrungen und Urteile, in welches die Risikowahrnehmung eingebettet wird. Eine mittlerweile fast unübersehbare Forschung belegt, daß nicht allein die Beachtung »objektiver« Gefahrenpotentiale eine Rolle spielt, sondern auch andere Faktoren:

– setzt man sich dem Risiko freiwillig aus, sucht man es oder erfährt man sich ihm ausgeliefert, läßt es sich von mir beeinflussen;

- fördert es das eigene (private) Vergnügen oder nur den Profit der anderen, bestimmter Gruppen;
- sind die Risiken zwangsläufig oder gibt es mehr oder weniger gleichwertige Alternativen;
- in welchem Zeithorizont müssen Risiken gesehen werden, inwieweit ist die Produktion von Risiken durchschaubar (in der Regel gilt: je höher der Kenntnisstand betreffs eines technischen Gefahrenpotentials, desto größer ist auch die Risikoübernahmebereitschaft);
- wie werden die Risiken von den Bezugsgruppen eingeschätzt, die für meine Urteilsbildung relevant sind usf.

Anders gesagt, was für Urteilsforscher, Risikoanalytiker, Wirtschaftsingenieure usf. wie eine Summe von Urteilsverzerrungen oder Fehlvorstellungen aussieht, kann unter der Annahme eines nicht allein ökonomisch Gewinn- und Verlustchancen verrechnenden Kontextes eine überzeugende Konstruktion menschlicher Lebensführung sein.

Nicht daß damit ein neues, unzweideutiges Rationalitätskriterium gewonnen wäre. Man könnte einwenden: Auch wenn man die unterschiedlichen Kontexte der Risikobeurteilung als valide Elemente alltagspraktischer Urteilszusammenhänge in Rechnung stellt, ändert das erstens nichts an der Objektivität der Daten. Sie belegen beträchtliche Risikodifferenzen bei unterschiedlichen Technologien und Lebenspraktiken. Zweitens bleibt grundsätzlich zu bedenken, daß, auch wenn die Alltagsheuristik dem besonderen Aufgabentyp der Lebenswelt angepaßt ist und sich bewährt, sie auf dem Gebiet von Wissenschaft und Technik unzulänglich bleibt, weil es sich hier zumeist *nicht* um lose gekoppelte Welten oder Aggregate mit zahlreichen Freihheitsgraden, Puffern und Spielräumen handelt, sondern um Systeme, die vor allem auf exakten Lösungen basieren, welche, im Zeichen der Verwissenschaftlichung der Gesellschaft, immer stärker auch auf lebensweltliche Problemlösungen zurückwirken.

Das ist ohne Zweifel richtig, muß aber nicht notwendig als Widerspruch begriffen werden. Was gezeigt werden soll, zielt in eine andere Richtung: Zunächst können die Auseinandersetzungen um die Einschätzungen von Lebensrisiken als indirekter empirischer Beleg für die Relevanz alltagspraktisch verankerter Urteilsschemata gelesen werden; *sie lehren die Bedeutsamkeit unterschiedlicher Kontexte für alle Fragen der Diskursivität.* Was zunächst wie ein Sumpf tief verwurzelter menschlicher Urteilsverzerrungen aussieht, entpuppt sich bei genauerer Analyse als Moment einer validen Konstruktion menschlicher Erfahrung.

Man wäre schlecht beraten, den Wissenstransfer aus der Welt der Experten zu den Akteuren des Alltags als Einbahnstraße anzusetzen (wie Habermas und viele andere das tun). Wird derart verfahren, überspannt das erfolgs- und nutzenoptimierende technische Wissen der Experten kategorial vorentscheidend den Wirklichkeits- und Wahrheitshorizont alles Wissens. Erfahrungen und andere Momente des Wissens, die sich dem nicht widerspruchslos einfügen, spiegeln sich dann (vorab) defizitär im Licht eines Wert- oder Unwertseins nach Maßgabe wissenschaftlich-methodischer Standards. Was als Rahmen rationaler oder diskursiver Urteilsbildung gelten soll, kann nicht allein Sache der Wissenschaften sein.

Daß Kontexte oder Rahmen höchst subtile Mechanismen der Vorsteuerung sind, d.h. mehr oder weniger explizit die Aufbereitung, Auswahl und Gewichtung von Methoden und Daten bestimmen, ist bekannt und braucht nicht eigens erörtert zu werden. Der Diskurs muß darauf zurückkommen, aber so, daß die Reflexion auf den Rahmen nur unter Bezug auf die Erfahrungsstücke, auf das domänenspezifische Wissen erfolgen kann, die bzw. das gerahmt wird.

V.

Nicht weniger aufschlußreich ist ein anderes Moment, das nur beiläufig erwähnt wurde: Die Wissenschaft selbst bleibt über ihre besondere Repräsentativitätsstruktur mit der Alltagswelt verbunden, auch wenn ihre Spezialisierung auf einen bestimmten Modus des Weltzugangs sie stärker für Objektivität und Reflexivität prädisponiert.

Denn auch im Rahmen des Wissenschaftshandelns ist eine Logik des Repräsentativen am Werk. Für Th.S. Kuhn beispielsweise übernimmt im Bereich der wissenschaftlichen Praxis das »Paradigma« die (pragmatische) Orientierungsfunktion, und das gleich auf mehreren Ebenen der wissenschaftlichen Erkenntnisorganisation: Das Paradigma entfaltet seine Wirksamkeit und Bedeutung sowohl im Blick auf das, was als wissenschaftliche Erklärung akzeptiert wird, d. h. welche epochal oder bereichsspezifisch vorherrschende Leittheorie die Matrix für die Dateninterpretation liefert, als auch darauf, welche Form z. B. eine wissenschaftliche Interpretation anzunehmen hat. *Paradigmen* im Sinne von Kuhn sind *Prototypen* des wissenschaftlichen Handelns. Anders gesagt, im Rahmen der wissenschaftlichen Praxis selbst wiederholt sich der Konflikt zwischen der Handlungsorientiertheit an prototypischer oder bedeutsamer kollektiver Erfahrung der normalwissenschaftlichen Forschung und einer Reflexionssemantik, die in theoretischer Einstellung darauf dringt, sich der relativen Blindheit des routiniert alltäglichen Wissenschaftshandelns (normal science) zu entwinden.

Wenn man nun sagt, die Orientierung an Prototypen, wie das Alltagshandeln sie zu einem Teil zeigt, genüge nicht den Ansprüchen, die man mit dem Rationalitätsprädikat verbinden müsse, dann gilt das nämliche auch für das Wissenschaftshandeln, sofern es seine alltägliche Arbeit im Rahmen paradigmatischer Forschung verrichtet. Sie ist dann in einem grundsätzlichen Sinn ebenso ›irrational‹ wie das Alltagsbewußtsein.

Erweitert man angesichts dieses Resultats den Begriff von Rationalität um den der Repräsentativität und verabschiedet die logische Formalisierbarkeit als Kriterium für rational, was, wie H. Putnam zeigt, ohnehin unausweichlich zu sein scheint, gibt es zunächst auf dieser Ebene der Debatte kein Prädikat, das wissenschaftliches vor anderem Handeln auszeichnen könnte. Entsprechend fällt auch das szientifische Urteil der Urteilsforscher über den common sense in sich zusammen. Abgeschwächt formuliert, die Anerkennung paradigmatischer Strukturen in bestimmten Kernbereichen des Wissenschaftshandelns schließt prälogische, nicht-propositionale Voraussetzungen der wissenschaftlichen Erkenntnis mit ein. Was auch bedeutet, daß das Wissenschaftshandeln als Ganzes nicht mit dem Programm einer rein theoretisch orientierten Selbstvergewisserung gleichgesetzt werden kann und aus diesem Grunde auch nicht die privilegierte Stellung innehat, von der, unter Rekurs auf ein gottähnliches Überblickswissen, Rationalitätskriterien abgeleitet werden könnten.

Nähert man sich mit N. Rescher (*Limits of Science*) diesem Problem, stößt man auf ein vergleichbares Resultat. Wiederum zeigt sich, daß sich das Wissenschaftshandeln als Ganzes gesehen nicht ohne eine Reihe klassenlogisch nicht weiter aufklärbarer (formalisierbarer) Begriffe wie Bedeutsamkeit, Typus, Einfluß, Interessantheit, Unwichtigkeit, Fortschrittlichkeit usf. verstehen läßt. Auf den verschiedenen Ebenen überschreitet das Wissenschaftshandeln die Grenzen eines rein theoretisch definierten Weltverhältnisses in Richtung einer (alltagsweltlichen) Praxis. Im Rahmen der Frage-/Antwortdynamik wissenschaftlicher Forschung könne nicht, so Rescher, die »Vermehrung oder Verminderung von Fragen« das Kriterium für wissenschaftlichen Fortschritt sein, wenn nicht zuvor darüber befunden wurde, welche Fragen als wichtig oder unwichtig, bedeutsam oder bedeutungslos angesehen werden, welche zu einer grundlegenden Revision führen oder lediglich einige weiße Flecken in unserer kognitiven Landschaft ausfüllen. Ein Moment der Kontingenz oder des theoretisch nicht Ableitbaren sei daher zwingend anzunehmen. ›Bedeutung‹ verweise überhaupt auf pragmatische Kontexte; sie lasse sich zuletzt nur post festum verstehen.

Aufschlußreich ist überdies Reschers Rede von den »types of facts« (Datentypen). Sie erinnert nicht nur entfernt an ›Prototyp‹ oder ›Paradigma‹. Sie erfüllt die gleiche Funktion. »Die alten Griechen waren sicherlich so intelligent wie wir – man kann sich darüber streiten, ob nicht vielleicht sogar intelligenter. Aber angesichts der heutigen Informationstechnologie ist es nicht nur unwahrscheinlich, sondern in der Tat undenkbar, daß die griechischen Astronomen eine Erklärung für die Rotverschiebung geliefert haben könnten oder die griechischen Mediziner für die bakteriologische Übertragung irgendeiner ansteckenden Krankheit. Die entscheidenden Datentypen, die man benötigt, um solche Phänomene der kognitiven Erfassung zugänglich zu machen, lagen schlicht jenseits ihrer Reichweite. Geht man von den Instrumenten jener Zeit aus, so gab es für die Griechen einfach keinen Weg [...], um physikalischen oder begrifflichen Zugang zu den relevanten Phänomenen zu gewinnen.«[7] Der theoretische Fortschritt war nicht allein blockiert durch eine technologische Barriere, die verhinderte, daß bestimmte Datentypen überhaupt in den Blick geraten konnten; ebenso bedurfte es »begrifflicher Innovationen«, in

7 N. Rescher, Die Grenzen der Wissenschaft. Übers. v. K. Puntel. Stuttgart 1985, 280.

deren Folge sich der wissenschaftliche Horizont der Frage-/Antwortdynamik umwälzte.

VI.

Die Überlegungen zu Struktur und Reichweite einer alltagspraktischen oder kulturellen Rationalität werfen auch ein Licht auf den Begriff des Diskursiven bzw. auf das, was wir unter dem ›Logischen‹ verstehen wollen. Das Logische, das man lange Zeit aller Kontingenz überhoben geglaubt hat, erscheint auf diese Weise zurückgebunden an Denk- und Urteilsschemata, deren Besonderheit es ist, nicht unabhängig von unterschiedlichen Kontexten und Rahmen, Präferenzen und Paradigmen zu sein. Man kommt an die rationalen Gehalte diskursiver Weltverhältnisse nicht heran, wenn man ihre Einbettung in domänenspezifische Urteilszusammenhänge außer acht läßt. Man kann daher im Blick auf die synthetische Differenz von Rationalität und Lebenswelt von einer Verunreinigung des Logischen durch die Heuristiken des Alltags sprechen, ohne daß diese Verunreinigung dem, was rational, richtig, gut, angemessen usf. genannt wird, Abbruch tun muß. Man könnte sagen, ein Plädoyer für den Einschluß des Eigensinns logisch-praktisch bestimmter Urteilsformen in die Auffassung von Rationalität zielt auf eine Rehabilitation des logos im Sinne eines Rechenschaftgebens, das zwar nicht mit Bestimmtheit und definitiver Entscheidbarkeit aufwarten kann, wohl aber mit guten Gründen. *Der Kontext erscheint so unter den Bedingungen einer radikal modernen Welt als Statthalter des Besonderen im Allgemeinen.*
Wenn aber nicht ohne Kenntnis des Kontextes über den Rationalitätsgehalt des Diskursiven entschieden werden kann, wenn der Kontext selbst an der Entscheidung über das, was richtig ist, mitwirkt, dann erweist sich auch auf diesem Terrain die strikte Form/Inhalts-Unterscheidung mehr als problematisch, die annimmt, mittels inhaltsneutraler, rein formaler Verfahren, d. h. eines Satzes transzendental- oder formalpragmatischer Denk- und Sprachformen, jeden Inhalt sachgerecht beurteilen zu können. Das Diskursive läßt sich sowenig von oben herab verstehen wie die Intention eines bestimmten Sprechakts (la parole) von der Sprache (la langue).
Man könnte eine Linie ausziehen von Hegels Kritik der tran-

szendentalphilosophischen Metatheorie des Wissens und Handelns[8] bis zu Davidsons Angriff auf das sogenannte dritte Dogma des Empirismus von Begriffsschema und Inhalt, Weltsicht und Anhaltspunkt usf. und dem kognitionswissenschaftlich rekonstruierten alltagsweltlichen Gebrauch von Begriff, Urteil und Schluß – sie laufen allesamt auf eine Kritik an der Idee metasprachlicher Diskursivität hinaus, was aber auch bedeutet, daß, um den Realitätsgehalt unserer Urteile zu sichern, man über jedes rein theoretisch anvisierte Weltverhältnis hinausgehen muß. Wie bei Davidson ein doppelter Appell vom Ende der Theoretisierbarkeit kündet[9], auf vergleichbare Weise mahnt die Notwendigkeit, sich auf Kontexte beziehen zu müssen, daran, die Grenze des Theoretisierbaren im Auge zu behalten.

8 Vgl. G. Gamm, Der Deutsche Idealismus. Eine Einführung in die Philosophie von Fichte, Hegel und Schelling. Stuttgart 1997.
9 Vgl. G. Gamm, Postkantischer Idealismus und Sprachanalytische Philosophie. In diesem Band.

Literatur

Adorno, Th.W., Negative Dialektik. Frankfurt/M. 1966.
Anders, G., Die Antiquiertheit des Menschen. Bd. I. München 1987.
Apel, K.O., Transformation der Philosophie. Bd. II. Frankfurt/M. 1973.
Arendt, H., Vita activa oder Vom tätigen Leben. München 1981.
Aristoteles, Politik. Hrsg. von E. Rolfes. 3. durchges. Aufl. Hamburg 1965.
Augustinus, Aurelius, Bekenntnisse. Übers., m. Anm. versehen und hrsg. von K. Flasch. Stuttgart 1989.

Bacon, F., Neues Organ der Wissenschaften (1620). Darmstadt 1974.
Badiou, A., Rancière, J., Politik der Wahrheit. Hrsg. von Riha, R. Wien 1997.
Bataille, G., Die Erotik. München 1994.
Baudrillard, J., Der symbolische Tausch und der Tod. München 1982.
–, Transparenz des Bösen. Ein Essay über extreme Phänomene. Berlin 1992.
Bauman, Z., Moderne und Ambivalenz. Das Ende der Eindeutigkeit. Hamburg 1992.
–, Postmoderne Ethik. Hamburg 1995.
Beck, S., Umgang mit Technik. Kulturelle Praxen und kulturwissenschaftliche Forschungskonzepte. Berlin 1997.
Beck, U., Die Erfindung des Politischen. Zu einer Theorie reflexiver Modernisierung. Frankfurt/M. 1993.
Behler, E., Ironie und literarische Moderne. Paderborn 1997.
Berlin, I., Revolution der Romantik. In: Lettre International, Heft 34, III. Vj. 1996.
Bernhard, Th., Korrektur. Roman. Frankfurt/M. 1988.
Blumenberg, H., ›Nachahmung der Natur‹. Zur Vorgeschichte der Idee des schöpferischen Menschen. In: ders., Wirklichkeiten, in denen wir leben. Stuttgart 1981.
Böhme, G., Technische Zivilisation. In: ders., Am Ende des Baconschen Zeitalters. Frankfurt/M. 1993.
Borries, E. und E., Deutsche Literaturgeschichte. Bd. 2. Aufklärung und Empfindsamkeit, Sturm und Drang. München 1992.
Brecht, B., Flüchtlingsgespräche. In: Ges. Werke. Bd. 14. Frankfurt/M. 1967.
Bubner, R., Gedanken über die Zukunft der Philosophie. In: Deutsche Zeitschrift für Philosophie 44 [1996] 5, 743-757.
Bühl, W., Wissenschaft und Technologie. An der Schwelle der Informationsgesellschaft. Göttingen 1995.

Camus, A., Der Mythos des Sisyphos. Ein Versuch über das Absurde. Hamburg 1968.
–, Der Mensch in der Revolte. Essays. Hamburg 1969.
Capurro, R., Leben im Informationszeitalter. Berlin 1995.
Castoriadis, C., Durchs Labyrinth. Seele, Vernunft, Geschichte. Stuttgart 1981.
Certeau, M. de, Kunst des Handelns. Berlin 1988.

Davidson, D., Wahrheit und Interpretation. Frankfurt/M. 1990.
–, Eine hübsche Unordnung von Epitaphen. In: Die Wahrheit der Interpretation. Hrsg. von E. Picardi und J. Schulte. Frankfurt/M. 1990, 203-272.
–, Mythos des Subjektiven. Stuttgart 1993.
Deleuze, G. und F. Guattari, Anti-Ödipus. Winterthur 1974.
Derrida, J., Wie nicht sprechen. Verneinungen. Wien 1989.
–, Gesetzeskraft. Der ›mystische Grund der Autorität‹. Frankfurt/M.1991.
–, Falschgeld Zeit geben 1. München 1993.
Djuric, M. und J. Simon (Hrsg.), Hegel und Nietzsche. Würzburg 1992.
Dörner, K., Teamsupervision in der psychiatrischen Arbeit. Interview. In: Forum Supervision, 1 [1993].
Dreyfus, H. L., Die Grenzen Künstlicher Intelligenz. Was Computer nicht können. Königstein 1985.
–, Was Computer noch immer nicht können. In: Deutsche Zeitschrift für Philosophie 41 [1993] 4, 653-680.
Dummett, M., Ursprünge der analytischen Philosphie. Frankfurt/M. 1972.

Eco, U., Vier moralische Schriften. München 1998.
Enzensberger, H. M., Blindenschrift. Frankfurt/M. 1965.
Ewald, F., Der Vorsorgestaat. Frankfurt/M. 1992.

Feuerbach, L., Werke in sechs Bänden. Hrsg. von E. Thies. Frankfurt/M. 1975.
Feyerabend, P., Wider den Methodenzwang. Frankfurt/M. 1976.
Fichtes Werke. Hrsg. von I. H. Fichte. Berlin 1971.
Foerster, H. v., Sicht und Einsicht. Versuche zu einer operativen Erkenntnistheorie. Braunschweig/Wiesbaden 1985.
–, KybernEthik, Berlin 1993.
Foucault, M., Die Ordnung der Dinge. Eine Archäologie der Humanwissenschaften. Frankfurt/M. 1971.
Frege, G., Funktion, Begriff, Bedeutung. Hrsg. von G. Patzig, Göttingen 1994.
–, Logische Untersuchungen. Göttingen 1986[3].
Freud, S.,. Gesammelte Werke. Hrsg. von A. Freud u. a. London/Frankfurt/M. 1940-1952.

Funkkolleg Technik. Studienbrief 3. STE 8/19. Deutsches Institut für Fernstudien. Tübingen 1994.

Gamm, G., Wahrheit als Differenz. Studien zu einer anderen Theorie der Moderne. Frankfurt/M. 1986.
–, In der Leere der verschwundenen Metaphysik. Das Ästhetische in der psychoanalytischen Therapeutik. In: Ethik und Ästhetik. Nachmetaphysische Perspektiven. Hrsg. von G. Gamm und G. Kimmerle. Tübingen 1990.
–, Flucht aus der Kategorie. Die Positivierung des Unbestimmten als Ausgang der Moderne. Frankfurt/M. 1994.
–, Der Deutsche Idealismus. Eine Einführung in die Philosophie von Fichte, Hegel und Schelling. Stuttgart 1997.
–, Glück, Moral und ästhetische Erfahrung. In: Philosophische Rundschau. Hrsg. von R. Bubner und B. Waldenfels. Jg. 45, [1998] 2, 129-149.
–, Ich – Ansichten einer frühidealistischen Errungenschaft. In: Romantische Identitäten. Eichstätter Kolloquium. Bd. 11. Hrsg. von W. Wehrle, M. Schwarze. Regensburg 2000.
Gamm, G. und G. Kimmerle, Entfremdete Objektivität. Zur Kritik szientistischer Rationalität und ihrer anarchistischen Erneuerer. Frankfurt/M. 1980.
Gardner, H., Dem Denken auf der Spur. Der Weg der Kognitionswissenschaft. Stuttgart 1989.
Gehlen, A., Der Mensch. Seine Natur und seine Stellung in der Welt. Frankfurt/M. 1971.
–, Moral und Hypermoral. Frankfurt/M. 1973.
Gellert, Ch. F., Die kranke Frau. Ein Nachspiel in einem Aufzug. In: Lustspiele der Aufklärung in einem Akt. Stuttgart 1986.
Georgias von Leontinoi, Reden, Fragmente und Testimonien. Hrsg. mit Übers. und Komm. von Th. Buchheim. Hamburg 1989.
Giddens, A., Modernity and Self-Identity. Self and Society in the late Modern Age. Cambridge 1991.
Günther, K., Der Sinn für Angemessenheit. Anwendungsdiskurse in Moral und Recht. Frankfurt/M. 1988.

Halfmann, J., Die gesellschaftliche ›Natur‹ der Technik. Eine Einfühung in die soziologische Theorie der Technik. Opladen 1996.
Hamann, J. G., Metakritik. Über den Purismus der reinen Vernunft. In: Hauptschriften. Hrsg. von O. Mann. Leipzig o. J.
Hegel, G.W. F., Werke in 20 Bänden. Redaktion: E. Moldenhauer und K. F. Michel. Frankfurt/M. 1969 ff.
–, Anhang zur Jenaer Realphilosophie. In: Frühe politische Systeme. Hrsg. und komment. von G. Göhler. Frankfurt/M., Berlin, Wien 1974.
Heidegger, M., Die Frage nach dem Ding. Tübingen 1975.

Heine, H., Zur Geschichte der Religion und Philosophie in Deutschland. In: Schriften über Deutschland, Bd. 4. Frankfurt/M. 1968.
Heinrich, K., Parmenides und Jona. Vier Studien über das Verhältnis von Mythologie und Philosophie. Frankfurt/M. 1966.
Hofstadter, D. R., Metamagikum. Spektrum der Wissenschaft, August 1983.
Horkheimer, M., Th. W. Adorno, Dialektik der Aufklärung. Frankfurt/M. 1969.
Humboldt, W. v., Werke in fünf Bänden. Darmstadt 1960ff.

Jaspers, K., Ursprung und Ziel der Geschichte, Frankfurt/M., Hamburg 1955.

Kahneman, D., P. Slovic, A. Tversky (Hrsg.), Judgement under Uncertainty. Heuristics and Biases. Cambridge 1981.
Kants Werke, Akademie-Ausgabe. Berlin 1968.
Kant, I., Kritik der reinen Vernunft. Nach der ersten und zweiten Original-Ausgabe neu hrsg. von R. Schmidt. Hamburg 1976.
Kierkegaard, S., Entweder – Oder (1843). München 1975.
Koch, C., Ende der Natürlichkeit. Eine Streitschrift zu Bio-Technik und Bio-Moral. München 1994.
Krohn, W. u. G. Krücken (Hrsg.), Riskante Technologien: Reflexion und Regulation. Frankfurt/M. 1993.

Laclau, E. und Ch. Mouffe, Hegemonie und radikale Demokratie. Zur Dekonstruktion des Marxismus. Wien 1991.
Latour, B., Wir sind nie modern gewesen. Versuch einer symmetrischen Anthropologie. Berlin 1995.
Lefèbvre, H., Das Alltagsleben in der modernen Welt. Frankfurt/M. 1972.
Leibniz, G. W., Schriften zur Ethik und Rechtsphilosophie. In: Hauptschriften zur Grundlegung der Philosophie. Bd. II. Hamburg 1966.
Lévinas, E., Ethik und Unendliches. Gespräche mit Ph. Nemo. Wien 1992.
Lichtenberg, G. Ch., Schriften und Briefe. Hrsg. von W. Promies. München 1991.
Lübbe, H., Moralismus. Über eine Zivilisation ohne Subjekt. In: Universitas [1994] 4, 332-342.
Lyotard, F., Der Widerstreit. München 1987.

Mach, E., Die Analyse der Empfindungen. Jena 1902³.
–, Die Principien der Wärmelehre. Leipzig 1896.
Marx, K., Das Kapital. Kritik der politischen Ökonomie. In: Werke, Schriften in sechs Bänden. Hrsg. von H. J. Lieber. Bd. IV. Darmstadt 1962.

Mayer-Abich, K. M., Wege zum Frieden mit der Natur. München 1986.
McDowell, J., Mind and World. Harvard University Press 1996.
Mead, G. H., Geist, Identität und Gesellschaft. Frankfurt/M. 1973.
Mittermayer, M., Thomas Bernhard. Stuttgart 1995.
Monk, R., Wittgenstein. Das Handwerk des Genies. Stuttgart 1992.
Müller, H., Für immer Hollywood. In: Lettre International. 1. Vj. 1994. Heft 24.

Nietzsche, F., Werke in drei Bänden. Hrsg. von K. Schlechta. München 1966.
–, Sämtliche Werke. Kritische Studienausgabe in 15 Bänden, Hrsg. von G. Colli und M. Montinari. München 1988.
Nowak, M. A., R. M. May, K. Sigmund, Das Einmaleins des Miteinander. Spektrum der Wissenschaft [1995]8.

Palm, G., Information und Entropie. In: Natur und Wissenschaft. Hrsg. von H. Hesse. Tübingen 1985.
Patzig, G., Gottlob Frege. In: Klassiker der Philosophie II. München 1995³.
Perrow, Ch., Normale Katastrophen. Die unvermeidbaren Risiken der Großtechnik. Frankfurt/M. 1987.
Platon, Sämtliche Werke. Übers. von F. Schleiermacher und hrsg. von W. F. Otto, E. Grassi, G. Plamböck. Hamburg 1958.
Plessner, H., Macht und menschliche Natur. In: Ges. Schriften. Bd. V. Frankfurt/M. 1981.
Popper, K. R., Die Logik der Sozialwissenschaften. In: Der Positivismusstreit in der deutschen Soziologie. Theodor W. Adorno u. a. Frankfurt/M. 1989.
Putnam, H., Repräsentation und Realität. Frankfurt/M. 1988.

Quine, W. V., Ontologische Relativität. Stuttgart 1975.
–, Wort und Gegenstand. Stuttgart 1980.
–, Gegenstand und Beobachtung. In: Kant oder Hegel? Stuttgarter Hegel-Kongreß 1981. Stuttgart 1983.

Rescher, N., Die Grenzen der Wissenschaft. Stuttgart 1985.
Ropohl, G., Technologische Aufklärung. Beiträge zur Technikphilosophie. Frankfurt/M. 1991.
Rosch, E., Principles of Categorization. In: Cognition and Categorization. Hrsg. von E. Rosch und B. B. Lloyd. Hillsdale, N. J. 1978.

Schelling, F. W. J., Ausgewählte Werke. Fünf Bände. Darmstadt 1966 ff.
Schlegel, F., Über die Unverständlichkeit. In: Athenäum. Eine Zeitschrift von A. W. Schlegel und Fr. Schlegel, 1789-1800. Bd. 2. Ausgewählt von C. Grützmacher. Hamburg 1969.

Schopenhauer, A., Die Welt als Wille und Vorstellung II. In: Werke in zehn Bänden. Zürcher Ausgabe. Bd. III. Zürich 1977.
Seel, M., Versuch über die Form des Glücks. Studien zur Ethik. Frankfurt/M. 1995.
Serres, M., Hermes IV. Verteilung. Berlin 1993.
Shklar, J., Über Ungerechtigkeit. Erkundungen zu einem moralischen Gefühl. Berlin 1992.
Simmel, G., Das Abenteuer. In: G. Simmel, Philosophische Kultur. Ges. Essais. Berlin 1983.
Simon, J., Sprachphilosophie. Freiburg 1981.

Taylor, Ch., Sprache und Gesellschaft. In: Kommunikatives Handeln. Hrsg. von A. Honneth und H. Joas. Frankfurt/M. 1986.
Theunissen, M., Negative Theologie der Zeit. Frankfurt/M. 1991.
Tugendhat, E., Philosophische Aufsätze. Frankfurt/M. 1992.
–, Vorlesungen über Ethik. Frankfurt/M. 1993.

Verein Deutscher Ingenieure (Hrsg.), Künstliche Intelligenz. Leitvorstellungen und Verantwortbarkeit. Düsseldorf 1993².
Virilio, P., Die Eroberung des Körpers. München 1994.
Voltaire, Candide oder der Glaube an die beste der Welten. In: Sämtliche Romane und Erzählungen. München o. J.

Weizenbaum, J., Die Macht der Computer und die Ohnmacht der Vernunft. Frankfurt/M. 1977.
White, H., Metahistory. Die historische Einbildungskraft im 19. Jahrhundert. Aus dem Amerikanischen v. P. Kohlhaas. Frankfurt/M. 1991.
Wittgenstein, L., Philosophische Untersuchungen. Frankfurt/M. 1971.
–, Das blaue Buch. Werkausgabe. Bd. 5. Frankfurt/M. 1984.
–, Ludwig Wittgenstein und der Wiener Kreis. Gespräche, aufgezeichnet von F. Waismann, Werkausgabe, Bd. 3. Frankfurt/M. 1989.
–, Über Gewißheit. Frankfurt/M. 1990.
–, Letzte Schriften über die Philosophie der Psychologie. Frankfurt/M. 1993.

Zimmerli, W. Ch., Wandelt sich die Verantwortung mit dem technischen Wandel? In: Technik und Ethik. Hrsg. von G. Ropohl u. H. Lenk. Stuttgart 1993².

Nachweise

Komödie oder Tragödie
Eine leicht gekürzte Fassung ist erschienen in: Lettre International. Berlin. Heft 27, IV. Vj. 1994.

Die Vertiefung des Selbst oder das Ende der Dialektik
In: Identität Leiblichkeit Normativität. Hrsg. von A. Barkhaus, M. Mayer u. a. Frankfurt/M. 1996.

Ich denke, es denkt
Anläßlich des 200jährigen Todes von G. Ch. Lichtenberg (1742-1799) gehaltener Vortrag. Ringvorlesung an der TU Darmstadt im WS 1998/99. Unveröffentlicht.

Vernunft und Eros
In: Georges Bataille. Vorreden zur Überschreitung. Hrsg. von A. Hetzel und P. Wiechens. Würzburg 1998.

Korrektur
Eine gekürzte Fassung wurde veröffentlicht in: Lettre International. Berlin. Heft 46, II. Vj. 1999.

Vernunft und Diskurs
Vortrag an der Akademie für Technikfolgenabschätzung, Stuttgart. Thema der Veranstaltungsreihe: »Untersuchungen zur Theorie und Methodologie von Diskursen unter besonderer Berücksichtigung der Technikfolgenabschätzung und -bewertung«. Workshop 1. Stuttgart 1996. Unveröffentlicht.

Postkantischer Idealismus und Sprachanalytische Philosophie
Teile davon sind erschienen unter dem Titel: Jenseits der Kategorie. Die Unbestimmtheit der modernen Welt im Spiegel philosophischer Diskurse. In: Ambivalenz. Hrsg. von H. O. Luthe und B. Wiedenmann. Opladen 1997. In vorliegender Fassung unveröffentlicht.

Das Wissen der Gesellschaft
Der Text geht zurück auf einen Vortrag, den der Autor unter dem Titel »The Indeterminacy of Modern Society« 1995 am Internationalen Forschungszentrum Kulturwissenschaft, Wien, gehalten hat. Thema des Workshops: »Die Unbestimmtheit sozialer Integration: Rechtsdenken in der Postmoderne«. Unveröffentlicht.

Wissen und Information
Vortrag im Rahmen einer Vorlesungsreihe des Graduiertenkollegs »Technisierung und Gesellschaft« des Fachbereichs Gesellschafts- und Geschichtswissenschaften der TU Darmstadt. Unveröffentlicht.

Die Unausdeutbarkeit des Selbst
In: Das ›Andere‹ der Kommunikation. Hrsg. von W. Luutz. Leipzig 1997.

Der sprachliche Sinn der Moral
Antrittsvorlesung an der TU Darmstadt. WS 97/98. Unveröffentlicht.

Ethik und Moral
Vortrag, zuerst unter dem Titel »Confronting the Other« im Rahmen des Symposions »Ethics in Practice. An International Interdisciplinary Conference on Ethics and the Social Sciences«, Darmstadt, 9.-11. Juli 1998. Unveröffentlicht.

Technik als Medium
Veröffentlicht in: Naturerkenntnis und Natursein. Hrsg. von M. Hauskeller und Ch. Rehmann-Sutter. Frankfurt/M. 1998. Dieser Text wurde verschiedentlich vorgetragen, zuerst an der TU Chemnitz-Zwickau im SS 94.

Anthropomorphia inversa
Erschienen in: Lettre International. Berlin. Heft 41, II. Vj. 1998.

Diskurs und Risiko
Vortrag an der Akademie für Technikfolgenabschätzung, Stuttgart. Thema der Veranstaltungsreihe: »Untersuchungen zur Theorie und Methodologie von Diskursen unter besonderer Berücksichtigung der Technikfolgenabschätzung und -bewertung«. Workshop II. Stuttgart 1997. Unveröffentlicht.

Namenregister